El bien nacer

El bien nacer

Limpieza de oficios y limpieza
de sangre: raíces ibéricas
de un mal latinoamericano.
Del siglo XIII al último tercio del siglo XIX

Marta Canessa de Sanguinetti

UNA EDITORIAL DEL GRUPO
SANTILLANA QUE EDITA EN

ESPAÑA   PORTUGAL
ARGENTINA   PUERTO RICO
COLOMBIA   VENEZUELA
CHILE   ECUADOR
MÉXICO   COSTA RICA
ESTADOS UNIDOS REP. DOMINICANA
PARAGUAY   GUATEMALA
PERÚ   URUGUAY

TAURUS

© 2000 Marta Canessa de Sanguinetti.
© De esta edición:
2000, Ediciones Santillana, SA
Constitución 1889. 11800 Montevideo
Teléfono 4027342
Telefax 4015186
Internet: http://www.santillana.com.uy
Correo electrónico: edicion@santillana.com.uy

* Grupo Santillana de Ediciones, SA (Alfaguara)
Torrelaguna, 60. 28043 Madrid, España.
* Aguilar, Altea, Taurus, Alfaguara, SA
Beazley 3860. 1437 Buenos Aires, Argentina.
* Santillana de Ediciones SA
Av. Arce 2333, La Paz, Bolivia.
* Santillana, SA
Av. San Felipe 731, Jesús María, Lima, Perú.
* Aguilar Chilena de Ediciones, Ltda.
Dr. Aníbal Ariztía 1444, Providencia,
Santiago de Chile, Chile.
* Santillana, SA
Río de Janeiro 1218, Asunción, Paraguay.

Carátula: Diseño Testoni Studios. Ilustración: *Xilografía de Geoffroy Tory en Champfleury, Paris, 1529.*

ISBN: 9974-653-74-6

Hecho el depósito que marca la ley.
Impreso en Uruguay. Printed in Uruguay.
Primera edición: Junio de 2000. 1000 ejemplares.
Segunda edición: Octubre de 2000. 1000 ejemplares.
Tercera edición: Julio de 2002. 1000 ejemplares.

Todos los derechos reservados. Esta publicación no puede ser reproducida ni en todo ni en parte, ni registrada en, o trasmitida por un sistema de recuperación de información, en ninguna forma ni por ningún medio, sea mecánico, fotoquímico, electrónico, magnético, electroóptico, por fotocopia o cualquier otro, sin el permiso previo por escrito de la editorial.

A mi esposo.

Prefacio

"...después de la separación de España surgieron una serie de naciones independientes, cada una con peculiares características geográficas, económicas y sociales y con historias y tradiciones diferentes, las similitudes supranacionales aún hoy... son tan profundas que, según los conceptos antropológicos, todos los países juntos constituyen una sola área cultural."

George Foster, *Culture and Conquest*, 1960

A quinientos años del descubrimiento de América y con casi dos siglos de emancipación a cuestas, ¿hemos configurado en la América Latina nuestros propios valores, sustitutivos de aquellos que llegaron con los conquistadores?

Todavía nos sentimos y creemos Estados jóvenes, inadvertidos de que esta juventud, en cierto modo, no es otra cosa que el producto del mito "regenerador" que llevó a la abolición de una parte esencial de nuestra historia.

Fieles hijos de la Revolución francesa, hicimos del pasado español "tabla rasa"; error que había observado Edmund Burke en el mismo instante en que fuera formulada en Francia. Asombrado de que la "regeneración" de los revolucionarios implicara borrar la herencia de su historia, el espíritu pragmático de Burke sentenciaba que aquello era como "querer fundar una empresa sin capital".[1]

---

[1] En su célebre obra: *Reflections on the Revolution in France and on the Proceedings in Certain Societies in London Relative to that Event* (1790). La importancia político-social de la herencia histórica es comentada por C.B. Macpherson en *Burke*.

Admitido el hecho de que nuestra "juventud" no es cronológica, sino que más bien es inmadurez para asumir el pasado, estaremos en condiciones de salir del "estadio mítico" en el que nos hallamos empantanados: sea por comodidad autocompasiva, emanada de la muy humana y arcaica propensión a echar "al otro" las culpas de nuestros fracasos; sea por el valimiento que han tenido en nuestras tierras las ideologías transpersonalistas, como las marxistas y las populistas en sus variopintas versiones; o, en fin, sea por la necesidad de crear arquetipos estimulantes de la identificación nacional, que en sí mismos son productos de la cualidad etnocéntrica propia de todas las historias nacionales, mamadas desde la más tierna infancia durante el proceso de enculturación.[2]

Dejar de malvivir, de enojarnos o lamentarnos en función exclusiva de fantasmas exógenos es cuestión clave para la "generación" de la salud de nuestros países. Nunca habremos de encontrarla si continúa el gigantesco hiato que la "tabla rasa" formó en nuestras historias. Tampoco será viable el futuro si, en tren de asumir el pasado, no estamos dispuestos a suplantar las mitologías emisarias, antiguas o modernas.

En estos luengos años de encanecida barba, ¿qué hemos hecho para transformar la herencia? ¿Dónde está la parte de responsabilidad que nos toca, aquella en la que no juegan los agentes exteriores, cuyo dominio, ese sí, nos es limitado?

El antiguo ideal nobiliario sobre el que se asentó la cristiandad occidental aún está en pie en la tierra iberoamericana. Fundamentado en la división del trabajo —que trae consigo la valoración que las sociedades hacen de cada trabajo y con ello de **"el valer más y el valer menos"** de los individuos—, este ideal, en cuanto fuente de valores vitales, dividió firmemente la sociedad medieval en dos órdenes estamentarios privilegiados (Nobleza y Clero) y uno no privilegiado (Tercer Estado o Estado Llano).

En una aproximación retrospectiva de estos valores, no podemos olvidar que la "invención" de la sociedad estamentaria no surgió de la nada, sino que afincó en antecedentes arrastrados desde sus orígenes greco-romanos.

Por esencia despreciadora y depreciadora del trabajo manual o mecánico en todas sus innúmeras variedades, esta sociedad pretendió organizarse en ordenados órdenes (valga el matiz redundante), en donde cada uno tenía su lugar, pero se vio en la práctica superada desde sus principios. Sobre todo, cuando arribaron, revolucionarios, los cambios que promovieron el pasaje de una sociedad agraria y de economía de vaso cerrado a otra de economía internacional, comercial y capitalista comandada por la figura de un nuevo espécimen social: el burgués.

El ideario independentista de la América Latina, afirmado en los valores de la Libertad, de la Igualdad y de la Fraternidad del Hombre, supuestamente hubo

---

2   Sobre la necesidad y el deber de asumir el pasado, ver las notables reflexiones vertidas en 1943 por un Marc Bloch, prisionero de los nazis y al borde del cadalso en *Introducción al Estudio de la Historia*. El sobrescrito es nuestro.

de "barrer" con el ideario noble. Sin embargo, cayeron las formas pero no la sustancia.

A pesar de tanto denuesto descalificador del pasado anterior a la Independencia, el "vivir noblemente", el "ser pobre pero honrado", todavía se yergue como meta-valor. Impermeable a las coyunturas, señorea en nosotros. Su vigencia paralizadora es en nuestro concepto –si no la principal– una de las más dañosas de la herencia que en esto debimos cambiar y no cambiamos.

Traducida al plano nacional, la persistencia de esta herencia aceptada tiende más a contrariar que a favorecer los anhelos y esfuerzos dirigidos al desarrollo; como, asimismo, traducida al plano personal, induce y estimula al individuo a desechar satisfacciones de orden vocacional, estudios, profesiones, oficios y oportunidades que le ofrecerían mayores rendimientos económicos.

Las permanencias mentales son bien duras de roer y, a veces, ni siquiera eso permiten. La actualidad del ideal nobiliario es una de estas; las múltiples lesiones del paso del tiempo no le han hecho mella. Para la identidad de su figura no han sido más que rasguños: sus principales líneas de conducta comandan la vida socioeconómica de la población iberoamericana dependiente de la enculturación ibérica (y cristiano-católica en general), adhiriéndose al cuerpo social como una especie de segunda piel.[3]

Como apuntáramos, la "tabla rasa" del pasado que promovió la emancipación no llegó a tocar la sustancia del ideal nobiliario, sino que, solamente, derrumbó su andamiaje formal. Desde el punto de vista del Derecho, la sociedad estamentaria fue entonces abatida, los privilegios de la nobleza y del clero liquidados, los títulos nobiliarios finados, la monarquía sustituida por la república. En una palabra, la nueva organización social y política decidió asentarse en los principios madres de la Libertad, la Igualdad y la Fraternidad del género humano.

Pero en los meandros mentales, sólido, enhiesto y contradictorio traspasa los tiempos latinoamericanos el viejo ideal fundado en la desigualdad, con la diferencia de que ahora se esconde detrás de otras carreras de los honores.

Sus títulos nobiliarios no son los de la espada y la sangre noble con ella fundada, sino aquellos que facilitaron la creación y ascenso de la nobleza togada surgida en el Antiguo Régimen, nobleza burócrata y de origen universitario.

Sus criterios de "limpieza", si ya no son los de la sangre o su pureza, si ya no gozan de sanción legal, continúan, no obstante, siendo casi los mismos que –des-

---

3   J. Caro Baroja, destacando la variedad de honores que había según los estamentos, señala que "la sociedad se reajusta" y en el reajuste los *"ideales góticos"* [...] *"eran ya objeto de mofa generalizada en el siglo XVIII"*. Por lo tanto, si en la época cervantina "gótico" para los ladrones significaba ilustre o noble y "godo" rico o eminente, en el siglo XVIII estos términos eran arcaísmos extravagantes. Advierte sobre la necesidad de no olvidar esto. Sin embargo, esos y otros cambios, propios del milenario transcurrir, únicamente rozaron estos aspectos exteriores del ideal nobiliario. Hasta ahora, en Latinoamérica tales cambios sólo han demostrado ser sólo heridas superficiales. (En *Honor y Gracia*, dirigida por J. Pitt-Rivers y J. G. Peristiany, artículo: "Religión, visiones del mundo, clases sociales y honor durante los siglos XVI y XVII en España").

de la Antigüedad y el Medioevo– se han venido utilizando para devaluar la generalidad de los oficios manuales y ciertos tipos de trabajo que por entonces se calificaron viles o deshonestos.

Ubicados en el interior de estos aconteceres del pasado que inciden en el presente, pensamos que la comunidad y la gravitación del ideal nobiliario en las sociedades latinoamericanas son realidades que influyen notablemente en la apreciación de una América Latina monolítica, considerada como un bloque de mármol sin vetas, cual si fuera una misma y única entidad.

Estos análisis globalizadores, que omiten las diversidades de los países iberoamericanos, no son propiedad de la historia de Latinoamérica; también suelen florecer en todas las historias que, amén de abrazar importantes extensiones continentales, presentan un número de elementos etnográficos y culturales que tientan a la simplificación.

Como de costumbre, la realidad es mucho más compleja que cualquier intento esquematizador que sobre ella se pretenda construir. Para decirlo con las palabras de Max Weber: *"La vida con su realidad irracional y con su reserva de significados posibles es inagotable"*.[4]

A propósito caen las palabras de Julio Caro Baroja cuando analiza la complejidad de las sociedades europeas a partir del Renacimiento: *"...es muy difícil* (afirma) *que éstas puedan ser caracterizadas en función de términos globales... Los historiadores, sin embargo, han escrito libros que describen al 'hombre renacentista' o 'el espíritu barroco' en términos muy generales, caracterizando a sociedades enteras, como la francesa, italiana o española, de manera que parecen mucho más uniformes en sus historias de lo que fueron en realidad. A veces esto se debe a una confusión entre ciertos conceptos generalizadores que operaban en los niveles público, político y religioso, y una realidad social que era mucho más diversa y compleja, cuando no contradictoria o llena de tonalidades individuales muy diversas"*.[5]

La asiduidad del yerro no disculpa, sin embargo, el hecho de que prohíjen planteos y soluciones distorsionantes; ello sea dicho sin perjuicio de que respondan o no a posiciones ideológicas de cualquier signo, pues no ignoramos cuán difícil es para la entidad geo-etno-cultural América Latina sacudirse el yugo de la politización ideologizante.[6]

Es innegable que en virtud de nuestra enculturación ibérica tenemos en común la natura latina de nuestras lenguas, muchos de nuestros modos de pensamiento, determinadas *mores*, hábitos y valores como el de "el Bien Nacer", todos ellos elementos culturales que en su conjunto nos diferencian de la América anglosajona y confluyen en una identidad supranacional.

---

4 *The Methodology of Social Science*, pp. 110-111.
5 J. Pitt-Rivers y J.G. Peristiany, Honor... , artículo. "Religión, visiones...", p. 124.
6 En este sentido, aunque se refiera a África y Asia, es arquetípico el artículo de Henk Wesseling, "Historia de Ultramar", su subtítulo "Imperialismo" (pp. 108-113) y la "Conclusión" (pp.117-118). (En *Formas de Hacer la Historia*, dirigida por Peter Burke.)

No obstante, bien 'desiguales han sido las cargas y los tiempos de los Imperios en cada uno de nuestros países, así como el particular tratamiento de sus problemas internos e internacionales que ellos han decidido. En este aspecto, las naciones de Latinoamérica son deudoras y acreedoras de sus propias y peculiares huellas digitales.

En *Les Amériques* Pierre Chaunu ha despejado el camino para que, dentro de las diversidades etno-culturales latinoamericanas (precolombinas y poscolombinas), se considere aquellas derivadas de la compartimentación y el consecuente aislamiento causado por la realidad de una geografía extraordinariamente vertical. Apoyado en el largor de la columna vertebral de la cadena andina ladeada sobre el Pacífico, el tricontinental espacio americano se afina progresivamente en el curso de 16.000 km, como si fuera un embudo apuntando hacia el Sur. Mientras, en sentido horizontal —a la altura de la frontera de Estados Unidos-Canadá y la del Amazonas— sus porciones más anchas alcanzan de 4.000 a 5.000 km. Este recorrido terrestre es, en definitiva, el más meridional de todos los del globo, pues no sólo atraviesa todos los climas, sino, también, accidentes geográficos de envergadura —selváticos, montañosos o desérticos— que incluso hoy se erigen en barreras.[7]

El "caso" Latinoamérica no puede entonces alejarse de los rasgos privativos de las identidades particulares de sus miembros y menos embretarse en un "envoltorio unificador", porque si este posee los aparentes beneficios de una síntesis, deforma peligrosamente la multiplicidad de las realidades históricas existentes.

El todo nunca es la suma sencilla de sus partes, ni siquiera en los espacios más reducidos de cada uno de los Estados nacionales. Esta conclusión incluye la totalidad de los "envoltorios unificadores" de espacios etno-culturales que, tan corriente y distraídamente, suelen citarse.

Huir del estereotipo unificador "Latinoamérica" no excluye, empero, el reconocimiento de que los países iberoamericanos poseen comunidades evidentes por la vía de la enculturación dominante, dependiente de la civilización occidental y, en esta, de la cultura ibérica. Y es entonces que, en el interior de esos factores de identificación, hallamos el ideal nobiliario en calidad de común divisor.

La fuerza de la permanencia de este "meta-valor" debe advertirnos, además, que el estudio etiológico del fenómeno involucra una introspección que excede los parámetros de aquello que se nos ha legado.

---

7   P. Chaunu, I. "L'Espace américain commande", pp. 5-28 ‖ La enorme diversidad de las lenguas, la mayor de todo el universo, es asimismo indicativa de la compartimentación humana del continente americano en general, así como también de la fragilidad cultural derivada de esa incomunicación. Pedro Cieza de León en su *Crónica del Perú* observa hacia 1550: *"Yo tengo [pienso] que ha muchos tiempos y años que hay gentes en estas Indias, según lo demuestran sus antigüedades y tierras tan anchas y grandes que han poblado; y aunque todos ellos son morenos lampiños y se parecen en tantas cosas unos a otros, hay tanta multitud de lenguas entre ellos que a casi cada legua y en cada parte hay nuevas lenguas"*. (En G. Céspedes del Castillo, *Textos y Documentos de la América Hispana*, Doc. 26, p. 77.)

Por lo tanto, reiteramos, va de suyo que las costosas y negativas consecuencias de la persistencia en nuestra América de "el Bien Nacer" no pueden ser, como hasta ahora, asunto de "chivos expiatorios".

Encarado en el conjunto de su extenso territorio, el Brasil está incluido en la geografía humana del ideal nobiliario. Sin embargo, no es posible ignorar su diverso funcionamiento, particularmente en la sociedad paulista (sus *bandeirantes* del pasado y sus empresarios de hoy). De igual modo, tampoco podemos ignorar que los brasileños, en general, no parecen tener muchas cuentas para cobrar a su ex-madre patria; vale decir, que ella no es blandida como "chivo expiatorio" de sus desgracias o incapacidades.

Esta circunstancia, no solamente deriva de las diferencias que distinguen entre sí a los dos países de la Iberia conquistadora y sus realizaciones imperiales, sino que, asimismo, reposan en que el desgajamiento del Brasil no fue traumático: la continuidad de personas (el Emperador y parte de su élite) y la continuidad del sistema político-social (imperio-monarquía-súbditos) determinó que el cercenamiento cumplido en 1822 tuviera su marco de referencia en una realidad política que ya se había impuesto de hecho en 1809, cuando se trasladara a Brasil el aparato estatal (Rey, Corte, Tesoro, Administración); o de derecho, en 1815, cuando el país fuera efectivamente elevado a la calidad de Reino junto a Portugal y Algarves.

En 1822 fue un Imperio monárquico el que se independizó y no una colonia. Los brasileños no podían tener entonces demasiado exacerbado el sentimiento de "colonia" y "explotación" que atenazó a los españoles "criollos", pese a haber sido en el Derecho indiano tenidos como reinos y no como colonias.

En su "Tesoros verdaderos" (1681) Juan Meléndez cuenta que *"Allá* [en Perú] *no se conoce otra voz que la de español para significar, sin diferenciar, al que es nacido en España de españoles, o al que de ellos nació en las mismas Indias. Y no solamente esto, sino que el que nació en España, si en el Perú se sabe o entiende que es hijo de un francés o de otro padre que no sea español originario por ambas líneas paterna y materna, nunca le llamamos español, sino francés... o lo que ha sido su origen... Hacemos pues mucho aprecio,* **los criollos de las Indias**, *de ser españoles y de que nos llamen así...* **Criollo** *es lo mismo que procreado, nacido, criado en alguna parte, y* **criollo en el Perú y en las Indias no quiere decir otra cosa; según la intención con que se introdujo esta voz, que español nacido en Indias: así como usamos la voz español para diferenciarnos de los Indios y negros, para diferenciarnos de los mismos españoles que nacieron en España, nos llamamos acá criollos".*[8]

Sin embargo, desde la segunda mitad del siglo XVI, el "aprecio" de los *"criollos de las Indias de ser españoles y de que nos llamen así"* no iba de acuerdo con la realidad de la distribución de ciertas "riquezas" de las Indias, como la

---

8   Ibíd., Doc. 60, p. 194. || El sobrescrito es nuestro.

merced de encomiendas (el repartimiento de indios) o la merced de cargos y oficios en la burocracia indiana.

El resquemor del criollo a un paso del criollismo puede olerse en los papeles viejos.

En una carta del Gobernador del Perú, García de Castro (2 de abril de 1567), se lee: *"V. E. entienda que la gente de esta tierra es otra que la de antes, porque los españoles que tienen de comer en ella, los más de ellos, son viejos, y muchos se han muerto, y han sucedido sus hijos en sus repartimientos, y han dejado muchos hijos; por manera que esta tierra está llena de criollos, que son estos que acá han nacido como nunca han conocido al rey ni esperan conocerlo, huelgan de oír y de creer* [a] *algunos mal intencionados, los cuales les dicen: ¿Cómo sufrís que habiendo vuestros padres ganado esta tierra, hayan de quedar vuestros hijos perdidos, pues en vosotros se acaban las dos vidas* [de las encomiendas]*? Y a los que no tienen indios les dicen que cómo se sufre que anden ellos muertos de hambre, habiendo sus padres ganado esta tierra, y con esto los traen desasosegados..."*.[9]

Agrega el Gobernador que, según lo comentado sobre el motín en Nueva España (México), los principales eran criollos y si esto ocurrió en tierra *"tan asentada"*, *"¿qué quiere V.E. pensar de los de esta tierra, que nunca ha estado asentada a derechas?"*.

Cuando tomamos la carta que con fecha 25 de enero de 1582 escribe Hernando de Retamoso, hijo criollo de un fundador de Lima, la igualdad del nombre de español para los nacidos en América no existe y solamente se reduce a la mera distinción de origen, esa que definirá (aunque sin rencor) Juan Meléndez cien años después: el criollo era español únicamente con relación al extranjero (europeo o de cualquier otra parte del mundo), con relación al indio, al negro, a los pardos, mulatos, cuarterones, "salto atrás" y toda la gama de términos que inventaran para distinguir y tildar los diversos mestizajes y sus grados.

Dirá Retamoso al Rey: *"Otros que no han trabajado ni servido como yo* **son aventajados sólo por este nombre de español... de que vuestros vasallos hijos los de esta tierra recibimos notorio agravio de vuestros gobernadores**, *en especial yo; a cuya causa* **se desaniman todos esos vuestros vasallos a ir y servir al rey y señor a poblar y ensancharle sus nuevas tierras... Aunque tengan partes y valor para merecer vuestros oficios y cargos, no se los quieren dar, sólo por decir que son hijos de la tierra**, *porque han informado a vuestra majestad que son incapaces y que en ellos no hay virtud ni cristiandad ni bondad para merecer merced ninguna de su rey y Señor, Sacra Majestad: de todo hay..."*.[10]

El encono y resentimiento vienen de muy lejos, pero el pie del criollismo, abrasado por el sentimiento de "colonia", recién pisará fuerte desde la asunción al trono de Carlos III (1759-1789). Por un lado, en razón de la aplicación de una

---

9   Ibíd., p. 195.
10 Ibíd., p. 196. ‖ El sobrescrito es nuestro.

política administrativa que, temerosa de vientos independentistas, tendió a eliminar la participación de las élites criollas en el gobierno americano. Por otro lado, durante el siglo XVIII y en los principios del XIX, el sentimiento de la existencia de una *capitis deminutio* de carácter colonial fue estimulado por el diseño de una política económica esencialmente fiscalista y coartadora de las industrias agropecuarias americanas, acontecer que redundaba en beneficio de las fábricas de la madre patria y, más exactamente, en provecho de aquellas de los países que se industrializaban, caso de Inglaterra o, en menor medida, de Francia.

Alonso Carrió de la Vandera (Concolorcorvo) en su famoso *El lazarillo de ciegos caminantes* dibuja la penosa situación de las industrias artesanales de una América incapaz de competir con la avalancha del llamado "libre comercio" (empezado a practicar en 1764 en forma restringida y ampliado a toda América en 1778): *"Al presente* [expresa] *están los obrajes del Cuzco muy atrasados, porque el comercio con la Europa es más continuo y las bayetas de Inglaterra se dan a un precio ínfimo, como los demás efectos de lanas y lienzos, que con la abundancia envilecen los del país; a que se agrega que en los contornos de La Paz se aumentaron los chorrillos, que proveen mucho las provincias interiores; y todo contribuye a la decadencia de una ciudad que se pudiera contar por la mayor del reino sin disputa alguna".*[11]

Sea como haya sido, demasiado tiempo hace que estamos ensimismados en la solución expiatoria: empeño nacido (y entonces razonable) de la traumática experiencia de la Independencia y de la explicación subsecuente, que edificaron nuestras historias nacionales luego de esa cruenta separación.

Necesitadas de argumentaciones justificadoras, las historias nacionales de cualquier país del mundo son, a más de etnocéntricas, constructoras de mitos, porque a través de ellos se llega a los orígenes que permiten fijar los parámetros de la unidad nacional.

Inevitablemente, la mitología proveedora de imágenes arquetípicas (que facilitan la identificación de la sociedad con el Estado-nación) conduce a la simplificación del pasado, el cual se recrea basándose en esos objetivos selectivos. Bien señala Giddens: *"Lo que cuenta, obviamente, no es sólo lo que se recuerda institucionalmente y se conmemora con algún tipo de ritual, sino lo que se olvida en la reorganización del pasado".*[12]

De la reducción mitológica a la mistificación no hay más que un corto tramo. Habitualmente este se cumple a través de la expiación de culpas que recaerán en individuos, clases sociales, sistemas económicos, "fuerzas", países e imperios,

---

11 En G. Céspedes del Castillo, *Textos y Documentos*, Doc. 64, p. 218. || Obraje viene de "obra de manos". Señala tanto a *"la manufactura de fabricar o hacer alguna cosa con las manos"* y también *"a la oficina o paraje donde se labran paños y otras cosas, para el uso común"*. (*Diccionario de Autoridades*). En Perú, a los obrajes de tejidos se les denominó "ropa de la tierra", porque allí se tejían los paños, las bayetas, sargas y prendas de lana confeccionadas con productos de la tierra.

12 A. Giddens, *Política, Sociología y Teoría Social*, p. 15.

culturas y civilizaciones, según y cómo sean en el transcurso temporal los paradigmas filosófico-teóricos del historiador.

Exorcistas de la "regeneración" de la vida que con tanta peripecia, incertidumbre y sangre acaecía, los patriotas americanos procedieron a la "expulsión de sus demonios" convirtiendo a su pasado hispánico y a su creadora, la ex-madre patria, en chivo emisario de sus desgracias vividas y por vivir.

Los escritos del período independentista con frecuencia utilizan la palabra **regeneración** en el sentido de re-creación de la vida: a un nuevo tiempo, una nueva vida. Hoy, esta re-creación halla su demostración en algunas de las especulaciones y movimientos que han surgido con motivo de los quinientos años del Descubrimiento. Reflejan que el emisario expiatorio se mantiene "vivo y coleando", válganos la expresión popular.

Paradigmático es el indigenismo reaparecido en la fecha cumplidora del medio milenio. Más que replanteo de los problemas consecuentes del mestizaje etno-cultural, el indigenismo –igual que cualquier "ismo"– se ubica en un enfoque de extremos que por ser tales carecen de matices: de una parte todo es blanco y de la otra todo es negro.

Por ejemplo, este indigenismo no atiende a que ese mestizaje fue desestabilizador de sociedades aborígenes frágiles, que habían vivido –incluso entre sí– aisladas en la duración de cuántos milenios (¿treinta, cuarenta...?); que, por ello, se componían de universos culturalmente débiles frente a la ventaja de la complejidad cultural del europeo invasor. En esto el sayo cabe tanto a las sociedades francamente incomplejas y carenciadas demográficamente, como a las grandes y populosas civilizaciones del maíz y de la papa.

Podemos aplicar al indigenismo los términos de Durkheim cuando, refiriéndose a Montesquieu, escribió: *"...no se da cuenta de que... cada sociedad incorpora factores de conflicto, simplemente porque ha surgido progresivamente de una forma pasada y tiende hacia una forma futura"*.[13]

El indigenismo actual (el pasado fue de los independizados criollos), generalmente procede de antiguos sostenedores de sistemas marxistas o funcionalistas en busca de alicientes para sus alicaídas militancias. Asimismo procede de liberales anglosajones y otros izquierdistas europeos, quienes se sirven de Latinoamérica para expiar las "culpas" de lo que en sus países no hacen.

Tampoco el indigenismo está exento de una intención renovadora de la dialéctica que, motorizada a través del concepto de lucha, sustituye la de clases por la de razas y culturas. Del mismo modo, resurgieron actitudes y voces nacionalistas que se aprovecharon del carril de un indigenismo entregado al muy antiquísimo estilo del "chivo expiatorio".

Reflexionemos, además, sobre números que no son únicamente cifras: a los quinientos años del Descubrimiento tenemos que descontarle los trescientos die-

---

13 Emile Durkheim en su tesis *Montesquieu and Rousseau.* (Citado por A. Giddens en *Política...*, p. 59, nota 84.) El sobrescrito es nuestro.

ciocho del período español si, exceptuando a Cuba, tomamos como fecha general del levantamiento americano la de 1810. Y, si nos ubicamos en 1824, cuando se terminaron las guerras con España y principia claramente la vida independiente, nuestra América del Sur hispana suma ciento setenta y cinco años que son de su responsabilidad.

Frisando el umbral del siglo XXI y del tercer milenio, todavía nos hallamos en esa especie de "estadio mítico" que fuera pergeñado en el amanecer del XIX. Pletóricos de generalizaciones simplificadoras, continuamos amputando nuestro derecho a una historia sin expiación de culpas; a estas alturas, más propias que ajenas, si de hallar "culpables" se tratara.

Nuestro trabajo no va tras la búsqueda de fantasmas del pasado. En cierta manera puede calificarse como un esfuerzo por rescatar una parte de la "tabla rasa" que se encuentra sepultada en las profundidades del inconsciente colectivo. Descubriremos en esta tarea de introspección, que la porción de "el bien nacer" y el ideal nobiliario, su espejo, no ha dejado de gravitar con signo negativo en la realidad actual de las sociedades latinoamericanas.

Los fundamentos teóricos sobre los cuales se planta nuestra labor son los de la llamada "historia de las mentalidades" (o, según las preferencias, "de las sensibilidades"), elaborada en sus albores por Marc Bloch y Lucien Febvre, los maestros fundadores de la escuela francesa de los *Annales* (1929).

Comenta Georges Duby que: *"Marc Bloch, luego de* Los Reyes Taumaturgos *hasta* La Sociedad Feudal, *invitaba a considerar la 'atmósfera mental'. Con más insistencia, Febvre instaba a escribir la historia de las 'sensibilidades', aquellas de los olores, de los temores, de los sistemas de valores, y su Rabelais, mostraba en forma soberbia que cada época se hacía su propia visión del mundo, que las maneras de sentir y de pensar varían con los tiempos y que por consecuencia el historiador está llamado a defenderse todo lo que pueda de los suyos bajo pena de no comprenderlos. Febvre nos proponía un nuevo objeto de estudio, las 'mentalidades'. Era el término que empleaba. Nosotros lo retomamos"*.[14]

Más tarde, marcando los senderos a seguir, esta historia de lo inmaterial se profundizó y ensanchó cuando Fernand Braudel publicó su *opus magna* en 1949: *La Méditerranée et le monde méditerranéen a l'époque de Philippe II.*

La faena braudeliana, que revolucionó la percepción del tiempo histórico ahondando en el análisis de la duración, destacó la presencia de tres capas superpuestas: una, constituida por simples acontecimientos que son los que se aprecian en la superficie, **la espuma** (según expresión de Georges Duby); otra, **la corta duración**, conformada por la coyuntura en la que esos acontecimientos se dan y que, en sí, son las oscilaciones más profundas que los sustentan; y una tercera, **la larga duración**, determinada por estructuras que tienen otro compás mucho más lento –a veces de lentitudes milenarias– que arrastran y comandan el todo.

---

14 *L'Histoire Continue*, p. 119. El sobrescrito es nuestro.

El descubrimiento de **la larga duración** trastocó la tradicional constatación de que la materia de la disciplina histórica solo era la coyuntura y el hecho único, el no repetido. Sin negar que la historia es cambio y que sigue siendo cambio, Braudel introducía de este modo los conceptos de que, también y paralelamente, la historia es estructura y permanencia.

Con los debidos matices, el sentimiento tan común de que "la historia se repite" adquiere validez en la medida en que –como apunta Braudel– *"lo inédito jamás es perfectamente inédito"*. En el ámbito de la larga duración la sinopsis de esto estaría en la conclusión de que *"es lo mismo pero no es igual"*.[15]

Las mentalidades develan en esas largas duraciones espesas estructuras y pesados movimientos; universo de lo inmaterial que, no obstante, cala hondamente en el universo de lo material ya que las mentalidades se estructuran acordes a las culturas y civilizaciones en las que los individuos han nacido y han sido enculturados. Sus realizaciones son, en última instancia, la mejor muestra de esa indisoluble interacción funcional que se asienta entre la mente y la materia. Diría Duby: *"lo que buscamos conocer pasa en las cabezas, las que son inseparables del cuerpo, en el **animus** y no en el **ánima**..."*.[16]

Para aprehender cabalmente estos conceptos es indispensable tomar en cuenta la definición antropológica de cultura. En este caso, y en consideración de su sencillez, nos hemos inclinado por la definición de Melville J. Herskovits aunque haya otras más modernas. Haciendo la distinción entre cultura y sociedad, Herskovits expresa que *"cultura es el modo de vida de un pueblo; en tanto que una sociedad es un grupo organizado de individuos que siguen un modo de vida dado. Más simplemente, una sociedad se compone de individuos; la manera en como ellos se comportan constituye su cultura"*.[17]

Estructura funcional y compleja, la cultura contiene al individuo en su condición de animal individual y en su condición de animal social. En el espaciado trayecto de su aprendizaje social, de su socialización, será enculturado en el particular modo de vida vigente en la sociedad donde ha venido al mundo: valores, tradiciones, *mores*, costumbres, creencias... La cultura condiciona a los humanos, bien lo veremos, incluso antes de haber lanzado su primer vagido.

Es a consecuencia de este vínculo indisoluble que Fernand Braudel se pregunta si no podría decírsele "culturología" al estudio de las culturas y de las mentalidades.[18]

La "culturología" presupone el acceso de la historiografía a lo que Braudel denominó el **"mercado común"** de las ciencias humanas, que beneficia el quehacer histórico desde muchos puntos de vista. De todos ellos, lo que en este mo-

---

15 F. Braudel, *Écrits sur l'Histoire*, en particular el capítulo "Histoire et sociologie", pp. 97-122.
16 G. Duby, *L'Histoire Continue*, p. 122. El sobrescrito es nuestro.
17 *Les Bases de l'Anthropologie Culturelle*, p. 18. Con respecto a la definición antropológica de cultura son de interés todos los capítulos de la primera parte de esta obra, pp. 5-87. ‖ Salvo indicación expresa, emplearemos la palabra cultura en su sentido antropológico. El sobrescrito es nuestro.
18 En *L'Identité de la France. Espace et histoire*, p. 15.

mento más nos interesa destacar es la ventana que abre para superar el **anacronismo**, uno de los más grandes, frecuentes y peligrosos males en que caemos los humanos, los dedicados a la historia como los que no.

Mediante el mundo de la cultura es posible penetrar en los valores y los comportamientos, aproximarnos a los significados mentales (sean ellos los de las masas, los individuos, las colectividades o las sociedades en su generalidad). En su conjunto son vías que nos protegen de los riesgos del anacronismo.

Enseña Marc Bloch que el **anacronismo es algo mucho más grave que el error en el tiempo, porque es error en el espacio mental-conceptual**. Redondeando su pensamiento Bloch agrega que, **de esta equivocación, habrán de desprenderse dos tipos de transferencias: unas son intemporales y se dan cuando el historiador aplica al pasado conceptos mentales y culturales de su presente; otras, en cambio, son transferencias interculturales y se dan cuando, analizando el presente de otros, el historiador utiliza conceptos mentales y culturales propios de su cultura, sin prestar atención adecuada a los de la cultura que está examinando.**[19]

Las gravosas distorsiones de estos tipos de transferencias pueden en parte ser solventadas por el historiador a través del uso de las voces del pasado, escuchadas merced a los diccionarios: en la oportunidad, los de la lengua española. *Tesoro* llamó al suyo Fray Sebastián de Covarrubias, y no se equivocó; porque esos "tesoros" son, al mismo tiempo, registro de los cambios y evidencia de las permanencias, resumen de los conocimientos y síntesis de los valores. En una instancia final, los diccionarios son comunicadores de los pensamientos de la élite, como de los pensares del común, de la moral y de la ética que las épocas ambientan.

A los diccionarios etimológicos y a los compuestos en los siglos pasados le damos la prioridad, aunque esto no implica que abandonemos los modernos. En las definiciones de las palabras, en las que están y en las que faltan, en las que han variado por amputarse o aumentarse alguno de sus significados, en las que han caído en desuso y en las que no tienen nada que ver con el uso que se le da en nuestro presente o sencillamente no existen más, en las que traen aires de otras lenguas (donde el concepto surgió antes), advertimos la facilidad conque suelen las palabras nacer, engrosar o enflaquecer, envejecer y morir.

Si, con las limitaciones del caso, agregamos otras áreas del "mercado común" y decidimos meternos en los zapatos de nuestros antepasados, debemos afrontar la cuestión de que el punto de partida del conocimiento es la experiencia individual y egocéntrica y que esta pensará de acuerdo a cómo ha sido enculturada, es decir, etnocéntricamente. Ergo, las actitudes vitales que puedan demostrar los individuos, no solamente son las de su propio deseo, también son las que estimula y promueve su propia cultura.

---

19 *Introducción...*, capítulo "El análisis histórico", pp. 108-145. El sobrescrito es nuestro.

Aun más, esa enculturación tampoco es un hecho simple, pues la cultura se da siempre en dimensiones de diferente nivel: en la esfera de lo individual y en la de lo social; porque en el transcurrir de su vida, el individuo habrá de ocupar un lugar en la sociedad, tendrá que cumplir una serie de roles que estarán predeterminados según sea el espacio etno-cultural y el tiempo en que vive, la sociedad en que actúa y la posición que en ella tiene.

Todo esto, además, en el entendido de que una cultura nunca es un bloque uniforme, ni siquiera en el interior de una misma sociedad inclusa en los marcos de un Estado-nación. En puridad, esa supuesta uniformidad cultural solo es la proyección de una cultura que, aunque predomina en la sociedad, no representa la del total de la población.

Así coexisten subculturas en el interior de una cultura que, por ejemplo, es posible calificar de élites, de masas o de profesiones; culturas locales (la del barrio, la de la ciudad o el medio rural); culturas nacionales, regionales y continentales. Todavía es más complicada la cuestión si la sociedad estudiada es etnográficamente polivalente.

Desde la perspectiva histórica Braudel completa estos enunciados cuando analiza el concepto de civilización y halla que a las culturas de carácter continental puede atribuirseles la calidad de **civilización** gracias al empleo del concepto antropológico de complejidad cultural. Pero, advierte, esto será siempre y cuando tengamos presente que la complejidad no radica exclusivamente en un mayor número de elementos culturales, sino que para configurarse, además del grosor numérico de los componentes culturales, la idea de civilización necesitá abarcar una extensión espacial de magnitud tal que largamente sobrepase las fronteras nacionales.[20]

El caso de la **civilización occidental** aun es más especial, porque traspasando los dominios de su propio continente, ha construido una especie de "envoltorio uniformador" de tipo planetario que la ha transformado en una **macro-civilización**.

A tan sólo medio milenio del "desenclavamiento planetario" –cuyo punto de partida estuvo en el occidente europeo, en un descubrir mutuo e incesante, generador de ineludibles interdependencias– ese "desenclavamiento" fue acelerando la historia a medida que iba develando las verdaderas dimensiones espaciales, temporales y culturales del globo. Montada en las incesantes revoluciones tecnocientíficas de las comunicaciones, la velocidad tomada por la historia ha desembocado en la frenética aceleración de nuestros días.[21]

Cuando de identidad cultural se trata debemos entonces considerar: primero, que por encima de la diversidad de identidades culturales ligadas a espacios, también diversos, existe una identidad planetaria que procede de una macro-civilización occidental cuya mayor expresión se identifica en la llamada

---

20 F. Braudel, *Écrits...*, capítulo "L'histoire des civilisations: le passé explique le présent", pp. 255-314.

"globalización" (o "mundialización", según quieren otros denominarla); segundo, que la calidad de macro-civilización no hay que percibirla sólo en su *imperium* político, económico, tecnológico y científico, sino que, muy particularmente, hay que asumirla en el curso de lo inmaterial que ha trasmitido y trasmite.

En esencia, esto significa que existen ciertos valores de vida que hoy son fines proclamados por todos los pueblos del mundo. Son valores cifrados en la Libertad, la Igualdad y la Fraternidad, modernamente traducida en Solidaridad Social que apunta al Desarrollo Económico, los Derechos humanos y la Democracia (hasta el momento el único instrumento político que se ha inventado para alcanzar los anteriores objetivos).

Por último, traemos a colación las sugestivas elucubraciones de Mircea Eliade sobre la existencia de una trama primaria yacente en la mente del hombre moderno. Trama bautizada de **"mentalidad arcaica"** que Eliade define filosofando a propósito de lo sagrado, del *homo religiosus* en el cual percibe una estructura fundamental, permanente y universal de la especie humana.

Esta sobrevivencia arcaica, que incólume atraviesa los milenios y subyace en el *homo sapiens* actual, es la que lo induce a repetir en "eterno retorno" mitos, arquetipos, regeneraciones del tiempo y expiaciones de culpas trepadas en los sufridos lomos de múltiples chivos emisarios. Esas reiteraciones ocultan rechazos y temores hacia la historia, que es el pasado, y también una huida de los vínculos históricos lineales; fuga demostrada en la vocación del hombre por regresar al *illo tempore*, a la época mítica, asido al hilo conductor de los ciclos creadores de la regeneración de la vida y la supresión de la muerte.

A través de la arcaicidad de ese tejido primario, hábitat del *homo religiosus*, va Eliade al encuentro de las raíces universales de nuestra especie. Raíces que –logrando perforar espacios, tiempos, culturas y civilizaciones– configuran un reservorio infinito concebido como una "invariable" del ser humano, porque siempre lo sagrado está presente, mal que pese a los cambios de los símbolos y de los comportamientos en el tránsito de la historia universal.[22]

Tienta pensar que, tal vez, las mencionadas raíces podrían constituir la porción magmática de las espesas y lerdas estructuras protagonistas de la larga duración braudeliana, como asimismo, según habrá de verse, con mayor amparo científico y ninguna tentación filosófica, la etología nos enfrenta a la preexistencia de una conducta jerárquica en la animalidad no humana.

---

21 P. Chaunu, *A História como Ciência Social*, especialmente en el capítulo tercero: "O desenclavamento planetário", pp. 287-307. ǁ Es interesante constatar que Oswald Spengler (*La Decadencia de Occidente*) señala que "...con el descubrimiento de América, el Occidente europeo se transforma en provincia de un conjunto gigantesco. A partir de este instante, la historia de la cultura occidental adquiere un carácter **planetario**" (Vol. II, p. 182). ǁ El sobrescrito es del autor.
22 La obra de Mircea Eliade es muy vasta y variada en la medida en que ha incursionado en filosofía, en historia y en literatura. Para una introducción al tema: *El Mito del Eterno Retorno*, *Tratado de Historia de las Religiones* y *Le Sacré et le Profane*.

En razón de la diversidad de los espacios-tiempos y sociedades que abarcamos, hemos confeccionado un Índice detallado con la pretensión de facilitar la comprensión. En determinadas oportunidades, esta minuciosidad deriva en un notorio desequilibrio del tamaño de los capítulos y sus correspondientes subdivisiones. No obstante, pensamos que el camino tomado en un tema poco transitado –al menos en América Latina– redunda en beneficio de la necesaria claridad expositiva de un ensayo que, además, es de interpretación y no de investigación.

Por otra parte, el trabajo se asienta en una Iberia prácticamente reducida a España. De modo que solo de un modo lateral incluye a Portugal, el cual guarda no obstante sus divergencias a pesar de las similitudes que puedan observarse a simple vista.

Iniciamos la obra por un punto de partida no histórico sino etológico, hecho que bien puede apreciarse en el título que asignamos al Capítulo I: "El Orden de Picoteo". Entendemos que funciona como introducción porque permite develar en la especie humana la presencia de un sedimento biológico, propio de su animalidad, que influye en su comportamiento jerárquico.

A comienzos del siglo XX, la conducta jerárquica de origen exclusivamente biológico fue por primera vez observada en la animalidad no humana. Hoy, sutilmente y con las precauciones del caso, las conclusiones de la Etología referidas a individuos del reino animal no pertenecientes a la especie humana, se han ido aplicando a esta, rompiéndose así las resistencias limitantes del aporte etológico efectuado fuera de esa especie.

La tarea ha sido y es engorrosa. A la soberbia humana le resulta difícil descender de las alturas de la psiquis y el alma. Le aflige admitir que es una entelequia el popular "buen salvaje rousseauniano" (proclamado primero por Michel de Montaigne en sus *Ensayos*, 1580). También le es embarazoso descubrir que el hemisferio derecho (el más antiguo y el de los instintos) comanda más de lo imaginado o que la porción animal interviene más de lo aceptado, no obstante las filosofías materialistas o espiritualistas que segregan al humano de su parte alícuota animal. Por consiguiente, es necesario atender nuestra pertenencia a la Naturaleza, pero sin idealizaciones.

En vista de las múltiples y muchas veces irreparables devastaciones que el humano ha producido (y produce) en el ecosistema planetario, motivos sobran para estas reflexiones. Sin duda, los hechos devastadores nos demandan una actitud humilde, reñida con aquel orgullo que desde el Renacimiento condujo a los individuos a entronizarse en el centro del Universo, justo en el momento en que Copérnico les revelara que su morada terrenal nunca lo había sido.

Los escenarios sobre los que se desenvuelve "la comedia humana" siempre han sido, y aún son, geo-gráficos. Por lo menos, hasta que la ciencia y la tecnología no inventen otro hábitat, se haya cansado el planeta o las reglas del cosmos no dispongan diferente, el hogar del hombre es –y proseguirá siendo– la Tierra, y los demás seres vivientes (si no existe un real cambio de comportamiento) sus desventurados compañeros de aventuras.

La constatación etológica no está exenta de la arcaicidad que a diario vemos despuntar y, tantas veces, prevalecer. Es la misma que en los humanos de remotos pasados pulsara Mircea Eliade, nuestro "arqueólogo del alma" como lo definiera Frederik Tristán a la hora de su muerte acontecida en 1986.

En los restantes ocho capítulos, emprendemos el curso histórico de la formación del ideal nobiliario, figura y sustento de aquella sociedad de órdenes que, acollarada al *animus* del conquistador-colono, desembarca en el Nuevo Mundo a fines del siglo XV y principios del XVI.

Atravesando las distintas coyunturas seculares euro-ibéricas, trataremos de despejar los meandros culturales y mentales que concurrieron al origen, expansión y afirmación del ideal nobiliario: meta-valor indicador del **"valer más y valer menos"** de los individuos y espantajo anacrónico aún no erradicado de las sociedades de nuestra América Latina.

Durante el transcurso del análisis de sus componentes apreciaremos las importantes diferencias que acusa la Península Ibérica con relación al resto de Europa. Pues –si en la cristiandad europea la **"limpieza de oficios"** constituyó el termómetro generalizado que medía la *nobilitas* o la *ignobilitis*–, en la sociedad hispánica, a más de la de oficios, en las postrimerías de la primera mitad del siglo XV, habrá de plantarse fructuosa y terrible la semilla de la **"limpieza de sangre"**. Años más tarde fecundará en Portugal, aunque con menos vigor.

Baste solamente agregar que, en el tránsito de casi cuatro siglos, las dos purezas, ayuntadas cual hermanas siamesas, tenazmente defendidas por la gran mayoría de la sociedad española, habrán de ser privilegiadas portadoras de decadencias socioeconómicas, tanto en el ámbito nacional cuanto en el imperial.

Los racistas estatutos de la "limpieza de sangre" son el componente ibérico del cual –en virtud de sus diferentes procesos históricos– estuvieron libres las demás sociedades estamentarias cristiano-europeas.

Ni judía, ni mora, ni hereje..., la sangre habrá de tener en el Santo Oficio de la Inquisición española el celoso guardián de su pureza; sangre "limpia" que corría el riesgo de mancillarse por causa de los cristianos nuevos, sospechosos todos de judaizar desde que al promediar la centuria XV arreciaran los pogromos y las conversiones forzosas, una de sus consecuencias más significativas.

A las antiguas y tradicionales funciones inquisitoriales de la defensa de la fe y de control social, el hispánico **Tribunal Santo del Oficio**, creado al traspasar la segunda mitad del siglo XV, agregó, en una primera instancia, la misión de ser el **"remedio"** contra los **"males"** que las católicas Españas sufrían con motivo de la presencia de los judíos.

En 1492, luego de la expulsión de estos **"demonios"**, acompañada de otras olas de conversiones forzadas y en una tierra **"libre"** de judíos, la Inquisición española se convirtió en el **"santo remedio"** contra el **"enemigo embozado"**: el **cristiano nuevo o converso**.

Sin parar en mientes, en la sinceridad o insinceridad de su conversión, los cristianos nuevos tenidos por **"marranos"** (judaizantes), fueron adquiriendo la calidad de **"nación"**, de **"raza"** tan diferente cuanto **"infecta"**.

En un proceso, que "es lo mismo pero no es igual" (conversión forzosa y expulsión final del chivo expiatorio), entre 1492 y 1614 ocurrirá otro tanto con los vencidos moros del reino granadino, cristianos nuevos que, en la ocasión, habrán de trastocarse por ello en **"moriscos"** y en sospechosos de islamizar.

Demostrada en la fuerza, como en la duración de un sistema estatutario que para ser **"limpio"** obligaba al individuo a probar la vejez de su pertenencia a la grey cristiana y la de su familia (ascendente, descendente, colateral y política), la rotunda imposición de la limpieza sanguínea estuvo estrechamente vinculada a una extrema sobrevaloración de la calidad cristiano vieja la que, de hecho y de derecho, se constituyó en una **casta** privilegiada: cualquiera fuera el estamento al que pertenecieran sus integrantes, cualesquiera sus oficios (limpios o viles), cualquiera el grosor de su riqueza, la mediocridad de su bolsa o la solemnidad de su miseria.

Los grupos sociales más expuestos a sufrir los cambios –que en aquellos momentos iba imponiendo el pasaje a la modernidad– fueron los que aprovecharon al máximo la superioridad social brindada por la calidad de viejo cristiano: los disminuidos hidalgos pobres y los plebeyos infortunados, muy en particular los del medio rural.

La miseria de unos y la poquedad socioeconómica y el aislamiento de otros en el campo, decretó que fueran los menos contagiados de impurezas conversas, porque, generalmente, la sangre maculada se introducía por la vía del matrimonio (uno aportaba la nobleza y su contraparte la fortuna) o por el ejercicio de actividades urbanas, tales como el comercio, el manejo del dinero y las profesiones u oficios que desde antaño calificábanse propias de judíos o de moros. Al contrario, el trabajo de la tierra había sido siempre, y con orgullo, considerado propio de "godos".

Mientras las conocidas y frondosas ramas de los árboles genealógicos de la nobleza la exponían al descubrimiento de la mácula infamante, las no registradas de los plebeyos o las insuficientes de los hidalgos (campesinos o pueblerinos) quedaban a salvo de suspicaces y maledicentes sospechas.

No es de extrañar que la nobleza en pleno, de sangre o togada, soliera con desprecio motejar de **"preocupación plebeya"** la limpieza de sangre.

Sin embargo, veremos que tampoco fue fácil para todos, porque España, a causa de su preocupación por la sangre limpia, desde muy tempranas horas (si la medimos con los demás países europeos), se inició en la construcción de un registro llevado en libros parroquiales de bautismo, matrimonio y defunción: en ellos quedaban estampados los orígenes familiares de sus súbditos. Eran el instrumento indispensable para confirmar o no las probanzas de limpieza presentadas por los individuos.

La España inventora de la casta privilegiada del cristiano viejo, no solamente se desvió de los carriles ordinarios de las sociedades estamentarias europeas, sino que acabó inmovilizada en las redes de los estatutos de limpieza que las instituciones –fueran públicas, privadas, laicas o religiosas– exigieron para entrar en ellas.

Quien aspiraba a realizar cualquier actividad considerada honorable (como eran las de integrar las filas de la burocracia, las hermandades, los ayuntamientos, las órdenes religiosas o acceder a estudios universitarios o a grados militares), a partir de la implantación y popularización de los estatutos estaría obligado a presentar –junto a las de su limpieza de oficios– las pruebas de su limpieza sanguínea. También probanzas semejantes se solicitaban para evitar las desastrosas consecuencias sociales que, acorde al entendimiento real y de la élite de la sociedad, podrían derivarse de enlaces desiguales. .

Era aquella una tremenda ordalía de efecto paralizante. **"Bien está quien no se mueva"**, proclamaba un refrán de estas épocas. No fuera que una vez sacudido el polvo centenario de los antepasados emergiera, terrible, el esperpento de un chozno quemado, de una abuela, una suegra o un cuñado del cuñado penitenciados, de un sambenito todavía colgado, todavía entrevisto en las penumbras de alguna iglesia perdida...

España "inmóvil", suspensa en el tiempo, adentro y afuera de sus fronteras. España prendida al sombrío y todopoderoso cuerpo del Santo Oficio de la Inquisición, convertido en el largor de las centurias en temible instrumento de **control social**. De arriba abajo de la escala: del Rey al más humilde súbdito, cristianos viejos o nuevos, hombres y mujeres, viejos, jóvenes y niños, sanos y enfermos, todos, con razón o sin razón, estuvieron sometidos al escrutinio de su ojo avizor.

Pletórica de revanchismo, una España progresiva e irremisiblemente empobrecida se hundirá en una despiadada guerra social, desatada por su particular enfoque del valer más y el valer menos.

Habladurías escritas en los "libros verdes", habladurías orales conductoras de anónimas denuncias e intolerancia por doquier y a flor de piel, fueron el pan cotidiano de aquella sociedad que, ensimismada en la honra de la sangre limpia, rodaba cuesta abajo.

Pero la parálisis fruto de la limpieza de sangre no estaba sola, sino que vino a alimentar y a agudizar la proveniente de la preexistente y viejísima limpieza de oficios.

En tiempos que demandaban cambios radicales en los conceptos valorativos de la división del trabajo, caminando a contramano España sumaba la limpieza de la sangre cuando tendría que haber mitigado en algo la negativa incidencia socioeconómica de la de oficios. Para colmo de sus males, desde la antigüedad greco-romana, muchos oficios se consideraban, además de viles, "propios" de judíos. Cuando apareció el Islam en el horizonte ibérico también los habría "propios" de moros.

La sociedad española, encarada al riesgo emanado de la vileza de los trabajos mecánicos o manuales, antes que caer en la desconsideración social prefirió sobrevalorar al individuo **"pobre pero honrado"**. Sobre esta limpieza no nos extenderemos en este trabajo porque su universalidad, que la hace más conocida, nos exime por ahora de mayores aclaraciones.

El triunfo de un ideario noble, como el que nació, maduró y perduró en España por casi cuatro centurias, configura uno de los acontecimientos clave para comprender algunas de las hondas divergencias que la cercenaron del complejo europeo occidental; y, hasta en cierta forma, del propio Portugal, no obstante lo indiscutible de sus interdependencias culturales (incluida la limpieza de sangre).

Sin embargo, la historia de esta España no pasó sin contradicción. Unidas a las sombras de las "limpiezas" hallaremos siempre las voces de ciertos hombres, resistiendo la avalancha de aquel enfermizo "bien nacer" instalado en el *animus* de la nación. Tratarán de aplicar otros remedios, conscientes de ese "mal español" que, inexorable, veían perfilarse en las decadencias.

Sus voces de alerta fueron pitonisas sin fortuna. Unas habrán de resultar desconocidas, otras oídas y, algunas más, amadas en nuestros años juveniles, como las de los hombres de la Ilustración. Huelga mentar su fracaso en España, aunque no está de más recordar que, llegado el trance de la Independencia, tampoco merecieron la atención de los criollos revolucionarios.

A pesar de que emprendían el camino hacia la "regeneración" de su vida, a pesar de su intención de hacer "tabla rasa" del pasado, los nuevos hijos de la nueva América, espesaron su sordera y cayeron en la mudez. Desde entonces aquellas voces de advertencia fueron las del silencio.

Marta Canessa de Sanguinetti
Montevideo, mayo de 2000

Advertencia

Hemos modernizado la ortografía de las citas que así lo han requerido, respetando solo la puntuación y las mayúsculas. Exceptuamos esta regla en los casos en que conviene la preservación de la ortografía antigua. También respetamos la ortografía de los textos cuando su copia está actualizada.

Es de nuestra responsabilidad la traducción al español de los textos citados en otros idiomas.

Los corchetes en un texto copiado se utilizan para insertar algún comentario o dar continuidad a la lectura con palabras nuestras, y también se emplean en los puntos suspensivos cuando es extenso el pasaje suprimido.

Presentamos la Bibliografía por orden alfabético y dividida en dos secciones: Bibliografía Citada y Bibliografía Seleccionada. En la primera, hemos tratado que las citas de autores en el texto se redujeran a un número no muy amplio de los libros manejados, como forma de facilitar el acceso a pocas obras, todas en general conocidas y divulgadas suficientemente. En la segunda, seleccionamos una serie de libros que no están citados en el texto, pero que sí han contribuido a la elaboración de este ensayo. Aquí nos remitimos a obras que –ya de carácter general, ya específico– amplían aquellas expresamente citadas o se limitan a proporcionar una visión panorámica, y por cierto no exhaustiva, de la "culturología", neologismo propuesto por Fernand Braudel para denominar el estudio de las culturas y las mentalidades.

Otro sí digo: en la Bibliografía Citada escribimos el apellido de Fray Sebastián de Covarrubias como "Cobarrubias" porque de esta suerte figura en la edición facsimilar de su *Tesoro de la Lengua Castellana o Española*. No obstante, en el texto preferimos hacerlo con la ortografía más recibida.

M. C. de S.

I

"El orden de picoteo"

"Cada hombre lleva en sí la forma entera de la condición humana."
Michel de Montaigne
Ensayos, 1580

"Desde los tiempos lejanos de Hesíodo y de Platón, hombres, observando los comportamientos que mantenían entre sí, se han representado mentalmente a la sociedad donde vivían como si estuviera compuesta de grupos de hombres formando especies de capas sociales, o estratos, superpuestos en un orden jerárquico. A estos estratos, generalmente, los han llamado clases."

Roland Mousnier
Les Hiérarchies Sociales, 1969

La expresión "orden de picoteo" (*pecking-order*) fue inventada por la Etología para indicar la existencia de una jerarquía de dominación dentro de una comunidad animal.

Esta expresión, que por su frecuente empleo dejó de ser exclusiva de los especialistas, dictamina un "orden" que se dijo de "picoteo" porque el descubrimiento de este fenómeno se llevó a cabo por primera vez en el campo de las aves, cuando la disciplina etológica emprendía sus primeros pasos.

Gallinas y patos fueron los animales que permitieron al investigador Schjelderup-Ebbe (Noruega, 1922) concluir que: *"En cualquier averío de gallinas pronto se establece una jerarquía fijada bastante firmemente, en la que el ave superior tiene normalmente derecho a picotear a todas las demás sin ser picoteada a su vez; y cada una de las demás ocupa un lugar subordinado al suyo, siguiendo generalmente una serie lineal una respecto a otra hasta llegar al ave inferior, que puede ser picoteada por todas sin temor a represalias"*.[1]

La función de esta agresividad controlada (que en sustancia es el "orden de picoteo") ha sido vista por los etólogos como una de las formas pergeñadas por la madre natura para garantizar el funcionamiento de la paz y el orden dentro de un grupo animal; asunto indispensable para la supervivencia de la especie en cuestión.

Es curioso ver cómo estas conclusiones de la Etología no guardan mucha distancia con las que expuso Kant en *Hacia la paz perpetua*. Aparecida en 1795, la obra es una propuesta moral y política cuyo objetivo es hallar las condiciones para la instauración de la perpetuidad de la paz entre los Estados. Según Kant, esa paz, convertida por la razón en un deber continuo y considerada "como un bien político supremo", tiene una "garantía": la naturaleza actuando a través del mecanismo de los instintos y de las pasiones de los seres humanos.[2] Se da por supuesto que si *"En el reino animal... la agresividad es un impulso que sirve a los intereses de la especie en que se manifiesta... no es posible describir la agresividad del hombre con los mismos términos"*.[3]

Cierto y cauto es el cuidarse de los riesgos de las comparaciones, no obstante, la existencia de la agresividad humana no puede negarse: tanto en la agresividad integrada y necesaria para la lucha por la sobrevivencia, así como en la manifestada en actos de violencia y guerras variadas. Al contrario, el propio Kant observa que *"El estado de paz entre los hombres que viven juntos no es un estado de naturaleza* (status naturalis), *que es más bien un estado de guerra, es decir, un estado en el que, si bien las hostilidades no se han declarado, sí existe una constante amenaza de que se declaren"*.[4]

Es innegable que cualquier sociedad –incluso la que no se fundamenta en la dominación, sino en los principios igualitarios de la democracia– precisa de una dirección y esto, esencialmente, implica un orden jerárquico. Lo que permite decir a Anthony Storr que las democracias modernas, si bien se han alejado del modelo basado en la dominación jerárquica, han tenido que resolver el problema de la agresividad permitiendo la presencia de la oposición, cosa que no toleran las sociedades autoritarias.[5]

En virtud de que el enunciado "orden de picoteo" puede acomodarse a toda situación jerárquica que acontezca en el mundo zoológico, es dable entonces que podamos aplicárselo al hombre a causa de su condición animal y también resul-

---

1   Citado por A. Storr, *La Agresividad Humana*, p. 52. ‖ Sobre el mismo tema, ver Konrad Lorenz, *Sobre la Agresión: El Pretendido Mal, El Comportamiento Animal y Humano y Consideraciones Sobre las Conductas Animal y Humana*.
2   I. Kant , pp. 20-21, en la "Introducción" de Jacobo Muñoz.
3   A. Storr, *La Agresividad...* , p. 54.
4   I. Kant, *Hacia la Paz...* , p. 81. ‖ Que el estado de naturaleza no es el de la paz, lo cantan las cifras: "Desde el 3600 a.C. hasta mediados de nuestro siglo el número de guerras documentadas asciende a 14.351, no habiendo disfrutado la humanidad durante ese vasto período de más allá de 292 años de paz. En el transcurso de 3.357 años se firmaron unos 800 tratados de paz, sin que ninguno de ellos durara, contra lo estipulado, más de 10 años". (Ibíd., p. 16 y nota 1.)

ta plausible utilizarla para analizar su contexto no animal: el de su cultura, único ejemplo de humanidad y, hasta ahora, esencial diferencia del hombre con los demás animales.[6]

Esa condición biológico-jerárquica, el hombre, animal creador de cultura, la reflejará en la sociedad en que vive. Los pueblos de todo el orbe, en pasados o presentes (prehistóricos o históricos), cualesquiera hayan sido o sean las complejidades de sus estadios culturales, siempre suscitan órdenes de jerarquía en su organización social.[7]

Los fundamentos de estas jerarquías, de acuerdo al espacio y tiempo sociocultural de que se trate, serán diferentes (castas, estamentos o clases), pero ellas siempre existirán determinadas por una categorización de los valores que, vigentes en la sociedad, rigen la interrelación de los individuos.

Mixtura de *sapiens* y *faber*, el hombre piensa y obra al mismo tiempo. Por eso, cuando prohija un valor no solamente está acordando un cierto consenso sobre los valores, sino también implantando una determinada jerarquía de las ideas, de las cosas y de las personas, indispensable para la conducción de la vida en sociedad. Va de suyo que esto es independiente de las desigualdades naturales o de la repartición del poder.[8]

La estratificación social (y esto vale para cualquier sociedad sin importar su espacio-tiempo) conforma su esencia generalmente a través de dos elementos: la división del trabajo social y la evaluación cualitativa que la sociedad efectúa de esa división.

1. Formación de la sociedad estamentaria

En el decurso del tiempo que hemos acotado, la estratificación de las sociedades de Europa occidental arrastraba en su organización social estructuras estamentarias que habían sido instauradas durante la Edad Media.

Esas estructuras de dominación jerárquica habíanse originado en un mundo ruralizado, con economía de subsistencia y masa de población servil atada a la tierra y al Señor, y este sometido a relaciones de vasallaje, de lealtad de hombre a hombre, que terminaban en el Rey, la punta de la pirámide.

En consecuencia, los estamentos u órdenes promovieron una sociedad en la que el ideal era que cada uno tuviera su lugar de acuerdo a la función que cumplía.

---

5 A. Storr, *La Agresividad...*, p. 56.
6 Experiencias actuales han permitido hallar rasgos culturales en antropoides (caso del chimpancé) y en otras sociedades de simios pequeños (por ejemplo, experiencias llevadas a cabo en Japón). Ver I. Sabater Pí, *El Chimpancé y los Orígenes de la Cultura*.
7 Ni siquiera las utopías igualitaristas que pretendieron erigirse sobre otras bases se libraron del fenómeno jerárquico. Bien al contrario, la marxista, última de las intentadas, privilegiando el Partido único e instaurando la Dictadura del Proletariado (de la cual le fue imposible salir para alcanzar la edad Comunista), instituyó una sociedad de dominación jerárquica, rígidamente estratificada, del mismo modo que habían hecho las sociedades aristocráticas.
8 L. Dumont, *Homo Hierarchicus*, p. 25.

A pesar de los esfuerzos, en el mundo de las realidades, este ideal nunca llegó a más que eso: un ideal. Ni en sus épocas más propicias gozó el Medioevo de un ordenamiento social perfecto, sino que pululaba en su interior una ingente masa de marginados sociales (leprosos, enfermos mentales, siervos que huían de sus amos, bandoleros, mendigos, herejes...) que rompían los cuadros de la tan ansiada uniformidad de los órdenes.

Los tratados de teólogos y pensadores medievales abundan en elogios sobre los beneficios de un sistema social así estructurado. Por ejemplo, lo apreciamos en San Agustín cuando reflexiona sobre el sentido de la paz cristiana y expresa que, para él, es *"la concordia bien ordenada de los ciudadanos en el mando de la autoridad y la obediencia... la tranquilidad del orden. Y el orden es la disposición de los seres iguales y desiguales designando a cada uno el lugar que le conviene"*.[9]

El igualitarismo cristiano del mensaje evangélico, por muchas centurias, se interpretó en el sentido de igualdad de las almas. Metafísicamente, era el alma del individuo la que poseía dignidad y nobleza, pero no ocurría lo propio con el cuerpo que alojaba al alma. No obstante, el concepto de caridad y obligación de los amos o superiores para con los inferiores a su cargo (caso también del monarca respecto del conjunto de la sociedad) atemperaron esta posición favorecedora de desigualdades.

En consonancia con esta forma de apreciar el ordenamiento social y la división del trabajo existente, la sociedad medieval se dividió en tres estamentos u órdenes: los que hacen la guerra y protegen materialmente, los que rezan y gracias a sus oraciones protegen espiritualmente, y los que trabajan la tierra, cumplen menesteres artesanales, mercantiles u otros servicios.

De la evaluación social que los individuos efectuaron de la mencionada división laboral, resultó el prestigio que le correspondía a cada uno de los estamentos: su valer más o su valer menos, con el cortejo apropiado de retribuciones y castigos según fuera el estamento.

Estos juicios de valor determinaron entonces la existencia de dos órdenes o estamentos privilegiados (uno seglar y otro clerical) y un tercero seglar y no privilegiado.

El orden seglar privilegiado es el de los guerreros. De ellos nacerá la nobleza de sangre que, aproximadamente, irá tomando cuerpo desde el siglo XIII.

El otro orden privilegiado, el clerical, posee con respecto al anterior una diferencia importante porque la pertenencia al estamento, en ningún momento obliga a la nobleza ni tampoco la otorga. Será, por lo tanto, un orden abierto a todos los estratos de la sociedad y por esto un medio de movilidad vertical aprovechado por los del estamento no privilegiado para su ascenso social.

---

9   San Agustín, *La Ciudad de Dios*. (Citado por H. Méchoulan en *Le Sang de l'Autre ou l'Honneur de Dieu*, p. 12.)

El tercero de los órdenes, seglar y no privilegiado, es la cuna de los que trabajan y, pese a que las diversas sociedades europeas lo han nombrado también de manera distinta, en sustancia puede titulársele de Tercer Estado, Estado General o, como en España, Estado Llano.

Este edificio ideal, ordenado y tripartito, no sería cumplido ni en la Alta Edad Media ni en la Baja y, mucho menos, durante el período en que, entrando en la modernidad, se concretan y consolidan los Estados centralizados y nacionales del Antiguo Régimen (siglos XVI, XVII y XVIII).

En suma, la pretendida homogeneidad estructural de los órdenes seglares fue un acto fallido, porque el sistema (aunque lo intentó) no incluyó un cierre hermético entre los estamentos como sucede en el sistema de las castas.

2. En España

En España (pero asimismo en el resto de Europa) solamente la sangre, en principio, era capaz de otorgar nobleza. Despunta esto en la definición del término noble que trae Covarrubias: *"Este título se daba antiguamente a los reyes de Castilla"*. Pero los reyes siempre estuvieron facultados para honrar a su guisa a nobles y no nobles de acuerdo a los servicios prestados.[10]

Así en el siglo XVIII *Autoridades* define que nobleza es: *"Lustre, esplendor o claridad de sangre, por la cual se distinguen los nobles de los demás del Pueblo, la cual viene por sucesión heredada de sus mayores o se adquiere por las acciones gloriosas".*[11]

---

10 *Tesoro de la Lengua Castellana o Española*. || Un buen ejemplo del camino al ennoblecimiento a través del servicio al Rey lo consigna nuestro fraile al definir los términos paniaguado y el apellido Paniagua. **Paniaguado**: *"El allegado a una casa; antiguamente era de pan y agua la ración de los allegados a una casa, y hoy día se llama pan y agua la que se da a los caballeros por ración. Es lo último que se puede dar a uno para que pueda vivir, aunque trabajosamente, como los penitenciados a pan y agua./* **Paniagua**: *Es también apellido de una muy noble e ilustre casa, que desciende de un hijo del rey de Inglaterra que se llamó don Dionís, como consta en los anales del obispado de Plasencia,... escritos por fray Alonso Fernández. Este pasó a Francia, donde se casó, y entre otros servicios que hizo al rey fue librarle de una traición y peligro de su vida. El hijo de éste y nieto del rey de Inglaterra, llamado don José Loaissa, fue el primero que vino a Aragón y Castilla, en tiempo del rey don Alonso el Sabio, y le sirvió en las conquistas, especial y señaladamente en la del reino de Murcia, como consta del libro de su población,... y se casó con una señora francesa de mucha calidad y lustre, llamada doña Jacometa, como hoy parece por la piedra que está puesta en su sepulcro en el monasterio Real de las Huelgas de Burgos. Sus servicios fueron tales que por ellos el dicho señor rey don Alonso el Sabio, le hizo merced de la villa y castillo de Pretel y otros grandes heredamientos, de que el susodicho fundó mayorazgo. Tuvieron por hijos a Garcí Jofre de Loaissa y otros que juntamente con él fueron los primeros y principales pobladores de la ciudad de Murcia. Fue Garcí Jofre de Loaissa adelantado mayor del reino, y mereció tanto en la gracia del dicho rey don Alonso que fue su valido y privado, teniendo el oficio de su copero mayor, y, como consta... le dejó al tiempo de su muerte por testamentamentario, con los demás principales del reino..."*. Largamente, Covarrubias sigue la historia de esta familia ennoblecida por sus méritos en heroicas acciones, conquistas y otras guerras, económicamente beneficiada con tierras y pueblos, en títulos militares y cargos políticos. El sobrescrito es nuestro.

Esa "sucesión heredada de los mayores" (la nobleza por excelencia) se sintetiza en España bajo el concepto de "hidalgo" (antiguamente fidalgo), que *"es término muy propio de España"* según anota Covarrubias. E hidalgo, viene a ser ***"La persona noble que viene de casa y solar conocido, y como tal está exento de los pechos y derechos que pagan los villanos"***.[12]

Sobre lo de "casa y solar conocido" es interesante explorarlo en el viejo y sapiente libro de D. José Godoy Alcántara. Con motivo de los orígenes de los apellidos castellanos y aclarando sobre sus formas dice que entre esas *"...que debieron su origen al carácter feudal, fue la principal la que provino del solar de que se era dueño, y se denominaba solar todo edificio o terreno, grande o pequeño, yermo o poblado. El verdadero* **solar** *nobiliario era un extenso predio, especie de* **latifundium**, *poblado de familias de criación o vasallos solariegos que lo cultivaban, y en cuya parte más eminente se levantaba una casa fuerte que habitaba el señor"*.[13]

Del carácter feudal arranca entonces la calidad nobiliaria, que se acentuará con las divisiones de herencias, antes de las vinculaciones (léase mayorazgos), que multiplicaron a *"...estas casas solariegas, que dieron apellido a sus poseedores, y con él después motivo de vanidad a los descendientes. Algunos solares fueron núcleo de agrupaciones de población, que llegaron a formar pueblos y villas; pero cuidaban mucho las familias que de ellos arrancaban su estirpe, de hacer constar la mayor antigüedad del solar"*.[14]

De esto fácilmente accedemos a la definición de Covarrubias, en la que solar *"Es el suelo de la casa antigua de donde descienden los hombres nobles"*. Y también *"...cualquier otro suelo donde se edifica casa [...]. Autoridades* trae asimismo estas significaciones, aunque las coloca por separado.

Esta ambivalencia nos la resuelve *Autoridades* en **"hombre conocido"**: *"Es aquel que ya por su sangre, o por estar en alguna elevación o empleo decente, se distingue de los demás, y merece estimación"*. Ergo, la estimación en el caso de los "hijosdalgo" (hijos de algo) la presta el solar. Como dirá en su *Nobiliario* de fines del siglo XV Hernán Mexía: *"Hidalguía es nobleza que viene a los hombres por linaje"*.

No abundamos más, porque el tema será tratado luego con mayor profundidad. No obstante, es pertinente que anotemos algunas de las categorizaciones hidalgas que nos trae *Autoridades*. Nos demuestran que había otros individuos que gozaban de la condición hidalga y que, pese a que lo eran de "**sangre, casa y solar conocidos**", mantenían con la generalidad algunas diferencias. Es el caso del **"Hidalgo de Devengar Quinientos Sueldos"**, que según *Autoridades* se les lla-

---

11 *Autoridades*. Primera acepción de nobleza.
12 El sobrescrito es nuestro.
13 *Ensayo Histórico, Etimológico, Filológico sobre los Apellidos Castellanos*, pp. 46-48. ‖ El sobrescrito es del autor.
14 Ibíd., pp. 48-49. ‖ *"Los anchos muros del solar de Ercilla; Solar antes fundado que la villa."* (Ibíd., p. 49.)

mó por dos razones: *"la una, porque cuando algún hidalgo notorio recibía agravio de otro, en satisfacción de él, por sentencia judicial, devengaba quinientos sueldos, y en igual injuria el villano no podía devengar más que doscientos; y la otra, porque era el acostamiento o paga que recibían de los Reyes los hidalgos de sangre que les servían en la guerra"*. También el **"Hidalgo de Cuatro Costados"**: *"...aquel que sus cuatro abuelos fueron hidalgos de casa y solar conocidos"* o los más diferentes **"Hidalgos de Gotera"**, que son los que *"...en Castilla llaman a aquellos nobles que lo son y gozan de este privilegio solo en un Lugar; y en saliendo de allí no son tales hidalgos"*. Con respecto al **"Hidalgo de Ejecutoría"**, lo veremos más adelante. Por ahora baste decir que es quien *"...ha debido o querido confirmar su hidalguía gracias a una Carta de Ejecutoría, obtenida después de haber litigado por ella y salido con bien"*.

En los tiempos formativos de la nobleza, los reyes premiaron los servicios rendidos en la guerra. Este tipo de nobleza, que fuera llamada de privilegio, habrá de extenderse cuando, en la elaboración de los Estados centralizados, la instauración de la burocracia origine la nobleza de toga, surgida de los servicios prestados en la administración real.[15]

A las calidades nobles, heredadas por la sangre o a las emanadas por méritos hechos con la espada, se unirán los togados. Inferiores en la consideración de sus pares y también del pueblo, comúnmente fueron universitarios: abogados, licenciados, bachilleres y gente de letras en general.[16]

El noble guerrero que fue D. Diego Hurtado de Mendoza ilustra magníficamente en sus comentarios *De la guerra de Granada* la situación de ese nuevo competidor que era "el funcionario": *"Los Reyes Católicos han puesto el gobierno de la justicia y de los asuntos públicos entre las manos de los letrados, gentes de condición media, entre grandes y pequeños, no aportándoles deshonra ni a los unos ni a los otros, y cuya profesión eran letras legales"* (estudiar Derecho). Más adelante continúa: *"esta manera de gobernar se ha extendido por toda la Cristiandad y se encuentra hoy día en la cima de su poder y su autoridad"*.[17]

No serán los togados, sin embargo, los únicos individuos que lograrán pasar al estatuto privilegiado; habrá otros transgresores que lo harán por medio de la compra de un título o de otras calidades nobles no tituladas. De la misma manera que la administración real, los togados eran el producto de una cultura que había ido haciéndose escrita y burócrata. Los que pagaban sus buenas monedas –para salir del orden no privilegiado e innoble del Estado Llano– eran "hombres nuevos": burgueses enriquecidos que no querían perdurar en la situación burgue-

---

15 Por ejemplo, Hidalgo de Privilegio: *"El que siendo hombre llano, el que por algún servicio particular o acción gloriosa, el Rey le concedió los privilegios exenciones y prerrogativas que gozan los hijosdalgo de casa y solar conocido; o aquél que compró este mismo privilegio a los Reyes"* (Autoridades).

16 En Hidalgos, *Autoridades* expresa: *"Se llaman también algunas personas que en los Lugares gozan de la exención y privilegio de hidalgos, por tener algún título honorífico; como de Doctores de las Universidades de Salamanca y Alcalá, u otros semejantes"*.

17 Citado por F. Braudel en *La Méditerranée...*, T. 2, p. 29.

sa de *ignobilitis*; individuos hechos en el manejo de las finanzas y del comercio mayorista, hijos, en fin, del florecimiento del capitalismo comercial y financiero comenzado en la Baja Edad Media.

No es de extrañar que a mediados del siglo XIV, Juan Ruiz († 1351), más conocido como el Arcipreste de Hita, en uno de sus versos del *Libro del Buen Amor*, nos brinde ya una extensa, extraordinaria e irónica crítica sobre el poder del dinero titulada: "Enxiemplo de la propiedat que'l dinero ha", que comienza: *"Mucho faz' el dinero, mucho es de amar:/al torpe hace bueno e ome de prestar,/fface correr al coxo e al mudo fablar,/el que no tiene manos, dyneros quier' tomar.//Sea un ome nescio e rudo labrador,/los dyneros le fazen fidalgo e sabydor,/cuanto más algo tiene, tanto es de más valor;/el que non ha dineros, non es de sy señor.//Sy tovieres dyneros, avrás consolación,/plazer e alegría e del papa ración,/ comprarás parayso, ganarás salvación:/do son muchos dineros, es mucha bendición.//..."*.[18]

Como reacción al poder que confiere el dinero (cada vez más contante, sonante y pesante) en la España del siglo XVI se consolidará el proceso de jerarquización que venía dándose en el interior del estamento nobiliario. La nobleza linajuda inventará "la Grandeza", título superior a los demás títulos y a cualesquiera de las otras condiciones hidalgas.

Habrá, entonces, dentro del estamento privilegiado, varias categorías: grandes, títulos, caballeros e hidalgos. A su vez (excepto en la Grandeza), surgirán diferencias entre los títulos y demás hidalgos no titulados.

En la consideración del pueblo común los únicos nobles son los de linaje: los Grandes. Pero este no es parecer que interese a los que podían darse el lujo de un título, ya que él permitía: a nobles de menor jerarquía, huir de la medianía del caballero o del hidalgo, y a los del Estado Llano ascender al estamento de la nobleza.

La venta de títulos que la Corona practicó con motivo de sus apuros financieros (muy ampliamente desde los tiempos de Felipe IV) dejó al simple hidalgo, generalmente proletarizado, relegado a "la triste figura" del personaje literario. Más literario aun si recordamos que, en tiempos en que campeaba el despoblamiento de España, aparecieron los **"hidalgos de braugeta"**, que eran *"...ciertos hombres llanos, que por tener un número de hijos varones gozan del privilegio de nobles, en cuanto a los pechos y cargas: lo que concedieron los Reyes para aumentar la población de España, para que con éste y otros privilegios se casasen los hombres mozos, con esperanza de tener el número de hijos que se requiere, que algunos creen son siete"*.[19]

La venta de los cargos públicos fue otro de los medios de promoción social que ofreció esta sociedad estamentaria. Como en el caso precedente, su popula-

---

18 P. 55. || H. Kamen en *La Sociedad Europea...* (p. 126), revela que en 1597 los nobles españoles con título eran 124 y en 1631 eran 241, de los cuales títulos casi un centenar habían sido creados durante el reinado de Felipe IV (1621-1665). En 1625, este monarca explica que *"sin recompensas o castigos no se podía sostener ninguna monarquía"*.
19 *Autoridades*.

rización a partir del año 1540 fue asunto de finanzas desequilibradas, pero no puede negarse la función de control político de la administración que le atribuyó Felipe II.[20]

D. José Godoy Alcántara expresa sobre la necesidad de ser noble: *"Baste considerar que en los nobles se proveían las encomiendas, dignidades y empleos, tenían preferencia para las prebendas y beneficios eclesiásticos, y facultad de acumular muchos; no podían ser ejecutados en sus bienes, ni encerrados en cárcel pública, ni sometidos a tormento, ni a penas ignominiosas, y que estaban exentos de tributos y cargas concejiles, **para formarse idea de los esfuerzos que se harían por penetrar en la clase privilegiada, de los fraudes y falsificaciones que para ello emplearían, y de los sacrificios pecuniarios que por conseguirlo se impondrían los particulares en las épocas en que la venta de hidalguías y títulos era uno de los arbitrios de la Real Hacienda.** Así es que sus fronteras se fueron dilatando hasta acusar el censo de 1787, como pertenecientes a ella, medio millón de individuos"*.[21]

El estamento "de los que rezan", privilegiado aunque sin exigir nobleza, naturalmente no podía ser homogéneo. En la sociedad hispánica, en la que todos luchaban por "vivir noblemente", fue el recaudo al que recurrieron las gentes empobrecidas para abatir sus miserias sin correr el riesgo de perder honra, en caso de que se fuera de condición hidalga o, en su defecto, para ganarla si se fuera de condición plebeya.

En una sociedad, que honrando el ideal noble deshonraba el trabajo manual, la apertura del orden clerical hizo de la Iglesia un notable refugio de ignorantes y analfabetos, generalmente carentes de auténtica vocación.

La situación empeoraría en la centuria XVI, pues a raíz del aumento del número de los oficios declarados viles, las gentes del llano desertaron yéndose a colmar las filas de la Iglesia. Ello contribuiría a la decadencia del clero en su conjunto y a la escasez de fuerza de trabajo, uno de los factores que negarían el despegue a la misma España.

El más perjudicado en este sentido fue el clero de órdenes (monacal, regular y mendicante), pero también muchos individuos de mala calaña y atroz formación rebozaban en las parroquias modestas, redundando en pesada carga para sus míseros parroquianos.

Este estado de cosas terminó por originar una estratificación exógena al orden jerárquico en la clerecía de reglas o en la secular. Es por eso que, en algunas de las órdenes mendicantes, hubo distinción entre órdenes nobiliarias (léase también poderosas económicamente y con grandes privilegios) y órdenes más abier-

---

20 Felipe II procuró controlar los nombramientos en los puestos altos de la Corte y de las municipalidades de las ciudades más importantes. Sin embargo, en los municipios y con el correr de los siglos, benefició a las élites urbanas a las que se pretendía controlar, porque de sus filas provenían los compradores.
21 *Ensayo Histórico, Etimológico...*, pp. 63-64. || El sobrescrito es nuestro.

tas o populares. Las más estrictas, en lo tocante a la nobleza, fueron las monacales, caso de los benedictinos.

El Estado Llano, orden seglar no privilegiado e innoble de "los que trabajan", como ya señaláramos, tampoco era socialmente homogéneo. Si no lo había sido en las épocas que habían visto su configuración, tampoco lo será en el mundo del Bajo Medioevo y, por supuesto, menos en el moderno del Antiguo Régimen. Por esencia eran lo contrario a la hidalguía y eso se notaba en el pago de impuestos. Son **pecheros** y en *Autoridades* **Pechero, ra** es *"El que está obligado a pagar o contribuir con el pecho o tributo. Úsase comúnmente contrapuesto a Noble"*. Y **Pecho**: *" Significa también el tributo que pagan al Rey los que no son hijosdalgo..."*. ‖ **Pecho**: *"Por extensión se llama la contribución o censo, que se paga por obligación a cualquier otro sujeto que no sea el Rey... Censo o tributo que es llamado 'pecho' señalado, que toman los Obispos en algunas Iglesias cada año"*.

Las diferencias en el interior del Estado Llano progresivamente fueron acentuándose, porque es norma que cuanto mayor es la división del trabajo, más recrudece la diferenciación social y, cuanto mayor es esa diferenciación, más se complica la estratificación social.[22]

En términos generales, los tratadistas europeos del Derecho estamentario consideraron que la sustancia del Tercer Estado estaba compuesta por la burguesía, es decir, los grupos urbanos de la sociedad, porque habitualmente de ellos procedían sus representantes en las Cortes (o los Parlamentos).

Empero, el que la burguesía fuera el núcleo principal no exime del Estado Llano a los individuos del sector rural: los labriegos, únicos plebeyos cuyo trabajo, sin discusión, era honesto.

Analizado desde el punto de vista económico, el campesinado presentaba subdivisiones: los que califican en la clase de los propietarios ricos, los que forman en la de los medianos, los que revistan en la de los pauperizados minifundistas o en la de los jornaleros rurales, últimos en el escalón del sector.

En la burguesía, esas divergencias sociales y económicas se agudizan de manera exponencial. Por una parte, porque en la categorización del trabajo burgués campean las mezclas de valores socioeconómicos opuestos entre sí (se puede ser adinerado y vil o muy pobre y honrado a causa del tipo de trabajo que se realice); por otra, porque el desenvolvimiento de la economía urbana y la consiguiente multiplicación de la división del trabajo –características del sector– son creadoras de más desigualdades.

En conclusión, el poder adquisitivo genera una estructura jerárquica que segrega en dos grupos extremos a la masa del Estado Llano y procrea, entre uno y otro, un heterogéneo grupo intermedio. La propiedad y el poder adquisitivo constituyen el asiento del que arranca esta división, en la cual, además, es necesario

---

22 R. Mousnier, *Les Hiérarchies...*, p. 8.

tener presente la intervención de las contradicciones derivadas de la escala de valores que rigen el trabajo.

En la cumbre de la burguesía figuraban: los banqueros (financistas, prestamistas, etcétera), comerciantes al por mayor, funcionarios y universitarios doctores en Teología y en Leyes. En la agrupación intermedia (subdividida de mayor a menor): notarios, médicos, cirujanos, maestros, prestamistas de poca monta, comerciantes al menudeo, funcionarios menores, maestros artesanos propietarios de talleres y simples artesanos, artistas plásticos y ¡cuántos oficios más! hasta arribar al extremo habitado por infelices y miserables de toda laya.

Los habitantes de la cumbre (sin salirse del orden plebeyo) podían aspirar y obtener condiciones de privilegio que los distanciaban incluso más de sus supuestos pares, por ejemplo: ocupar funciones públicas o cargos municipales (habitualmente comprados), integrar cofradías religiosas o gremios, ser familiares de la Inquisición o lucir hábitos de caballeros.

Los "ricos homes" manteniéndose burgueses eran y no eran Pueblo: *"la gente común y ordinaria de alguna Ciudad o población, y a distinción de los Nobles"*. No eran plebe *"la gente común y baja del Pueblo"*, pero sí eran plebeyos: *"lo que es propio del Pueblo o pertenece a él. Tómase regularmente por el sujeto que no es noble e hidalgo"*. O sea que, estrictamente, calificaban dentro de la villanía: *"La bajeza de nacimiento, condición o estado. Lat.* Vilitas, Humilitas, tis".[23]

Los plebeyos, como expresa el Padre Acosta (en su *Historia Natural y Moral de las Indias*) *"...no podían usar vaso, sino de barro, ni vestir sino Nequén, que es ropa basta"*. Ciertamente, ni en esto ni en otras cosas cumplían los "ricos homes" con su condición plebeya pero las autoridades toleraban a causa de su riqueza.[24]

Estos privilegios que de hecho se confería a los estratos superiores del Estado Llano, sin embargo, no conformaban a nadie: ni a los que podían ascender ni a los incapacitados para ello, porque la suma de todas las pretensiones radicaba en la verficación del ideal nobiliario y este no era fácil de convertir en realidad.

---

23 *Autoridades.*
24 Ídem.

II

El ideal nobiliario

"Nobleza. Lustre, esplendor o claridad de sangre, por la cual se distinguen los nobles de los demás del Pueblo, la cual viene por sucesión heredada de sus mayores, o se adquiere por las acciones gloriosas. Lat. *Nobilitas, Sanguinis, vel generis claritas*. Recopilación, lib. I. tít.7. t. 36. Deseando obviar los daños que suelen padecer los pretendientes, por la malicia de sus émulos, en los juicios de las pruebas de nobleza y limpieza."

Autoridades, 1734

"Honra. Significa también pundonor, estimación y buena fama, que se halla en el sujeto y debe conservar." Lat. *Decus*, Fama. Fray Luis de Granada. "Símbolo de la Fe, part. 3. trat. I. cap.8. De este primer fruto se sigue otro, que es ser restituido el hombre en aquella primera dignidad y honra en la que Dios le había criado." Lope de Vega. "La Dorotea, f. 26. Los hombres hacen honra de lo que quieren. Un hombre ha de querer lo que es justo para ser honra!"

Autoridades, 1734

Honor. "Vale lo mismo que honra..."

F. Sebastián de Covarrubias
Tesoro de la Lengua Castellana o Española, 1611

1. La "Nobilitas"

En las sociedades estamentarias el ideal nobiliario fue un espejo en el que todos los individuos miraron su valer más y su valer menos. En la de España, esto se dio más que en ninguna otra del occidente europeo.

En su fuero interno este ideal desenvolvía toda una simbología del orden social y político que promovía la visibilidad de las obligaciones y derechos de los individuos, considerados tanto dentro de cada estamento como fuera de ellos. La simbología diferenciaba en forma superior, por encima de todos, al Rey, a su poder político, a la Nobleza y a la Iglesia.

Para informarnos mejor, dejemos discurrir al sabio rey Alfonso X cuando determina: *"Que el rey debe vestir muy apuestamente"*: *"Vestiduras hacen mucho conocer a los hombres por nobles o por viles; y por ende los sabios antiguos establecieron que los reyes vistiesen paños de seda con oro y con piedras preciosas, porque los hombres los pudiesen conocer luego que los viesen...; y aun en las grandes fiestas cuando hacen sus cortes trayesen coronas de oro con piedras muy nobles y ricamente obradas, y esto por dos razones: la una por significancia de nuestro señor Dios, cuyo lugar tienen en tierra; y la otra porque los hombres los conociesen, así como de uso decimos para venir a ellos a servirlos y honrarlos, y a pedirles merced cuando les fuese menester. Y por ende todos estos guarnecimientos honrados que decimos ellos deben traer en los tiempos convenientes, y usar de ellos apuestamente./ Y otro hombre ninguno no debe probar de hacerlo ni de traerlos, y el que lo hiciese en manera de igualarse al rey y tomarle su lugar, debe perder el cuerpo y lo que hubiere, como aquel que se atreve a tomar honra y lugar de su señor, no habiendo derecho de lo haber..."*.[1]

Las pruebas en esta dirección –que nos aproximan a permanencias mentales de carácter universal, comunes a cualquier pueblo, en cualquier tiempo y lugar del orbe– se fundamentan en una necesidad de orden, respeto y reconocimiento de las instituciones y de las personas que las ejercen y representan.

Hasta una sociedad de poca complejidad cultural, como la de los Yaros (pueblo indígena trashumante, que se desplazaba entre lo que hoy es la provincia argentina de Entre Ríos, el Noroeste del Uruguay y una parte de la porción norteña del Estado brasileño de Río Grande del Sur), tenía sus demostraciones diferenciales entre jefes-hechiceros, sus familias y el resto de la comunidad.

Sabemos así, gracias a la narración del Padre Antonio Sepp, que *"...la maga y hechicera, que es la esposa del cacique, lleva una legítima corona sobre su cabeza, corona triple como la papal, pero no preciosa y sí tejida de paja"*. Más adelante comenta: *"A quince pasos de la costa* [río Uruguay] *vimos sus cabañas, que no pasan de simples paredes de junco, levantadas y armadas del lado de donde sopla el viento... Estaban desparramadas por el campo y no tenían encima tejado... Su cama era una piel de tigre o buey, echada en la tierra desnuda, su cobertor, grande como el cielo azul. El hechicero y cacique mayor tenía una cama un poco mejor, cama hecha de fino trenzado como red de pescar, al aire entre dos árboles* [origen de lo que en Uruguay llamamos hamaca paraguaya], *de suerte que el cacique podía dormir a seguro de las cobras y sapos, que aquí son muy grandes e imposibles de contar, y de los tigres feroces, que aquí andan agrupados"*.[2]

---

[1] A. de Solalinde, *Antología de Alfonso X el Sabio* (p. 153), Partida Segunda, Título V, Ley V.

Estas distinciones de mando y posición social son las que también descubrimos en los jóvenes Estados americanos cuando allegan a la Independencia. Salidos del Antiguo Régimen en calidad de republicanos y no estamentarios, dieron espacio a simbologías promotoras en el ciudadano de respeto hacia los representantes de los tres poderes: Ejecutivo, Legislativo y Judicial. Cada país habrá entonces de construir su aparato ritual, con sus honores, precedencias y gestualidades evidenciadas en lenguajes y solemnidades a cumplir.

Formar en las filas de la nobleza y de la Iglesia suponía privilegios que demostraban públicamente la superioridad hidalga y la de los clérigos: concretaba el legítimo derecho a "vivir noblemente". Los unos, por linaje o mercedes reales, los otros, por guía y pilar de la cristiandad.³

Muchos de los privilegios, que en estos días pueden verse solamente como halagos de la vanidad (amén de tener ese contenido desde el punto de vista individual), operaban dentro del mecanismo del mantenimiento de las jerarquías ante el avance de la movilidad social, que se produjo francamente desde el siglo XVI.⁴

Un exceso de movilidad podía concurrir a la desestabilización del Estado. Lope de Vega manifiesta su preocupación versificando que *"la perdición/ de las repúblicas causa/ el querer hacer los hombres/ de sus estados mudanza"*.

Algunos ejemplos: el derecho de los hombres a ir armados según su jerarquía, el de usar carruaje propio, el derecho (masculino y femenino) de vestirse con telas, colores, ornamentos y joyas que les estaban expresamente prohibidos a los plebeyos. También, derechos de precedencia: a ocupar determinados asientos en el templo o tener ubicación preferente en las procesiones, entierros, autos de fe u otras ceremonias y fiestas públicas...

Pero otros privilegios eran graves pues afectaban a la res pública, es decir, a la esencia del poder etático. Muchos constituían rémoras feudales que para morir precisaron de las sangrientas revoluciones de los siglos XVIII y XIX. Comunes a la generalidad de la Europa del Antiguo Régimen, estas prerrogativas estamentarias –que coartaban el poder del Estado– apretaron el freno del cambio social y en España, unidas a otros factores (que se verán más adelante), acabaron contribuyendo al estancamiento y perversión del Estado y de la sociedad durante varias centurias.

Las excepciones estamentarias de mayor importancia correspondieron al ámbito de lo judicial y al fiscal. Los caracteres diferenciales (limitantes de los derechos del orden no privilegiado en relación con los otros dos superiores) se des-

---

2   P. Antonio Sepp SJ, *Viagem ás Missöes Jesuíticas e Trabalhos Apostólicos*, pp. 114-115.|| Sepp llegó al Río de la Plata en 1691 y falleció en 1733, en la reducción de San Borja, hoy Brasil.
3   *Novísima Recopilación de las Leyes de España* , Lib. VI, Tít. II "De los nobles e hijosdalgos; y de sus privilegios".
4   Las abundantes leyes suntuarias que se dieron en todas las monarquías europeas tenían este sentido, y también el de evitar gastos excesivos que empeñaban particularmente a la nobleza. La asidua reiteración de las mismas demuestran su fracaso.

tacaban en el derecho general al goce de una justicia particular y en el derecho a excenciones impositivas.

En la circunstancia de que los nobles fueran propietarios de señoríos, concurría el derecho a impartir justicia o a exigir impuestos en las tierras, pueblos, villas y ciudades de señorío, pues el señorío era en sí una delegación que la Corona concedía a los particulares.[5]

Con relación a la justicia penal, ejemplo eran el trato y las penas diferentes que por igual delito recibían los de linaje hidalgo: cárceles separadas de las del vulgo y, en la sentencia de pena capital, derecho a muerte honrosa (ni horca ni garrote vil).

Asimismo –tanto o más que los derechos feudales subsistentes, los privilegios sociales, fiscales y políticos–, la acción unificadora de los monarcas hispánicos se vio limitada por la presencia de miles de autonomías subyacentes en la península y en las tierras de su Imperio.

Esas autonomías se reflejaban en los "fueros" donde se estampaban privilegios que alcanzaban a numerosas ciudades y, a veces, a provincias enteras como era el caso de los países vascongados o el Reino de Aragón. En cierto modo, hoy el fenómeno patentiza su permanencia a través de la descentralización de un Estado español concretado en autonomías.

Desde el punto de vista que se quiera elegir, probablemente más pernicioso que el de la justicia era el derecho a no pechar, y esta circunstancia influía en los intereses de las arcas reales así como en los de la gran mayoría de los estratos plebeyos.[6]

2. La "Ignobilitis"

La obligación de pechar, de pagar el pecho (capitación personal en razón de no ser noble ni eclesiástico), era la condición del llamado "hombre llano", *rusti-*

---

5 Kamen señala en *Una Sociedad Conflictiva* (p. 252) que, en los siglos XVI y XVII, *"...la restricción más obvia al poder real era la parte del país que no controlaba el rey. Por ejemplo, en la provincia de Salamanca el 63 por ciento del territorio y más del 60 por ciento de la población eran de jurisdicción noble, y el 6,5 por ciento de la tierra y el 6 por ciento de la población de jurisdicción eclesiástica. La situación era parecida en toda España;... en Aragón en 1611 la Corona sólo tenía jurisdicción sobre 498 de los 1.183 centros de población, y los nobles y la Iglesia se repartían el resto a partes más o menos iguales". Los señoríos en Castilla y Aragón nacieron casi todos en el siglo XII, cuando la Corona trataba de hacer alianzas para poder reconquistar y repoblar nuevos territorios y, sin renunciar a su soberanía, delegó funciones. Estos señoríos correspondían a dos categorías principales: los señoríos territoriales (en los que el señor poseía efectivamente la tierra, quedando la población sujeta a un sistema de tenencias) y los señoríos jurisdiccionales (categoría más amplia surgida en el siglo XIV. Aquí los señores no tenían la propiedad de la tierra pero sí el derecho de administrar justicia, recaudar impuestos, nombrar funcionarios y reclutar tropas para el Rey. Muchos de los señoríos más antiguos gozaban de las dos categorías y, en manos de los grandes nobles, se fueron convirtiendo en enormes latifundios* (pp. 252-253).

6 En esencia, el pecho es lo mismo que el *poll tax* de la legislación anglosajona.

canus ignobilitis. Dicho asimismo cuando era urbano "villano", y "villanía" su calidad, de donde su gran diferencia con la *nobilitas*.

Dada la gravitación que el pechar (o el no pechar) tuvo en las finanzas públicas, en la salud de la sociedad y de su economía, podemos considerarlo como una de las causas primordiales de las migrañas de la Corona, como de aquellas del Estado Llano.

El pecho, sólo debido por el "hombre llano", procreó numerosas revueltas y levantamientos populares porque su carga perpetuaba considerablemente la indigencia del campesinado mediano y pequeño, e influía en la penuria de la "gente menuda" de los núcleos poblados.

La Corona trató de reaccionar, ya porque prestara oídos a sabios consejos, ya porque debía llenar un Tesoro cada vez más difícil de colmar con tantas deudas que tenía y tantos nobles nuevos que aparecían. Creó entonces impuestos indirectos que –por ser una especie de moderno Impuesto al Valor Agregado– cabían a tirios y troyanos: nobles, eclesiásticos y pecheros.[7]

A pesar de que estas contribuciones no aportaban deshonra, la Hacienda Real procuró ocultarlas bajo diversas fórmulas: el impuesto a las donaciones, el de la Santa Cruzada o el muy rendidor del servicio de Millones (de fines del reinado de Felipe II), que se cobraba en la venta de los productos de primera necesidad (carne, aceite, vinagre, vinos y más tarde se amplió al papel, al azúcar, al pescado y a otros bienes de esta naturaleza).

El éxito de este intento, que igualaba en algo el peso de los gravámenes fiscales, fue relativo. Numerosos integrantes de los estamentos privilegiados o los cuerpos de las ciudades, villas, pueblos y hasta regiones enteras se lanzaron a conseguir licencias reales que les permitieran eludir el pago de impuestos indirectos. Unas veces fue gracias al favor regio; otras, a cambio de favores que los beneficiados rendían a la Corona.

A partir del siglo XVI, a medida que la modernidad avanzaba y el Estado iba haciéndose racional –y en virtud de ello perfeccionaba su fiscalidad– el pechero buscará, más que nunca, salirse de su penosa condición: el pudiente, porque a nadie le gusta pagar y menos cuando es deshonra; el desgraciado, porque sin dejar de valorar el drama de la deshonra, vivía aplastado por la miseria (sobre todo el campesino de Señorío, doblemente asaltado por sus Señores como por la Real Hacienda).

Todos quisieron entonces convertirse en hidalgos o, en su defecto, en clérigos.

---

[7] En *Del Rey y de la Institución Real*, el Padre Juan de Mariana, en sus advertencias al monarca, aconsejaba: *"Procure siempre el príncipe, conforme a las miras de Dios, que por crecer unos desmesuradamente en riquezas y en poder, no queden otros excesivamente extenuados y reducidos a la última miseria. El poder corrompe a los ricos, siendo pocos los que puedan hacer fortuna y ser felices; y es indispensable que haya en la república tantos enemigos cuanto pobres, principalmente si se les quita la esperanza de salir de aquel pobre y miserable estado"*. (Citado por H. Méchoulan en *Mateo López Bravo...*, p. 86.)

Para trastocarse en hidalgos, numerosas hidalguías se inventaron. Ante su multiplicación, la Corona se vio obligada a actuar con severidad: exigió pruebas y organizó, apoyada en la Iglesia, padrones parroquiales que asimismo (tal cual veremos más adelante) le sirvieron para mejor controlar la limpieza de sangre. Sin embargo, en su uso impositivo, lo que se deseaba era: por un lado, evitar problemas futuros; por otro, conocer el número de los que debían pechar.[8]

Los aspirantes que salieron con bien de las probanzas, constituyeron la **nobleza de ejecutoría**. Pero los más, individuos de familias hidalgas y pobres o de reducidas posibilidades económicas, trataron de constatar su calidad sin recurrir a probanzas que eran demasiado costosas: se ampararon en "la fama" de su *nobilitas*, asentada en genealogías centenarias; famas que eran *vox populi*; pues esto y no otra cosa es, estrictamente, el linaje noble.[9]

También lo afirma D. José Godoy Alcántara cuando comenta: *"No influyó para corregir el anárquico uso de apellido el recrecimiento de vanidad nobiliaria de los siglos XVI y XVII... **Los nobiliarios respondían a una gran necesidad social. Todo aquel que no tenía ejecutoría, hidalguía recibida o limpieza de sangre probada, era un paria"*.[10]

De los miles de aquellos que fracasaron o que no intentaron siquiera demostrar linaje ni probar ejecutoría porque *vox populi* era la bajeza de su linaje, en buena proporción fueron a engrosar las fuerzas del estamento clerical. Como ha sido comentado, su falta de vocación e incultura contribuyó a la decadencia de ese estado y a la de la moral ambiente.

Ya en 1619 escribía el capellán de Felipe III: *"Sacerdote soy, pero confieso que somos más de los que son menester"*. Esto concuerda con la política de la monarquía de fines del reinado de Felipe II, proclive a desalentar "las vocaciones", pero, como en otros tantos intentos de reforma, pudo más la presión ejercida por el grueso de la población.

---

8   Según J. Godoy Alcántara, *"los libros parroquiales de nacimientos y defunciones fueron hechos obligatorios en un sínodo diocesano de fines del siglo XV, por iniciativa de Cisneros"*. (*Ensayo Histórico Etimológico*, p. 60). ‖ La minuciosidad con que es tratado este tema en la *Novísima Recopilación* (Libro X, Tít. V.: "De los juicios de hidalguía y sus probanzas; y del modo de calificar la nobleza y la limpieza") demuestra los fraudes cometidos en connivencia con las propias autoridades, o por la compra de testigos. La severidad fue en aumento, al grado de exigirse un mínimo de tres votos para sentenciar hidalguía.

9   No obstante, la *vox populi* en general no alcanzaba, por lo que *"...se ha dado lugar a que el estado de los pecheros, con el odio natural que tiene al de los hidalgos, persiguiera al que vieren que es pobre, repartiéndole como a pechero y quebrantándole los privilegios de su nobleza.[...] y no es justo que los pobres hidalgos, que con la estimación de sus noblezas recogidas en sus aldeas consolaban su pobreza, queden por este camino inhabilitados, y los pecheros tanto más licenciosos para molestarlos y perderles el respeto que les deben por todo derecho"*. (*Actas de la Corte de Castilla*, citadas por D. García Hernán en *La Nobleza en la España Moderna*, p. 106.)

10 *Ensayo Histórico Etimológico...*, p. 63. ‖ El sobrescrito es nuestro. ‖ Empero, dado que los engaños continuaron y se multiplicaron *"...no faltaron espíritus agudos que consideraron la nobleza de ejecutoría como algo muy poco probatorio en verdad"* (J. Caro Baroja, *Los Judíos en la España Moderna y Contemporánea*, T. II, p. 323).

Todavía, en 1787, el reverendo Basilio Tomás Rosell se lamentaba: *"...mírase ya por lo común el estado religioso como uno de los destinos que en el siglo hay para la colocación de los hijos. Los pretendientes o sus padres buscan lo que suele buscarse allá, esto es, un modo de vivir con honor y que sin mucha fatiga, asegure un pasar decente. Paréceles que de cuantos estados hay, en ninguno pueden lograr todas las ventajas que he dicho; juntas con tanta facilidad ni con tanta brevedad como en la religión. Y sin más ideas que ésa de lo que en sí es, determinan hacerse frailes"*.[11]

Uno de los "escapes" más usados era "buscar su vida" en el servicio real: si eran letrados en la burocracia, donde siempre se guardaba la esperanza de ascender; si no, en las filas de un ejército que en virtud de su profesionalización ya ofrecía una carrera. Y si nada de esto era posible, ¿por qué no "hacer la América"?

"Iglesia, o mar, o casa real, quien quiera medrar" rezaba por aquellos tiempos un viejo refrán castellano y a verdad olía, porque eran oficios honorables que podían rendir fortuna, hechos a la medida para hidalgos escasos de bolsa y plebeyos con ambiciones de ascenso social.[12]

3. Honor y "vida noble"

"El honor es el valor de una persona a sus propios ojos, pero también a ojos de su sociedad. Es la estimación de su propio valor o dignidad, su **pretensión** *al orgullo, pero es, también, el reconocimiento de esa pretensión, su* **excelencia** *reconocida por la sociedad, su* **derecho** *al orgullo... Por lo tanto, el honor proporciona un nexo entre los ideales de una sociedad y la reproducción de esos mismos ideales en el individuo, por la aspiración de éste a personificarlos. En tal sentido, implica no sólo una preferencia habitual por un determinado modo de conducta, sino la adquisición a cierto tratamiento como recompensa".*[13]

Acotada la noción del honor dentro de estos términos, fácil resulta concluir que no hay sociedad humana sin códigos de honor y que los dichos códigos varían de acuerdo a los valores de vida vigentes en cada sociedad. Incluso, si una sociedad es suficientemente compleja, pueden darse en su interior diversos cánones de honor, acomodados a las subculturas que rigen en cada uno de sus grupos sociales (cuestión que va de acuerdo con la clase social a la que se pertenece y al tipo de trabajo que los individuos realizan).[14]

---

11 Citado por J. Sarrailh en *La España Ilustrada...* , pp. 638-639.
12 B. Bennassar en *Los Españoles* (p.115) expresa que *"Las funciones públicas, identificadas en España durante siglos, con el servicio al rey, así como el estudio de las letras y el mar, que fue la ruta de las conquistas y también del gran comercio, brindaban el ejercicio de actividades que no menospreciaban el prestigio y que incluso, en ocasiones, lo favorecían".*
13 J. Pitt-Rivers, "Honor y categoría social", artículo en *El Concepto del Honor...* obra dirigida por J. G. Peristiany, p. 22. ‖ El sobrescrito es del autor.
14 Lo que hoy día se llama *fair play* no es más que el código de honor particular que existe, por ejemplo, entre personas que ejercen la misma profesión u oficio. Y, si vamos a un ejemplo más burdo, nadie ignora que un especial código de honor dicta normas de conducta a los malvivientes.

Esta universalidad del honor está indicando que sus componentes son distintos y que se han modificado (y modifican) en el curso de la historia de acuerdo con las culturas y las civilizaciones.

En el tiempo, el espacio y las sociedades estamentarias que nos ocupan, los individuos regíanse por códigos de honor dependientes de su estamento y, dentro de este, por las categorizaciones procedentes de la ubicación jerárquica que en el mismo les correspondiera a causa de su linaje, grado eclesiástico, profesión u oficio.

Mas cualquiera fuera el estamento y el lugar que en él se tuviera, para la generalidad de la sociedad, el honor traducido en meta social determinante de conductas y recompensas se sintetizó a través del ideal de vivir una "vida noble". Fuera ella en armonía o en desarmonía con las posibilidades del "estado" al que se pertenecía o con las de la fortuna que se poseía.

Esto nos conduce a que el concepto de "vida noble" no es simple porque involucra necesariamente el de la "vida honorable": aquella existencia que debía vivir (tanto el noble como el plebeyo) para lograr la propia como la ajena estimación.

La ocasión es propicia para reflexionar sobre el concepto de **nobleza** opuesto al de **villanía** y de cómo cada uno de ellos expresa, hasta el día de hoy en nuestro decir cotidiano, lo **bueno** y lo **malo**, lo **generoso** y lo **abyecto**. Es la nobleza que toma forma de **acción loable** y es la villanía que se encuadra en la **acción vil**, ambas desprendiéndose de sus conceptos primarios. La **nobleza** *"del lustre, esplendor o claridad de sangre, por la cual se distinguen de los demás del Pueblo..."*; la **villanía**, *"la bajeza del nacimiento, condición, u estado"*.

Los refranes (y su persistencia) también dan el ejemplo, como aquel de *"juego de manos, juego de villanos"*.... En puridad, la "vida noble" es una cuestión de **honor-honorabilidad u honor-honra** para el español, en la que la nobleza –aunque es el máximo logro– solamente configura un aspecto. Porque, si es condición *sine qua non* para conservarse o entrar en el orden noble, también lo es para gozar de consideración social en el plebeyo y, por supuesto, en la opinión pública.

En España, la noción de la "vida noble" no se limitará a esta concepción que acabamos de anotar, sino que agregará dos hechos que habrán de diferenciarla sensiblemente del resto de las sociedades de la Europa occidental: uno, estará en un desarrollo del concepto de nobleza que pergeñará el predicado de que cualquier "cristiano viejo" (por el sólo hecho de serlo y en especial el plebeyo) se considerará acreedor a la nobleza; el otro radicará en la persecución del ideal de "vivir noblemente", que será avalancha popular e incontenible.

La primera de estas diferencias habremos de analizarla más adelante cuando abordemos el tema de la nueva jerarquía privilegiada del cristiano viejo, que se creará a raíz de la instauración de los estatutos de limpieza de sangre (Capítulo VI); la segunda, referida al "vivir noblemente", será tratada a continuación (en los dos próximos capítulos) a través de la consideración de dos acontecimientos institucionales: la limpieza de oficios y la limpieza de sangre (Capítulos III y IV).

En cuanto al concepto de honor-honra, peculiar de España, habrá de tratarse más en profundidad en el Capítulo VI: "Un nuevo orden jerárquico privilegiado".

III

El ideal nobiliario: la limpieza de oficios

"Limpieza. Cualidad o propiedad de las cosas limpias. Lat. *Munditia. Limpiditas*".

Autoridades, 1734

"Arte liberal. La que se ejerce con sólo el ingenio, sin ministerio de las manos: como son la Gramática, Dialéctica, Geometría, y otras semejantes. Llámase así porque principalmente conviene su profesión a los hombres libres, respecto de que tiene algo de servil el ganar la vida con el trabajo mecánico del cuerpo. Lat. *Ars liberalis*."

Ídem.

"Mechanico. Se aplica regularmente a los oficios bajos de la República: como Zapatero, Herrero, y otros; y así se diferencian los oficios en mechánicos y Artes Liberales. Lat. *Mechanicus*."

Ídem.

"Vil. Se aplica asimismo a los oficios serviles en las Repúblicas. Lat. *Servilis, Mechanicus*."

Ibídem, 1739

1. Oficios honrados y oficios viles

De acuerdo al ideal noble, disfrutar de honor-honra y fama exigía determinadas condiciones.

Si hacemos a un lado la situación estamentaria de las personas y solo nos limitamos a enfocar sus representaciones estimativas del valer más y el valer menos, observaremos que el factor primordial afincaba en la clase de trabajo que ejercían.

Quiere decir que la distinción laboral era la que proporcionaba las señales de la honra. Insistimos, cualidad esta indispensable para el cabal cumplimiento del ideal nobiliario.

Universalmente, las legislaciones europeas –consuetudinarias o escritas– crearon una minuciosa clasificación de las artes y oficios a partir de dos grandes rubros: los honrados, artes liberales, y los viles, artes u oficios mecánicos.

En España la clasificación varía en la legislación, pero no para disminuir, sino para aumentar las ocasiones de vileza; por ejemplo, prevenían *"que los caballeros para gozar de la caballería no vivan en oficios bajos de sastres, pellejeros, carpinteros, pedreros, herreros, tundidores, barberos, especieros, regatones ni zapateros, ni usen de otros oficios bajos y viles"*.[1]

Invariablemente, en los oficios honestos ubicaron: la guerra, el sacerdocio y el cultivo de la tierra; en los viles: los mecánicos o manuales, a causa del estigma de servidumbre y de esclavitud que conllevaban.

Sin embargo, al tenor de épocas y sociedades, habrán de variar las especificaciones relativas a estos y otros trabajos que no son los que acabamos de indicar. E incluso habrá términos que serían sustituidos por otros y en el camino ascenderían o se depreciarían.

Verbigracia: en "Arte liberal" aclara *Autoridades* que a las artes mecánicas **"hoy decimos oficios"**. El cambio de la palabra "arte" por la de "oficio", que registra este diccionario, muestra el deseo de distinguir la calidad honrada de las artes liberales frente a la vileza de las manuales o mecánicas.

Tan peligroso fue siendo lo mecánico para el honor-honra que la voz "oficio" necesitó entonces destacarse con el adjetivo "buen" –**"Buen oficio"**– para no caer en la deshonra y así es que *"Buen Oficio. Se dice del que es honrado y decoroso; a diferencia del que es vil y mecánico"*.

En ese ir siendo peligroso, la voz "arte", que era para Covarrubias a comienzos del siglo XVII *"...nombre muy general de las artes liberales y mecánicas"*, había en el XVIII ascendido en la consideración social mientras habíase devaluado la de "oficio", de la cual según dijera el sabio fraile en su tiempo, *"Vulgarmente significa la ocupación que cada uno tiene en su estado..."*, pues, *"Fue costumbre antigua que todos aprendiesen oficio; que hasta los grandes señores aprenden algún arte. En tiempo de los romanos emperadores pocos había de ellos que no fuesen muy diestros en algunas artes..."*.[2]

Hasta hallamos en *Autoridades* un sustantivo calificativo desaparecido hoy de los diccionarios: "mechaniquez", que era *"La vileza o desdoro que resulta de ocuparse en cosas mecánicas"*. La contraposición a "honradez" es evidente.

---

1 Lib. IV, Tit. X, I, VI, IX y Lib. VI Tit. I, II y III de la *Real Ordenanza*. Otras más se nombran en la *Recopilación*: Lib. X Tit. II, Ley X. En la *Novísima Recopilación* han desaparecido a consecuencia de la *Real Cédula* del 18 de mayo de 1783, que determina la *"Habilitación para obtener empleos de República los que ejercen artes y oficios, con declaración de ser estos honestos y honrados"*.

El ideal nobiliario: la limpieza de oficios   61

La "mecaniquez" perdura aún en el Casares (1959 y en su segunda edición de 1977), pues entre las acepciones del término "Mecánico" expresa que figurativamente significa *"Vil e indecoroso"*. No obstante, la mudanza cultural se observa en el Moliner (1966-1967 y 1998 segunda edición) en el que ese sentido figurado ha desaparecido.[3]

En los oficios honrados y laicos, naturalmente luce en primer puesto la dedicación a la guerra, gran dadora de glorias, honores, fama y riquezas honestamente habidas. Sin tapujos lo expresa el conquistador vasco Lope de Aguirre (más conocido por "el Loco Aguirre") en carta a D. Felipe II: *"En mi mocedad pasé el océano a las partes del Pirú, por valer más con la lanza en mano y por cumplir con la deuda que debe todo hombre de bien; y así en veinticuatro años te he hecho muchos servicios en el Pirú, en conquista de indios y en poblar pueblos en tu servicio, especialmente en batallas..., sin importunar a tus oficiales reales por paga ni socorro, como parecerá por tus reales libros"*.[4]

Con respecto al oficio clerical, va de suyo el honor en una sociedad cristiana en la que la cotidianidad existencial del individuo (del nacimiento a la muerte, en todos los órdenes de la vida, en sus más mínimos pensamientos y conductas) estaba comandada y vigilada por la Iglesia.

Esta circunstancia no solamente rezaba igual para Estado y monarquía, sino que en el caso español se acentuaba, ya que el Estado, la monarquía y el pueblo habían tomado para sí el rol de ser en el mundo los máximos campeones de la defensa de la Fe y la Cristiandad en peligro, amén de fundar su derecho a las Indias en su carácter (y por tanto deber) de Estado misional.

En cuanto a la honradez del trabajo de la tierra, es sintomática en cualquier sociedad agraria. Para Cicerón: *"...entre todos los oficios donde se adquiere al-*

---

2   *Tesoro*. ‖ En el Uruguay del último tercio del siglo pasado la distinción entre "arte" y "oficio" se revela en la denominación del instituto de enseñanza creado como Escuela de Artes y Oficios (31 de diciembre de 1878), cuya misión primaria fue la de dar educación a los huérfanos e hijos de familia revoltosos. Luego, en 1942, reformada la Escuela sería denominada Universidad del Trabajo, nombre que se transportó a Universidad Técnica del Uruguay en 1972 y actualmente tornó al de Universidad del Trabajo (Consejo de Educación Técnico Profesional). El uso de la palabra "universidad" para una institución de educación media evidencia el peso del ideal nobiliario y la necesidad psicológica de enaltecer una actividad manual que la sociedad todavía devalúa, aunque en esto felizmente está rápidamente cambiando, si no en la sociedad en su conjunto, al menos en las autoridades de la enseñanza. Con sus reformas estructurales y programáticas, ellas revelan la necesidad de terminar con la diferenciación que equívocamente degrada el trabajo manual; más aun lo requieren nuestros tiempos de desarrollo tecnológico acelerado. En 1986 fue creada una carrera de nivel terciario: Ingeniero Tecnológico y, desde 1995, con la reforma educativa, la Universidad del Trabajo a través de los Bachilleratos Tecnológicos abrió una vía de acceso directo a la Universidad. ‖ En el Uruguay, otra muestra de la gravitación de la voz "universidad" es la persistencia de quererla utilizar para estudios que califican en el nivel terciario. Batalla nominalista, pero batalla que oculta la sobrevaloración de algo que tiempo ha debería haber desaparecido.

3   J. Casares, *Diccionario Ideológico de la Lengua Española*. ‖ M. Moliner, *Diccionario de uso del español*.

4   J. Caro Baroja, *El Señor Inquisidor y otras Vidas por Oficio*, p. 82. ‖ La carta se halla completa en G. Céspedes del Castillo, *Textos y Documentos...*, pp. 127-128.

guna cosa, el mejor, el más abundante, el más delicioso y propio de un hombre de bien, es la agricultura...".[5]

El jurista francés Loyseau en su *Traité des Ordres* (1613), refiriéndose a los trabajos honrados que podían realizar los nobles, indica la tarea agrícola en tierra propia: *"...tan digna de un hidalgo en tiempo de paz como gloriosa es la de portar armas en tiempo de guerra".*[6]

Desde que en el Bajo Medioevo la primera modernidad promoviera el renacimiento urbano, el desorden devenido con el nuevo orden de cosas llevó a no pocos nostálgicos de los viejos tiempos a reafirmarse en la conclusión bíblica de que Enoc, la primera ciudad levantada en la tierra (invención de Caín para hacer soportable la condena que lo destinaba a vagar indefinidamente), es corrupta como su constructor. Por consiguiente, la ciudad nace mancillada porque no sólo es fruto de una acción criminal, sino de un execrable que ha dado la espalda a Dios.

Por contraposición, si la ciudad nació de la pecadora condición humana, el Edén, vergel sustanciado en el campo, se creó por la divina. Del cuadro se desprende que la sencilla rusticidad campesina de los labriegos (en su calidad de "rústicos" y no de "villanos") representa la pureza del Paraíso perdido enfrentado a "la *civitas* y la *civis*" (de donde se derivará "civilización"), óperas primas de Caín y notables por su aptitud para transformar y corromper el inocente espíritu del hombre rústico.[7]

Ilustra *Autoridades* que el término **rústico** *"Usado como sustantivo se toma por hombre de campo. Lat. Rusticus. Guevara Menosp. cap. 17. De este ejemplo imperial se puede colegir cuanto mejor vida tiene en su casa el **rústico** desmelenado, que no tiene en la Corte ningún Príncipe del mundo [...]".* Como contraposición al rústico, el **villano** debe entenderse como *"El vecino, habitante del estado llano de alguna Villa o Aldea, a distinción del Noble, o Hidalgo. Es del Latino Villanus. Plebeius".*[8]

Durante el Antiguo Régimen, además de estos arraigos que hacen a su esencia, la mentalidad es deudora de tiempos en los que el hombre quedó atado a la tierra: fuente y espejo de poder, riqueza y madre proveedora de alimentos eternamente escasos. El mundo de la Baja Edad Media y del Antiguo Régimen, perpetuamente sojuzgado por catastróficas crisis económico-financieras y demográfico-alimentarias, valorizó el tan imprescindible oficio de quien le daba de comer.

---

5   *Los Oficios*, Lib. I, capítulo XLII: "Dos géneros de ganancias: uno honrado y otro mecánico", p. 88.
6   Citado por H. Kamen en *La Sociedad Europea*, p. 107.
7   Sobre el tema es interesante consultar a Jacques Ellul: *La Ciudad*. La obra es la de un pensador religioso, comprometido y militante que, ejecutando una nueva teología, analiza y condena la civilización y sociedad tecnológica "actual" (la de los 70, la postindustrial) basándose en textos del *Antiguo Testamento* y los Evangelios del *Nuevo Testamento*.
8   *Autoridades*, 1737 y 1739. ‖ Antonio Guevara, *Menosprecio de Corte*. ‖ El sobrescrito es de *Autoridades*.

Esta realidad se refleja en el hambre del Pulgarcito de tantas infancias; en el hambre de Hansel y Gretel; en el consabido "contigo pan y cebolla", humilde ración diaria de las familias campesinas y triste porvenir gastronómico de novios y descendencias de labriegos. Después, cuando los vientos cambiaron, quedó la frase para el recuerdo como equívoca declaración de amor desinteresado.

Reflejo este de una realidad que, persistente, traspasó las centurias e impulsó al predicador bucólico que fue el gran Montaigne, a idealizar en sus *Ensayos* (particularmente en los relativos al Nuevo Mundo), la vida rústica del primitivo hombre americano contraponiéndolo al urbano; como hará Rousseau, a su imagen y semejanza, en el siglo siguiente con su "buen salvaje" o los románticos nacionalistas del XIX.

La Iglesia en su calidad de gran terrateniente, igual que los laicos propietarios de tierras, prestigió el trabajo agrícola y no dudó en recurrir a estímulos como el de la beatificación de San Isidro Labrador, convirtiéndolo en 1619 en patrono de Madrid cuando corrían épocas muy duras para el campesinado empobrecido y falto de posibilidades de inversión y crédito. El patrono exorcizaría de algún modo al "demonio" reflejado en el éxodo de una mano de obra agrícola que se marchaba del campo a la búsqueda de otras oportunidades.

La sangría demográfica que mal soportaba el universo agrícola se trasladaba a las grandes urbes, a las Indias, al mar, al enganche en el ejército o la entrada en la propia clerecía. Significativas y esperanzadas "salidas", que unas vueltas se cumplían con bien y tantas otras no, pues ninguna era garantía de éxito y la de las urbes menos que todas; por eso el cortejo de pícaros y malvivientes que las llenaban, como los mendigos itinerantes y los vagamundos que inundaban los caminos.

2. El trabajo intelectual y artístico

Globalmente, el trabajo intelectual no siempre fue valuado como honrado. Y, aquellas artes liberales que recibieron la sanción de honestas, en general ocuparon escalones inferiores con referencia a los de la gloria-fama (y riqueza aunque no se diga) conquistadas en el hidalgo oficio de las armas o en la clerecía.

En la actualidad, siendo el trabajo intelectual uno de los más prestigiosos (cuando no el más), le resulta difícil a nuestra mentalidad aceptar que alguna vez no lo fuera. Sin embargo, esa devaluación parcial o total constituyó la norma hasta el siglo XIX.

El hecho no es excepcional si pensamos que los oficios intelectuales solamente se tornaron esenciales a la humanidad cuando las sociedades agrarias –al abandonar los niveles de la subsistencia– desenvolvieron culturas progresivamente complejas que demandaron oficios diversificados. Algunos mágicos y poderosos se inventaron como el de la escritura, por ello largo tiempo resguardada en la órbita sacerdotal.

En la Europa occidental de los Reinos Bárbaros y del Imperio Romano-Germánico recién fundado (ss.VI-IX), únicamente hay para destacar los esfuerzos de Carlomagno y "su" intelectual: Eginardo. Pero la feudalización del poder y la ruralización de la vida arrollaron el intento educador, arribándose a la conversión de la cultura que de escrita pasó a ser predominantemente oral, excepto la conservada en los monasterios.

No obstante, ya en el reino de Castilla y León, entonces un medio abierto a los cambios bajo la égida de Alfonso X, el Sabio (1221-1284), las *Partidas* otorgan primacía a los maestros de leyes porque *"La ciencia de las leyes es como fuente de justicia, y aprovéchase de ella el mundo más que de las otras ciencias: y por ende los emperadores que hicieron las leyes otorgaron privilegio a los maestros de ellas en cuatro maneras: la primera es que luego que son maestros han honra de maestros y caballeros, y llámanlo señores de leyes: la segunda es que cada vez que el maestro de derecho venga ante algún juez que esté juzgando, débese levantar a él, y saludarle y recibirle a ser consigo... bajo pena que le peche tres libras de oro: la tercera es que los porteros de los emperadores, y de los reyes y de los príncipes no les deben tener puerta cerrada ni embargarles que no entren ante ellos cuando menester les fuere...: la cuarta es que los que son sutiles y entendidos, y que saben bien mostrar este saber, y son bien razonados y de buenas maneras, y que han veinte años tenido escuelas de las leyes, deben haber honra de condes..."*. *"Otro sí decimos que los maestros sobredichos y los otros que muestran sus saberes en los estudios o en las tierras donde moran de nuestro señorío, que* **deben ser quitos de pecho***, y no son tenidos de ir en hueste ni en cabalgada, ni de tomar otro oficio sin su placer"*.[9]

Hemos transcrito en su casi totalidad esta ley porque ejemplifica notablemente el privilegio y la nobleza-honra concedidas en el Medioevo por méritos intelectuales. Sin embargo, más que una necesidad cultural, era algo deseable, "una ventaja práctica".[10]

Empero, en los hechos, la mentalidad que privaba en la sociedad continuó sobrevaluando el mérito del linaje frente al mérito intelectual, obtenido en virtud de valores personales.

En los comienzos de la centuria XVII, Fray Sebastián de Covarrubias se lamentaba de lo que creía era un cambio de actitudes de sus contemporáneos cuando, en verdad, el cambio (que por cierto existía y veremos después) afincaba en el exagerado aumento de una permanencia milenaria (el valor del linaje) y no en un hecho nuevo.

---

9 A. de Solalinde, *Antología de Alfonso X el Sabio*, p. 163. Partida II, Ley VIII. || El sobrescrito es nuestro.

10 Señala H. Kamen en *La Sociedad Europea* (p. 225) que el Arzobispo de York entendía el saber leer y escribir como una ventaja práctica, pues uno de los objetivos estampados en los estatutos del colegio que fundara en 1483 era lograr *"...que los jóvenes estén más capacitados para las artes mecánicas y otros asuntos mundanos"*.

Indicando la inmoderada pasión por entrar en el estamento noble señala Covarrubias en *"Noble: En nuestros tiempos, antes de remediarse el exceso de los títulos* [eso creía inocentemente nuestro fraile], *nadie se satisfacía con él; tanto hace la mudanza de los tiempos. Nobleza, la calidad de ser noble. Ennoblecer y ennoblecido. Comúnmente llamamos hombre noble al que es hidalgo y bien nacido. Pero yo* [expresa en este coloquial aparte de su definición] *me arrimo a Aristóteles, que dice...: Aquel es noble que, cuando no hubiera nacido noble, por sus hazañas y virtudes, no sólo llega a serlo pero a ser principio de que lo sean todos sus descendientes; y así no hay que alabarte de tu linaje, pues quien alaba su nobleza cosas ajenas alaba, no cosas suyas. Así lo dijo Ulises en aquella contienda que tuvo con Ayax Telamonio, sobre las armas de Aquiles...Y Apuleyo, en libro De Deo Sacratis, tratando de que sólo por la ciencia y la virtud propia merece un hombre alabanza, y no por las demás cosas..."*.[11]

Las palabras de Covarrubias son indicativas de una virtud no basada en el linaje, virtud en la cual cabía el valor de los estudios universitarios. Era la suya una época en que la promoción de nuevas universidades estaba haciéndose sentir en Europa occidental y central, como asimismo en la América española del siglo XVII.

En la cresta de la ola universitaria se ubicaron el Derecho Civil y el Derecho Canónico. La popularidad de ambas disciplinas, que se jugaba en detrimento de las demás Artes Liberales (Filosofía, Aritmética, Geometría, Astronomía...), radicaba en que eran prometedoras de empleos estatales. Conmovido ante esta avalancha, un magistrado de la Chancillería de Valladolid irónicamente registra en 1638: *"El amor a las letras trae sólo unos pocos a los colegios".*[12]

Si para los nobles el estudio universitario era cosa de adorno, para los hombres pudientes del Estado Llano era asunto de prestigio y para los menos pudientes, a más del prestigio, la posibilidad de entrar en la burocracia, en la "carrera de honores" que representaba la Administración Real.

Las exigencias del capitalismo comercial, de los negocios y las finanzas, "consumían" gente que supiera leer y escribir (amén de contabilidad y cálculo), del mismo modo que la "revolución de las comunicaciones" lo demandaba, montada como estaba en la primera mundialización que le ocurriera a la humanidad.

Aunque sumario, no puede estar ausente de este cuadro la noción de que aquella necesidad de alfabetización procedía también de las necesidades de la Reforma protestante y de la Contrarreforma o Reforma católica.

La alfabetización en la protestante (ya luterana, ya calvinista) contaba el valor del conocimiento directo de la Biblia; en la otra, el de la propaganda tridentina. En las dos, la lengua vernácula, pero más en aquella que en esta, pues, ate-

---

11 *Tesoro.* Cuando tratemos la limpieza de sangre apreciaremos en todo su valor esta crítica apuntada por Covarrubias.
12 H. Kamen, *La Sociedad Europea...* , p. 239. Asimismo, anota Kamen que en la Salamanca del siglo XVI las matrículas en Derecho Canónico superaron en número a todas las de las demás facultades juntas y que en el XVII fue el Derecho Civil el que estuvo en boga.

morizada por la posibilidad de que se discutieran sus dogmas, la Iglesia de Roma se ataba más al latín (que el pueblo no sabía) y más a la trasmisión oral que a la escrita.

Puede deducirse que si en el protestantismo ancló el libro de la imprenta gutenberiana, en el catolicismo ancló el púlpito junto al plan basilical impuesto por los jesuitas, para obligar al silencio de los fieles y al aumento de la voz y vigilancia de los sacerdotes. La vigilancia del impreso se dejó para el Santo Oficio de la Inquisición.

Pese a que en los países católicos la palabra escrita no adquirió la magnitud consentida en los protestantes, las gentes comprendieron el valor de aprender. Dos emigrantes a Indias proveen el ejemplo, que podría extenderse por cierto a más, tanto es lo que revelan sus cartas en esto. Uno de ellos aparenta ser doctor, el otro un hombre de campo, entre labriego y campesino.

Escribiendo el 8 de febrero de 1590 desde Orizaba (Nuevo México) a su hijo Diego García de Palacio "en corte", recomendábale el doctor: *"...no olvides lo que has aprendido, pues con el tiempo sentirás en saberlo mucho provecho, y pues has de navegar* [lo mandaba a buscar]*, y es razón que los hombres cuerdos entiendan lo que tratan, procura aprender las cosas de la mar, porque si te inclinares a ellas, las sepas y entiendas, y yo te ayude para que las goces".*[13]

De Antonio Mateos hay dos cartas: una que dirige el 27 de diciembre de 1558 desde Puebla (Nuevo México) a su mujer María Pérez, en Alcuéscar (España), y la otra que escribe *"el miércoles de ceniza"* (1561 ?) desde el valle de Tlaxcala (Nuevo México) a su hijo Antonio Mateos, asimismo en Alcuéscar.

En la primera, después de lamentarse de haberle escrito un año y medio atrás y no haber recibido noticia y contarle a María qué ha sido de su vida, le recomienda: *"A mi hijo y vuestro Antonio Mateos os encomiendo que no me lo quitéis de la escuela, sino que aprenda y siempre sepa más..."*. En la segunda, luego de expresar su contento por haber tenido carta y de entristecerse por las necesidades que habían padecido, *"...porque en esa miserable tierra muchas veces suele haber necesidad"*, conocemos que el hijo siguió aprendiendo pues escribe *"Mucho me holgué de ver tu carta y letra. Dícesme que el Padre Salvador García te lo ha enseñado..."*.[14]

Algunas profesiones calificadas en la actualidad de liberales u otras artes como las plásticas, que consideramos dentro de la esfera de lo intelectual y muy prestigiosas, no fueron admitidas como tales en el proceso de diversificación de los oficios. Al contrario, en razón de sus características manuales se justipreciaron de mecánicas y se tacharon de viles.

La Cirugía, por ejemplo, no era lo mismo que la Medicina, ésta sí arte liberal a pesar de su posición bastante inferior a la de la Teología o las Leyes. Salvo

---

13 E. Otte, *Cartas Privadas...* , Doc. 201, p. 181.
14 Ibíd., Docs. 149 y 150, pp. 144-145.

en la Antigüedad Clásica, en que el cirujano era también médico, el cirujano fue valorado casi al nivel del sangrador o del barbero. En España, recién en los últimos cuarenta años del siglo XVIII, a impulsos de los monarcas ilustrados, el cirujano ejercerá oficio realmente honrado y aprovechará de la fundación de Colegios de Cirugía: el primero, por Fernando VI en Cádiz, y posteriormente en Barcelona y Madrid. A pesar del ascenso, que le otorgaba ciertos privilegios, la Cirugía se mantuvo hasta mediados del siglo XIX con menos jerarquía y sin unirse obligatoriamente a los estudios de Medicina. En síntesis, fue arte en el límite de lo honrado y lo deshonesto, practicado por gente de los estratos medianos de la sociedad.[15]

En *Autoridades*, como en Covarrubias, la Cirugía no clasifica entre las artes: ni en la liberal ni en la mecánica. Da la sensación de estar en una especie de limbo: por un lado, es mecánica porque se la aprecia manual y no intelectual; por otro, no es mecánica y no se la categoriza expresamente de vil porque es indispensable para la salud de los pueblos y, muy en particular, para la curación de los soldados heridos, multiplicados durante el Antiguo Régimen como consecuencia del permanente estado bélico entre las naciones de Europa occidental.

Inconmensurable también es la distancia de aquel ayer con nuestro hoy en cuanto a la situación social de los actores y actrices.

El oficio del teatro era vil, por eso recibían el calificativo de "cómicos de la legua", gente desarraigada y trashumante. En razón de su "bajeza", el de la Comedia era un arte habitualmente practicado por individuos de baja estofa: antro de pícaros y ladrones, estafadores y prostitutas. No obstante ello, a las representaciones concurrían nobles y honrados con gran entusiasmo, para condena y horror de la Iglesia y de los moralistas, quienes categorizaban de "mujeres de la vida" disfrazadas a las féminas que se animaban a ser actrices.

Hasta las revoluciones de la centuria pasada, la legislación española integrará el oficio del comediante actor en la categoría de los viles. Pese a todo, su deshonra se evaluaba por encima de la mecánica.

Diferente era, en cambio, la estimación hacia los comediantes, autores y literatos en general. Poetas como Lope de Vega o Calderón, escribían para el teatro sin temor a vergüenza ni a perder su condición honrada; incluso lo hizo el altanero y orgulloso D. Francisco de Quevedo, quien en cuestiones del pundonor de su linaje fue extremadamente puntilloso.

Los literatos disfrutaban de los beneficios de las artes liberales: primero, porque la labor literaria –al igual que todas las que requieren el dominio de la escritura– requería del intelecto y de estudios; segundo, porque la manualidad y esfuerzo que podía caberle no eran hechos con el cuerpo, sino solamente con la mano; tercero, porque la difusión de sus obras a través de la imprenta, les había dado fama y renombre.

---

15 *Novísima Recopilación*, Lib. VIII, Tít. XII: "De la Cirugía, su estudio y ejercicio".

En cierto modo sirve de ejemplo Miguel de Cervantes, cuyo *Don Quijote de la Mancha* llegó a ser *best seller* en su tiempo. Empero, esa fama y renombre vinculados a la pluma, todavía no eran lo suficientemente poderosos como para que a nuestro autor se le concediera la gracia del cargo al que aspiraba en el rico Virreinato de Nueva España.

3. Consecuencias de la devaluación del trabajo artesanal: el origen de las "Bellas Artes" y las "Artes Menores"[16]

Para nuestra mentalidad, nada hay más sorprendente que la consideración mecánica y vil atribuida al artista plástico. Recién en el siglo XVIII empezará a producirse el viraje que favorecerá su transformación valorativa, tan notoriamente positiva en nuestros días.

La clasificación de las artes plásticas en el rubro de las mecánicas no es exclusividad hispánica, sino vieja tradición de la civilización occidental devengada de los orígenes greco-romanos (pensemos en la *capitis deminutio* del gran Fidias). Empero, no precisamos alejarnos tanto; para comenzar baste situarnos en la Italia del 400, período en que los artistas plásticos emprendieron la ardua tarea de "ennoblecer" su oficio.

En el transcurso del 400 al 500, en aquella Italia precursora, los artistas fueron paulatinamente obteniendo mayor estima. Benvenuto Cellini, Lorenzo Ghiberti y Philippo Brunelleschi son ejemplos importantes al respecto.[17]

El ascenso de las artes plásticas y sus cultores, sin embargo, no sucedió por gracia divina: provino de la viva polémica en la que se enrollaron los propios artistas, tratando de amortiguar el inevitable aspecto manual que todo arte plástico encierra.

El paso habría de darse en la dirección del ennoblecimiento por medio del intelecto y la consiguiente degradación de la actividad y habilidad manual, quid de la vileza. Era perentorio demostrar que el elemento primordial no radicaba en el

---

16 La lista de las artes plásticas estaba integrada por la Pintura, la Escultura, el Grabado, el Dibujo y la Arquitectura. Cicerón en *Los Oficios* sólo hace referencia a la Arquitectura y opina que no son viles *"...aquellas artes que suponen mayores talentos y que producen también bastantes utilidades, como la arquitectura, la medicina y todo conocimiento de cosas honestas, son de honor y dan estimación a aquellos a quienes corresponden por su esfera"* (pp. 87-88).
17 **Brunelleschi** (Florencia 1377-id.1446), el magistral autor de la cúpula de Santa María dei Fiori, llegó a ocupar un cargo en la Signoria. Había recibido formación de orfebre en Florencia y en Roma se hizo ingeniero y técnico en monumentos antiguos, insistiendo en el estudio de la perspectiva. Asimismo **León B. Alberti** (Génova 1404-Roma 1472), tuvo un cargo en la Cancillería pontifical. Sin embargo, su caso no es tan excepcional, porque tenía la ventaja de proceder de una gran familia florentina (registrada en la ciudad desde principios del siglo XIV). Alberti había hecho estudios humanísticos y arquitectónicos en Venecia y Padua, y Derecho en la Universidad de Boloña. Gran defensor de la lengua vulgar, Alberti escribió hacia 1443 la primera Gramática italiana. Eran de su especial interés las ciencias físicas y matemáticas, la arquitectura, la moral y la literatura.

carácter artesanal de la labor del artista, sino en la porción que tenían de artes liberales, que podían ser algunas o todas, según las opiniones.

No estaban errados los grandes maestros renacentistas en escoger ese camino. La elección era natural y no por orgullo mal comprendido. Cellini, Da Vinci, Ghiberti, Brunelleschi o Alberti teorizaban y discutían con conocimientos firmes, aprendidos y experimentados en las humanidades y en la ciencia matemática; se ensarzaban en descubrimientos como el de la perspectiva (que combina el tratamiento del espacio y del movimiento); especulaban sobre la luz y las sombras; transitaban la revelación de los colores y los no colores (el blanco y el negro) hasta sumar la importancia de la materia para distinguir la pintura de la matemática o aconsejar cómo debe tomarse el pincel con las manos y observar una obra desde lejos para llegar a la distancia necesaria que reubica al artista en el mundo natural.

En el trayecto de estas teorizaciones y en el de sus realizaciones, los artistas volcarán sus esfuerzos para dejar bien sentado que no eran artesanos en virtud de que la habilidad manual era insuficiente.

En el Prefacio de su *Tratado de la Arquitectura*, Alberti señala: *"...a quién se puede decir arquitecto con justicia; no os propondré, desde luego, a un oficial de carpintería pidiéndoos que lo consideréis igual al hombre profundamente instruido en otras ciencias, aunque el hombre que trabaja con sus manos sea el instrumento del arquitecto. Llamaré arquitecto a aquél que, con una razón y una pauta maravillosa y precisa, sabe primero dividir las cosas con su espíritu e inteligencia, y segundo, cómo reunir con justeza, a lo largo del trabajo de construcción, todos los materiales que, por los movimientos de los pesos, la reunión y amontonamiento de los cuerpos, pueden servir con eficacia y dignidad a las necesidades del hombre. El cumplimiento de esta tarea necesitará del saber más escogido y refinado".*[18]

También Alberti, en el Libro Segundo de su *Tratado de la Pintura*, se pregunta: *"¿ ...no es la Pintura la Maestra de todas las artes, o por lo menos su principal ornamento? ¿De quién tomó la Arquitectura... los capiteles, las basas, las columnas... sino de la Pintura? ¿Quién dio reglas, o quién pudo enseñar el arte del Tallista, Carpintero, Ebanista, Zapatero y demás oficios mecánicos, sino la Pintura? De modo, que por bajo que sea el arte u oficio, ninguno se encontrará que no dependa de la Pintura... Entre los antiguos fue tan honrada esta arte, que siendo así que a casi todos los artífices les llamaban* **Fabri** *en la lengua Latina, sólo el Pintor tenía nombre diferente. Por lo cual muchas veces he dicho en presencia de algunos amigos que el inventor de la Pintura fue sin duda aquel joven Narciso que fue convertido en flor: porque siendo la Pintura como la flor de todas las artes, parece se puede acomodar sin violencia la fábula de Narciso a ella...".*[19]

---

18 Citado por A. Blunt en *Teoría de las Artes en Italia*, p. 22.
19 En *El Tratado de la Pintura* por Leonardo de Vinci y *Tres Libros* que sobre el mismo Arte escribió Juan Bautista Alberti, pp. 221-222. || El sobrescrito es del autor.

Dentro de las ciencias, la **matemática** presta su fuerza a uno de los argumentos principales de los artistas, en virtud de que por su esencia participa de las artes liberales. Acentuar ese aspecto en la Antigüedad es lo que hacen Ghiberti, Alberti y el gran Leonardo cuando se apoyan en la autoridad de Vitrubio y se afanan en probar cómo el arte que practicaban era una ciencia y cuánta matemática requería, por ejemplo, la construcción de la perspectiva.

Alberti también crea un vínculo diciéndose matemático, aunque establece la línea que separa la pintura de la matemática. En el inicio del Libro Primero de su *Tratado* advierte que, *"Habiendo de escribir sobre la Pintura..., tomaré de los Matemáticos, para hacerme entender con más claridad, todo aquello que conduzca a mi asunto... y hablaré no como matemático, sino como pintor..., pues los Matemáticos consideran con sólo el entendimiento la especie y la forma de las cosas..."*.[20]

Leonardo sostenía esta relación de la pintura con la ciencia haciendo también la salvedad de que la pintura: "difiere de las demás [ciencias] *en que implica la producción de una obra de arte material"*.[21]

Esa salvedad era indispensable en aquellos tiempos en que la Escolástica rehuía la experimentación a causa de su manualidad. En desacuerdo con el pensamiento general de su época Leonardo aclara su posición: *"Dicen que toda forma de saber es mecánica si es producto de la experiencia, que es científica, si tiene su comienzo y fin en el espíritu, y que es semimecánica si nace del saber puro y conduce a una actividad manual. Sin embargo, me parece que son vanas y equivocadas estas ciencias que no nacen de la experiencia, fuente de toda certeza..."*.[22]

Práctica y teoría son indisolubles, pues una sostiene a la otra: *"He experimentado* [asevera Leonardo] *que es de grandísima utilidad, hallándose uno en la cama a oscuras, ir reparando y considerando con la imaginación los contornos de las formas que por el día se estudiaron, u otras cosas notables de especulación delicada, de cuya manera se afirman en la memoria las cosas que ya se han comprendido"*. Pero, asimismo, recomienda: *"Aquellos que se enamoran de la sola práctica sin cuidar de... la ciencia, son como el Piloto que se embarca sin timón ni aguja... La práctica debe cimentarse sobre una buena teórica, a la cual sirve de guía la Perspectiva..."*.[23]

En la indagación de su valer más, los artistas plásticos procuraron equipararse a escritores, poetas y retóricos. Leonardo dirá entonces que la pintura *"...se llamará mecánica, en primer lugar, porque es manual y porque la mano produce lo que la imaginación crea, vosotros los escritores, también escribís con la*

---

20 Ibíd., p. 197. || En sus recomendaciones a los pintores Alberti expresa: "*...quisiera que estuviese... instruido en las ciencias; pero principalmente la Geometría debe ser su mayor estudio*" (Ibíd., p. 252).
21 A. Blunt, *Teoría de las Artes...*, p. 40.
22 Ibíd., p. 36.
23 *Tratado...*, Pgf. XVII, p. 9 y Pgf. XXIII, p. 11.

pluma por medio de un trabajo manual, lo que vuestro espíritu concibe". Por su parte, los literatos argumentarán que la manualidad exigida a los escritores era bastante menor que la requerida a los plásticos.[24]

Como fuera, Alberti no dejaba de considerar que el pintor *"...debe leer con atención las obras de los Poetas y Retóricos, pues los ornatos de ellas tienen mucha conexión con los de la Pintura; además le dará muchas luces y le servirá de no poco auxilio para inventar y componer una historia la conversación de los hombres literatos y abundantes noticias, pues es evidente que el mayor mérito consiste en la invención, la cual tiene la virtud de agradar y deleitar por sí sola sin el auxilio de la Pintura"*.[25]

La polémica fue violenta: duelos y riñas conmovieron la vida cotidiana de los medios artísticos e intelectuales y hasta salpicaron a príncipes y nobles como los Medici, quienes fueron acusados de "mecánicos" en virtud de su mecenazgo.[26]

Cuando desapareció la "mecaniquez" de los artistas plásticos, los mecenas fueron revalorizados junto a ellos. Leyendo la historia a través de los diccionarios lo vemos en la propia evolución del sustantivo figurativo "mecenas".

En el *Tesoro* de Covarrubias (1611) la palabra mecenas todavía no aparece. Un siglo después, en *Autoridades* (1734), está presente y mecenas es: *"El Príncipe o Caballero que favorece, patrocina y premia a los hombres de letras. Úsase de esta voz en las Epístolas dedicatorias, llamando así al sujeto a quien se dirige o dedica el libro u obra, para que la patrocine y ampare. Díjose así en memoria de Cayo Cilnio Mocénas* (sic), *Caballero Romano y Valido del Emperador Augusto, el cual hizo notables honras a los hombres doctos sus contemporáneos. Lat. Mecœnas,* **atis.** BARBAD. Coron. f. 21. *Los Reinos de España, felices en armas y en letras, consagran al magnánimo Guzmán, al español* **Mecénas***, esta cuanto muda, lúcida representación"*.[27]

Esta definición de mecenas no incluye aún a los artistas en general, sino solamente a los hombres de la pluma, y guarda similitud con las biografías de Cayo Cilnio Mecenas († año 8 a.C.), que dicen de este noble romano (escritor a su vez y gran amigo de Augusto) que declinó los honores públicos, sirviéndose de su influencia para beneficiar a los literatos, sus amigos y protegidos, caso de Virgilio, Horacio, Vario y Propercio.

En el paréntesis de la duración que va de los comienzos del siglo XVIII al XX, y una vez esfumada la "mecaniquez" de los plásticos y también la deshonra de los demás artistas, el sustantivo figurado mecenas consigue alargar su bra-

---

24 A. Blunt, *Teoría...* , p. 36.
25 *Tratado...*, p. 252.
26 A. Blunt, citando a Baccio Bandinelli (1493-1560), quien en su *Memoriale* hace referencia al duelo entre uno de sus primos y Vidame de Chartres. Este había acusado a los Medici de *"practicar artes manuales, porque se interesaban extraordinariamente por la pintura y la escultura"* (*Teoría de las Artes...*, p. 65).
27 BARBAD. Coron.= Alonso de Salas Barbadillo: *Coronas del Parnaso*. (Ibíd., "Explicación de las abreviaturas..."). || El sobrescrito es de *Autoridades*.

zo. De modo que para Casares es: *"Príncipe o persona poderosa que protege a escritores y artistas"*.

En Moliner surge un viraje altamente sugestivo, porque el término se aplica: *"Con respecto a un artista, persona rica o poderosa que le protege"*. Es decir, el hincapié se hace en el artista y no en el escritor, como tampoco se hace referencia al "príncipe". Con toda evidencia hoy en día el poder no radica en ello. Y, si son "príncipes", lo son de especie bien diferente. Pero todavía hay más, ya que Moliner continúa: *"Persona rica o poderosa que protege, en general, a los artistas o a las personas que realizan otros trabajos intelectuales"*. Aquí es notoria la extensión a labores intelectuales que no son únicamente las de la escritura, con lo cual se generaliza y admite cualquier obra de pensamiento o investigación práctica.

La polémica entre plásticos y artistas de las artes liberales, además de virulenta, fue larga. En 1450 no figuraba la labor plástica en la lista de las Artes Liberales compuesta por el humanista Lorenzo Valla, ni Bernardino di Betto (el Pinturicchio, 1454-1513) la representó en los frescos de las Artes Liberales que pintó en las habitaciones vaticanas de los Borgia entre 1492 y 1494.

La **honestidad** de las artes liberales era otro signo de su alcurnia. De modo que, también, tratarán los plásticos de integrarla a su labor.

Para demostrarlo, Alberti remonta a la Antigüedad la inclusión de la pintura y la escultura entre las artes liberales y, por tanto, honestas. Aunque la realidad no fuera como él la magina, expone cuál fue el motivo que las realzó en aquellos lejanos tiempos: *"...como era costumbre exponer al público las pinturas y las estatuas que se tomaban en las presas y despojos de las conquistas, llegó a tanto esto, que Paulo Emilio y otros muchos Caballeros Romanos **hicieron enseñar a sus hijos, entre las demás artes liberales, la Pintura como conducente para la vida honesta y feliz**. Esta costumbre tan laudable la tomaron de los Griegos, entre los cuales los jóvenes de ilustre nacimiento aprendían, además de todo lo perteneciente a la literatura, la Geometría, la Música y la Pintura"*. Y agrega que *"Para las mujeres fue también esta arte muy honrosa..."*.[28]

Halla Alberti que la honorabilidad de la pintura en Grecia se constata, además, en la circunstancia de haber sido tenida *"...en tanta estima... **que se prohibió públicamente que los esclavos aprendiesen la Pintura, y no sin razón, pues tal arte sólo es digna de un ánimo noble y libre"**.[29]

Otra expresión de la no vileza de la plástica, Alberti la denota en el precio que se pagaba por una obra. Por lo cual se pregunta: *"¿Y quién ignora que la Pintura ha obtenido siempre el lugar más honorífico, ya en las cosas públicas, ya en la privadas, ya en las religiosas, ya en las profanas?"*. La cuestión tiene su probanza en que *"Son increíbles los precios con que pagaban antiguamente las tablas pintadas"*.[30]

---

28 *Tratado...*, p. 224. El sobrescrito es nuestro.
29 Ídem. ‖ El sobrescrito es nuestro.
30 *Tratado...*, pp. 222-223.

No nos equivoquemos sin embargo con estas expresiones. La vileza del trabajo por dinero burbujea en la mentalidad de los artistas plásticos en procura de sacársela de encima. Si el precio sirve de muestra del aprecio, nunca es lo principal: *"El Pintor Zeugis* [explicará Alberti] **regalaba** *sus obras, porque decía que con ningún precio se podían pagar; pues en su dictamen no podía haber en el mundo paga con qué satisfacer al que era como un Dios entre los mortales..."*.[31]

Un doble sentimiento, no obstante, sacude a nuestro hombre porque *"...si esta arte causa gusto y delicia ejercitándose por afición en ella, y en llegando a ser diestro Pintor, alabanza, fama y riqueza. Siendo esto así...*[la pintura es] *digna sólo de hombres libres..."*. Luego aconseja a los futuros pintores que tengan presente *"...la fama y reputación que consiguieron los antiguos, y con esto verán al mismo tiempo lo enemiga que fue de la virtud y la alabanza la **avaricia, pues un ánimo que sólo aspira al interés, rara vez podrá llegar a la cumbre de la inmortalidad**... He conocido a muchos que teniendo las mejores disposiciones... se aplicaron sólo a la ganancia y se quedaron sin poder alcanzar bienes ni fama"*.[32]

En el comienzo del Libro Tercero, Alberti redondea su consejo: *"El fin del Pintor debe ser adquirir, fama, gusto y crédito con sus obras, más bien que riquezas..."*.[33]

El deshonor, sin embargo, se ensaña con los artistas plásticos: en pleno 500, todavía hay en Italia filósofos y matemáticos como Gerolamo Cardano (1501-1576) que tildan de mecánica la tarea de esos artistas.

Intestinas, las batallas se lanzaron a dirimir cuál de las artes plásticas era más mecánica. Por razones obvias la escultura llevó la peor parte, al grado de que si, por un lado a Miguel Ángel se le dijo en vida "el divino", por otro, se le calificó de "panadero". No sólo la escultura en mármol exige a su realizador un esfuerzo físico brutal, sino que es un trabajo sucio y ruidoso que –como la harina al panadero– lo cubre de polvo.

Alberti arriba a la conclusión de que la escultura y la pintura son *"...dos artes hermanas, producidas de un mismo ingenio; **pero yo siempre daré la preferencia al Pintor, porque se ejercita en una cosa más difícil"***. Sin mayores denuestos, mas con claridad, nuestro artista sobrepone la pintura a la escultura en el sentido de que *"Sólo esta arte es la que igualmente agrada a los ignorantes, como a los instruidos, **lo que en ninguna otra sucede"***.[34]

Documentando esta distinción un Leonardo notoriamente cruel describe una y otra tarea: *"El escultor hace su obra con la fuerza del brazo y de la percusión que ejecuta sobre el mármol... con ejercicio extremadamente mecánico, acompañado muchas veces de gran sudor compuesto de polvo y convertido en fango,*

---

31 Ibíd., p. 221. ‖ El sobrescrito es nuestro.
32 Ibíd., p. 225. ‖ El sobrescrito es nuestro.
33 Ibíd., p. 251. ‖ El sobrescrito es nuestro.
34 Ibíd., p. 224. ‖ El sobrescrito es nuestro.

con el rostro empastado y todo enharinado del polvo de mármol parece un panadero; está todo cubierto de menudas lascas, como si le hubiera nevado encima, y su habitación está sucia, llena de lascas y de polvo de piedra. Lo contrario sucede en la casa del pintor, hablando de pintores y escultores excelentes. Pues el pintor con gran comodidad se sienta delante de su obra bien vestido, adornado con las vestimentas que le plazcan, y maneja el pincel livianísimo, dejándolo correr entre los graciosos colores; y su habitación está limpia y repleta de bellas pinturas, y algunas veces se acompaña de música o de la lectura de bellas y variadas obras, las cuales, sin el estrépito del martillo u otro rumor entremezclado, son escuchadas con gran placer".[35]

Visión idílica del oficio del pintor, cuanto mordaz ataque del ilustre Leonardo a la **compaña** de los escultores, brutos desaliñados que, empuñando con mano fuerte marrón, martillo y cincel, se ven privados del disfrute de los más nobles placeres del espíritu.

No contento con estas pruebas, Da Vinci fundamenta la preeminencia de la pintura sobre la escultura en el hecho de que esta no puede hacer uso del color ni de la perspectiva aérea ni, tampoco, de cuerpos luminosos y transparentes como las nubes.

Defendiéndose frente a esta señalada capacidad descriptiva y tridimensional de la pintura, el bando de los escultores esgrimía el argumento de que la escultura poseía una capacidad mayor para representar la tridimensión, porque si aquella la describía, esta la creaba.

Los pintores, manteniéndose en sus trece, maliciosamente sostenían que de cualquier manera ello no eliminaba la desventaja, ya que la resolución de los problemas de la escultura demandaban más manualidad que intelecto.

En tren de desembarazar a las artes plásticas de la peste mecánica, al promediar el 500 se generaron dos malsanos preconceptos que por siglos marcharon al unísono.

Uno se reflejó en la división en **Bellas Artes** y **Artes Menores**. En el linaje de las Bellas: los artistas plásticos; en el de las Menores: artesanos, plateros, orfebres, ceramistas, grabadores, talladores, tapiceros...

Directamente, el otro preconcepto derivó de la proposición anterior: victorioso el artista, orgulloso de su nuevo y superior estatus, se escudó en la idea de que su obra, al ser de arte (Arte Liberal), se acredita porque **es bella y no porque tenga fin utilitario**.

Siendo, entonces, la belleza la sustancia principal que conforma una obra de arte, siendo ella un hecho diverso de lo utilitario, no precisa de este para justifi-

---

35 Citado por Sigmund Freud en *Un Souvenir d'Enfance de Léonard de Vinci*, pp. 14-15 y nota 1. En esta además se aclara que la cita de Freud proviene de la traducción alemana del *Tratado* realizada por Heinrich Ludwig, con edición y prefacio de María Herzfeld (Iéna, 1909). || El traductor al francés de este trabajo de Freud indica: *"Se ha dicho que este pasaje de Leonardo estaba dirigido a Miguel Ángel"*.

El ideal nobiliario: la limpieza de oficios   75

carse. A *contrario sensu*, el objeto de utilidad práctica, que puede prescindir de la belleza, milita siempre en el campo de los artesanos aunque sea "bello".

De esta conclusión se extrajo otra de no menor consecuencia: la obra de arte –**bella e inútil**– habrá, además, de definirse por su carácter **suntuario y único**.[36] Profundas y enfermizas huellas, impresas todavía en nuestra temporalidad, dibujaron en la labor artística las ideas de belleza y de vileza. Recién en la segunda mitad de la centuria XIX, la aparición de la máquina (sustituyendo al artesano y produciendo en serie) pautó la necesidad de reintegrar el objeto utilitario al concepto de obra de arte: así nació el diseño.

El movimiento de las *Arts and Crafts* (en Inglaterra) y el del *Art Nouveau* (en Inglaterra y en el Continente), con artistas diseñadores de la talla de Lalique o Tiffany, devolvieron al objeto utilitario y al seriado su calidad de obra de arte. Fundándola en el diseño, revalorizaron la tarea plástica y la desprendieron de la anterior categorización.[37]

En el siglo XX, la Bauhaus (Gropius, 1919) hará del diseño, en cuanto arte y arte industrial, un principio insoslayable que rescatará la globalidad de la obra artística, reducida desde el 400 a un universo de belleza inútil, suntuaria y única.[38]

4. Las Bellas Artes en España

El ambiente de la sociedad italiana del Renacimiento, sensible y con élites abiertas a las obras de arte y a sus creadores, dio por terminada la porfía antes de finalizar el siglo XVI.

Más retrasada, en este como en otros sentidos, en las demás sociedades de Europa occidental el tránsito revalorizador demoró en producirse. En cuanto a la española, su excesiva dependencia del ideal nobiliario la mantuvo anclada en la depreciación del trabajo de los artistas hasta más allá de la segunda mitad del siglo XVIII.[39]

Dos pintores rinden el ejemplo. A pesar de que sus procuraciones son de especie diferente, mantenerse dentro del ideal nobiliario era la meta común en ambos. Uno es el jefe de la escuela valenciana, Vicente Macip (1523?-1579), cono-

---

36   Recordemos que Cicerón respeta lo utilitario al declarar que ni la arquitectura ni la medicina son artes viles (*Los Oficios*, p. 87).
37   Resumimos en el término *Art Nouveau*, utilizado en Bélgica, esta corriente plástica que gozó según los países de nombres diversos: *Modern Style* (Inglaterra), *Liberty* (Italia), Modernismo (España), *Art Moderne* (Francia), *Jugendstil* (Alemania).
38   En Uruguay, sobre este punto tan crucial debemos repasar las páginas notables de Pedro Figari en su *Arte, Estética e Ideal*. Asimismo, al aporte conceptual desgajado de los prejuicios del ideal nobiliario se debió, por un lado, el cambio de nombre del Museo Nacional de Bellas Artes: en 1968, se sustituyó la calificación de "Bellas Artes" por la de "Artes Plásticas y Visuales" y actualmente sólo lleva la de "Artes Visuales". La transformación es de esencia y no puro asunto nominal, pues desaparecido el concepto devaluatorio de artes mayores y artes menores, se produjo el acceso en este museo de expresiones que antes se consideraban "artesanía", v.gr.: el tapiz, la orfebrería, la cerámica y el vidrio.

cido como Juan de Juanes o Vicente Joannes; el otro, el gran Diego Rodríguez de Silva Velázquez, o simplemente Velázquez (1599-1660).

En el caso de Juan de Juanes, más que la vergüenza del trabajo mecánico, contó la de su apellido. Había Juan de Juanes nacido en una familia de apellido Macip, mas el pintor (que estudiara en Italia y fuera comparado con Rafael por Palomino), hubo de cambiar su apellido, atribulado por "la bajeza o vulgaridad" que de él se desprendía. Le parecía "...*que olía a empleo bajo, y con poca razón* [aclara José Godoy Alcántara], *porque la familia de Macip ha sido familia distinguida...*".[40]

Eligió entonces Vicente Macip hacer "...*apellido del segundo nombre que le pusieron en el bautismo, que es de familia nobilísima, y a todos sus hijos se les aplicó el apellido de Juan, y aun le latinizó, apellidándose* **Joannes**, *y llegó a aplicarse el escudo de armas de la familia de Juan... Con esto le pareció que el apellido de Macip quedaba ya enteramente olvidado para siempre*".[41]

"*Sobre la voz Masip* [refiere Godoy Alcántara] *el P. Villanueva en el tomo VI de su Viaje Literario: Llamo* **mancebo** *a lo que la rúbrica* **masip** (sic): *nombre que se daba antiguamente a los siervos, y así decían* **mancipia ecclesiarum** *a los que tenían las iglesias. Luego se dio este nombre a todos los sirvientes, y aún hoy los que son de las parroquias de Valencia son así llamados*".[42]

El caso de Velázquez (al promediar el siglo XVII) se erige hoy en uno de los mayúsculos ejemplos de la perversidad del ideal nobiliario que, repudiando las obras ejecutadas con la mano, instrumento humano del humano intelecto, dio la espalda a la técnica, madre del hombre hacedor de cultura. Y enfatizamos hoy, porque nuestros códigos de vida nos obligan a esta reflexión, pero no caben ellas en aquel pasado hispánico, cuando se vivía bajo la vigencia de otra categoría de valores.

Diego Rodríguez de Silva y Velázquez, no sólo una de las glorias de España sino del acervo de la humanidad, a quien en los actuales diccionarios hallamos como "célebre pintor" y autor de las no menos célebres Meninas, debió soportar

---

39 A finales del siglo XVIII, Gaspar de Jovellanos aún combate, no ya por la dignidad de las artes (oficios), sino por la necesidad de la enseñanza de las Bellas Artes, que se descuidaban. Lo más interesante de su exposición es la modernidad de sus conceptos, pues "...*de ello pende el buen gusto de un pueblo*" y así "...*se puede decir que sin buen gusto jamás prosperará la industria de una nación, porque sus artes serán siempre imperfectas y estacionarias*". (*Obras...*, p. 542).
 ‖ No solo las artes, también la literatura era sospechosa de falta de dignidad. El Doctor en Leyes, Magistrado y Ministro que fuera el iluminista Juan Meléndez Valdés en 1797, en el Prólogo de una de sus ediciones literarias, hubo de defender su condición de hombre de letras como acorde a la de magistrado, señalando que ninguna incompatibilidad tenían ellas con sus deberes y talento de hombre público. Manuel de la Quintana, en sus comentarios sobre la obra de Meléndez (1867), reprocha a este el haber pedido disculpas, mientras reflexiona que los poetas solo deberían vivir de su pluma. Pero, exclama, "*Mas esto camina sobre una suposición imposible..., sobre todo en un país como el nuestro, en que tan pocos recursos tienen los escritores para subsistir como tales. ¿Qué hacer pues? se dirá. Lo que hacía Meléndez: ser un gran poeta en sus versos, y un gran sabio y recto magistrado en sus tribunales*". (*Obras Completas*, p. 115).
40 *Ensayo Histórico, Epistemológico...* , p. 62.
41 Ibíd. (p. 62, Nota 2), citando a P. Argues Jover, *Colección de Pintores*.
42 Ibíd., pp. 62-63. ‖ El sobrescrito es del autor.

muchas humillaciones, entre ellas, la ficción legal de que *"no ejercía la pintura como profesión, sino por complacer al rey".*[43]

Y Felipe IV, en su calidad de apasionado coleccionista, aprovechado disfrutador y agrandador de la enorme herencia artística que le dejara su abuelo Felipe II (otro gran coleccionista), ciertamente era un rey complacido y complaciente con su Velázquez.

Los altos cargos administrativos conque le fue distinguiendo el monarca (v.gr., el honorable y poderoso de Aposentador Mayor de Palacio, 1652), si lo hicieron hombre rico, redoblaron un trabajo que incidió en la disminución de su producción pictórica desde 1640 y, asimismo, en la de su salud.

No obstante, por otro lado, estas consideraciones reales habíanle permitido viajar a Italia (1648), en donde permaneció casi por tres años con la responsabilidad de comprar obras pictóricas y escultóricas destinadas a las nuevas salas del Alcázar.

La estadía italiana (algo de Venecia, Módena, Parma y Florencia y mucho de Roma) afinó la pintura velazquiana, al tiempo que con su retrato de Inocencio X ganaba el corazón del pontífice. Según apunta Jonathan Brown, este retrato lo pintaría Velázquez movido por un doble sentimiento, el mismo que habíale llevado a Italia. Uno era oficial: satisfacer la pasión por las artes de Felipe IV (tan excelente coleccionista como mal gobernante); el otro, personal: satisfacer una ambición largamente acariciada de ser caballero de Alcántara, Calatrava o Santiago, una de las órdenes militares de élite.[44]

Próximo a cumplir sus sesenta años, Velázquez considera llegada la hora de hacer realidad una aspiración que arrastraba desde 1650: culminar su vida como una vida noble. El medio: obtener del Rey su postulación para la Orden de Santiago (6 de junio de 1658).

Pero una cosa es la propuesta y deseos del Rey, y muy otra la aceptación por parte del Consejo de Órdenes Militares, que tenía entre sus exigencias la de examinar la genealogía de los aspirantes. Limpieza de sangre y limpieza de oficio: lucir ascendencia noble y no lucir *"que hubieren usado, o sus padres, o abuelos, por sí o por otros, oficios mecánicos, o viles aquí declarados. Y oficios viles y mecánicos se entienden platero o pintor, que lo tenga por oficio, bordador, canteros, mesoneros, taberneros, escribanos, que no sean secretarios del Rey...".*[45]

En la investigación que se siguió (entre noviembre de 1658 y febrero de 1659), se tomaron declaraciones en Madrid y Sevilla, donde había nacido el pintor, mas también en la frontera hispanoportuguesa, en la zona donde habían vivido los antepasados de Velázquez.[46]

---

43 A. Domínguez Ortiz, *Las Clases Privilegiadas...* (pp. 70-71), citando a Juan de Butrón, *Discursos Apologéticos en que se defiende la ingenuidad del Arte de la Pintura.* Madrid, 1626.
44 J. Brown y C. Garrido, *Velázquez, La Técnica del Genio* (p. 12) y J. Brown, *Velázquez, Pintor y Cortesano* (pp. 195 y 208).
45 J. Brown, Velázquez. *Pintor...*, p. 251.
46 Ídem.

Ciento cuarenta y ocho fueron los testigos que prestaron testimonio: primero, de que descendía de sangre noble, lo que parecía cierto (sus padres habían proclamado siempre su pertenencia a la baja nobleza); segundo, que *"nunca había aceptado dinero por sus lienzos"*, lo que no era cierto.[47]

No bastó sin embargo esto al Consejo, que, finalmente, determinó que el candidato "no probaba nobleza". Un desencantado y avergonzado Velázquez decidió igualmente seguir luchando y obtuvo una dispensa papal que lo excusaba de la falta de esa calidad. Empero, tampoco sirvió. Nueva intervención de la Santa Sede y de un enojado Felipe IV que le concedió la hidalguía. El 28 de noviembre de 1659, por fin, fue admitido en la Orden de Santiago.[48]

Amarga victoria, aunque tanto el Vaticano como el Rey, de hecho, aceptaban que la pintura entraba en el marco de las artes liberales. Amargo triunfo, cuando el pintor había visto en Italia cuánto era considerado y admirado el trabajo de los artistas plásticos.[49]

La batalla por la honorabilidad del oficio con todo progresará en España. Así, en 1724, se atreverá Antonio Palomino a afirmar (Parte Tercera de *El museo pictórico y escala óptica*) que luego de la muerte del pintor el Rey ordenó que en *Las Meninas* se le añadiera a Velázquez la cruz de Santiago y *"algunos dicen que su Majestad mismo se lo pintó, para aliento de los profesores de esta nobilísima Arte..."*.[50]

Con respecto a esta consideración inferiorizante del artista español, otros ejemplos pueden servir como el de los hijos del Arquitecto Real D. José del Olmo, a quienes los miembros de la Orden de Santiago rechazaban el acceso porque su padre había trabajado con sus manos y el propio Consejo Real alegaba "cortedad de esfera". El final fue feliz para los aspirantes en razón de que Carlos II, ya con un pie en la tumba, ordenó que se expidieran los despachos.[51]

Hubo que aguardar hasta las épocas ilustradas del siglo XVIII para que la pintura, la escultura y la arquitectura fueran en España catalogadas "nobles artes" y tuvieran estatuto privilegiado.

Precisamente a este cambio se debió que Fernando VI fundara en Madrid, a 30 de mayo de 1757, la Real Academia de las Tres Nobles Artes "con el título de San Fernando". El vehículo legal surge de una Real Cédula que, otorgada en Aranjuez, estipula: *"En cuanto el Rey mi Señor y padre [Felipe V], de gloriosa memoria, conociendo las ventajas que produciría a sus pueblos el estudio de las*

---

47 Ibíd., p. 252.
48 Ídem.
49 Comenta J. Brown que estos sucesos son fuente de conocimiento de obras velazquianas como *La fábula de Aracne* (*Las hilanderas*) y las *Meninas* (ibíd. pp. 252-264).
50 Ibíd., pp. 251 y 257. ‖ Si el cuadro es de 1656, como lo parece por las pruebas a que ha sido sometido a raíz de su reciente limpieza, la cruz la debe haber pintado el mismo Velázquez (p. 257). ‖ Para ampliación del tema puede consultarse, además, *La Teoría...* de A. Blunt, A. Domínguez Ortiz, *Las Clases Privilegiadas...* y también de Jonathan Brown, *Imágenes e Ideas en la Pintura Española del Siglo XVII*, capítulo 4: "Sobre el significado de las Meninas".
51 A. Domínguez Ortiz, *Las Clases Privilegiadas...*, p. 71.

tres Nobles Artes, Pintura, Escultura y Arquitectura, en consecuencia del amor con que atendió a las Ciencias, y favoreció a sus profesores, habiendo fundado las Academias Reales Española [la de la Lengua] *y la de la Historia, otros Seminarios, Escuelas y Estudios públicos en esta Corte y pueblos del Reino, determinó fundar y dotar para las tres Nobles Artes una nueva Real Academia; y para que en su formación se procediese con acierto, aprobó en 13 de Julio de 1744 un proyecto público de ellas...*".[52]

5. *"La vida noble": arquetipo de toda una nación*

El ideal de vivir una vida noble, en mayor o menor medida, se dio en todas las sociedades del Antiguo Régimen. Pero fue en la española donde adquirió un volumen de tal naturaleza que llegó a constituirse en el de toda la nación.

Este aspecto, que asombró a los visitantes extranjeros, fue centro, tanto de las preocupaciones de los hombres de pensamiento de mediados del siglo XVI y de los arbitristas del XVII, cuanto de la acción de los reformadores iluministas del XVIII.

En su conjunto, todos trataron de proveer soluciones para quebrar el ideal nobiliario, como a otros malignos productos emanados del mismo que, integrándose con el de la vida cristiana y la limpieza de sangre, paralizaban a España.[53]

Si bien no vamos a entrar en la weberiana[54] discusión sobre las diferencias que –desde las proposiciones de Lutero (1519)– separaron a los países que acogerían el protestantismo de aquellos que se mantendrían en el catolicismo, no podemos eludir la parte de permanencia que, en el ideal nobiliario, le cupo al ideal de la vida cristiana tal cual lo predicaba la Iglesia de Roma.

Hundiéndose en la noche de los tiempos de la cristiandad medieval, la que emergía en la modernidad, por varios siglos aún (en la reformada protestante como en la reformada católica), continuaría bajo la omnipresencia de una u otra Iglesia. En ambas, no hay diferencias ni en la esfera socioeconómica, ni en la política o en la cultural, sino que los contrastes se juegan en su diverso modo de encarar y congeniar la existencia humana con los mandatos divinos.

Desde que en el año 313 (año en que el cristianismo fue en los hechos consagrado religión del Estado) hasta la centuria XVI, la omnipresencia de la Iglesia Católica en el ámbito de lo material se acusa en su condición de mayor terrateniente cuando la tierra era la riqueza, *"...la más grande proveedora y compra-*

---

52 *Novísima Recopilación*, Lib. VIII, Tít. XXII: "De las Tres Nobles Artes y sus profesores".
53 A esta altura solo queremos hacer notar la importancia de los "analistas" del siglo XVI, que como J. L. Vives, A. de Valdés, el catalán Fadrique Furió Ceriol o Fray Martín de Cellorigo, tuvieron ya, en plena época de euforia imperial, la clarividencia de detectar los problemas que aguardaban a España en razón de sus peculiaridades socioeconómicas. Se adelantaron a los arbitristas del siglo siguiente, así como a los iluministas del XVIII.
54 M. Weber, *Economía y Sociedad*, Segunda Parte, V. 10: "Los caminos de la salvación y su influjo en los modos de vida", pp. 420-452.

dora de productos del suelo y del subsuelo; la más grande inversora, la más grande constructora y la primera mecenas".[55]

Ahora, aprensiva y desasosegada por las novedades económicas, la Iglesia rehuía los cambios que la economía iba sufriendo y hacía pesar antiguos prejuicios anticomerciales y antimonetarios, que hallaban su respaldo en la limpieza de oficios.

No obstante, en razón de que el comercio era indispensable, la sociedad cristiano-católica recurrió a ciertos "anticuerpos" para marcar salvedades a la devaluación moral y social que implicaba el ejercicio del comercio o el de los negocios en general.[56]

La noción de "el bien común" y el ajuste de los intercambios mediante un "precio justo", guiará a la Iglesia romana en esta encrucijada del "bien" y el "mal" que desemboca en el "pecado" (particularmente luego del Concilio de Trento, 1545-1563).

Es el "pecado" que arrastra en sí mismo el intercambio cuando produce o, peor, cuando busca la ganancia. Pero, ¿puede haber intercambio sin lucro?

Con el paso de una economía cerrada y agraria a una comercial y monetaria, la Iglesia acepta a regañadientes el intercambio y el lucro que le acompaña, aunque sujeto siempre a una desconfianza portadora de justificaciones. Como la de San Antonino (arzobispo de Florencia, 1389-1459), para quien el lucro es *"el salario del trabajo"* o es lo que *"permite ayudar más generosamente a los pobres"*. Y ni qué decir si se está en falta por vender una cosa más cara de lo que uno la ha comprado *"...la falta es aún más grave si lucrando uno se aprovecha de la necesidad del otro"*.[57]

No en vano la cristiandad, temerosa del pecado que pesaba (o podía pesar) en todo negocio, a fines del siglo XII, período en que comenzó a desarrollarse el comercio, tuvo que inventar el Purgatorio, lapso en el que el individuo podría lavarse (purgar) la mancha y sacarse la angustia de la eternidad de su condena.

A propósito del Purgatorio, Georges Duby siente que no es casual que en esta época de mercaderes y contables germine *"...la idea de una especie de mercado entre el Todopoderoso y los hombres: los beneficios de las buenas acciones de los vivos se pueden depositar en la cuenta del difunto para ayudarlo a liberarse de la culpa"*.[58]

---

55 A. Peyrefitte, *La Société de Confiance*, p. 69. ‖ Por el Edicto de Milán del año 313, Constantino el Grande (306-337) reconoce de facto al cristianismo como religión del Estado. De Constantino data la construcción de los primeros templos cristianos: v.gr., el del Santo Sepulcro en Jerusalén, las basílicas de Letrán y del Vaticano en Roma y la iglesia de Santa Sofía en Constantinopla.
56 Sobre el pecado en este sentido: J. Delumeau: *Le Péché et la Peur...* Deuxième partie, 7. "Le territoire du confesseur" en "L'usure et l'avarice", pp. 246-255. ‖ Cuando tratemos la limpieza de sangre se verá más ampliamente cómo la idea contra los negocios y el comercio trae la otra: que no eran cosas de "buen cristiano" y sí de "judíos".
57 A. Peyrefitte, *La Societé....*, p. 73, citando a Jean Gerson.
58 *Año 1000, Año 2000. La Huella de Nuestros Miedos*, p. 133.

La cuestión se agrava a medida que avanza la economía monetaria e internacional y retrocede la agraria y de vaso cerrado. El préstamo a interés es usura y cuestión de pecado mortal, cuestión de infierno y condena eterna.

Ello ratifica la vieja equiparación del préstamo a interés, de la reproducción del dinero por el dinero, con la "mecaniquez" (como surge de las palabras de Aristóteles, de Cicerón o las de la propia Biblia). En *Del origen, naturaleza y mutación de las monedas*, el filósofo, economista y cosmógrafo que fuera Nicolás de Oresme (1320?-1382), escribe: *"Hay artes mecánicas que ensucian el cuerpo, tal como el del alcantarillero, y otras que ensucian el alma, como es el caso de la usura"*.[59]

En el estancamiento español, que toma vuelo descendente en los tramos finales de la centuria XVI, es indiscutible la incidencia del afán de "vivir noblemente". Empero, bien advierte Henry Kamen que, más que índice de decadencia, ese estancamiento en realidad estaba indicando la ausencia total de despegue de la economía española. En suma, para Kamen (y estamos de acuerdo), España nunca entró en decadencia porque nunca alcanzó a producir **su** *take off*.[60]

En cuestiones de decadencia al estilo de la española, dicta la prudencia que lo mejor es mantenernos en lo que otrora enseñara Daniel Halévy: una época de decadencia es aquella en la cual la historia se acelera, en la que multiplicándose los signos de una cultura a otra, la oposición de ambas estructuras se hace más evidente.[61]

La acreditación de una "vida noble" obligaba a llenar varias premisas. Semióticamente, ellas valen a signos exteriores de los que no se puede prescindir: vivir sin trabajar (en lo posible de rentas) o, en caso contrario, tener oficio honesto; mantener casa a gran tren (numerosas residencias, aunque no interesa el lujo ni la comodidad en su alhajamiento), muchos acólitos, dependientes, servidumbre y esclavos, coches y palanquines, vestimentas suntuosas y mesa abundante; también, darse desprejuiciadamente al ocio, amar las fiestas (en esencia, las públicas que principalmente eran religiosas y las más importantes: Corpus, Semana Santa y Autos de Fe), las tertulias, el baile y el juego de cartas, amén de la tauromaquia (profesional desde mediados del XVIII).[62]

Costoso tren de vida, que reclama de una buena bolsa para disfrutar y dilapidar. Al contrario de lo que corrientemente se cree (y muchas veces se dice), los españoles no desprecian ni el dinero ni la posesión de bienes materiales, sino que

---

59 A. Peyrefitte, *La Société...*, p. 81.
60 H. Kamen, *La Sociedad Europea*, p. 82: *"Lejos de 'decaer', lo que hizo España fue no llegar a 'despegar', por su incapacidad para poner en marcha otra cosa que un sistema de mercado de explotación"*. Para ampliar sobre este aspecto, consultar en la mencionada obra, capítulo 3: "Las estructuras económicas", y del mismo autor, *La España de Carlos II*.
61 Citado por P. Ariès en *El Tiempo de la Historia*, p. 117.
62 La bibliografía es abundante y apreciable en la literatura del Siglo de Oro: Cervantes, Quevedo, Lope, Calderón, etc. La cuestión se refleja en las obras y además en la vida particular de los escritores, v.gr., Luis de Góngora, quien no podía frenar su pasión por el juego. Esto hizo que fuera una víctima frecuente de la lengua mordaz de su contemporáneo Francisco de Quevedo.

el desprecio únicamente se da cuando es deshonrosa **la forma** en cómo se obtiene la fortuna que puede solventar ese tipo de vida.[63]

En el ideal nobiliario lo que interesa es la nobleza o la ignominia de los medios de vida. En consecuencia, una hacienda solvente es un **medio** absoluto y no un fin. Y, como ya ha sido notado anteriormente, ciertas categorías del trabajo portaban la tacha de deshonestidad y otras no.

Las altas finanzas y el gran comercio (que siempre era internacional y ultramarino y que por sus enormes costos requería grandes capitales para su financiación) eran oficios honrados. Los ejercían gente de la nobleza sin arriesgarse a perder su categoría noble y también gente plebeya con el motivo de adquirirla.

Según Sombart, el hecho se explica porque: *"Entre los 'pueblos héroes'..., aquellos que imprimieron incluso al mundo económico un sello heroico y engendraron a los famosos empresarios guerreros que encontramos tantas veces en las primeras fases del capitalismo, se cuentan ante todo los 'romanos', elemento esencial de pueblos como Italia, parte de España, de la Galia y de la Germania occidental. Lo que sabemos de su manera de hacer negocios lleva todo el sello de empresas violentas, basadas en la idea de que también el éxito económico ha de conseguirse con la espada".*[64]

La veracidad de esta afirmación –prosigue Sombart– puede comprobarse en las mismas clasificaciones de los oficios que hacen estos pueblos: *"el* Shipping-merchant *(importadores-exportadores) es considerado apto para la vida social, porque es más guerrero que comerciante, mientras que el auténtico comerciante, el* tradesman, *el* marchand, *no lo es".*[65]

En tren de documentar su afirmación Sombart recurre a la categorización de oficios ciceroniana y destaca que en ella se está ubicando al gran comerciante en la línea del empresario-conquistador y no en la del empresario-comerciante, pues la clasificación testimonia que debe hacerse "sin ánimo de engañar". No obstante, Cicerón no deprecia del todo al comerciante porque a continuación denota que el comercio *"...no se ha de condenar enteramente. Y aun merece con razón alabanza, si satisfecho el comerciante, o mejor decir, contento con sus ganancias, después de haber hecho muchos viajes por mar desde el puerto, se retirare desde aquí al descanso y sosiego de las posesiones del campo"*. A punto y seguido, Cicerón indicará el más honorable de todos los oficios: la agricultura.[66]

---

63 En 1784, Jeremy Bentham constata que todavía en su Inglaterra, tan apegada al dinero, se daba el doble juego de odiarlo y a la vez desearlo. (Citado por A. Peyrefitte en *La Société..*, p. 103.)
64 W. Sombart, *El Burgués*, pp. 219-220.
65 Como reafirmando esta conclusión de Sombart, apunta J. Caro Baroja (*Los Vascos*, p. 197), que con las naos vascas durante los siglos XIV y XV *"...lo mismo podía hacerse... un honrado comercio, que ejercer el corso o la piratería, que llevar a cabo la guerra contra los infieles. Cada vez que los reyes las necesitaban para hacer una acción bélica las sometían a embargo. No había pues manera de distinguir la marina de guerra de la marina mercante, y una flota mercante se convertía en armada o viceversa, según la ocasión"*. Recién con Felipe V (s. XVIII) se produjo la diferenciación. En este sentido aclara Caro Baroja que *"...desde la época de Felipe II a la de Felipe V* [la marina vasca] *está estrechamente ligada a la realeza. Así se explica que del país hayan salido tantos generales de mar y almirantes..."* (p. 200).

Ciertamente, la finalidad no es el comercio por sí mismo, en cuanto fin, sino un tipo de comercio, el mayorista, en cuanto es intermediario para alcanzar nobleza y el más noble de los fines laborales: la propiedad de la tierra y la explotación agrícola. Hasta el mismísimo Tomás de Aquino no encontraba que fuera usurario el usufructo (el lucro) que puede obtenerse del arrendamiento de un campo o una casa.

Para el noble, también serán medio honorable los grandes cargos despojados del estatus burgués. Porque convertir a los nobles en parásitos de ese nuevo ser que era el Estado (hacerlos vivir en la Corte sobre la base de prebendas reales: mercedes de cargos burocráticos, de beneficios eclesiásticos o de señoríos que devenguen rentas sustanciosas) fue el expediente que las monarquías del Antiguo Régimen utilizaron para "domar" y hacer cortesana a la belicosa nobleza saliente de la feudalización.

En pos del cumplimiento del ideal nobiliario los burgueses enriquecidos de España y de otros países europeos (por ejemplo, Francia) tendieron a abandonar el estatus plebeyo de la burguesía. Aunque los tiempos iban cambiando y se admitieron como honestas las rentas que rendían ciertas colocaciones del dinero hechas en juros y en censos.[67]

Ya hemos apreciado que los nobles y los plebeyos dedicados a las grandes finanzas estaban a salvo, a pesar de que en sus principios no fue "limpio" ser banquero en España.

Esta aproximación, primera y negativa de las mentalidades con respecto al que trabajaba con el dinero aunque se hiciera en gran escala, venía, por un lado, montada en lo que promovía la Iglesia y, por otro, en el enfrentamiento de la antigua forma de valer más (linaje guerrero y noble constituido en el servicio a la monarquía) con la nueva forma basada en el dinero, surgida del nacimiento del "hombre nuevo", del burgués transgresor del orden establecido.

Pero, a partir del siglo XVI, campeaban tiempos de un mundo dominado por la economía monetaria. Fuérase noble, plebeyo, clerecía o la misma Iglesia, nadie arriesgaba su honorabilidad y más cuando las inversiones podían efectuarse en los mencionados juros o censos.

Todos quedaban librados de la deshonra con estas vías de procurarse la vida. Es más, juros y censos constituyeron un recurso muy utilizado por las viudas para mantener a sus familias. Cuando este no fue el caso, fomentaron el ocio y el conformismo, desactivando a una buena parte de la población activa de la mediana burguesía que (antes que trabajar) prefería vivir "noblemente" de la modesta

---

66 *Los Oficios*, p. 88.
67 M. Moliner: **Juro**, 1ª acep. ('DE'). *"Aplicado a la manera de poseer, significa 'derecho perpetuo'*. 2ª acep., *"Pensión que se concedía como recompensa de servicios, como merced o como réditos de un capital recibido por la hacienda pública"*. || **Censo**, 5ª acep. (*"Constituir, Establecer, Instituir; Gravar con"*). *Obligación o carga que existe sobre una propiedad, por la cual el que la disfruta tiene que pagar cierta cantidad a otra persona, bien como intereses de un capital recibido de ella, bien como reconocimiento de su dominio sobre la finca."*

rentabilidad producida por las rentas de los censos con que gravaban su propiedad.

El gran crítico de su tiempo que fuera Mateo López Bravo reporta *"...al censo peor que la misma usura. Este tipo de ocio es una invitación para todos, porque es considerado honroso, mientras que el primero, como deshonroso, aleja a muchos de sí"*.[68]

Opina López Bravo que la usura siempre puede vencerse *"...por la voluntad del que da o del que recibe, mientras que la enfermedad del censo es incurable. La pereza del vendedor mantiene muchas veces al comprador en el ocio, y raramente vuelve a la libertad una finca metida en esta servidumbre, sino que, por el contrario, a una servidumbre se añade otra, y privada del bien del cultivo, se da por perdida..."*.[69]

Si se puede vivir ocioso y honrado por el sencillo procedimiento de comprar una renta anual, ¿por qué no abandonar los campos o disparar de la mala fama del comercio? La consecuencia, afirma López Bravo, es la haraganería general, el lujo, la ruina y despoblamiento de los pueblos.[70]

En la clasificación totalmente deshonesta se incluía el manejo del dinero por parte de los prestamistas de menor cuantía; o sea, el de aquellos que no integraban el círculo de las altas finanzas. Financistas de las gentes de menos recursos, junto con sus cobradores, fueron motejados de usureros y por la eternidad odiados. Hasta Cicerón parece perder compostura cuando califica de odioso (*odiosum*) el oficio.[71]

Los prestamistas "al por menor", sin embargo, no fueron los únicos sospechados de usura, sino que cualquiera que trabajara con dinero estaba en peligro de atraer su desgracia, porque las teorías económicas de la Iglesia condenaban el préstamo a interés. En la sociedad hispana, en pleno desenvolvimiento del capitalismo, la todopoderosa influencia de la Iglesia consiguió la sanción de leyes que, desestimulando y paralizando inversiones, fueron más allá del límite de la usura.

La categoría deshonrosa enlazaba también a los individuos que se dedicaban al comercio minorista o a los propietarios de tiendas que las atendían personalmente, aunque fueran pudientes. Cicerón califica de "oficio ruin" el comercio que llama "corto" y dice que es *"oficio bajo el comercio de los que compran a otros para volver a vender, pues no pueden tener algún lucro sin mentir mucho, y no hay vicio más feo que la mentira"*.[72]

---

68 Libro Tercero, "Del arte de gobernar o sobre la abundancia de bienes". (En H. Méchoulan, *Mateo López Bravo...*, pp. 272-273.)
69 Ibíd.
70 Ibíd.
71 *Los Oficios*, p 87. "*En primer lugar, condenamos todo oficio odioso, como es el de los cobradores y usureros.*"
72 Ibíd, p. 88.

En estos casos no había esperanza de vida noble ni expectativa de consideración social, por más "gente gorda" que fueran o consiguieran exhibir algunos de los signos exteriores de la vida noble.

Más aun: el ejercicio de un oficio valorizado "infame" volatilizaba la esperanza de subir en la escala social, porque, además, esta deshonra los incapacitaba para el desempeño de oficios públicos (incluidos los municipales) y el casamiento acarreaba pérdida de la nobleza para aquel de los cónyuges que la tenía.

Bien señala en esto último Domínguez Ortiz, que la nobleza y la conducción de una vida noble no sólo era un asunto de *convivium*, sino también de *connubium* en cuanto este es un medio de ascenso social frecuentado por todas las sociedades humanas, cualquiera sea su espacio-tiempo.[73]

En similar situación de deshonra se hallaban los artesanos propietarios de su industria: textiles, panaderos, zapateros, herreros, carpinteros y otros más. En su relación detallada, Cicerón nos instruye que *"es bajo todo oficio mecánico, no siendo posible que en un taller se halle cosa digna de una generosa educación"*.

En cuanto a los jornaleros nuestro cicerone precisa que: *"también es bajo y servil el de los jornaleros, y el de todos aquellos a quienes se compra, no sus artes, sino su trabajo; porque en estos su propio salario es un título de servidumbre"*. Y agrega: *"Tampoco son de nuestra aprobación aquellos oficios que suministran los deleites, los pescadores, carniceros, cocineros, mondongueros, como dice Terencio. Y añadamos a estos los que hacen comercio de aguas, olores y afeites; los bailarines, los jugadores y todo género de tahures"*.[74]

A los jornaleros asimismo se les dijo menestrales, eran como señalara Cicerón, pobres gentes que vivían de un salario. Eran estos "gente menuda" (vulgar y plebeya), lo opuesto a la "gente de pelo" o "de pelusa" (rica y acomodada) y a la "gente principal" (que es ilustre por su nobleza y tiene la principal estimación en la sociedad).[75]

Todos los términos entrecomillados son extractados de *Autoridades* y son oportunos para destacar otras diferencias que, procedentes de la vieja limpieza de oficios, aparecen expuestas en las voces discriminatorias de **salario**, **sueldo** y **honorarios** que hoy empleamos.

Por Covarrubias en su *Tesoro* conocemos que **salario** *"Es sustento y estipendio que se da a cada uno por su trabajo; pudo ser atribuible este nombre, entiendo debajo de sal todo lo que es vianda y sustento, porque entra en todos los manjares; y la mesa sin sal era tenida por profana. Llamóse salario el estipendio que se daba a los soldados, o por esta razón o porque les librasen sus pagas en las rentas de las salinas. Plinio, lib. 31, cap. 7: Sal honoribus etiam militiœque [...]. Asalariar y asalariado"*.

---

73 *Las Clases Privilegiadas...*, capítulos 5, "La vida noble" y 7, "El pensamiento coetáneo sobre la nobleza".
74 *Los Oficios*, p. 87.
75 *Autoridades* define "menestrales" como *"El oficio mecánico, que gana de comer con sus manos. Lat.* Opifex*"*.

En el siglo XVIII *Autoridades* concede a la palabra salario dos acepciones. Una: *"Aquel estipendio, o recompensa, que los amos señalan a sus criados, por razón de su empleo, servicio o trabajo. [...] Cuando se fundaron los Tribunales del Santo Oficio de la Inquisición en nuestras Indias, se consignaron en las Cajas Reales de ellas los **salarios** de los Ministros y Oficiales [...]"*. Por la otra acepción es *"el estipendio, que se da a todos los que ejecutan algunas comisiones, o encargos, por cada día que se ocupan en ellos, o por el tiempo que emplean en fenecerlos [...]"*.[76]

El moderno diccionario de Moliner indica que salario se nomina así *"...porque era originariamente lo que se daba a los soldados para la sal"*. Es entonces la "Paga". *"Retribución pagada, generalmente por meses, a los criados, a los obreros o a personas que prestan un servicio semejante [...]"*.[77]

Por lo que respecta a **sueldo**, Covarrubias casi no hace distinción entre este y salario, pero lo reduce a que *"...en la guerra es el estipendio que se da al soldado. Díjose **solidum**, que era cierta tasa de la ración ordinaria"*. En *Autoridades*, en la acepción correspondiente vale lo mismo, mas dice que también es el estipendio *"...que se le da a los Ministros del Rey"* y por extensión es el estipendio *"...señalado a algunos criados. Llámase más comúnmente **salario**"*.[78]

En Moliner el **sueldo** (3ª acep.) es: *"Haberes. Paga. Retribución que se paga, generalmente cada mes, por un trabajo regular: 'El sueldo de un funcionario [de un militar, de una muchacha de servir]'. El de los empleados suele, para su valoración, referirse a un año, aunque sea percibido por meses [...]"*.

Difícil es deshermanar al salario del sueldo si no es por la condición de "fijo" que este tiene y no aquel, elemento que los diccionarios de la lengua no especifican con claridad. Pero, en fin, todas estas definiciones gozan de alguna equiparación, lo que no acaece cuando se trata de la definición de la voz **honorario**.

Las desemejanzas de honorario incluso denotan en sus dos categorías gramáticas que no siempre existieron: en cuanto nombre adjetivo (masculino y femenino que es como nació) y en cuanto sustantivo (masculino y plural) que vino al mundo mucho más tarde.[79]

En Covarrubias **"honorario"** no existe. En *Autoridades* figura sólo como adjetivo en las dos acepciones que trae: 1) honorario (ria) es *"Lo que incluye u ocasiona honor. Viene del Latino **honorarius**, que significa esto mismo"*. 2) *"Honorario. Se llama el empleo que se da sin ejercicio, gages ni emolumentos, y sólo goza de las exenciones y prerrogativas de él como si le tuviera en ejercicio, acudiendo con los demás a todas las funciones públicas"*.[80]

---

76 El sobrescrito es de *Autoridades*.
77 En su *Breve*..., Corominas indica que salario es cultismo nacido en el siglo XV. Los motivos son los mismos que en Moliner, pero agrega: "luego, 'sueldo'".
78 El sobrescrito es de Covarrubias y *Autoridades*.
79 Corominas (*Breve*...) señala como cultismo a honorario, cuyo nacimiento data entre el 1220 y el 1250, junto al de honorabilidad y honesto.
80 El sobrescrito es de *Autoridades*.

En el siglo XX, Moliner devela que, además de conservarse como adjetivo, el término sumó calidad de sustantivo plural, que ciertamente no es lo mismo, ni es igual. Porque estamos ante **los honorarios**, palabra y significado nuevos ya que se refiere a **"Emolumentos"**: *"Retribución recibida de una vez y como sueldo fijo por un trabajo no meramente manual:* los honorarios de un médico [de un conferenciante, de un afinador de pianos]*".*[81]

La nobleza adquirida por las artes liberales se encargó de arrinconar los términos salario-sueldo, dándoles cierto carácter de dependencia; en cambio el "honor" se desprende de la "servidumbre" con respecto a otro, y convierte en **honorarios** aquellos trabajos que contienen más honorabilidad porque siendo pagos son: *"Un estipendio o remuneración que se da a uno por su trabajo en algún arte liberal"* (Casares). ¿Huellas de viejas limpiezas y viejas luchas por obtenerlas?

Envuelta en las miserias de las limpiezas, en el ocaso del siglo XVI la sociedad española avanzaba hacia su perdición. La sordera se había apoderado de ella. Tanto, que ni siquiera un memorial suficientemente juicioso como el de Fray Agustín de Salucio pudo conmover a las Cortes castellanas del año de 1599. Solicitando el dominico que pusieran un límite de cien años a la limpieza de sangre, decía de la de oficios: *"...hay muchos que también huyen la información, porque no se descubra algún oficio bajo en alguno de sus rebisabuelos, que como son 16 los que tiene cada uno, acontece muy de ordinario ser alguno de ellos algo vergonzoso, por muy noble que sea la familia. Y otros hay sin número que ninguna cosa saben contra sí, y de cuerdos no quieren que se escarbe en su linaje".*[82]

Con estas perspectivas, los nobles y los hombres honestos se autoexcluían de numerosos oficios que demandaban para su ejercicio la información de limpieza de oficios y, como veremos más adelante, de sangre. En cierto modo, con el tiempo, las dos purezas vinieron a confundirse en la limpieza del linaje. Resultado: buena parte de la población activa voluntariamente permanecería inactiva para que no "se escarbe en su linaje".

6. La dispar evolución del arquetipo noble en los Países Vascos

En este punto y en España, merece nota aparte la dispar evolución de los países vascongados (en especial, los marítimos) donde desde el siglo XIII se fue incubando una importante alteración en la relación nobleza-tipo de trabajo.

La señalada alteración dimanaba de una acción paralela y conjunta del poder real que, liberando al individuo del señorío, promovía el desenvolvimiento de la industria pesquera, la de la náutica (navegación y construcción) y la de la explotación del hierro en todas sus etapas.

---

81 El sobrescrito es nuestro.
82 A. Domínguez Ortiz, *Los Judeoconversos en España y América,* pp. 89-90.

Estos acontecimientos desembocarían en el reconocimiento de lo que se llamó **hidalguía general o colectiva**, una calidad de nobleza que fue siendo concedida por los reyes a determinadas poblaciones en forma particular –en Navarra, en Vizcaya, en Guipúzcoa, en Álava– pero que acabó por generalizarse a todos los vascos. De esta suerte los vascongados se desembarazaron de las deshonrosas limitaciones que la limpieza de oficios imponía a los individuos.

Caro Baroja, al señalar la creación de urbanizaciones importantes como Bilbao (1300) o Guernica (1366), surgidas del estímulo del comercio y la industria, nos da un buen ejemplo. Indica que en 1379, una vez pasado el Señorío de Vizcaya a la Corona castellana, hubo el Rey de otorgar fueros especiales *"hasta que se concluyó con las clases serviles, reconociéndose por los reyes la hidalguía de sangre de todos los vizcaínos y fomentándose a la par la industria y el comercio"*.[83]

Sin esta notable solución, habríase visto maniatado el incremento comercial e industrial, tanto como la subsecuente modificación de la estructura social que benefició a los "ricos omes", a los menos ricos y a los pobres: artesanos, obreros a jornal, comerciantes menores y también la masa rural, habitante de los valles navarros, vizcaínos, guipuzcoanos y alaveses.

La creación de la hidalguía colectiva ofrendó a los vascos (hombres libres burgueses o rurales) una igualdad social que no se daría en el resto de los reinos españoles. Gracias a este mecanismo se equipararon a la condición de los hombres libres honestos, liberados de servidumbres señoriales y del preconcepto de la existencia de labores serviles.

El estrato de la alta burguesía vasca, originada en los negocios y en las industrias es comparado por Julio Caro Baroja con la *gentry* inglesa.[84]

Este grupo social, sustituto de los antiguos linajes, se construyó alrededor del complejo náutico-industrial que estaba ya muy desenvuelto desde el siglo XVII. En la centuria siguiente, la influencia económico-financiera que ejercen sus hombres en la Corte irá en aumento y, en interesante doble faz consecuente de la mentalidad general de los tiempos, sin abandonar en un ápice los negocios, solicitan a Madrid hábitos, títulos y demás dignidades.

Prueba de la presencia en el pueblo vasco de una mentalidad que la diferenciaba del resto de España es la creación de la Compañía de Caracas en 1728, a semejanza de las de Francia, Inglaterra u Holanda.[85]

---

83 *Los Vascos*, p. 92.‖ Para Domínguez Ortiz (*El Antiguo Régimen...*, p. 110) *"... la nobleza universal de los vizcaínos era el producto de un equívoco del que ellos supieron sacar partido; más próximo a la realidad hubiera sido decir que entre los vascos existía un régimen de indiferenciación social en el que el estado plebeyo o pechero no existía. El gobierno aceptó la teoría de que puesto que no eran plebeyos tenían que ser hidalgos, ya que no concebía otra forma de organizar la sociedad".*

84 *Los Vascos*, p. 201.

85 Dentro del mismo tenor, pero referido a las relaciones de Bilbao con el Río de la Plata, interesa el estudio de José Mariluz Urquijo: "Bilbao y Buenos Aires. Proyectos dieciochescos de compañías de comercio".

El ideal nobiliario: la limpieza de oficios   89

En el rubro de una mentalidad diversa a la corriente revista la organización de la "Real Sociedad Vascongada de los Amigos del País", que actúa desde 1766. Caro Baroja comenta que ella fue la que introdujo en España no sólo los fundamentos del capitalismo moderno, sino que formó una especie de movimiento filosófico del tipo del utilitarismo puritano, aunque, en la oportunidad, católico.[86]

A esta altura, apoyándose en las disquisiciones que a partir del siglo XVII se vienen realizando sobre las exitosas relaciones de capitalismo y protestantismo, Caro Baroja plantea lo que él opina ser un hecho paradójico: que hayan sido precisamente los vascos, *"...los católicos más practicantes de España"*, los introductores *"...de gran parte de los sistemas económicos creados en países protestantes..."*. Y agrega: *"No es por puro capricho tampoco por lo que florecen posteriormente en Bilbao las instituciones bancarias y las compañías industriales mejor que en otras ciudades mayores de España"*.[87]

Nuestro autor, empero, proporciona algunas de las pautas que permiten develar que, en verdad, no se trataba de ninguna. *"Hay todo un concepto de vida* [acota] *que condiciona las grandes actividades vascas..."*. Sus antecedentes: la influencia de los jesuitas que, en los países vascongados y desde la centuria XVIII, *"...cantan las excelencias del trabajo frente a la concepción aristocrática de la vida, simbolizada por Madrid"*.[88]

Las pautas de esta relación capitalista-católica agregada en el siglo XVIII, no se oponen sino se suman a las que de antiguo prohijó la existencia de la hidalguía general, acontecimiento que aportaba la subsecuente liberación vasca de la limpieza de oficios: primero, porque nadie puede poner en tela de juicio el hecho de que todo vasco, originalmente y *per se*, es hidalgo con independencia del trabajo que cumple; segundo, porque esta realidad de nobleza colectiva (además de la de aquella de los que son propiamente hidalgos por linaje familiar), implica limpieza de sangre, la otra gran traba para los progresos del capitalismo en España (aunque esto, como se verá al tratar la oficialización de los estatutos de limpieza, les fue más discutido). Ergo, las ideas utilitarias de la Compañía de Jesús pudieron germinar en Vasconia porque trabajaron sobre una tierra fértil, suelo que no hallaron en las demás regiones hispánicas.[89]

---

86 J. Caro Baroja, *Los Vascos*, pp. 202-203.
87 Ídem.
88 Ibíd., p. 203.
89 J. Caro Baroja indica más adelante (ibíd., p. 217): *"...el concepto de la nobleza en relación con el trabajo es radicalmente distinto en el país vasco al de otras partes de España desde una época antigua, puesto que dentro de una población de hidalgos en conjunto había una gran diversidad de posiciones económicas y sociales. Ningún oficio es vil para el vasco (salvo algunos practicados por gente de fuera), mientras que para el castellano todo trabajo manual envilece, es propio de villanos o de gente sin linaje. Aun en el siglo XVIII, había personas que querían deshacer el estado de cosas determinado por lo que se llamaba 'vizcainía' o nobleza de sangre general".*

7. *"No quedar cargado." La devaluación del arquetipo burgués*

Imponderables aceptados y queridos por la gran mayoría de los españoles de aquellos tiempos fueron los aconteceres narrados. Sin embargo, ponderables, amargos y trágicos para muchos de los espíritus clarividentes de aquel ayer, como para los estudiosos de hoy, beneficiados estos de la distancia temporal.

Principalmente, la ponderación de estos acontecimientos se da a través de dos resultantes: por un lado, la victoria del arquetipo nobiliario, cuestión de honor del conjunto social llevado al extremo de fomentar una sociedad "heroica", devaluadora de los trabajos carentes de heroicidad, violenta, y proclive al duelo individual para **"no quedar cargado"** (deshonrado). Por otro lado, su consecuencia inevitable: **la defección del arquetipo burgués**, porque su hombre a cualquier precio buscó dejar de ser burgués para mudarse en "gentilhombre", es decir, hidalgo.

Encuadradas, ambas resultantes desestimularon completamente la concreción de una burguesía con orgullo de serlo, pues el orgullo es una de las premisas necesarias que caracterizan a una clase (o a cualquier agrupación social), ya que de él depende el aprecio que sus integrantes sienten de su pertenencia a la clase o al grupo.[90]

Esa carencia de orgullo de clase, Caro Baroja la descubre representada en la escasez de la figura del burgués en la literatura española del XVII, su Siglo de Oro. Concluye que ello es producto de que el burgués era un personaje ajeno al sistema de valores que la sociedad sancionaba como bueno; por lo tanto, carecía de valor arquetípico.[91]

Puede hablarse de "¿traición de la burguesía?". Así la motejan Fernand Braudel y otros autores, en virtud de que, en general, si el orden social parece modificarse, esto fue más apariencia que realidad. *"La burguesía [dice Braudel] no siempre ha sido eliminada, puesta fuera de juego con brutalidad. Ella se ha traicionado a sí misma".*[92]

Esto, prosigue exponiendo el maestro francés, fue resultado de una traición inconsciente, *"...ya que no hubo una clase burguesa que se sintiera verdaderamente como tal. Posiblemente, porque fuera demasiado reducido su número... Por todas partes los ricos burgueses de todos los orígenes son atraídos hacia la nobleza: ella es su sol... La ambición de estos falsos burgueses es ganar los rangos de la aristocracia, y fundirse en ella o por lo menos ubicar a sus hijas a quienes dotan ricamente".*[93]

El ahorro, el trabajo y la moderación en las costumbres, característicos de las clases medias, no conforman el ideal nobiliario. Tampoco trabajar con dinero o

---

90 La introducción a la versión de "De Rege et Regendi Razione" que H. Méchoulan realiza en *Mateo López Bravo...* es un medio excelente para entrar a conocer las obras de los pensadores del siglo XVI y del XVII y, en particular, la de López Bravo, que con clarividencia plantea la etiología de los males hispánicos, así como los remedios que se debía aplicar.
91 En J.G. Peristiany, *El Concepto del Honor...*, artículo "Honor y Vergüenza", pp. 114-115.
92 *La Méditerranée...*, T. 2, p. 71.
93 Ídem.

El ideal nobiliario: la limpieza de oficios 91

en el comercio, que solamente se tolera, como hemos adelantado, cuando son en gran escala.

Esto inclinó los estratos superiores de la burguesía a desinteresarse del aumento de sus negocios y a invertir sus capitales en la compra de títulos, de tierras, de juros, de censos o de cargos para el servicio del rey, en el ejército o en la burocracia.

Los grupos medios, en consonancia con la medianía de su poder económico, recurrieron a igual expediente, empero, más modestamente, haciendo sobre todo valer el nivel de su educación universitaria y, dentro de esta, procurando arribar a escalones más altos.[94]

La "traición" acampa en todos los estratos de la escala burguesa. Pedro de Valencia, en su *Tratado contra la ociosidad* consigna: *"Ahora, cada labrador y sastre y zapatero y herrero y albañil, que todos aman a sus hijos con afición indiscreta, quieren quitarles del trabajo y les buscan oficio de una fantasía; para esto los ponen a estudiar. En siendo estudiantes, aunque no salgan con los estudios adelante, se hacen regalados y toman presunción, y se quedan sin oficio o hechos sacristanes o escribanos".*[95]

Entretanto, el sistema –sostenido por el desprecio a lo manual y la repulsión que provocaba el tráfico de dinero– empujaba a los grupos inferiores del Estado Llano hacia los oficios viles, mecánicos y no mecánicos.

Pero en España, no por ello dejaba el hombre vulgar y bajo de admirar y propender a tener su forma de "vivir noblemente". Unos –lo hemos ya apuntado– procuraron el clero, la guerra y las Indias o el mar. Sin embargo, para la gran mayoría y los menos ambiciosos, habitantes de un país pobre y empobrecido, el ideal de la vida noble se redujo casi exclusivamente al hecho de no trabajar. Sin recompensa social, ¿para qué la penuria del trabajo? Más cómoda la mendicidad, la que sí era venerada o, en todo caso, meterse a pícaro, ladrón o vagamundo, "trabajos" menos denigrantes pese a su deshonestidad.

Muy claramente fue esto señalado (hacia el 1554) por el anónimo autor del *Lazarillo de Tormes*: *"Un mal trapillo... morirá antes de hambre que ponerse a un oficio; y si lo hacen, es tan mal que apenas se halla un buen oficial en toda España"*. Más de sesenta años después, ilustra Quevedo en *Vida del gran tacaño*: *"Decíame Padre: Hijo esto de ser ladrón, no es arte mecánica, sino liberal"*.[96]

---

94 J. Caro Baroja en *El Señor Inquisidor...* (p. 20) señala que muchos individuos después de recibidos de letrados seguían el doctorado en Teología, porque era un medio mayor de ascenso social que el de legista.
95 Citado por H. Méchoulan en *Mateo López Bravo...*, p. 47.
96 J. Escriche señala, en su definición de "artesanos", que el error de despreciar el trabajo y premiar la holgazanería con el honor no se vio como tal *"...mientras hubo en España judíos, moros y moriscos, que eran los que ejercían casi exclusivamente las artes y los oficios; pero una vez expulsados ¿qué Castellano había de ocupar el vacío que dejaban los enemigos de la fe? Húbose de llamar a los extranjeros; y vinieron efectivamente Franceses, Ingleses, Italianos y Alemanes a sustituir a los expulsos, porque los españoles querían más holgar y vagar y morirse de hambre que acomodarse al ejercicio de una profesión vilipendiada". Diccionario Razonado...* .

En resumen: la virtud del trabajo no integraba la *areté* hispánica, porque *"...no se piensa que el trabajo sea un valor positivo; se le considera como un mal necesario, algo que la gente tiene que hacer para vivir, pero algo que se ha de evitar..."*. La frase a propósito estaba ya asentada en la Biblia porque el trabajo es expiación, un castigo a la desobediencia. Acaso, ¿no debe el hombre ganarlo con el sudor de su frente?[97]

Con el aumento durante los siglos XVI y XVII de los pobres y desocupados zafrales (estado bélico endémico en toda Europa y cambios económicos), la mendicidad se tornó un problema grave y la posición adoptada por el concilio tridentino lo agudizó al promoverla como mérito para el alma de aquel que la hacía.[98]

La Iglesia de Roma se aferraba al antiguo precepto evangélico expresado por Jesús, pues, ¿no había dicho "los pobres siempre existirán junto a vosotros"? Mas en el Siglo de la Contrarreforma era una manera de responderle a Lutero, quien predicaba la justificación únicamente por la fe y no por las obras.

Mendicidad y caridad, entonces, se coaligaban para intervenir en la salvación del alma; constituían medios para ganar el Cielo por ser parte irrenunciable de "las buenas obras". Bien entendido que la una (la caridad) no podía existir sin la otra (la mendicidad), *"...los pobres seguían siendo esenciales para el bienestar espiritual.."* y *"...socorrerles era una obra de caridad de las más importantes"*.[99]

Tal política teológica generó una inversión de la pobreza y, con ello, el incremento desmedido de los falsos pobres que se unían a los verdaderos, que ya llenaban las calles y los caminos.

Intentando modificar esta situación con una cierta insinuación reformista (aunque considerando "cuerpo" a los pobres y a los ricos "ánima", y sin eliminarlos porque es un hecho de la jerarquía instituida por Dios), Domingo de Soto asevera: *"Y éste fue el saber y la providencia de Dios: que hubiese ricos que como ánima sustentasen y gobernasen a los pobres, y pobres que como cuerpo sirvieran a los ricos, que labrasen la tierra, y hiciesen los otros oficios necesarios a la República"*.[100]

Juan Luis Vives protesta contra una mendicidad comprendida solo en cuanto socorro material, en beneficio de los individuos e incluye la caridad, no con el sentido de limosna, sino como la obligación de cualquier Estado cristiano de ir más allá; por ejemplo, la fundación de asilos.[101]

---

97 George Foster, *Culture and Conquest*, en L.E. Harrison, *El Subdesarrollo...* (p. 221). || En los países protestantes, sobre todo en los calvinistas, la revalorización del trabajo, tan agradable a los ojos del Señor, transformó la expiación en salvación.
98 Además de los zafrales, en las sociedades preindustriales el trabajo en general era estacional.
99 H. Kamen, *La Sociedad Europea...*, p. 191.
100 Domingo de Soto, jurista y teólogo (1494-1560), confesor de Carlos V y consejero de Felipe II: *De la orden que algunos pueblos de España se ha puesto en la limosna para remedio de los verdaderos pobres* (Salamanca, 1545). (Citado por H. Méchoulan, en *Mateo López Bravo...*, p. 50.)
101 *De subventione pauperum*, 1526. (Citado por H. Kamen en *La Sociedad Europea...*, pp. 191-192).

Los ataques a la mendicidad recorren la centuria XVI y la XVII, y son los que tempraneramente originan en España los hospitales, asilos y una conciencia tributaria de la responsabilidad del Estado; lo que hoy diríamos un "Estado Providencia". No obstante, salvo excepciones como la de Mateo López Bravo, generalmente no se niega el ideal de pobreza.

Mateo López Bravo incursiona más allá de la habitual mendicidad. Si recomienda al gobierno que debería impedir la del pordiosero habituado a vivir de la caridad, también debería perseguir la de aquellos que denomina "El paseante en corte o frecuentador de cenas", de quien dice: *"Muy parecido al que mendiga de puerta en puerta, es aquel a quien la hinchazón de la nobleza no le permite doblegarse a la mendicidad o al trabajo manual. Como aquél a las puertas ajenas, éste se pega a las mesas ajenas, invitado no llamado y huésped perpetuo y molesto..."*. Además, anota López Bravo: *"Hay otros que, disfrazando el ocio más descarado con el nombre magnífico de una virtud nada común y bien visible, consiguen vivir sin hacer nada"*.[102]

En este, y en otros temas, valiosa es la lectura de los informes de los embajadores venecianos. Trasmiten la opinión de extranjeros lúcidos, comentaristas de la nefasta manía nobiliaria que globalmente había invadido a la sociedad española.

Veamos la cruda síntesis del embajador Cornaro: *"El temperamento caliente e irascible de este pueblo forma parte de su carácter. Perspicaces y agudos, estos espíritus son capaces de toda clase de intrigas y pueden urdir grandes maquinaciones. Sin embargo, es preciso constatar que les faltan, en este siglo, hombres capaces de manejar las armas, que conozcan las letras, la política y el gobierno civil. La ausencia de aplicación y la inexperiencia, convierten en terreno estéril e infecundo a cualquier situación favorable. La nobleza ha persistido en los vicios y la facilidad, y excepcionalmente sale de España; vive alejada de toda virtud y no está informada de los intereses y costumbres de otros pueblos. Sus miembros pretenden, por su nacimiento, los cargos y puestos más elevados, cada uno creyéndose general y apto para mandar ejércitos. El pueblo prefiere la*

---

102 En H. Méchoulan, *Mateo López Bravo...*, pp. 265-267. ‖ Lo poco y nada que a fines del siglo XVIII había cambiado el flagelo de la mendicidad puede verse en "La Mendiguez", larga epístola en la que Juan Meléndez Valdés elogia al valido de Carlos IV (Godoy, Príncipe de la Paz) a causa de su empeño en abrir asilos: *"Hoy para un nuevo ser de vuestra mano, / En faz alegre y oficioso anhelo, / La patria en su regazo los recibe. / Hoy gozosa en sus fastos los escribe, / De vuestro celo generoso, humano, / Señor, por hijos; ¡oh, feliz si viera / Cumplirle un día favorable cuanto / La fama anuncia y la razón espera! / Estos asilos próvidos, que el santo / Fervor del bien a la vagancia opone, / Que a la indigencia humilde, desvalida, / Refugio son, y la vejez helada / Implora en el ocaso de la vida, / Puertos sagrados do en salud se pone / La mísera orfandad, abandonada [...]. Miren mis ojos la vagancia infame / Proscripta de una vez; libre se vea / De tan hórrida plaga el suelo hispano; / Vil el mendigo por sus vicios sea; Su suerte odiada, y de piedad indigna; / Y al que es baldón no se le llame hermano, / Contra tal peste fervorosa truene / La religión; y su contagio enfrene; /Sanciones, en fin, la caridad divina / Tan sagrada verdad, y en una mano / La vara.... y otra el pan, severa ahuyente, / A par que al pobre verdadero aliente [...]"*. (J. Meléndez Valdés, *Poetas Líricos...*, p. 212.)

miseria antes que el trabajo y sus penalidades. Pretende ser caballero de nacimiento y trabaja la tierra con la espada a la cintura".[103]

8. "No hay peor sordo..."

Embotada en el orgullo de su "vida noble", aquella España dejó pasar la oportunidad de realizar su despegue. Privación y negación del cambio hacia la modernidad que la indujo a desaprovechar la extraordinaria ocasión que habíanle ofrecido descubrimientos y conquistas americanas y orientales.

Sin embargo, no faltó consejo, ni relevancia en las voces que se alzaron en el seno de la sociedad española del Antiguo Régimen. Pero no fueron escuchadas, a pesar de su sensatez.

Así acontecería con la prédica de Fray Martín González de Cellorigo cuando, apoyándose en "las leyes naturales" sentenciaba: *"Lo que más apartó a los nuestros de la legítima actividad que tanto importa a la república ha sido el gran honor y la autoridad que se da al huir del trabajo".*

Sordos fueron, asimismo, los oídos a los llamados de Mateo López Bravo cuando, en 1627, siendo ya Alcalde de Casa y Corte de Madrid, con tono ganado por cansado enojo dijo: *"Hay cosas que repito muchas veces para que las oigas una: las artes mecánicas deben ser honradas; la mayor deshonra es la ociosidad".* Advertía, además, que *"La consecuencia de todo ello es la pobreza privada y pública y una sociedad abierta a todos los males de dentro y de fuera".*[104]

Resistencia al cambio, exitosa permanencia, mezcla suicida en principio derivada de "hombres encantados", al decir de Cellorigo, abismados en el encantamiento del ideal heroico y cristiano de una España que, vencedora del judío y del moro, había hallado en la riqueza y en los indígenas americanos una nueva prueba de su elección divina y de la obligación de su católica misión (a cumplir en el Nuevo como en el Viejo Mundo).[105]

Cuando a fines de la década de 1620, para monarcas y validos resultó obvia la decadencia económica y la quiebra financiera, la resistencia al cambio de parte del poder político, más que resistencia, fue imposibilidad de llevarlo a cabo.

Impedidos de enfrentar los problemas con rigor, lúcidos débiles como Felipe IV, débiles "hechizados" como Carlos II, o con períodos de demencia como un Felipe V (maniatado además por los tratados internacionales que dieran fin a la guerra sucesoria), los monarcas fueron incapaces de gobernar los destinos de una sociedad que, del rico al pobre, con firme tozudez negábase a admitir un cambio en sus valores vitales.

---

103 G. Comisso, *Les Ambassadeurs Vénitiens*, p. 185. Extractado de la relación de Federico Cornaro, embajador ante la corte de Carlos II de 1678 a 1681.
104 Martín González de Cellorigo, "Memorial de la política necesaria y útil restauración de España", Valladolid, 1600. (Citado por Bartolomé Bennassar, en *Los Españoles*, p. 112. || H. Méchoulan, *Mateo López Bravo...* Libro Tercero, pp. 264-265.

Esta realidad determinó que muchos de los intentos renovadores del 600 y principios del 700 fueran letra muerta. Buen ejemplo es la Pragmática de 13 de diciembre de 1682 (por el "Embrujado" Carlos II): demuestra que, antes del advenimiento de la Ilustración o del notable discurso de Campomanes sobre "La educación popular de los artesanos", hubo una política que procuró rescatar las industrias derivadas de la producción del país.

Si todavía (como a continuación apreciaremos) en la mencionada pragmática, no se evalúa favorablemente el trabajo manual y la libertad frente a los gremios, no obstante se ven esfuerzos para conseguir empresarios y capitales, declarando que es asunto limpio de oficio deshonesto.

"*Habiéndonos informado* [dice el Rey] *que una de las causas que ha ocasionado el decaimiento de las fábricas en estos Reynos (donde su aumento debía ser mayor que en otros algunos por la abundancia de sedas, lanas y otros materiales que en ellos hay, y son propios frutos suyos) ha sido haberse llegado a dudar, de si el mantener fábricas de paños, sedas, telas y otros cualesquiera tejidos de oro o plata, seda, lana o lino contraviene a la nobleza que en estos Reinos gozan los hijosdalgo de sangre, y calidad de ella; y que esta duda ha sido de embarazo para que muchos hombres nobles de estos Reinos se hayan abstenido de mantener fábricas de los géneros referidos, y que otros que los han tenido, los han dejado por esta razón: para que cese este inconveniente, y los naturales de estos Reinos se apliquen a la conservación y aumento de estas fábricas... declaramos que el mantener, ni el haber mantenido fábricas de la calidad de las que van expresadas, no ha sido ni es contra la calidad de la nobleza, inmunidades y prerrogativas de ella; y que el trato y negociación de las fábricas* [o sea, los negocios con dinero por necesidades de inversión, de crédito y de comercialización] *han sido y son en todo igual al de la labranza y crianza de frutos propios, como lo son la plata y el oro, seda y lana en estos Reinos: con tanto* [y sí señala limpieza de oficios] *...no hayan labrado ni labren en ellas por sus*

---

105 No podemos dejar de señalar la importancia del desgaste progresivo de España a causa de la política exterior belicista de los Austrias, que los sumió en guerras contra Inglaterra, Francia, Países Bajos y los Estados alemanes. Felipe II se sintió llamado a abatir al Turco infiel y a unir a la cristiandad dividida por el protestantismo bajo la hegemonía católico-española; Felipe III expulsó a los moriscos y abandonó el Imperio a manos del corrupto Duque de Lerma; Felipe IV dejó hacer al odiado Conde-Duque de Olivares y aceleró la caída con la intervención en la Guerra de los Treinta Años (1618-1648); el desgobierno de Carlos II (el Hechizado), en el que toda Europa "mete mano". Con la muerte de este soberano se fue el último de los Austrias y al no dejar herederos directos quedó España envuelta en la Guerra de la Sucesión (1701-1713/14), mezcla de guerra civil con internacional. || Algunos de los hitos de las defecciones del Imperio español en este período: 1588, fracasa la Gran Armada en la conquista de la Inglaterra protestante de Isabel I (pérdidas irreparables para la marina española); 1568, Guerra de los Países Bajos (Holanda y Flandes); 1581, se declaran independientes los Países Bajos del Norte con el nombre de Provincias Unidas (encabezadas por Holanda); 1648, España las reconoce definitivamente como tales (pérdidas irreparables desde el punto de vista económico); 1640, guerra de la Restauración (independencia de Portugal, unido desde 1580); fin de la guerra en 1668. || A este somero recuento debemos agregar la conmoción interior, fundamentalmente reflejada en levantamientos separatistas: Navarra y la terrible rebelión de Cataluña (1640-1652) durante el reinado de Felipe IV.

propias personas, sino por las de sus menestrales y oficiales...". Continúa la norma determinando otras exenciones relativas a liberar a los dueños de estas fábricas de las exigencias impuestas por los gremios del ramo.[106]

9. Ideología y acción en el Siglo de las Luces

Al desembarcar el Siglo de las Luces, los Borbones españoles y un pequeño grupo de ilustrados con entusiasmo de cruzados, fundados en la Razón, la Ley Natural y el Pacto Social, idearán y emprenderán la tarea de regenerar a esa España enmohecida, inmovilizada y aferrada a sus arcaicas estructuras materiales y mentales.

Los análisis y soluciones del grupo ilustrado guardan comunidades con los efectuados por los hombres esclarecidos que hemos visto actuar en las dos centurias anteriores, especialmente en las que insisten sobre la revalorización del trabajo y la educación.

Naturalmente, su programa es más amplio, estructurado ideológicamente y perfeccionado, y cuentan a su favor el cambio (el *tournant* dirían los franceses) producido en la Europa occidental durante el siglo XVIII, cambio del cual la élite intelectual española se hacía cargo.

Ahora, no serán un puñado los predicadores avisados, sino muchos y, lo que es más, estarán apoyados por el monarca, que en "déspota ilustrado", tratará de "gobernar por el pueblo, aunque sin el pueblo".[107]

Los protagonistas, autores de estas "Las Luces" que buscan la libertad y la felicidad, que no pueden menos que llamarse "internacionales", designarán como el peor de los vicios españoles el *"...mantener las cosas en el pie en que las han hallado, calificando de gran prudencia una conducta que sólo sirve para eternizar en el reino de los abusos, la inacción, el letargo y la falta de providencias..."*.[108]

Este sentido se capta en el discurso del notable Gaspar de Jovellanos cuando se dirige a la "Sociedad de Amigos de Asturias". Haciendo alusión a los "preocupados" en que nada cambie y a los "ignorantes" señala *"La preocupación, inseparable compañera* [de la ignorancia], *levanta a todas horas el grito contra to-*

---

106 *Novísima Recopilación...*, Lib. VIII, Tít. XXIV "De las fábricas del Reino", Ley I. A través de la lectura de las leyes del presente título se aprecia los esfuerzos tendentes a industrializar a España. De igual sustancia es el Título XXV: "De los privilegios y exenciones de los fabricantes", relativos a numerosas industrias, incluida la del papel, con permisos de importación de maquinaria, etc.

107 Las divergencias con los "reformadores" de los siglos anteriores -como Mateo López Bravo o Furió Ceriol- es más de época que de esencia. Parecidos son en materia de educación pública (como en la impartida en el hogar), de organización de la familia, de las profesiones liberales (abogacía, medicina, etc.), de la demografía (entre cuyos males estaba el del celibato), de la necesidad de forestar, de honrar el trabajo manual, el comercio y la industria, de actuar para transformar la economía (que se revela en la crítica al sistema monopolista).

108 B. Ward, "Proyecto económico en que se proponen varias providencias dirigidas a promover los intereses de España..." (1779).

da novedad, sin examinar si es útil, y declama continuamente en favor de las máximas rancias, por más que sean erróneas y funestas. Ambas prefieren el mal conocido al bien por conocer".[109]

Para conseguir "el bien por conocer", urgente era "hincarle el diente" al ideal nobiliario. Aunque no lo expresen con todas las letras, el ataque a la "vida noble" aparece en sus críticas generales sobre todos y cada uno de los aspectos de la sociedad.

Los iluministas arremeten contra la nobleza. Repugnan de su ociosidad y "heroicidad", de su incultura y de su inadecuada forma de vivir, que tiende a imitar al pueblo en su ignorancia, diversiones, disipasiones y violencias. Piensan que estas calidades son determinantes de su defección en cuanto clase dirigente, y que este ejemplo que dan a un pueblo (el cual por su parte sólo procura imitarla) es nefasto para la sociedad.

En el transcurso del siglo, las críticas apuntan a que los nobles están cada vez más cercanos a las bajas costumbres del pueblo; que la mayoría desprecia la cultura y gusta de los toros, las actrices, el juego y el ocio.

El Abate de Vayrac, en su *État présent de l'Espagne* (1718), anota que de los 76 que formaban los Grandes de España, solo se rescataba una media docena. La revista *El cajón de sastre catalán* (1761), editorializa sobre la educación de la nobleza e indica que supone: el general abandono de las madres que no los amamantan, los padres que los desatienden, quedando en manos de criados que los adulan, de ayos cuyo único fin es conseguir una capellanía y de una universidad escolástica y atrasada, donde solo aprenden a galantear, la equitación, la esgrima, la música, la danza, el francés y el cuidado de su persona.[110]

Los iluministas arremeten también contra la Iglesia que, con su prédica de la pobreza evangélica, valoriza la mendicidad y no el trabajo. Ponen en tela de juicio sus cuantiosos bienes de mano muerta que sustraen capitales a la inversión útil, como al fisco, en razón de las exenciones impositivas que la benefician. Por otro lado, la Iglesia al obligar al celibato contribuye a la terrible despoblación que España soporta.[111]

La clave de una solución que abarque a todos los estratos de la sociedad está, según los hombres de la Ilustración, en el emprendimiento de una acción que

---

109 Citado por J. Sarrailh, *La España Ilustrada...*, p. 19.
110 Ibíd. p. 87.
111 En esto se parecen a lo que en su tratado *De Beneficiis* escribiera Paolo Sarpi (1552-1623), monje veneciano que recriminara a la Iglesia por haber acumulado inmunidades, tierras y exenciones fiscales, y paralizado la vida económica bajo el pretexto de la gloria de Dios y el bien común. (Citado por A. Peyrefitte, *La Societé...*, pp. 111-112.) || *Autoridades*: Manos Muertas. *"En lo forense se llaman los poseedores de alguna alhaja, en quienes se perpetúa el dominio, de tal suerte, que se impide la paga de algún gravamen que se debiera percibir de la enajenación o venta de ella, en perjuicio de un tercero: y así las Comunidades, Mayorazgos, etc., son manos muertas para el dominio de cosas sujetas a censo perpetuo, por el perjuicio de las veintenas que se causan en las ventas."* || Veintena. *"Una parte de veinte. Entiéndese regularmente de la porción en tal número, que se saca del precio, o suma principal."* (Ibíd.)

empiece por una reforma de la educación, en general, y de los programas de estudios en particular, desde los primarios a los universitarios.

Entienden que la educación debe ser laicizada y la cultura dirigida por el Estado; que, amén de popular, habrá de hacerse extensiva a las mujeres y gratuita para los pobres y sobre todo ser técnica, para educar en el agro y en la industria, cuyo atraso resentían.

Los aires de Las Luces franco-revolucionarias encienden la llama de Francisco Cabarrús cuando en 1792 escribe a Jovellanos sus ideas sobre la educación primaria. Sostiene que ella debe ser *"común a todos los ciudadanos: grandes, pequeños, ricos y pobres deben recibirla por igual y simultáneamente. ¿No van todos a la iglesia? ¿Por qué no irían a este templo patriótico? ¿No se olvidan en presencia de Dios de sus vanas distinciones? ¿Y qué son éstas ante la imagen de la patria...? Desde los seis años hasta los diez, críense juntos los hijos de una misma patria"*.[112]

Más agudo es Cabarrús cuando describe a los escolares como *"rebaños de muchachos conducidos en nuestras calles por un escolapio armado de su caña. ¡Es muy humildito el niño!, dicen cuando quieren alabar a alguno. Esto significa que ya ha contraído el abatimiento, la poquedad o, si se quiere, la tétrica hipocresía monacal"*.[113]

La educación femenina tampoco era olvidada y menos descuidada. No sin cierta gracia lo expresa el multifacético Juan Meléndez Valdés quien fue, como todos los reformadores, un promotor de la renovación que venía atada al ejemplo francés. En 1790, expidiéndose sobre el tema de la educación femenina, considera que es necesaria: primero, porque pasada la edad de las gracias y del encanto valen *"las gracias del entendimiento, que no se marchita ni envejece"*; segundo, porque la mujer culta puede comprender a su marido y este tiene *"con quien confiar sus secretos y alternar en una conversación racional"*; y tercero, porque así sabe criar a sus hijos.[114]

Referente a la educación popular y gratuita, que fue llevada a la práctica por el Instituto de Gijón fundado en 1794, los reformadores pretendían hacer un externado gratuito y abierto "al pobre como al rico", donde las únicas distinciones serían las del talento y la aplicación. Las materias fundamentales: matemática, dibujo, náutica y mineralogía; las accesorias: francés e inglés.

Este programa educativo no podría cumplirse sino rompiendo con la escolástica para introducir a los educandos en la experimentación y en el estudio de las

---

112 Citado por J. Sarrailh, *La España Ilustrada*..., pp. 215-216. ‖ A Francisco Cabarrús (1752-1810, francés naturalizado español, hecho conde por Carlos IV, pese a que lo había tenido en prisión dos años, de 1790 a 1792) se deben algunas de las importantes reformas realizadas durante el reinado de Carlos III, por ejemplo, la fundación del Banco de San Carlos (1782), la Compañía del Comercio con Filipinas, la fundación de varias Sociedades Económicas, la expulsión de los jesuitas. Bajo Carlos IV fue agente secreto en París y estaba en Holanda cuando cayeron Carlos IV y Fernando. Terminó siendo Ministro de Hacienda de José Bonaparte.
113 Ibíd., pp. 56-57.
114 Ibíd., p. 221.

El ideal nobiliario: la limpieza de oficios   99

ciencias nuevas: las de la naturaleza, la matemática, la física y la economía civil (a la que pronto denominarán política).

No estaría completo el programa si no se renovaran y realzaran la Medicina y la Cirugía (recientemente ascendida del nivel de vileza en que moraba) o las carreras técnicas (caso de la Arquitectura) para impulsarlas frente a la de las Letras, la Teología y la de Leyes.

Se estimaba que uno de los males de mayor cuantía residía en el lastre representado por la enorme masa de juristas y letrados, útiles solo para engrosar una burocracia ineficiente y ociosa, perezosa y excesiva.[115]

Los proyectos fueron encausados, principalmente, a través de la acción de las progresistas "Sociedades de Amigos" (del País, de Madrid, etcétera) y de las "Sociedades Económicas" e Institutos que, con la anuencia real y el impulso ministerial, se fundaron en diversas ciudades y provincias de España.[116]

Acordes con sus intenciones educativas, estas asociaciones admitían a las mujeres, solicitando, como única distinción, profesar las ideas reformistas. El espíritu aperturista que embargaba las mentes de la Ilustración permitió entonces juntar, en una misma "profesión de fe", a hombres y mujeres, a laicos y clérigos, a aristócratas y burgueses, a universitarios y técnicos, en fin, englobaba a aquellos que estaban deseosos de reformar su patria, sin distinción de sexo ni de condición social.[117]

Esta prédica, cuya tendencia comienza en la procura de un "despegue" educativo (y cultural en su generalidad), obtuvo su mayor éxito en la zona de los Paí-

---

115 Según el Ministro Cabarrús, había que combatir a *"...los oficinistas cuyos sueldos han de ser precisamente inferiores a sus necesidades y a su vanidad"*. Porque lo peor es que *"...fundan otras tantas familias irreconciliables ya con todo trabajo útil: el hijo del labrador o de un artesano hecho oficinista no permitirá que los suyos se degraden con un mecanismo"*. Con el censo de 1787 en la mano, Cabarrús demuestra que sólo en Madrid, *"...ha aumentado en veinte años ocho mil ochocientas personas las empleadas en la Real Hacienda"*.

116 Baste recordar que a su imagen, una centuria después y en el Uruguay, la modernización del país también se fue cumpliendo a través del apoyo de sociedades o instituciones particulares de esta naturaleza: "La Sociedad de Amigos de la Educación Popular" (1868), con su escuela piloto "Elbio Fernández", que llevó a cabo la reforma educativa (1876-1877): laica, gratuita, obligatoria y común a ambos sexos liderada por José P. Varela; la "Asociación Rural" (que emprendió las nuevas formas de explotación agropecuaria, principiando por el alambrado de los campos, la mejora de las razas ganaderas y la exposición de sus productos). Ello será hecho con el apoyo del gobierno del Cnel. Lorenzo Latorre (1876-1880), quien además dispuso en materia de educación la fundación de la "Escuela de Artes y Oficios" (1879), la fundación en 1876 de la Facultad de Medicina y la de Ciencias Físico-Matemáticas (agrimensores, peritos mercantiles, arquitectos e ingenieros).

117 En la Sociedad Económica de Madrid, bogando Jovellanos porque sea común y no excepcional la admisión de mujeres en ella, señala la presencia de Da. María Isidra Guzmán y Lacerda, hija de los Condes de Oñate, la cual tenía ya el grado y título de Doctor en Filosofía. También indica a la Condesa de Benavente, esposa del Duque de Osuna, quien era el Director de la Sociedad. Su interés está en que no debe tenerse en cuenta ni nacimiento, ni riqueza, ni hermosura... La defensa proviene del temor que había expuesto Campomanes con respecto a que la Sociedad se colmara de mujeres y Jovellanos pregunta: *"¿qué mal podrán hacernos?... ¿quién no ve que nos harán un gran bien?"*. (*Obras...*, pp. 54-55.)

ses Vascos, donde la fecha de franqueo del umbral del 50 por ciento de los hombres alfabetizados (entre 20 y 30 años) se sitúa entre 1790 y 1850.[118]

10. La abolición de la limpieza de oficios (1783)

Varios de los proyectos reformistas tendrán sanción legislativa. Uno de los de mayor relevancia estará en las normas que establecen una nueva evaluación del trabajo, nudo gordiano que la espada de la ley debía desatar con la finalidad de habilitar el desenvolvimiento de la industria, el agro y el comercio.

El punto de partida: revaluar el trabajo mismo, dando una vuelta de tuerca a su estimación. Cuidadosamente, sin dar la espalda a la milenaria concepción del trabajo-castigo por obra del pecado original (que los protestantes habían transformado en lo contrario, en salvación), los iluministas laicizan la cuestión, retrovertiendo el pecado en un derecho natural.

Jovellanos, en informe a la "Junta General del Comercio y Moneda sobre el libre ejercicio de las artes" (léase oficios) afirma: *"El hombre debe vivir de los productos de su trabajo. Esta es una pena de la primera culpa, una pensión de la naturaleza humana, un decreto de la boca de su mismo Hacedor".*

"De este principio [continúa] **se deriva el derecho que tiene todo hombre de trabajar para vivir: derecho absoluto, que abraza todas las ocupaciones útiles, y tiene tanta extensión como el de vivir y conservarse**. *Por consiguiente, poner límites a este derecho, es defraudar la propiedad más sagrada del hombre, la más inherente a su ser, la más necesaria para su conservación".*[119]

Además de la resistencia a cambiar la evaluación del trabajo, existían otras menos confesadas, pero no menos profesadas, como las derivadas de la baja producción motivada por las horas de trabajo y días de descanso.

Ejemplar es el hecho de que en algunas ciudades, en pleno siglo reformista, los funcionarios, jornaleros y cofrades habían logrado que fuera feriado el lunes, a más del domingo, día obligatorio de descanso semanal. A fines del siglo XVIII, 118 eran los días festivos y, en general, de 6 horas las jornadas, salvo en Cataluña que eran de 7 pero incluían las horas de comida y merienda.[120]

En este arduo camino, la norma de mayor relevancia general fue la promulgada por Carlos III y su Consejo (Real Cédula de 18 marzo de 1783), que eliminó la perniciosa limpieza de oficios.[121]

Textualmente resume en su encabezamiento: *"Habilitación para obtener empleos de República los que ejercen artes y oficios, con declaración de ser éstos*

---

118 A. Peyrefitte, *La Societé..*, p. 57. El umbral del 50% el autor lo toma teniendo en cuanta a los que "saben firmar". En el cuadro que el autor titula *Le décollage culturel*, Cataluña y Aragón, parte de Castilla la Vieja y una porción de Galicia recién alcanzarán este 50% entre 1850 y 1900; Castilla la Nueva y Valencia recién entre 1900 y 1940.
119 *Obras...* , p. 56. ‖ El sobrescrito es nuestro.
120 B. Bennassar, *Los Españoles*, p, 115. El tema está especialmente tratado en el Capítulo II, "Los ritmos de tiempos pasados".

honestos y honrados". Comienza: *"Declaro, que no sólo el oficio de curtidor, sino también los demás artes y oficios de herrero, sastre, zapatero, carpintero, y otros a este modo son honestos y honrados: que el uso de ellos no envilece a la familia ni la persona del que los ejerce; ni la inhabilita para obtener empleos municipales de la República en que estén avecindados los artesanos o los menestrales que los ejerciten; y que tampoco han de perjudicar las artes y oficios para el goce y prerrogativas de la hidalguía, a los que la tuvieren legítimamente... aunque los ejercieren por sus mismas personas...".*

A continuación, la norma señala excepciones, pero la intención es condenar el ocio y la vagancia e indica así exceptuados *"... de esta regla los artistas o menestrales, o sus hijos que abandonaren su oficio o el de sus padres, y no se dedicaren a otro, o a cualesquiera arte o profesión... aunque el abandono sea por causa de riqueza o abundancia; pues en tal caso viviendo ociosos y sin destino, quiero les obsten los oficios y estatutos como hasta el presente...".*

Por la misma causa premia lo contrario: *"...en inteligencia de que el mi Consejo, cuando hallare que en tres generaciones de padre, hijo y nieto ha ejercitado y sigue ejercitando una familia el comercio o las fábricas con adelantamientos notables y de utilidad del Estado, me propondrá... la distinción que podrá concederse al que supiere y justificare ser director o cabeza de tal familia que promueve y conserva su aplicación, sin exceptuar la concesión o privilegio de nobleza, si se le considerase acreedor por la calidad de los adelantamientos del comercio o fábricas...".*

Por último, deroga y anula todas las otras normas anteriores que se opongan a la presente.

La ley no tuvo éxito. Victorioso e incólume se mantuvo el ideal nobiliario en la mentalidad española. A pesar de los esfuerzos, una y otra vez, la historia nos devuelve a la realidad de la tenaz permanencia de aquel ideal. Sin embargo, como toda ley tiene excepciones, algunas hubo.

Pertinentes son, en este sentido, los casos de Edualdo (sic) Paradell y Pablo Canals, dos catalanes que recibieron el beneplácito de la sociedad, aunque vil fuera la especie de sus trabajos.[122]

Edualdo Paradell fue el primer obrero al que se admitió en la Real Conferencia de Física, especie de academia científica existente en la Barcelona de comienzos de la centuria XIX. En el año de 1800, se le concedió permiso para titular su establecimiento: "Real fábrica de fundición de letras hechas por el primer inventor que ha fabricado en España, D. Edualdo Paradell".

---

121 *Novísima Recopilación*, Lib., VIII, Tít. XXIII: "De los Oficios, sus maestros y oficiales", ley III. En general, son ilustrativas todas las leyes incluidas en este título, como la ley IX, que establece que la ilegitimidad del nacimiento no sirve de impedimento para ejercer las artes y oficios tal como disponen ciertos estatutos y constituciones de Hermandades y otros Cuerpos, porque solo sirven para fomentar la mendicidad y el ocio.
122 J. Sarrailh, *La España Ilustrada...*, pp. 124 y ss. y 177 y ss.

Al segundo personaje, Pablo Canals, en el año de 1777 se le hizo la gracia del título de Barón de Vall Roja cuando todavía no estaba abolida la vileza del trabajo mecánico. Canals había perfeccionado la industria tintorera y en sus trabajos más útiles había empleado el platino, metal recién descubierto.

Hubo, también, casos de distinciones para personas que, mediante invenciones o técnicas remozadas, habían conseguido notorios mejoramientos en diversos rubros de la producción agropecuaria; porque, siendo el país agrícola, los iluministas hacían hincapié en el desarrollo industrial basado en el agro, especialmente en el hilado, la lana y la tintorería.

Otra de las industrias que trataron de estimular fue la de la imprenta. Estaban persuadidos (y no se equivocaban) de que las impresiones a bajo costo eran imprescindibles para cubrir los requerimientos de una educación que se quería popular.

Los programas reformistas cuajaron en leyes en cantidades superiores a las que suponemos, pero infelizmente (con o sin suerte legislativa), este puñado de iniciativas ilustradas estaba atrapado en las redes de una ingente mayoría que pensaba y actuaba en contrario.[123]

La oposición se comandaba desde las filas de los grupos de presión configurados: a) en los dos estamentos privilegiados; b) en la Iglesia, a través de las presiones de Roma y sobre todo por medio de la Inquisición; c) en las universidades (profesores y estudiantes, en general); d) en los gremios que, originados en el Medioevo como defensa de los hombres recién libres, habíanse enquistado en sus privilegios y se negaban a la competencia y por ello al libre ejercicio de los oficios y artes; e) en el Tercer Estado, en general, y el pueblo menudo, en particular, a través de su propio "grupo de presión": la revuelta.[124]

En pocas palabras: la oposición se alimentaba de los tres estamentos; gentes de todas las calidades y layas, encadenadas al arcaico (y por lo mismo natural) temor al cambio que se delata en cualquier tiempo. Pero en la sociedad española el rechazo al cambio venía, además, alucinado por la enfermiza pasión nobiliaria, peculiaridad que nos transporta al otro elemento que integra la naturaleza del honor-honra hispánico: la calidad de cristiano viejo, que apareja la demostración de poseer "sangre limpia".

---

123 Para una real noción del alcance de la labor legislativa en esta materia, como en las demás de la época iluminista española, consultar la *Novísima Recopilación*. Asimismo, en su *Diccionario Razonado*... J. Escriche en "aprendiz", "artesano", "gremio" u "oficio" hace una ajustada relación.

124 Con respecto a la influencia retrógrada de los gremios es notable el ya citado "Informe Dado a la Junta General de Comercio y Moneda sobre el Libre Ejercicio de las Artes" (1785) de Gaspar de Jovellanos. El Informe se concluye con un esbozo de reglamento, especie de "código fabril" (al decir de su autor) cuyos objetos deberían ser tres: *"primero, el orden público; segundo, la protección de los que trabajan; tercero la seguridad de los que consumen"*. (Obras..., pp. 33-45.) ‖ Recordemos que para ser admitido en un gremio (*"reunión de mercaderes, artesanos, trabajadores u otras personas que tienen un mismo ejercicio y están sujetos en él a cierta ordenanza"*) era necesario *"...haber trabajado en el oficio como aprendiz y mancebo cierto número de años; sufrir un examen al cabo de ellos, presentando una obra maestra, llamada pieza de examen; y pagar cierta cantidad de dinero. El que no se sujetase a estas formalidades, no podía ejercer su industria por más que sobresaliese en ella"*. (J. Escriche, *Diccionario Razonado*... en "gremio".)

IV

El ideal nobiliario: la limpieza de sangre

"Para el español no es suficiente tener el cielo garantizado para sí; debe tener también el infierno garantizado para sus vecinos."

Epigrama anónimo

"La soberbia, como primera en todo lo malo, cogió la delantera. Topó con España, primera provincia de la Europa. Parecióla tan de su genio, que se perpetuó en ella. Allí vive y allí reina con todos sus aliados, la estimación propia, el desprecio ajeno, el querer mandarlo todo y servir a nadie, hacer el Don Diego y vengo de los godos, el lucir, el campear, el alabarse, el hablar mucho, alto y hueco..."

Baltasar Gracián
El Criticón, 1651

El fenómeno de la limpieza de sangre es tan extemporáneo y extranjero a nuestra mentalidad, que una vez pasada la primera impresión, invade un sentimiento de repudio. Sin embargo, muy vigente fue en la mentalidad del pasado que la pergeñó y sostuvo por muchos siglos.

Conducirnos en los meandros de la limpieza de sangre (valor de vida ibérico aunque más propiamente español, pues de España emanó el primer soplo) supone precavernos de pre-juicios y juicios enculturados en nuestra realidad y no en los de aquella, **su** realidad.

Más grande esfuerzo de comprensión requerimos los americanos, porque desde la construcción de nuestra historia independiente –mal que bien– hemos sido enculturados en la devoción al igualitarismo republicano.

Consideramos por ello necesario abordar con amplitud este complejo acontecimiento, que asimismo fue causante del alumbramiento de su instrumento purificador: la Inquisición española, primero, y la portuguesa después.

Si la limpieza de oficios fue una categorización del trabajo común a todos los países europeos, practicada y legislada desde muy antiguo, la de sangre fue una categorización racial exclusiva de Iberia que nacerá con los albores de la Modernidad.

En nuestra opinión, la señalada limpieza es una de las razones (si no la principal) que envuelve la máxima pascaliana: *"una verdad de este lado de los Pirineos es una mentira del otro"*. Extrañamiento peninsular e ibérico, entonces, frente a los demás países de Europa occidental, pero más grande el hispano que el lusitano: por primero en inventarla, más radical en aplicarla y mayor tiempo en exigirla.[1]

Ínsulas culturales en el universo de la civilización occidental, los países ibéricos en virtud de sus individualidades no custodiaron la pureza sanguínea de igual modo, excepto en el período en que estuvieron unidos (1558-1640).[2]

Esta duración histórica, además de afectar a la historia ibérica, afectó profundamente la iberoamericana. No puede ignorarse que, pese a que las administraciones de los reinos se mantuvieron separadas, el monarca era el mismo y lo que hacía en uno arrastraba inevitablemente al otro.

Por ejemplo, cuando acaece la Unión de las Dos Coronas principia en Sudamérica el gran avance de los lusitanos sobre las fronteras imprecisas de Tordesillas (1494); disolución limítrofe que no solamente era política, sino económica (se inicia el contrabando incontrolable del que los hombres de negocios lusitanos son el medio) y, asimismo, social (inmigración de conversos portugueses en la zona española).

De modo que, en la cuestión de la limpieza de sangre, los avatares de los cristianos nuevos portugueses en Brasil, y de rebote en la América hispánica, no pueden separarse de la totalidad secuencial de sus madres patrias.

El fenómeno de la limpieza de sangre resucitó en toda su importancia con el desenvolvimiento y expansión de la historia de las mentalidades. Ínfimo es su lugar en las historias políticas e institucionales, que la mencionan al estudiar las causas del establecimiento de la Inquisición en España, en Portugal o en América, incluyéndola apenas como un aspecto de la misma. Las historias sociales y económicas le hacen lugar —aunque siempre menor— anotándola junto a uno de los factores de su interés: el de la limpieza de oficios.

---

1 La limpieza de sangre tampoco existió en los países de Europa central y oriental.
2 De acuerdo a la historiografía hispanoamericana esa unión se apoda Unión de las Dos Coronas; en cambio, en la lusobrasileña se la reconoce como Período Filipino porque Felipes fueron todos sus reyes del II al IV. En 1640 la conjura nobiliaria y de hombres de negocios lusitanos puso al primer Braganza (D. João IV) en el trono de Portugal. De este hecho se siguió una guerra civil (de la Restauración) contra los nobles portugueses pro-españoles y contra España. La paz (bajo la mediación y garantía de Carlos II de Inglaterra) se firmó el 5 de enero de 1668 (Tratado de Madrid). Lisboa la ratificaría el 13 de febrero. Los términos de la paz incluían el cese inmediato de las hostilidades, la paz perpetua, el reconocimiento y legitimidad del monarca portugués y la cesión a España de la plaza de Ceuta.

Pensadores españoles que en el exilio discutían, en las tragedias pasadas, el presente ensangrentado de su patria (caso de Américo Castro o Claudio Sánchez Albornoz) descuidaron su magnitud o casi la olvidaron (como Ortega y Gasset). El propio Unamuno y los demás escritores e intelectuales de la famosa generación del 98, que resaltaron los impresionantes efectos de un orgullo español generado en la vocación hidalga de la nación, sobrevolaron la cuestión.[3]

Probablemente, fueron cegados por la presencia ya casi subliminal de la limpieza de sangre, tan integrada al ideal nobiliario y a algunos de los oficios viles o sospechados de vileza o "mancha" como el comercio, la industria, el tráfico de dinero y el ejercicio de la medicina.

No obstante, ambas limpiezas no son la misma cosa, aunque se parezcan y hayan conducido a terribles males económicos y a desquiciadas conductas sociales. Porque, además de constituirse en una rémora económica, la limpieza de sangre fue un lastre moral que desencadenó el envilecimiento de la ética y la moral pública e individual.

La pretendida superioridad racial del linaje "cristiano viejo" respecto del "cristiano nuevo", premisa sobre la cual se edificó la pureza sanguínea, envenenó la vida española por más de cuatrocientos años al punto de convertir en virtudes nacionales la delación y la intolerancia.

1. España "huéspeda de los extraños"

Recorriendo la era cristiana, la mirada se detiene en un suelo ibérico compartido desde el punto de vista cultural: **judíos**, registrados desde el siglo I d.C.; **cristianos**, descendientes de la integración de los ibero-romanos, los invasores germánicos (vándalos, suevos y alanos) y los visigodos, quienes ocuparon la Hispania desde el siglo V d.C.; y, finalmente, **musulmanes** que penetrando por Gibraltar en 711, en los diez años siguientes se adueñaron de casi toda la península.

Y, "...*fincó toda la tierra vacía del pueblo, llena de sangre, bañada de lágrimas, cumplida de apellidos, **huéspeda de los extraños**, enajenada de los vecinos, desamparada de los moradores, viuda y desolada de sus hijos, confundida de los bárbaros... Los que antes estaban libres, entonces eran tornados en siervos; los que se preciaban de caballería, corvos andaban a labrar con rejas y azadas; los viciosos del comer no se abundaban de vil manjar; los que fueran criados en paños de seda, no habían de qué cubrirse... ¿Cuál mal o cuál tempestad no pasó España?*".[4]

Los cristianos quedaron sojuzgados y sometidos a servidumbre, tal cuenta la historia goda, a excepción de un pequeño reducto de nobles que se pertrecharon en las rudas montañas del Norte pirenaico. En el año 722, apoyándose en los montañeses asturianos y acaudillados por Pelayo, los visigodos vencedores de

---

3   M. de Unamuno, *Vida de Quijote y Sancho*.
4   En A. de Solalinde, *Antología...*, pp. 100-101. || El sobrescrito es nuestro.

los musulmanes en la batalla de Covadonga principian la reversión de la situación, al tiempo que, nuevamente, van configurándose en reinos diversos. Más tarde, la acción de Covadonga habrá de estimarse como el inicio de la "Salvación de España".

Nació así la **"Reconquista"**, tanto acontecimiento político-militar secular cuanto milenario en la mentalidad que instauró. Enculturó a los hombres de España en la vocación misional y la pertenencia a una cristiandad unívoca y unida políticamente, de la cual pueblo y monarquía –en virtud de la elección divina– constituíanse en sus máximos defensores y representantes.

En el moroso tránsito de las centurias, los reyes godos irán ganando terreno y, merced a su victoria en la batalla de las Navas de Tolosa (1212), de las "Españas" musulmanas (el al-Andaluz) solo restará la del reino de Granada.

La mentada Reconquista empero se detuvo y, por casi 300 años, permanecieron los reinos cristianos luchando cada cual por su agrandamiento y supremacía. Entre sabias y pacíficas políticas matrimoniales (como las de Castilla y León) o por la disuasión armada, las "Españas" cristianas harán sus "cabalgadas" entre sí y no en suelo del granadino, que para ello pagó hasta su final pesado tributo en oro.[5]

Mientras las conquistas se sucedían, vencidos y vencedores aprendían lado a lado a vivir. **Mozárabes** apodaron a aquellos cristianos que habíanse quedado en tierras del dominio de los moros o que, además de quedarse, habíanse mezclado o emparentado con ellos. **Mudéjares** dijeron de los moros que, sin "mudar de religión", perduraron en los territorios recuperados por los cristianos. De acuerdo a sus estatus sociales fueron libres, sometidos a servidumbre o esclavos, y estuvieron aplicados a las labores agrícolas o artesanales como la cría del gusano de seda y el tejido de la misma, o concurrieron como hábiles y extraordinarios constructores y artistas, creadores del estilo que se distingue con su nombre.[6]

En cuanto a los hebreos, pueblo sumamente urbanizado, habitaron siempre en las ciudades, en barrios que se denominaban juderías o aljamas porque (antes y después de la gran Diáspora del siglo I d.C.) en toda la Antigüedad, así fue su costumbre y la costumbre de aquellos pueblos que los recibían.[7]

Normalmente estaban sometidos al pago de tributos especiales, muchas veces –amén de onerosos– deshonrosos. Es el caso de los judíos de Segovia de fines del XIV quienes, constreñidos a remedar a Judas, debían pagar por cabeza 30 dineros en oro. También en los reinos moros estaban obligados a tributar a causa de su calidad hebrea.

---

5   V. gr., los reyes de Granada debían pagar por la "saca"; es decir, las exportaciones de sus productos hacia el África musulmana y viceversa, en razón de que, necesariamente, dadas sus fronteras, tenían que pasar por territorios de cristianos. Incluso, los granadinos, se veían en el caso de negociar el tránsito de las personas y de los animales de pastoreo. Esta circunstancia de sometimiento se verá más detalladamente en el Capítulo VIII: "La cuestión morisca".
6   Esta breve reseña será ampliada en el capítulo mencionado en la nota anterior.
7   *Autoridades*. Aljama: *"El sitio o barrio donde vivían los Moriscos, y también los Judíos en las Ciudades de España separados de los Cristianos".*

Fueron los judíos prestamistas de las gentes del pueblo y empleados –por señores y reyes– en el cobro de los impuestos. Sin embargo, antes de la modernidad, los hebreos poseedores de grandes capitales solían suministrar fondos a las monarquías medievales ibéricas que, tempraneramente, habían entrado de lleno en la economía monetaria que comenzaba a desenvolverse en el occidente europeo.

Esta peculiar circunstancia tenía su explicación: por un lado, en el hecho particular del permanente contacto con los árabes cuya economía abierta y urbanizada –ligada al África y al Oriente– era abundosa en bienes y circulante; por otro, en el hecho, también particular, de la "Reconquista" y en el más general de los progresos acontecidos en la tecnología guerrera.

Los dos aconteceres promocionarán la necesidad del uso del dinero. Por ejemplo, la novel estrategia militar, que demandaba más infantes que caballeros, hombres surgidos de los estratos inferiores de la sociedad, eran masa (y no élite) que debía pagarse con dinero. Del mismo modo que, para sitiar las almenadas fortalezas árabes, se requería nuevos armamentos y estos, a su vez, exigían los conocimientos de técnicos extranjeros (alemanes e italianos, en especial) para la construcción de puentes y caminos que aguantaran el peso de aquellos "dinosaurios" guerreros.

Muchos de los financistas hebreos se transformaron en los ministros de finanzas de los reinos cristianos a raíz de su propia sabiduría en los negocios del dinero. Así como también supieron ser sus médicos y médicos de nobles y del común, pues era profesión que cultivaban con reconocida idoneidad en Occidente y en Oriente desde tiempos inmemoriales.[8]

Hemos indicado en páginas anteriores, la repugnancia de la Iglesia en cuestiones tocantes al dinero, repulsión machacona que trasmitía a sus fieles. A excepción de Italia, en los reinos feudalizados de la Baja Edad Media, de monarquías todavía débiles e itinerantes, las nacientes finanzas públicas se edificarán por lo común sobre la base de los créditos de los hebreos. Porque –en principio– muy "flaca" aún era la figura del cristiano burgués: hombre de negocios, banquero o mercader, hombre de la industria o de las profesiones liberales.

Las acepciones de las voces burgués y burguesía consiguen traslucir la lentitud de su recorrido hispánico. Empezando por el hecho de que en *Autoridades* burgués se escribe **burgés**, y que, a más de ser el vecino o natural de una villa o ciudad, *"Es voz tomada, y de poco tiempo acá introducida del Francés* **Bourgoie** […]".

---

8 Juan Huarte, famoso médico del Siglo de Oro, nos relata que, habiendo enfermado Francisco I de Francia de unas fiebres que nadie había podido curar, le solicitó a Carlos V el envío de un médico judío. El Emperador le mandó un médico cristiano nuevo (sinónimo de judío como se apreciará más adelante), quien fue sometido por el monarca francés a severo interrogatorio. Pero, cuando descubrió que el converso "no espera la llegada del Mesías", lo despidió y envió gente a Constantinopla a la búsqueda de un verdadero médico judío, quien logró sanarlo. (*El examen de ingenios para las ciencias* de Juan Huarte, citado por H. Méchoulan, *Le Sang de l'Autre*..., p. 159.)

Si pensamos que *Autoridades* fue realizado entre 1726 y 1739, nos damos cuenta de que la novedad semántica (en su ortografía y en su uso) encierra una novedad conceptual que puede ser indicativa de la larga ausencia del "hombre nuevo" en la generalidad de la sociedad española.

En su análisis etimológico de la palabra burgués, Luis Valdeavellano manifiesta que los "burgos" se fueron constituyendo durante los siglos XI y XII *"...junto a las ciudades, 'villas' y 'castros' situados en las comarcas que atraviesan las rutas de las peregrinaciones a Santiago de Compostela"*. Prosigue señalando que esos "burgos" van a *"abundar en Galicia y en el Norte de Portugal y que con ese nombre se designarán también los grupos de habitaciones que se forman junto a los monasterios, como los de Sahagún y Silos, en los que se establecieron en el siglo XI los monjes franceses de Cluny"*. Concluye Valdeavellano que la formación de los burgos en la España cristiana medieval *"...parece, pues, estar en estrecha relación con las **peregrinaciones compostelanas** y el establecimiento de pobladores extranjeros o 'francos' en las localidades y comarcas de la ruta peregrina. Así, solamente en ellas y en los países en que se ejerció una marcada influencia francesa, como Cataluña y Galicia, será donde se generalice la denominación de 'burgenses' o burgueses para designar las poblaciones ciudadanas de artesanos y comerciantes, o a los pobladores de los 'burgos' formados junto a fortalezas o monasterios. Fuera de esas zonas es sumamente excepcional –y en todo caso en época muy tardía– el uso en España durante la Edad Media de los términos 'burgo' y 'burgués, y este último no parece haber sido usado en Castilla antes del siglo XIII, y aún* (sic) *después –que yo sepa– sino en fuentes literarias".*[9]

Si continuamos con *Autoridades*, el término **burgesía** es *"La vecindad o comunidad de algún Pueblo. Es voz tomada con poco uso del Francés* **Bourgoisie**, *que significa esto mismo".*

En la letra de los diccionarios modernos, Moliner esclarece que **burgués** en su primera acepción (que es la que aquí interesa), es *"El habitante de un burgo, con el significado de 'ciudad' que esta palabra acabó por tener en otros países"* y que **burguesía** era *"Antiguamente, conjunto de los burgueses o clase social formada por los que ejercían el comercio o una profesión no manual o eran patronos de un oficio, o sea que no eran ni nobles, ni campesinos ni obreros".*[10]

Con lo de "clase social", la definición de Moliner, en cierto modo, extrapola el sentido de burgués y burguesía en el modo en que aparecen en *Autoridades* cuyas acepciones son siempre tan detalladas cuando de clasificaciones jerárquicas se trata. ¿Por qué el silencio en la centuria XVIII? ¿Sentían todavía las autorida-

---

9 *Orígenes de la Burguesía...*, capítulo V, pp. 118-119. ‖ El sobrescrito es nuestro. ‖ En lo que respecta a **burgo**, *Autoridades* señala que *"Antiguamente se llamaba así lo que hoy se dice Aldea, lugar, alquería o casería; pero en lo moderno se suele tomar por arrabal de Ciudad, o Villa de grande población. El P. Guadix dice que es del Arábigo* **Burgo**, *que vale casa pajiza; pero lo más probable es, que es del Alemán o Gótico* **Burg**, *que significa Villa y Lugar...".*

10 Actualmente la palabra burguesía sirve para señalar los estratos medios de la sociedad, aunque se la divide según su poder adquisitivo en grande o alta, media o mediana y pequeña o baja.

El ideal nobiliario: la limpieza de sangre 111

des de la lengua castellana a la burguesía como desordenadora del orden estamentario?

No había, entonces, en el período de las Españas guerreras, muchas ciudades "burguesas" con su "hombre nuevo" supliendo a los prestamistas hebreos e, incluso, menos abundantes eran las urbanizaciones similares a aquellas que animaban la explosión urbana en el resto de Europa occidental.

En esas Españas, si un individuo tenía en alto precio su honor, se liberaba de la servidumbre del Señor yéndose a las urbanizaciones "francas", pero se enganchaba en el ejército y no procuraba trabajar en industria o comercio alguno, oficios que hubiera podido ejercer en los poblados que habilitaban su libertad mediante la concesión de "franquicias".[11]

En el núcleo central de la España reconquistadora, la explosión urbana por consiguiente, no derivó del desenvolvimiento comercial y artesanal, sino que configuró un subproducto del estado de guerra. Por eso, en sus espacios, numerosas ciudades se originaron en los "castras" (castillos almenados) y fueron, más que otra cosa, puntas de lanza con el objetivo de afirmar la posesión de los territorios recuperados y dar paso, luego, a la subsiguiente colonización.

El hecho, sin embargo, no es absoluto. Los mejores ejemplos son deudores del renacimiento mercantil asociado a los mercaderes "francos" (sinónimo de extranjeros más que de franceses) y están en los antiguos lares de "la Marca Carolingia", como Barcelona y Gerona; o denuncian su vínculo con las rutas que confluían en la tumba del Apóstol Santiago y traían peregrinos de todos los puntos de la Europa cristiana, especialmente de y por las tierras de Francia. A esta particularidad se debió que Compostela (antes, durante y después de la Baja Edad Media) se convirtiese en un relevante centro de negocios internacionales y de intercambio cultural.[12]

Esta característica en Europa no es privativa de la ciudad compostelana; muchos otros famosos lugares de peregrinación la tuvieron, por ejemplo, la ciudad

---

11 *Autoridades.* Franquicia. *"Se llama también el lugar privilegiado, y que goza de inmunidad: como la Casa y cierto término alrededor, de los Embajadores y otros Príncipes Eclesiásticos y Seculares."*

12 J. Caro Baroja (*Los Vascos*, p. 79), refiriéndose a una nueva fase de construcción y plan urbano en el Norte hispano, expresa que: *"El paso de Roncesvalles... empezó a ser usado como ingreso corriente a la península por peregrinos de lejanas tierras, que siguieron en otras zonas el trayecto de una o varias antiguas vías romanas... Aún en el siglo XII resultaba peligroso pasar por aquel paraje, ya que los vascos de las montañas no tenían gran benignidad con los transeúntes. Pero, poco a poco, la vía principal y las secundarias usadas con el mismo fin piadoso fueron adquiriendo más aspecto de seguridad, fundándose a lo largo de ellas hospedajes, asilos, etc., y sirviendo para la expansión comercial y de actividades diversas del espíritu (estilos artísticos, reformas religiosas, géneros literarios, etc.)".* ‖ L. Valdeavellano (*Orígenes...*, p. 121) indica que *"la primera noticia segura... de un peregrino extranjero en Compostela es la de Gontescalco, obispo de Puy, en el año 950".* Empero, según las investigaciones actuales, "el Camino", aunque quedaría en penumbras por un siglo, ya *"arranca entre los años 813 y 830, en que se produce el descubrimiento del sepulcro de Santiago el Mayor".* (En *Cuadernos del Camino de Santiago*, p. 29.)

alemana de Colonia. Sin lugar a dudas, las grandiosas catedrales de peregrinación pregonan abundancia de fe, pero también de dinero.

Con sus más y sus menos, durante aquel largor centenario convivió esta trilogía étnica en un clima de interrelación social que, con frecuencia, superaba el de una simple tolerancia. Sea suficiente recordar la obra literaria de un clérigo como el Arcipreste de Hita o al glorioso Cid Campeador: ya pasándose del bando cristiano al árabe, ya engañando al judío con el arcón lleno de arena, pero que, a las puertas de la muerte y en bien de su alma, ruega el perdón de esa mala acción.[13]

En los surcos profundos del siglo XIII plantan y cosechan en conjunto las tres etnias: analizan, ordenan, recopilan, crean y sedimentan los saberes, comandados por Alfonso X el Sabio (monarca de 1252 a 1284) o por algunos de los reyes que le sucederán.

Son religiosos o laicos, hombres de paciente labor. Los de El Sabio iluminaron una extraordinaria obra en la que, con criterio excepcional para su tiempo, sujetaron sus miras a fines prácticos y no solamente académicos. Así, en el *Alcora*, libro donde asientan los conocimientos astronómicos, concluyen que "la tierra es esfera" y de esta convicción van extrayendo una serie de instrucciones que son de utilidad para la agricultura, imprescindible a la supervivencia.

Algunos de los nombres de los sabios se conocen. En materia legislativa: Maestre Ferrando Martínez (arcediano y notario del Rey en Castilla), el también Maestre Jacobo Ruiz "de las Leyes". En astronomía descuellan los judíos: Jehuda el Cohneso, Bernardo Abraham, Rabicag de Toledo, Samuel el Levi y en el Lapidario se recuerdan los de Jehuda Mosca (el menor) y el clérigo Garcí Pérez.

Tampoco descuidaron los estudios relativos a la música, al ajedrez y a la elaboración de las miniaturas, y cultivaron las voces y estructura de la lengua, pues, en *Las Partidas* y en otras obras, tuvieron que traducir al romance el latín de los romanos, tan específico en las áreas del Derecho como perfeccionado en la poesía de los escritos bíblicos. A través de esta forja, *"echaron las bases de la lengua oficial de las Castillas".*[14]

La faena lingüística es relevante en otro sentido que el académico: en una interrelación social, en la que coexisten etnias diversas, la posibilidad de una comunidad de lenguaje, si no prodiga una integración, abre al menos una senda de acceso a la convivencia tolerante. Más aun, cuando, en aquella realidad, muy desparejas eran entre sí las demografías de los tres pueblos y bien disímiles sus valores culturales.

Sin embargo, en la época del sabio Rey, el sentido de unidad geográfica y religiosa, y de "elegida" colma el concepto existencial de "España".

---

13 El *Libro del Buen Amor* del Arcipreste es acabado retrato de la convivencia de las tres culturas en la España de mediados del siglo XIV.
14 En A. Solalinde, pp. 19-21.

La *Primera Crónica General*, que comienza en tiempos de Alfonso X alrededor del 1270, se encara con la intención de construir una historia ibérica insertada en lo que podría ser una historia universal de aquellos tiempos. Los reinos cristianos se confirman en la mención de Castilla, Aragón, Navarra y Portugal; este último excondado devenido reino desde que Alfonso Enriquez, en el 1179, independizara del dominio árabe a buena parte de la Lusitania romana.

Planeando sobre las disparidades, hallamos en la crónica 558: *"Del loor de España como es cumplida de todos los bienes"*: *"...Y cada una tierra de las del mundo y a cada provincia honró Dios en señas guisas, y dio su don; mas entre todas las tierras que él honró más, España de occidente; ya que a ésta abasteció de todas aquellas cosas que el hombre suele codiciar".*[15]

El discurso testimonia que esa fue, precisamente, la razón de que los godos –que habían andado batallando y conquistando en muchos lugares– *"...en las provincias de Asia y Europa, así como dijéramos probando muchas moradas en cada lugar y catando bien y escogiendo... hallaron que España era el mejor de todos..."*.[16]

Seguidamente, al sentimiento de elección divina, la crónica adjunta el de la unidad geográfica consecuente de una peninsularidad que, más que eso, se avizora como una ínsula: *"Además es cerrada toda en derredor: de un cabo de los montes Pirineos, que llegan hasta la mar, de la otra parte del mar Océano, de la otra del mar Tirreno..."*. Pero, también afirma el derecho a su expansión en razón de la presencia goda fuera de esa "isla": *"Demás es en esta España la Galia Gótica que es la provincia de Narbona... Otro sí en África... Pues esta España que decimos tal es como el paraíso de Dios".*[17]

La reiteración de estas ideas nucleares –unidad mediante la fe cristiano-católica y elección divina del espacio geográfico– adquieren sabor a permanencias braudelianas cuando les descubrimos una antigüedad que, trascendiendo el universo alfonsino, se implanta ya como ideal, aspiración y medio del sostén político durante la reyecía visigoda de Toledo, casi 700 años antes.[18]

En el 587, en ocasión del III Concilio toledano, mientras transcurrían alborozados festejos y ante 62 obispos de las provincias españolas y de la Galia Narbonense, Recaredo (586-601), sucesor e hijo de Leovigildo, se convirtió al catolicismo.

El acontecimiento, en apariencia religioso, desembocaba en otro de carácter político de perdurables consecuencias: la introducción de la Iglesia en el seno de la cosa pública. La unanimidad cristiano-católica que se obtenía mediante la conversión de Recaredo, si por un lado fortalecía al Rey frente a los Magnates y destrababa la unificación de la península, por otro, hacía de la Iglesia dueña y señora de la legitimidad del poder real que respaldaba con su bendición.[19]

---

15 Ibíd., pp. 98-99.
16 Ídem.
17 Ídem.

114   El bien nacer

La autoridad y ascendiente de los obispos sobre la población goda y la hispano-romana (de la que de antiguo eran líderes y portavoces) habrá de institucionalizarse en corto lapso: en diciembre del 633, con motivo del IV Concilio toledano, el nuevo Rey Sisenando –acompañado de sus Magnates e implorando la protección moral de la Iglesia– se arrojó a los pies de Isidoro, entonces Presidente del Concilio y Arzobispo de Sevilla.

En tanto distribuye anatemas y legitimidades a unos y otros, Isidoro (a quien luego harán santo) acuerda que los obispos intervendrán en la elección real y sentarán con poder decisorio en el "Aula Regia" (Consejo Real).

Estos sucesos no fueron exclusivos de las monarquías bárbaras de la península Ibérica. Por el contrario, el pacto político-religioso fue común a todas: los francos (conversión de Clodoveo en el 496), la legitimación por el Papa León III del Imperio Romano-Germánico (al coronar a Carlomagno el 23 de diciembre del año 800) o la posibilidad de supervivencia independiente que le otorgó a Portugal el pacto que el Rey, D. Alfonso Enriquez, hizo con el Papa Alejandro III (Bula Manifestis Probatum) en el año de 1179.[20]

La singularidad ibérica, que la distingue notoriamente de otras experiencias europeas, no proviene pues de este ambiente generalizado. Su originalidad debe escudriñarse en la realidad de una España "huéspeda de los extraños" (desde el siglo VIII al XV), y en la fuerza que, en esta circunstancia, tomó la religión cristiano-católica al consagrarse en *factotum* de la unidad de la población cristiana.

El pacto de monarquía e Iglesia –que todos los coronados descendientes de los reinos bárbaros hicieron y por siglos generalmente acataron hasta el fortale-

---

18 Sumariamente, la secuencia de la ocupación del suelo peninsular desde el siglo III a. C. al VI d. C. es: **1º) Roma** se introduce en el 218 a. C. durante la segunda Guerra Púnica. Finalizada esta en el 206 a. C., expulsan a los últimos cartagineses y fundan en la antigua Gades fenicia su primer establecimiento: Cádiz. El pueblo descendiente de los hispano-romanos fue cristiano católico a partir de la oficialización del cristianismo por Constantino, en siglo III d. C. **2º)** En el siglo V d. C. invaden los pueblos **germano-godos** que eran adictos al cristianismo arriano. Las **tribus germánicas**: suevos y adingios vándalos, en Galicia; vándalos silingi, en Bética (Vandalusía); alanos, en Lusitania y Tarraco. Los **Godos** (visigodos) se alían a la Roma bizantina y penetran con la orden de expulsar a los germanos. La alianza dura muy poco tiempo y, a fines del siglo VI, Leovigildo -rey godo, con capital en Toledo- consigue en el 585 poner bajo su dominio a casi toda la península. Después de derrotar a los suevos del reino de Galicia, para obtener la unificación, sólo restan el reino de Lusitania y algunos territorios que hacia el SE pertenecen todavía a los bizantinos, aunque en el 572 estos ya habían perdido la región y la ciudad de Córdoba. Para facilitar la integración, Leovigildo declara abolida la prohibición que impide los matrimonios entre hispano-romanos y visigodos, pero se niega a adoptar el cristianismo católico; pretende, en cambio, implantar el arriano sin mirar que, no sólo la enorme mayoría de la población hispano-romana era católica, sino que, también, eran ya católicos muchos germano-godos, caso de los suevos de Galicia o el de sus propios hijos, como Hermenegildo, quien en Andalucía se levanta contra su padre y es proclamado Rey. Hecho prisionero, Hermenegildo será asesinado por su carcelero, que era cristiano arriano.
19 *Autoridades*. Magnate. "*La persona ilustre, noble y principal de alguna Ciudad, Provincia, Reino, etc. Úsase regularmente en plural, diciendo, Los Magnates del Reino.*"
20 La mencionada bula ponía al Rey y a sus herederos bajo la protección de la Santa Sede, declarando a Portugal como un reino perteneciente a San Pedro. Contenía, asimismo, la promesa del auxilio papal en caso de que hubiera necesidad de defender la dignidad regia.

cimiento del poder etático– supuso la exaltación de la diferencia étnica. La diversidad frente al musulmán, en aquella Iberia compelida a la reconquista territorial, halló su síntesis en la condición cristiana y católica.

La fe católica de esta manera obró de leitmotiv del sentimiento de hispanidad: cuestión primera de una sociedad hispano-goda que deseaba mantener su individualidad con respecto al musulmán invasor. Al mismo tiempo, la fe, sensiblemente, irá estrechando el vínculo de la monarquía y del pueblo con la Iglesia.

Es, en esencia, un sentimiento de diferencia del que derivará la nación y, luego, en el transcurso del siglo XVII, la nacionalidad y lo nacional. En aquellas épocas lejanas, cuando la nación (del latín *natio, onis*) fue definiéndose, más que por sí misma, lo hizo por contraposición "al otro", al "extranjero". De ahí que fuera sinónimo de "raza", a la que hoy diríamos etnia. Se le adjudicó, asimismo, un suelo determinado: "reino o provincia extendida, como la nación española", dirá en su *Tesoro* Sebastián de Covarrubias, nuestro fraile lingüista.

2. *El judío y el converso en "Las Siete Partidas"*

En la España de *Las Siete Partidas* (legislación que tanto crea como recoge y ordena antiguas leyes y costumbres romano-visigóticas), los judíos son nación "extranjera" con lugar especial en la Séptima Partida.[21]

Por supuesto, *Las Partidas* no constituyen la única legislación antisemita (judíos+moros) de España: antes y después hasta la expulsión de 1492, grande es –en la totalidad peninsular– el monto de leyes de esta naturaleza.

El antisemitismo expuesto en la legislación ibérica, por otra parte, no difiere en demasía de otras legislaciones europeas contemporáneas, incluidas las disposiciones elaboradas en los numerosos concilios eclesiásticos.

Las normas denotan que la sensibilidad contra el hebreo fue asunto normal en una cristiandad que progresivamente iba haciéndose más intolerante desde las postrimerías del siglo XI, cuando la Iglesia inaugura la era de las Cruzadas.[22]

A este paisaje cristiano se suma el sentimiento extranjerizante que, frente a la peculiaridad religiosa del hebreo, siempre embargó a los pueblos que no lo eran.

En la Antigüedad, el panteísmo pagano había significado la aceptación de la existencia de muchos dioses, sin perjuicio de someterlos a una escala jerárquica. Desde que se abriera en el siglo IV a.C. la época helenística, la suma de dioses

---

21 A. Solalinde, pp. 173 y ss. Para evitar reiteraciones excesivas, esta nota servirá de referencia a las próximas menciones que extraeremos de la "Partida Séptima", Título XXIV, "De los Judíos." ‖ *Las Partidas*, fueron hechas en 1256 pero su sanción data de 1348.
22 Por ejemplo, en su pasaje por las ciudades del valle del Rin, los cruzados masacraron comunidades judías. Tanto las gentes como los obispos de Colonia, Maguncia y Tréveris trataron de protegerlos, pero no pudieron detener el fanatismo cruzado, *"el entusiasmo sanguinario de los que iban a liberar la tumba de Cristo".* (G. Duby, *Año 1000...*, p. 64.) ‖ Para una visión sintética y excelente del antijudaísmo en Europa occidental, J. Delumeau, *El Miedo en Occidente*, Segunda Parte, capítulo 9: "Los agentes de Satán. El judío, mal absoluto".

y no la resta había sido una característica de la civilización greco-oriental y romana.

El hebreo encerrado en su calidad de pueblo elegido por un Dios único, veíase entonces como un cuerpo extraño, que rechazaba las costumbres y creencias del común porque su Dios mandaba otras bien diversas. El habitar en barrios especiales fue uno de los corolarios que podemos remontar a la Antigüedad.

Mas no se detiene en esto el sentimiento extranjerizante: arranca también del propio judío que se autoimpone el aislamiento. Esta exclusión voluntaria fue practicada por los hebreos antes y después de la Diáspora del siglo II d.C. Aislar la comunidad fue una manera de proteger su derecho a la diferencia y mantener vigilada su singularidad nacional en un universo que (pagano o cristiano) le fue (y era) más hostil que tolerante.[23]

En *Las Partidas*, los motivos de la deshonra que caracteriza a los judíos son los que habitualmente esgrimía la cristiandad: negación de Cristo y muerte en la cruz.

Su vida entre los cristianos habrá de sustanciarse *"...como en cautiverio para siempre y fuese remembranza a los hombres que ellos vienen del linaje de aquellos que crucificaron a nuestro señor Jesucristo"*. De donde: *"...mansamente y sin bullicio malo deben vivir y hacer vida los judíos entre los cristianos, guardando su ley y no diciendo mal de la fe de nuestro señor Jesucristo que guardan los cristianos"*. Además, *"...se deben mucho guardar de no predicar ni convertir a ningún cristiano que se torne judío,... y cualquiera que contra esto hiciere debe morir"* y perder lo que tiene.

También les está prohibido *"...salir de su barrio en Viernes Santo, mas que estén encerrados hasta el sábado en la mañana"*. Esta disposición pretendía evitar que volviera a repetirse aquello que *"...en algunos lugares los judíos hicieron y hacen el día de Viernes Santo remembranza de la pasión de nuestro señor Jesucristo en manera de escarnio..."*.

Prisión y muerte a los que desacataren estas prohibiciones y prohibición, *"por el gran yerro y maldad"* de la *"muerte en la cruz"*, de ejercer oficio honrado para que *"nunca tuviese jamás lugar honrado ni oficio público con que pudiese apremiar a ningún cristiano..."*.

Otras limitaciones se ofrecían: los judíos *"no podían ni comprar ni tener siervos hombres, ni mujeres que fuesen cristianos"*. Si no sabían que lo fuesen, los siervos recuperaban su libertad; pero si conocían que era cristiano les valía la pena de muerte. Tampoco tenían derecho a convertir al judaísmo a los cautivos que tuvieran, aunque *"sean moros o de otra raza bárbara"*, por lo que los cautivos quedarían en libertad en caso de que los convirtieran a la ley mosai-

---

23 Luego de derrotar el levantamiento de Bar Kocheba (132-135) el Emperador Adriano, bajo pena de muerte, prohibió la entrada de los judíos a Jerusalén y fundó la colonia Alia Capitolina. Ante la pérdida de su centro político la nación judía emprendió la Diáspora. A partir de ese momento tomó como centro rector de la vida de la comunidad a la sinagoga ("Asamblea de la Comunidad").

ca. Asimismo, obtenía su libertad el moro cautivo de judíos que se hacía cristiano. Y, para los cristianos que se convirtieran al judaísmo, la pena era de muerte y pérdida de los bienes. Iguales penas recaían sobre el cristiano *"si se tornare hereje"*.

Existía una disposición que denominaríamos hoy "hitleriana" pero que muy a menudo fue aplicada en todos los reinos cristianos del Medioevo: *"...la de cómo los judíos deben andar señalados porque sean conocidos"*, porque *"Muchos yerros y cosas desaguisadas acaecen entre los cristianos y los judíos y las cristianas y las judías, porque viven y moran de so uno en las villas, y andan vestidos los unos así como los otros. Y por desviar los yerros y los males que pueden acaecer por esta razón, tenemos por bien y mandamos que todos cuantos judíos y judías vivieren en nuestro señorío, que traigan alguna señal cierta sobre las cabezas... Y si algún judío no llevase aquella señal, mandamos que peche por cada vegada que fuese hallado sin ella diez maravedíes de oro; y si no tuviere... reciba diez azotes públicamente por ello".*[24]

Las leyes desgranan, a su vez, proscripciones aplicables a los cristianos, tendentes a dificultar la convivencia y la integración que, con toda evidencia, se estaba gestando. Por ejemplo, al judío, siempre sospechado de malicia y trasmisor de la mancha consecuente de su linaje, debe impedírsele contactos que por ser muy directos se consideran riesgosos: *"...ningún cristiano ni cristiana no convide a ningún judío ni judía, ni reciba otro sí convite de ellos para comer ni beber en uno, ni beban del vino que es hecho por manos de ellos. Y aun mandamos que ningún judío no sea osado de bañarse en baño en uno con los cristianos"*. *"Otro sí defendemos que ningún cristiano no reciba melecinamiento [medicamento] ni purga que sea hecha por mano de judío, pero bien la puede recibir por consejo de algún judío sabedor, solamente que sea hecha por mano de cristiano que conozca y entienda las cosas que son de ellos"*. Siendo los médicos judíos los mejores, estratagema mediante, la ley no privaba de ellos a los cristianos.[25]

Más severa es la ley cuando se ocupa del trato carnal, por cuya causa si *"yacen con las cristianas"... "que mueran por ello"*, porque *"...si los cristianos que hacen adulterio con las mujeres casadas merecen por ende la muerte, mucho más la merecen los judíos que yacen con cristianas, que son espiritualmente esposas de*

---

24 Hasta la expulsión de los judíos en 1492, vuelta a vuelta, las normas reiteran la obligación del judío de llevar un distintivo. También en Portugal, Francia, Italia e Inglaterra, como en la Europa norteña y la oriental, incluida Rusia, los distintivos fueron costumbre recurrente. De país a país, solo variarán los colores –preferentemente rojo o amarillo– y las formas que, en general, imponían el uso de bonetes, pequeños sombreros o redondeles prendidos a las vestimentas.

25 H. Méchoulan hace un buen análisis del problema en "Medicina y racismo". Se trataba, básicamente, de evitar el contacto con la sangre "infecta" e impedir la oportunidad de que el judío, ser maligno, no suministrara medicamentos envenenados (que podría esconder debajo de sus uñas) o aplicara remedios que provocaran la putrefacción de las llagas del enfermo cristiano. Estos argumentos son solo una muestra, la lista de "riesgos" es enorme. (*Le Sang de l'Autre*..., capítulo II. "Les Juifs".) ‖ Otra interesante fuente de consulta: J. Caro Baroja, *Los Judíos en la España...*, T. II, capítulo 7: "El médico".

nuestro señor Jesucristo por razón de la fe y del bautismo que recibieron en nombre de él". En tanto, la cristiana que *"tal yerro hiciere"*, cualquiera fuera su condición *"virgen, casada o viuda o mujer baldonada que se dé a todos"* (mujer impelida a prostituirse). La misma pena rige para la cristiana que yaciere con moro.

Junto a las normas que contenían interdicciones, se estamparon reglas protectoras del hebreo. Es el caso de la Ley IV, en la que se especifica las formas en cómo pueden los judíos tener sinagoga, *"lugar do judíos hacen oración"*, y cómo deben respetarla los cristianos *"porque la sinagoga es casa do se loa a Dios"*. Incluso, se proscribía que *"...no hagan embargo a los judíos mientras que y estuvieren haciendo oración según su ley"*. Por lo cual, en la Ley V, se sanciona que *"...no se deben apremiar a los judíos en día sábado"*[...] *"porque tal día como éste son ellos tenidos de guardar, según su ley..."*.[26]

La situación descrita debe comprenderse como de tolerancia, no sólo porque hay que medirla con los parámetros mentales de aquellas centurias (y no con los nuestros, en que la tolerancia es bastante más que "soportar al otro"), sino que debemos compararla con la intolerancia absoluta de los siglos subsiguientes, que corren de las postrimerías del XIV al último tercio del XIX.

En el espectro de este contexto, fundado en el hecho de "soportar al otro", va implícita la tarea misional que optimiza la situación ante la esperanza de que, bautismo mediante, pueda llegarse a su eliminación. Interesa destacar, entonces, el contenido de la Ley VI, cuyo encabezamiento reza: *"Cómo no deben ser apremiados* [presionados] *los judíos que se tornan cristianos, y qué mejoría tiene el judío que se torna cristiano, y qué pena merecen los otros judíos que les hacen mal o deshonra por ello"*.

Esta ley comienza: *"Fuerza ni apremio no deben hacer en ninguna manera a ningún judío porque se torne cristiano, mas con buenos ejemplos, y con los dichos de las santas escrituras y con halagos los deben los cristianos convertir a la fe de nuestro señor Jesucristo; ya que nuestro señor Dios no quiere ni ama servicio que sea hecho por la fuerza* [...]*"*. *"Otro sí mandamos que después que algunos judíos se tornaren cristianos, que todos los de nuestro señorío los honren, y ninguno sea osado de reatraer a ellos ni a su linaje de cómo fueron judíos en manera de denuesto."*

Los cristianos no pueden (porque no se debe) obligarlos a convertirse al cristianismo ni echarles en cara su pasado. Pero, además, la norma agrega dos importantes alicientes: que la familia del converso está obligada a respetarlos en sus bienes y en sus derechos a la herencia familiar *"como si fuesen judíos"* y que *"pueden haber todos los oficios y las honras que han los otros cristianos"*.

De donde se infiere que la ley proveía pautas que confluían hacia el ideal de una unidad étnica, conseguida gracias a una conversión que privilegia el convencimiento cierto y voluntario del individuo. Estamos frente a una conducta misio-

---

26 Apremiar: tiene aquí el sentido de llevar a juicio, por eso la ley indica cuáles deben ser los jueces habilitados y establece que igual reciprocidad deben tener los judíos con los cristianos en sábado.

nal manejada en un clima de respeto "al otro" y de respeto a la misma religión cristiana, la cual intenta convencer merced a sus virtudes superiores.

En alguna medida, considerándola junto a las disposiciones de protección del sábado y de la sinagoga, hasta podría tomarse como una actitud "pluralista", que, respetando el fenómeno religioso en general, también confía en la fuerza de los méritos y beneficios del cristianismo.

A la par, jugando su papel de socio, el poder político estimula la conversión y premia al cristiano nuevo con importantes ventajas sociales, como la del derecho al honor-honra privativo del cristiano.

Todavía nos hallamos en la etapa en que reina la conversión voluntaria y premiada, tendente a la eliminación de diferencias tan cruciales cuanto no deseadas. Pero, este clima deseoso de conversiones y de relativa tolerancia, que era más benigno si se lo compara con el resto de Europa en la misma época, irá transfigurándose lentamente.

Avanza la Reconquista. Más voluminoso es el número de judíos y moros que viven bajo dominio cristiano, y más se deteriora la calidad de la convivencia. El aumento de cantidad conlleva al principio hegeliano del cambio cualitativo: excitada por el aumento cuantitativo, la situación explotará y transformará su cualidad cuando se agreguen a la circunstancia milenarias permanencias y nuevos factores.

3. *Hacia la intolerancia: las conversiones forzosas*

El camino pacífico hacia la uniformidad étnica que habían trillado las Españas, se revertirá en la centuria XIV; en parte, a impulsos de una aterrorizada población cristiana a la caza de un chivo expiatorio en el cual descargar las culpas de sus miedos, y, por otra, a instancias de la envidia, nunca buena consejera.[27]

Los actos de antisemitismo, empero, no fueron exclusividad de la península Ibérica, sino de la Europa toda, incluidas las áreas de dominio musulmán.[28]

Los pogromos europeos, si bien episódicos, fueron sucesos endémicos en los que se manifestaba el antijudaísmo popular. Los favorecían ciertos momentos de inseguridad: la peste, las crisis alimentarias o políticas (en particular, las sucesorias) y las penurias económicas.

Hostigado por algún predicador antisemita (laico o clérigo) el pueblo, fatigado de guerras y miserias interminables, se lanzaba a la matanza del más visible de sus enemigos, imagen de Satán sobre la Tierra: el judío prestamista y cobra-

---

27 Para el tema tratado en forma exhaustiva y con profusa documentación: J. Caro Baroja, *Los Judíos en la España. Moderna y Contemporánea.*
28 J. Caro Baroja, refiere que el 30 de diciembre de 1066, a raíz de una sublevación contra el visir judío, hubo una matanza de 4000 judíos granadinos a manos de árabes y berberiscos. (*Los Judíos en la España...*, T. I, p. 113.)

dor de impuestos: *"...usureros feroces, sanguijuelas de los pobres, envenenadores del agua que beben los cristianos"*.[29]

Los tiempos corrían envueltos en los terrores de la Peste Negra (peste bubónica), que con intermitencias y por cuatro siglos (del XIV al XVIII), habrá de diezmar a una población perennemente subalimentada.

En el año de 1347 la "muerte negra" había penetrado vía Constantinopla y Génova, adueñándose rápidamente de Europa occidental y oriental. En el sálvese quien pueda arreciaron los cazadores de chivos expiatorios que se ensañarán con leprosos y judíos.

Paralela a la Peste Negra, también corría la extrema pobreza, pues, con motivo de la mortandad, las tierras no se cultivaban y los salarios de los escasos brazos disponibles aumentaban astronómicamente. Del otro lado, empalmadas entre muerte y desorden, las rentas no podían recaudarse ni los impuestos cobrarse.

Llegó el caso en que, hambriento, el pueblo bajo no soportó la abundancia de mesa y riqueza del judío y arremetió en su contra. Acicateado por otros motivos, pero del mismo modo, actuó el burgués cristiano que hacía sus primeras armas como hombre de negocios: aprovechó la tenebrosa circunstancia para desalojar al más connotado de sus competidores.[30]

En la España del siglo XIV, de horrenda memoria son las matanzas en el reino de Navarra ocurridas en 1329, y las de 1348 en Cataluña al grito de "¡muerte a los traidores!". Cuarenta y tres años más tarde, en junio de 1391, cuando en Sevilla estalla un pogromo (que se contagiará a toda la Andalucía, al Levante, al Norte peninsular y a la isla de Mallorca) ya no solamente se roba y asesina a los judíos: también los bautizan a la fuerza a cambio de la vida.

No placía el asunto a las cabezas de la Iglesia, ni al castellano Rey Enrique III (pro-semita). En sus crónicas el Canciller Ayala se queja (pese a no ser projudío) de que *"Perdiéronse por este levantamiento... las aljamas de los judíos de Sevilla, y Córdoba, y Burgos, y Toledo, y Logroño y otras muchas del reino; y en Aragón, las de Barcelona y Valencia, y otras muchas; y los que escaparon quedaron muy pobres, dando grandes dádivas a los señores por ser guardados de tan gran tribulación... todo esto fue codicia de robar, según pareció, más que devoción"*.[31]

En suelo español la "profilaxis" de 1391 (entre esta fecha y la de 1416) condujo a un cambio en la política de conversión del "pueblo deicida": en adelante, la tónica será la conversión forzada.

Quince años había estado Ferrand Martínez (Arcediano de Ecija) desparramando sermones antijudíos por todas las provincias y nadie había tenido poder

---

29 J. Delumeau, *El Miedo...*, Segunda Parte, "La cultura dirigente y el miedo", capítulo 8: "Los agentes de Satán", pp. 393 y ss.

30 *"En términos generales, el ascenso de los mercaderes cristianos en la economía occidental a partir del siglo XII tuvo por resultado hacer crecer la agresividad de los recién llegados al comercio contra el tráfico judío tradicional, que trataron bien de suprimir, bien de acantonar en límites cada vez más reducidos."* (Ibíd., p. 425.)

31 J. Caro Baroja, *Los Judíos en la España...*, T. I. p. 115.

El ideal nobiliario: la limpieza de sangre 121

suficiente para detenerlo; nadie lo tuvo, tampoco, cuando se puso al frente de los pillajes y la masacre.

Comenta Sicroff que *"El celo religioso no fue el único móvil de las masas rebeladas; la envidia y la codicia de los bienes de las víctimas no eran factores desdeñables. Hay que reconocer que el único refugio ofrecido a los judíos en medio de las pasiones desencadenadas fue el agua del bautismo. Sólo en Valencia se calcula entre 7.000 y 11.000, e incluso hasta 100.000, el número de los que se aferraron desesperadamente al cristianismo para escapar a la muerte"*.[32]

La idea del bautismo y su inmediata puesta en vigor en Valencia fue de Vicente Ferrer, a quien entonces se le apellidó "el Ángel del Apocalipsis" y después fue santificado. Solamente en la provincia de Palencia, y de mano de San Vicente Ferrer, los informes de la época dan la cifra de 35.000 hebreos y 8.000 moros.

En estas abundosas conversiones, brazo derecho del santo supo ser el ex-rabino Salomón Ha-Levi. Intelectual de familia modesta, convertido junto con sus hijos (entre 1390 y 1391), Ha-Levi tomó el nombre de Pablo de Santa María. Su carrera como cristiano fue extraordinaria: marchó a París y se recibió de doctor en Teología, trabó amistad con el Papa Benedicto XIII, fue también Capellán de Enrique III de Castilla y Obispo de Burgos en el año de 1415.

Las conversiones, forzadas o no (porque como vemos las había honestas y muy exitosas) proseguirán en la centuria siguiente. Y, a pesar de que la mayoría de los bautismos olerán a sangre, en el siglo XV continúa la tradición iniciada en el XII de celebrar periódicas disputas o confrontaciones entre teólogos cristianos y rabinos (en oportunidades se suman musulmanes), con la intención de convencer mediante debates eruditos al público judío o al converso dudoso. La más famosa de estas confrontaciones, pero ya sustancialmente amañada, es la de Tortosa que se extendió de enero de 1413 a 1415.[33]

¿Realmente había España exterminado al deicida y expulsado la culpa de haberlo acogido?

Existía la evidencia de que todavía muchos hebreos eran recalcitrantes y que gran número de cristianos nuevos, a poco de su conversión forzada, eran "torna-

---

32 A. Sicroff, *Los Estatutos...*, p. 46.
33 La polémica de Tortosa fue organizada por el antipapa Benedicto XIII (Pedro de Luna), quien habiendo huido de Aviñón vivía en Tortosa, su ciudad natal, sin lograr ser reconocido ni en Italia, ni en Francia. Era, como lo testimonia su apellido, de origen converso. Su médico personal, Joshua Halorki (que había sido convertido por San Vicente Ferrer en 1412 y tomado el nombre de Jerónimo de la Santa Fe), fue quien de mala fe reunió y falsificó algunos de textos hebreos con la intención de demostrar que los judíos habían aceptado a Jesús como el Mesías. El fin buscado: inducir al bautismo a la poderosa judería de Aragón. El debate estaba decidido de antemano, pero los rabinos guardaban esperanzas de vencer, por eso la polémica duró casi tres años. Uno de los mayores golpes sufridos por los hebreos fue en los comienzos de 1414, cuando se convirtió su más notable delegado: Vidal ben Benevist de la Caballería. Adoptando el nombre cristiano de Gonzalo de la Caballería, Vidal ben Benevist no solamente entró al servicio del Rey, sino que se ubicó en la línea de descendencia de Cristo dado que por su linaje hebreo descendía de la tribu de David. Salvo dos, los rabinos participantes en la disputa fueron convertidos y con ellos arrastraron al bautismo a muchos más.

dizos", vale decir, retornaban a su religión judaizando a la vista de todos; y que algo parecido sucedía con los moros.

Por otra parte, los conversos (judaizantes o no) al gozar de la honra de cristianos y, en las presentes circunstancias, libres de las trabas impuestas a los judíos, al par que en cristianos habíanse convertido en temibles competidores de los antiguos cristianos.

A diferencia de los moros, que fueron retrocediendo en sus cualidades, la judía era una minoría en general culta y rica. En medio de una mayoría cristiana, cuyo honor no afincaba en las virtudes de la educación ni en la de los negocios, los judíos (a pesar de las vallas antisemitas) habían ido acaparando los mejores puestos en la administración de los reinos.

Por eso, cuando se bautizaron, *"...llenaban todas las jerarquías sociales. En la alta curia del Pontífice (el antipapa Pedro de Luna) ...; en los consejos de Estado, cual en las aulas regias y en las cancillerías; al frente de la administración de las rentas públicas como de la suprema justicia; en las cátedras y rectorados de las universidades, como en las sillas de los diocesanos y de los abades y en las dignidades eclesiásticas; solicitando y obteniendo de la corona señoríos y condados, marquesados y baronías, destinados a eclipsar con el tiempo los esclarecidos timbres de la antigua nobleza; [...] Hacíase su iniciativa sensible e incontrastable en todas las regiones de la actividad y de la inteligencia: hombres de Estado, rentistas, arrendadores, guerreros, prelados, teólogos, legistas, escriturarios, médicos, comerciantes, industriales, artesanos..."*.[34]

A esta extensa lista de Amador de los Ríos podemos sumar, por lo menos, dos puntos. Uno, ganado bajo la condición judía: el de propietario terrateniente, porque les había sido estimulada y permitida la adquisición de tierras; el otro, mediante el bautismo, porque además de acaparar escaños de nobleza, fundaron linajes dinásticos. Es el ejemplo que dan los Trastámara, donde terciaba la sangre de Leonor de Guzmán, amante de Alfonso XI de Castilla († 1350) y tatarabuela de Isabel la Católica. Aun (por ser doble) más cercano al judaico es el linaje del esposo de Isabel, Fernando de Aragón, quien era hijo de la conversa Juana Enríquez, y Trastámara por su abuelo Fernando I de Aragón (1414-1416).

4. España huéspeda de enemigos embozados: el converso bajo sospecha

Irremediable, entre ambigüedades religiosas y competencias odiosas, los conversos de linaje judío o moro cayeron bajo sospecha. Irónicamente, la España "huéspeda de los extraños", en la homonimia alcanzada era, ahora, huéspeda de enemigos embozados.

---

34 Citado en A. Sicroff , p. 47: Amador de los Ríos, *Historia Social, Política y Religiosa de los Judíos de España y Portugal*. Buenos Aires, 1943. ‖ Gabriel Jackson, *Introducción a la España Medieval*, capítulo 4: "La Baja Edad Media: Vitalidad y Caos".

El ideal nobiliario: la limpieza de sangre 123

Había agravado su desventaja, porque "el otro" ya no estaba como antes controlado y delimitado en sus aljamas, sino que, bajo su nueva apariencia cristiana, moraba confundido entre cristianos; en tanto, permitíase el lujo de mofarse y mancillar, abierta u ocultamente, la fe de Jesucristo.

Los predicadores populares hacen oír al pueblo lo que este quiere oír. Ebrios de indignación y rencor, transfieren a los conversos la calidad satánica, las magias negras y brujerías que tradicionalmente adjudicábanle a los judíos y también a los moros, con menos entusiasmo, pero por fama y extensión del mal.

En las acusaciones de brujería y magia promediaba la del sacrificio de niños inocentes en Viernes Santo, la profanación de hostias y la consabida maña para envenenar, cuando no emponzoñar a través de la leche de una nodriza judía.

Uno de los casos más famosos de mentas de sacrificios rituales efectuados después de las Pascuas, máximo arquetipo de la maldad de la "raza" judía, es el de "el niño de La Guardia", supuestamente ejecutado en la persona de un pastorcillo en las afueras del pueblito de La Guardia, en Galicia. El ritual siempre es el mismo: se mata a un inocente cristiano para beber su sangre y esta les permite a judíos y conversos judaizantes perder "el olor característico de su raza". De esta forma, podrán ocultarse mejor. En otras oportunidades, la sangre se bebe con intenciones curativas.

El hecho de "el niño de La Guardia", se ubica a fines del siglo XV y nunca pudo ser comprobado. Aparentemente fue producto de un rumor, pero rumor-herramienta de persecuciones, recordado y aumentado en sus horrores a lo largo de los siglos que seguirán, como lo comprobaremos más adelante.

Los ecos de estas acusaciones resuenan en nuestros días cuando hojeando un diccionario contemporáneo de sinónimos de la lengua castellana nos topamos con que **"cohen"**, corrientemente conocido como apellido, es sinónimo de: *"hechicero, agorero, adivino, alcahuete, agorador, zahorí, nigromante, augur"*.[35]

Si cohen es prácticamente inusual (por lo pronto en el Río de la Plata), universal en el castellano es la voz **"judiada"**, muy usada todavía en nuestros días.[36]

---

35 **Cohén**: *Diccionario Hispánico Universal Jackson*, T. II, en su sección "Diccionario de Sinónimos" || Otro sí: María Moliner (en su edición de 1967) al contrario del Jackson, escribe **cohen** sin acentuar la última sílaba y define el término **cohen** (m. y fem.): *"1. Hechicero, adivino o brujo. 2. Alcahuete"*. Afortunadamente, en su edición de 1998, el término desapareció. || Otro sí: según Benzión C. Kaganoff, *A Dictionary of Jewish Names and their History*, el apellido **Cohen** se formuló como todos los demás en la modernidad, cuando los judíos –quienes no tenían en sus costumbres el reconocerse a través de un nombre familiar obligatoriamente agregado al nombre de pila– fueron compelidos a elegir uno para que se trasmitiera de padres a hijos. Uno de los caminos más frecuentados fue el de configurar el apellido destacando el linaje tribal del cual se descendía. Y, *"aquellos que descendían de la casta de los sacerdotes (kohanim) se volvieron Cohen, Kahn, Barkan ('hijo de Kahn') y Katz (la última, siglas para ko/hen tz/zedek, 'sacerdote de la Justicia'); o, en los países eslavos, donde no hay sonido 'h': Kogen, Kagan y Kaplán (este último, 'descendiente de sacerdotes')"*.

36 Moliner, **judiada**: *"1.Acción propia de judíos. 2. Acción malintencionada o injusta ejecutada contra alguien..."*.

5. Toledo 1449: la sentencia-estatuto. Origen de la "nación" conversa

Fines de enero del año de 1449: odio, temor, envidia y rapacidad estallarán en Toledo, capital eclesiástica de Castilla, pero también urbe mercantil de poderosa judería y no menos poderosos conversos.

Incidentalmente, el desafuero popular se despachará contra las medidas tributarias de Don Álvaro de Luna, quien apurado por las revueltas aragonesas exigía a la villa un préstamo de un millón de maravedís.

El ambiente fue caldeándose día a día ante la negativa de dar marcha atrás. El omnipotente valido de Juan II apoyaba sus argumentos en la prioridad de las necesidades reales frente a los privilegios que exhibía la villa.

Acaudillado por Pedro Sarmiento (Alcalde Mayor y Copero de Juan II), el pueblo suponía que detrás de bambalinas sólo existía un acuerdo entre malditos conversos: Don Álvaro de Luna y los ricos mercaderes toledanos encargados de la recaudación: Alonso de Cota y Juan de la Cibdad y, ¿por qué no?, el barrio entero de la Magdalena, rebosante de los de su linaje.[37]

Doblegando al Rey y a su valido, triunfante de los conversos a quienes dejó muertos o arruinados, Pedro Sarmiento logró que no impugnaran su decisión de admitir una insólita demanda. El 5 de junio de 1449 había sido esta presentada ante el Ayuntamiento toledano por Esteban García de Toledo, un modesto individuo que accionaba como testaferro de Sarmiento.

Reunidos en asamblea *"los alcaldes, alguaciles, caballeros y escuderos, común y pueblo"* dictaron, a instancias de la demanda, una sentencia con categoría de estatuto. La sentencia no solamente imponía el destierro a los conversos y les despojaba de los cargos públicos, eclesiásticos y civiles que estuvieran ejerciendo, sino que, además, los incapacitaba para ocuparlos en el futuro.

De acuerdo a Sicroff, este fue el primer estatuto de limpieza de sangre por lo que distingue a la sentencia bajo el nombre de "sentencia-estatuto". Según Caro Baroja, ella *"...puede considerarse sin duda, como el antecedente más claro que hay de los estatutos de limpieza que habrían de regir la vida española desde fines del siglo XV a comienzos del XIX".*[38]

Cualquiera sea la forma bajo la cual consideremos este acontecimiento, la conversión de judíos o moros, tan sospechosamente cristianados, arribó a otro tipo de conversión: en futuro cercano los cristianos nuevos habrían de conjugarse como si fueran una nación diversa a la del cristiano viejo. Por eso, desde mediados del siglo XV así se la nombrará y, nuevamente, la sangre de los pogromos

---

37 Don Álvaro de Luna, en el transcurso de las refriegas sucesorias con los Infantes de Aragón, será finalmente traicionado por el débil Juan II (1406-54), padre de Isabel la Católica. Acusado por sus enemigos de brujería, Don Álvaro morirá ejecutado en 1453.‖ Alonso de Cota fue sacado de su casa y quemado, en tanto Juan de la Cibdad se puso al frente de la defensa de los conversos; derrotado, fue muerto y colgado de los pies junto a muchos más en la plaza de Zocódover. ‖ Ver César Silió, *Don Álvaro de Luna y su Tiempo*. (Espasa Calpe, Col. Austral, N° 64, España, 1942.)
38 A. Sicroff, *Los Estatutos...*, p. 53. ‖ J. Caro Baroja, *Los Judíos en la España...*, T. I., p. 134.

regará el suelo de España. A diferencia de los anteriores, la sangre de "el otro" será la de los conversos: "*Esta pobre corrida nación del linaje de Nuestro Señor Jesucristo...*".[39]

Por vez primera, en aquel Toledo del año de 1449, se institucionaliza al converso como "nación" diversa del cristiano viejo. Argumentación básica: no creían en Jesucristo, "*afirmando ser nuestro Salvador y Redentor Jesucristo un hombre de su linaje colgado, en que los cristianos adoran por Dios*".[40]

La sentencia-estatuto, que había sido redactada por el bachiller Marcos de Mazarambrós ("Marquillos", un pillo de siete suelas que inspirara la figura de algunos bachilleres literarios del Siglo de Oro) iba todavía más lejos.

El *apartheid* del cristiano nuevo, al estilo del de moros y judíos, podía conducir a la pena capital: "*...los declaramos ser privados y los privamos de cualquier escribanías, y otros oficios que tengan y hayan tenido en esta ciudad y en su término y jurisdicción y mandamos a los dichos conversos que viven y moran en ella y en la dicha su tierra, término y jurisdicción y propios que de aquí en adelante no den ni usen de los dichos oficios pública ni escondidamente directa ni indirecta, especialmente de las dichas escribanías públicas y de la exención y exenciones de ellas, so pena de muerte y confiscación de todos sus bienes para los muros de la dicha ciudad y república de ella*".[41]

De ahora en adelante, la palabra **estatuto** deberá solo comprenderse en la segunda acepción que de ella da *Autoridades*: "*...el que tienen las Iglesias, Colegios y otras Comunidades, así eclesiásticas, como seculares, para calificar y probar (según lo que cada una tiene establecido) la limpieza de sangre, calidad y nobleza de los individuos, que pretendan entrar en ellas*. Lat. Statutum Constitutio".

6. *Defensorium Unitatis Christianæ*, pero "No encontraréis descanso entre los gentiles..."

La famosa sentencia toledana abrió un debate secular entre los partidarios de mantener a ultranza los estatutos y los partidarios de eliminarlos o, al menos, de mitigar sus mayores excesos.

A pesar de atenebrarse en su intolerancia, honor sea para España que podamos subrayar que, así como hubo en defensa de los indígenas americanos hombres de la talla de Las Casas o de Francisco de Vitoria, de igual tenor los hubo en la defensa de los cristianos nuevos. Todos ellos fueron, en aquel convulsiona-

---

39 *Instrucción de Fernán Díaz de Toledo*, citada por J. Caro Baroja (ibíd.), p. 132.
40 En *Defensorium Unitatis Christianæ* de Alonso de Cartagena, citado por A. Sicroff, *Los Estatutos...*, p. 54.
41 En el *Defensorium...* (ibíd.), pp. 55-56. ‖ *Autoridades*. **República**. "*El gobierno del público. Hoy se dice del gobierno de muchos, como distinto del gobierno Monárquico [...] Porque en cada una de las tres formas de* **República** *Monarquía, Aristocracia y Democracia, son diversos los gobiernos.*" "*Se toma también por la causa pública, el común o su utilidad.*" El sobrescrito es de *Autoridades*.

do universo de la modernidad surgente, verdaderos pioneros de los Derechos Humanos. Contradicciones consuetudinarias de esa España extremista, cuya ausencia de claroscuro la conminó a la clarividencia como al oscurantismo, todo junto y de una vez.

En la marea de intolerancia racista, escasos fueron los que tomaron la bandera de los conversos y lucharon por la eliminación o suavización de los estatutos (o constituciones) de limpieza. Agudos en sus observaciones, exponían la trágica malignidad que la limpieza de sangre aportaba a la generalidad de la sociedad española y, en particular, a su religión, moral y economía.

Aunque no formaron muchedumbre, los defensores de los conversos configuraron una élite intelectual que no debe despreciarse pues tuvo el inmenso valor de haber sido defensora de lo que, en su momento, fue una causa perdida; cosa que también les sucedió a los iluministas, pese a que tuvieron más suerte, al menos con el trato que les dio la historia.

Importa entonces rescatarlos del olvido, destacar sus audacias, sus naturales cautelas, sus escasos medios para poner un término que, infortunadamente, llegó con más de cuatrocientos años de retraso. En esa duración, hallamos laicos y clérigos, arbitristas o inspiradores de ellos, y gente de la Ilustración: tenían en común la idea de la unicidad del género humano. En el Siglo XV podemos nombrar: Alonso Díaz de Montalvo, Fernán Díaz de Toledo, el Obispo de Cuenca, Lope de Barrientos, y el de Burgos, Alonso de Cartagena. En los siglos XVI y XVII, descuellan Fray Domingo Baltanás, Juan Huarte, Martín González de Cellorigo, Fadrique Furió Ceriol, Mateo López Bravo y el dominico Fray Agustín de Salucio, notable teólogo, que en épocas de Felipe II realizara en sus prédicas y escritos el mayor alegato contra los estatutos. En el siglo XVIII contrarios a las informaciones son algunos ministros como Carvajal, Floridablanca o Jovellanos. No obstante, el problema no pasó de preocupaciones que no llegaron a ninguna acción, con excepción de una Real Cédula de Carlos III, en 1788.[42]

Los atribulados cristianos nuevos y sus pródigos defensores de la primera hora impugnaron la situación preguntándose cómo la Iglesia –si era católica– podía aceptar la proscripción de un grupo de sus fieles por el solo hecho de achacarle un origen impuro.

El Obispo de Burgos, Alonso de Cartagena (aparentemente de familia conversa), plantea el absurdo de esta situación ya que, esa pretendida diferencia biológica, atentaba contra la unidad de la Iglesia al despreciar la purificación absoluta que confiere el agua bautismal, fuente suprema de salvación de los convertidos y, por ende, de limpieza.

---

42 La lista es extensa. Quien desee ampliar en este tema, apasionante desde el punto de vista teológico y sociológico, puede entre otros consultar a A. Sicroff para s. XV. Para los siglos XVI, XVII y XVIII: H. Méchoulan (en las dos obras cits.) y A. Domínguez Ortíz en *Los Judeoconversos en España...* y en *Historia de los Moriscos*.

"*¿Qué sentido hay que dar a los términos 'cristianos viejos' y 'cristianos nuevos' que se oyen en España?*" Si el bautismo individual es el que hace nacer al cristiano, todos son en realidad "cristianos nuevos".[43] Siendo entonces la aceptación del bautismo de índole personal, nada tienen que ver los padres ni los antepasados. Cartagena arriba a la conclusión de que la diferencia nunca puede ser de esencia, sino que, más sencillamente, es de carácter cronológico, porque unos se bautizaron antes que otros y, porque, en definitiva, todos descienden de gentiles.

El razonamiento de Cartagena enfilará asimismo hacia la gentilidad del Pueblo de la Ley, el cual guarda virtudes anteriores a la Pasión de Cristo: virtudes que están verificadas en la elección de Israel, cuna del Señor; en la fundación de la Iglesia, hecha por judeo-cristianos; y, en último término, en la aceptación del Antiguo Testamento.

Culmina Alonso de Cartagena su defensa conminando a los cristianos a comprender que la esclavitud del pueblo israelita solamente es de natura teológica y no racial. El castigo, pues, deriva de la incredulidad y este crimen queda superado cuando se entregan al bautismo, liberador de todos los pecados.

En resumen, en estas, que son algunas de las razones principales del Obispo de Burgos (al que siguió el Obispo de Cuenca, Lope de Barrientos), ejemplificamos las tendencias de la defensa de los conversos.

No obstante, oportuno es señalar que, en aquellos momentos, cuando nuestro obispo burgalés expresaba que la división de los fieles en dos categorías disímiles (de primera y de segunda) constituía un atentado a la unidad de la Iglesia rayano en la herejía, sus preocupaciones sustanciaban algo más que una cuestión teológico-cristiana. A decir verdad, aludía al peligro real de la herejía de la "Hermandad del Espíritu Libre", que estaba aconteciendo entre los montañeses de la Vasconia, escasamente cristianados aún en pleno siglo XV.

Proveniente de Flandes y del valle del Rin, la herejía de la "Hermandad del Espíritu Libre" predicaba la pobreza apostólica y la justicia social, incluyendo en esta última una igualdad de los sexos que se extremaba hasta el grado de promover en las féminas una conducta poligámica. Aprovechando el aislamiento que facilitaba la escarpada región, la herejía había tomado como centro a Durango, de donde se expandía peligrosa y velozmente a otros puntos de las vascas montañas.

Vale la pena resaltar este hecho, porque, inducidos por la pretendida unidad del cristianismo español –que la propia España había deseado e insuflado a su realidad como a su apariencia–, no solemos indagar con frecuencia en la presencia de los periódicos movimientos heréticos que en todos los tiempos recorrieron la península.

Afines a la Europa católica, algunos de esos movimientos de las épocas modernas fueron de notable entidad, como el jansenismo francés y el protestantis-

---

43 A. Sicroff, *Los Estatutos...*, p. 69.

mo (en especial, el luterano) importado de los Países Bajos y el Flandes, por entonces españoles.

En la Iberia medieval, el movimiento de mayor arraigo fue el de la herejía cátara o albigense originado en la pastoral región de la Provenza (en el Sur francés). Por ello Francia constituyó su principal vía de infiltración y la Mesta su más fecundo hilo trasmisor.[44]

La organización e institucionalización del pastoreo ovino por la Mesta se consagró conductora de esta herejía, porque, trascendiendo fronteras políticas, su regularidad estacional propiciaba trashumancias que abrazaban Castilla y León, el Languedoc (la Francia provenzal), la Vasconia (de ambos lados de los Pirineos), la tierra aragonesa y la catalana.

Desde los comienzos de la centuria XIII, en laicos como en clérigos, en nobles como en plebeyos, la bien organizada y dirigida herejía albigense arrebataba el alma de aquella humanidad de rústicos pastores. Fluía en la corriente de la gran mayoría de las herejías del siglo que tendían a moralizar la vida cristiana y, en especial, corregir la corrupción clerical. Su jerarquizado sacerdocio observaba una vida de pureza y pobreza evangélicas y planteaba, a su vez, serias divergencias teológicas vinculadas principalmente a una posición dualista, negadora de la Trinidad.

Persistente, el contagio cátaro (o albigense) determinó que la Iglesia estableciera en el Languedoc tribunales inquisitoriales. Era esta una política inquisitorial que normalmente habían practicado los primados eclesiásticos a partir del siglo III, aunque con carácter de excepción; por ejemplo, se recurría a ella cuando surgían brotes de religiosidad que demostraban su notoria desviación de la ortodoxia.[45]

En ocasión de los cátaros aconteció no obstante un cambio importante: la regularidad que se otorgó al funcionamiento del "oficio" en las regiones "infectadas"; ella prefigura ya una modificación relevante con respecto a aquellas inquisiciones aplicadas antes del siglo XIII.

La Inquisición afincó periódicamente en varias zonas del condado de Foix, donde los clérigos inquisidores aparecen actuando desde el 1240. Encaramado en su proverbial paciencia, acumulada año a año en interminables y atroces inte-

---

44 *Autoridades*. "**Mesta**. *El agregado o junta de los dueños de ganados mayores y menores, que cuidan de su crianza y pasto, y venden para el común abastecimiento [...]". "Se llama también la junta que los Pastores y dueños de ganado tienen anualmente, los negocios concernientes a sus ganados y gobierno económico de ellos, y para distinguir y separar los mostrencos, que actualmente se hubiesen mezclado con los suyos, los cuales marcan con alguna señal que los distinga: y esta Junta la preside un Ministro del Consejo, por turno de antigüedad, y se le da el nombre de Presidente de la Mesta. Esta Junta tiene por título el Honrado Consejo de la Mesta... Ley de la Mest. tít. 20. [...]*".
45 Para un análisis detenido, Emmanuel Le Roy Ladurie: *"Montaillou, Village Occítan de 1294 á 1324"*. Obra pionera en la historia de las mentalidades, construida sobre la base de los interrogatorios inquisitoriales que de 1318 a 1325 -entre los habitantes del pueblito de Montaillou- llevó a cabo Jean Fouquier, Obispo de Mirepoix en 1326, Cardenal en 1327 y Papa de Aviñón con el nombre de Benito XII.

rrogatorios, usufructuando torturas morales y físicas, el "oficio" de la Inquisición pondrá doscientos años en doblegar a estos subversivos de la ortodoxia católica.[46]

La tierra aragonesa, refugio de albigenses propios y ajenos, conocerá también –durante los siglos XIII y XIV– los tribunales de esta Inquisición papal que los historiadores categorizan de "medieval" para distinguirla de la "moderna", originaria de la España de los Reyes Católicos.

Las resultados inmediatos de la sentencia-estatuto se hicieron notar a través de la acción conjunta de los obispos Lope de Barrientos y Alonso de Cartagena, que, en principio, intentaron presionar a Juan II, mas con escaso éxito. Tampoco anduvieron mejor con su sucesor e hijo Enrique IV. A pesar de que las simpatías del monarca estaban de lado de judíos y conversos, la debilidad en que se encontraba el poder real lo incapacitó para enfrentar disturbios del calibre de los toledanos.[47]

Los embanderados contra la sentencia-estatuto corrieron mejor suerte con la Iglesia. Lope de Barrientos, valiéndose de la censura eclesiástica, expulsó de Toledo a Pedro Sarmiento (aunque después falló en hacerle restituir lo robado). Desde Roma, tampoco Nicolás V desatendió el alerta estampado en el *Defensorium* de Cartagena, pues fulminó una bula contra la sentencia-estatuto. Calificándola de cismática, el anatema que contenía ordenaba su inmediata extinción so pena de excomunión.

Los vientos que por entonces arrastraban la opinión pública castellana eran, sin embargo, fuertes y en contrario de las equilibradas y humanitarias disertaciones de los que abogaban en pro de los conversos, de suerte que hasta Nicolás V fue puesto en discusión por los partidarios de la sentencia-estatuto y, en el colmo de la soberbia, excusando vicios de forma, desestimaron el anatema.

Desde el punto de vista teológico, la prueba del bautismo que presentaban, alegándolo como fuente purificadora de los pecados, no favorecía demasiado a los conversos en razón de haber sido en su enorme mayoría forzados y no por convencimiento propio.

Agotada por las desgracias y frustradas las apocalípticas previsiones del "Año Mil" (la Parusía y el Juicio Final), la población de la Europa cristiana había ido deslizándose teológicamente hacia una trasmutación del sentido de absolución total que, originalmente y hasta la Alta Edad Media, tuviera el hecho capital del bautismo. Habiéndose generalizado la condición cristiano-católica de la población, la gente apreciaba imposible que, por el solo efecto de ser cristiano y

---

46 *Autoridades*, **Santo Oficio**: "*Se llama por antonomasia el Tribunal de la Inquisición. Lat.* Inquisitionis Sanctum Tribunal, vel Fidei".|| Podemos colegir que la expresión deriva de una de las acepciones del término oficio: "*Se toma también por el ejercicio y empleo de cada uno*". Rafael Altamira en su *Diccionario Castellano...*, al referirse a los oficios públicos (los cargos públicos y al nombre de oficiales reales que cabe a aquellos que los ocupan) expresa que de allí "*...derivó el apelativo dado al servicio que ejercieron; criterio que explica el nombre de* **Oficio** (Santo Oficio) *dado a la Inquisición por las leyes* [...]".

47 Por sus gustos en el vestir y las atenciones que prestaba a moros y judíos, la clerecía y la nobleza acusaban reiteradamente a Enrique IV de "orientalizar" la Corte.

a raíz de esa popularización, todos pudieran ser Justos y merecer el Paraíso. Del interior de los muros monásticos se deslizó entonces, hacia la atormentada cristiandad, la imagen del Purgatorio. Su nombre lo presenta por sí solo: lugar de purga que vale a purificación.

Pausadamente, en la silente quietud monacal, este paraje, especie de estación de almas, había ido edificándose en razón de la naturaleza del hombre, pecador impenitente. Tranquilizador, el Purgatorio surgía montado sobre el terror emanado de la incertidumbre de un Cielo cada vez más esquivo y la certidumbre de un Infierno siempre menos elusivo. Espacio intermedio, esperanzadamente transitorio, eclipsaba de este modo el Limbo, demasiado difuso como para asegurar el necesario tránsito hacia la Vida Eterna.[48]

Desabrigada, despojada de esperanza y abroncada, aquella masa cristiana de las Españas, sin olvidarse del tradicional enemigo, verificaba el exorcismo de sus culpas en el nuevo chivo expiatorio brindado por las conversiones forzosas. Judíos y cristianos nuevos se trastocaron en las válvulas de escape de la sociedad, de sus angustias económicas, políticas o de cualquiera otra especie.

Como las angustias sobraban y los instigadores también, en el histérico *crescendo* de las matanzas e injurias, de los robos y expoliaciones de cristianos viejos contra conversos y de conversos contra judíos, iba entenebreciéndose la tierra de España: Galicia, Mallorca y Aragón (1460), Toledo (1467), Ciudad Real (1464, 1467 y 1474), Andalucía (1474).

El registro de trágicos pogromos y tumultos aparenta interminable. A la cabeza: las órdenes militares y las mendicantes y, en estas, los dominicos y franciscanos, quienes habrán de constituirse en pilares de las persecuciones de conversos, judíos y moros.

Sometido a presiones máximas el "caldero" bullía. Era un recipiente en donde, sin discriminar, la ofuscación popular arrojaba conversos sinceros, judaizantes y judíos. No guardaba las condiciones para que los conversos de buena fe pudieran afirmarla, ni para que los de mala fe, o para aquellos que se mantenían inconversos, dejaran de presionar y castigar con sus invectivas y excomuniones a los de la nación judía como a los **"anusim"**, los conversos recientes que la habían abandonado al bautizarse.

Porque, asimismo, en esta completa perversión de la moral social, la comunidad judía supo multiplicar sus **"malsines"**: delatores estimulados por los rabinos para castigar a los disidentes, *"plaga, acogida y sancionada por la jurisprudencia rabínica"*.[49]

"No encontraréis descanso entre los gentiles y vuestra vida dependerá de un hilo" son palabras del rabino Yitzhak Arama, que aun más proféticamente habla cuando describe el porvenir de los conversos recientes: *"Un tercio será que-*

---

48 El tema está notablemente planteado por Philippe Ariès en *L'Homme Devant la Mort*.
49 A. Domínguez Ortiz, *Los Judeoconversos...*, p. 31. ‖ También Paul Johnson, *Historia de los judíos*, particularmente la Tercera Parte: "La catedrocracia".

mado por el fuego, un tercio huyendo para esconderse y los que queden viviendo en temor mortal".[50]

Aplastados por tantas y tan aciagas conmociones, muchos hebreos se refugiaron en visiones mesiánicas. Aguardando al Mesías, con más esperanza y fervor que antaño, unos cuantos judíos y judaizantes –secretos o no– comenzaron a mirar hacia Constantinopla. La caída del Imperio bizantino (1451-1453), viejo enemigo del judío, interpretábase como un anuncio alentador de la proximidad del caos apocalíptico previo al Mesías. Alentadoras también eran las noticias que recibían de sus parentelas orientales con respecto a su situación con "el Turco".

El ambiente mesiánico abrió un período de fuga de judíos españoles y una pequeña parte de *Sefarad*, antes de la expulsión de 1492, levantará vuelo: el reino granadino y los recientes dominios europeos de los otomanos fueron su meta. Luego, cuando la corona portuguesa a su turno (1497) expulse a los judíos propios y a los españoles que arribaran en grandes contingentes en 1492, el arquetipo de la "nueva Jerusalem" asentará en un "Nuevo Mundo": América.[51]

7. Cristianos lindos y marranos

Largas y profundas consecuencias arrojó el sanguinario alboroto toledano. Con paso seguro, aunque al principio lenta y subrepticiamente, los estatutos que exigen información de pureza de sangre irán invadiendo las normativas de las instituciones privadas (laicas o eclesiásticas, inclusas las universitarias) y las instituciones públicas cuando finalmente sean de recibo tales constituciones en las leyes del Reino.

Durante los acontecimientos narrados, a través de la **"limpieza"** se fue configurando la calidad de **"cristiano viejo"**. Consustanciada con la limpieza y la lindeza que de ella emana, la condición de **"cristiano viejo"** se volcará en los sinónimos **"limpio"** y **"lindo"**, que indistintamente los distingue.

Autoridades nos da la línea: *"limpieza se llama también a la excelencia y prerrogativa que gozan las familias, aunque no sean nobles: y consiste en no tener mezcla ni raza de Moros, Judíos, ni Herejes castigados. Lat.* Claritas".

Pese a que *Autoridades* no lo indica, se consideraba con tacha: los gitanos, los negros y los indígenas (en estos últimos se exceptúa los de estirpe noble) y, en el rubro herejes cabían, no sólo los protestantes y los de otras subversiones contra la ortodoxia católica, sino todos los cristianos que cometían blasfemia, juraban en falso, habían sido condenados por brujería, amancebamiento, bigamia, sodomía, bestialidad...

---

50 P. Johnson (ibíd.), p. 230, citando a Haim Beinart, *Conversos on trial: The Inquisition in Ciudad Real* (Jerusalén, 1981).
51 **Sefarad** es nombre de España en judeo-español (ladino o judezmo). Aparentemente, deformación de uno de sus antiguos nombres, de donde los judíos de origen hispano o sus descendientes se dirán **sefardí** o **sefardita**.

En el historial de la Inquisición española (o moderna), tan ilimitada fue la calidad de "hereje" que gravitó sobre aquellos que (no siendo penitenciados) tenían o habían tenido familiares penitenciados por el Santo Oficio, sin importar la gravedad de la pena ni la cercanía o distancia parental.

Siguiendo la relación de *Autoridades*, **"cristiano viejo"** es *"El que tiene sangre pura de Cristianos, sin conocerse en su línea Moro, Judío, ni Pagano, o Gentil"*. **"Limpio"**, *"Se llama al sujeto que es Cristiano viejo, de Padres y Abuelos, sin mezcla ni raza de Moros ni Judíos. Lat.* Clarus, fine nulla generis nota, labe vel macula*"*.

Limpieza y limpio aplicados a los **cristianos viejos** quedan, por consiguiente, bien aclarados en su definición por *Autoridades*, sin embargo no sucede lo mismo con **lindo**, que, en este sentido, enmudece en *Autoridades*, así como también en el *Tesoro* de Covarrubias.

Para hallar una definición precisa del empleo del adjetivo **lindo** atribuido al cristiano viejo como sinónimo de **limpio**, recurrimos al diccionario etimológico de Coromines y Pascual. **Lindo**, fue *"primitivamente 'legítimo', de donde más tarde 'auténtico', 'puro', 'bueno'[...]. En los SS. XIV y XV es más corriente que signifique, por una leve traslación del sentido, 'auténtico', 'puro', a veces 'noble': "cristianos lindos" en el Fuero Juzgo [...]"*. *"Pero ya desde el Siglo de Oro* **lindo** *había tomado un sentido vago de elogio en términos generales, tan vasto y comprensivo como el de la palabra* **bueno**.*"*

Después de citar varios ejemplos –en Cervantes y en muchos más, como: "linda cosa", "linda tarde", "lindos enredos"– el artículo referente a "lindo" prosigue: *"Bastará recordar que ante este abuso y confusión, los puristas del Siglo de Oro acabaron por querer excluir esta palabra del lenguaje correcto. Si no lo lograron, consiguieron por lo menos que en España se tornara anticuada esta vaguedad semántica, y el vocablo se especializara definitivamente en el sentido estético. Pero el habla argentina, y seguramente la de otros países americanos, sigue fiel al uso clásico, y allí este adjetivo se aplica como valoración favorable a la temperatura, a la fuerza, el apetito, el dinero [...]".*

De esto inferimos que estamos ante otro caso de pureza, en la oportunidad de la lengua.

Una vez más, esta experiencia permite comprobar las dificultades que deparan los pasados y las mentalidades que los hicieron. Nos afirma en la necesidad de insistir en el análisis de los lenguajes mediante obras que auxilien con respecto a los significados que poseían las voces en sus épocas. De otra forma, estaremos aumentando los riesgos del anacronismo; porque los idiomas –en su riqueza o en su pobreza, en sus presencias cuanto en sus ausencias– manifiestan en todo momento las condiciones mentales y culturales de las sociedades de las cuales son instrumento vital de formación, comunicación e información.

Al día con el cambio introducido por los puristas del idioma, puristas ellos mismos, Covarrubias y las autoridades de la lengua no podían dejar de hacerlo. Siendo, por otra parte, centurias tan ensimismadas en la "limpieza", el diccionario de *Autoridades* de la novel Real Academia Española de la Lengua en su exposición de motivos expresa: *"...tomar por empresa y sello propio un crisol al fuego con este mote:* **Limpia, fija, y da esplendor.** *Aludiendo a que en el metal se representan las voces, y en el fuego el trabajo de la Academia, que reduciéndolas al crisol de su examen, las limpia, las purifica, y da esplendor, quedando sólo la operación de fijar, que únicamente se consigue apartando de las llamas el crisol, y las voces del examen".*

Hasta el día de hoy la Academia persigue esta pureza, muchas veces a costa de lo racional. Mas este accidente no extraña, porque la irracionalidad suele ser fiel comadre de la purificación, en cualquiera de sus versiones.

Diametralmente opuestos en virtudes y más numerosos que los del "cristiano viejo" serán los términos calificativos que tildarán al "converso".

Según *Autoridades*, **converso** es voz genérica para señalar *"Lo mismo que convertido. Dícese comúnmente de los Infieles, Moros y Judíos, que se reducen a la Religión Cristiana. Viene del Latino* Conversus, *que significa lo mismo [...]".* También genéricamente, **"cristiano nuevo"**: *"El que ha poco tiempo que es Cristiano, o desciende de Judío, Moro o Gentil, que se convirtió a nuestra Sagrada Religión, recibiendo el santo Bautismo, que es la puerta por donde se entra a ser Cristiano"* (es interesante observar que al bautismo se le caracteriza de "puerta").

Sin embargo, en sustitución de "cristiano nuevo" se prefirió designar al moro bautizado con el adjetivo de **"morisco"**: *"aquellas gentes de los Moros, que al tiempo de la restauración de España* [caída de Granada, último reino moro], *se quedaran en ella bautizados; y por haberse hallado después que en lo interior observaban la secta de Mahoma, se expelieron últimamente en tiempos del Señor rey Don Felipe III".* Conclusión: "cristiano nuevo" vino casi exclusivamente a servir para discriminar al nuevo cristianado de origen judío.

Al judío cristiano asimismo se le dijo: **"confeso"**. En su segunda acepción *Autoridades* informa que: *"Comúnmente llaman así al que es Judío de profesión* [en el sentido de profesar] *o de raza, que se ha convertido: o el que ha confesado en juicio haber judaizado. Tráenlo en este sentido Covarrubias en su* Tesoro *y Nebrija en su* Vocabulario". Fray Sebastián de Covarrubias es más extenso y afirma que confeso *"es el que desciende de padres judíos o conversos; y en rigor conversos vale tanto como convertirse y volverse a la fe católica los que han apostatado, que por otro nombre se llaman* **'tornadizos'***; o digamos que confeso es lo mismo que judío por cuanto viene del verbo hebreo...".*

Si a menudo encontramos el adjetivo "tornadizo" endilgado a los cristianos nuevos sospechados de judaizar, el despectivo de **"chueta"** solamente cabe a los cristianos nuevos de las Baleares, sobre todo a los de Mallorca. *"Chueta proviene del adjetivo sustantivado latino* **suilla***, carne de cerdo, que en las lenguas del Este de España dio* **chulla***-lonja de tocino, y en otras regiones* **chulleta***-chuleta... Tal vez recuerde la práctica de algunos conversos de freír tocino en la puer-*

ta o ventanas de sus casas para que sus vecinos se convencieran de que eran buenos cristianos".[52]

Colgarle al converso un mote relativo a la carne de cerdo era manera de burlarse de sus orígenes judaicos, recordarle los tiempos en que su antigua religión se la vedaba. Con frecuencia el converso no comía cerdo ni mezclaba la carne con la leche y cocinaba con aceite de oliva en sustitución de la manteca, simplemente, por motivos de enculturación, porque no entraba ni en sus costumbres ni en su paladar y no porque quisiera judaizar.[53]

Pero en cuestión de motes el de **"marrano"** fue el preferido y el más popular. Antonio Domínguez Ortiz afirma que *"Es muy incierta la etimología de **marrano** como sinónimo de judío falsamente converso. Se ha buscado en el árabe (de **murain**, hipócrita, o **mumar**, apóstata); en el hebreo: **maharanna** o **maran ata**, '¡Señor Ven!', imprecación usada por San Pablo (I, Corintios) o en **muranita**, vara con que se castigaba a los excomulgados".* Lo más probable es que **marrano**, en su significado primitivo, atestiguado ya desde el año 965 según Farinelli... indicara, como en el castellano actual, el cerdo. En tal caso sería una designación sarcástica, aplicada por antífrasis a los judíos por su repugnancia hacia este animal, lo mismo que al hebreo mallorquín se le llamó **chueta** (tocino). Desde el punto de vista filológico la cuestión no está resuelta... En 1380, Juan I prohibía aplicar tal epíteto a los judíos. En el siglo XV se extiende su uso; es frecuente en los cancioneros, tan llenos de brutales sátiras, y en los que las acusaciones de judaísmo contra miembros de las clases altas son frecuentes. La palabra pasó de España a Francia, y sobre todo a Italia, donde pronto designó a los españoles sin distinción, en parte por hispanofobia, en parte porque eran realmente numerosos los conversos que a Roma pasaban *"en busca de prebendas eclesiásticas...".*[54]

En *Autoridades*, **marrano** es *"Lo mismo que cochino".* Y, en la segunda acepción, aclara: *"Del tiempo que los Judíos estuvieron en España se llama el puerco marrano. Ítem: Usado como adjetivo significa lo mismo que Maldito o excomulgado. En este sentido no tiene mucho uso. Lat. Marranus. Segunda acepción: En lenguaje español Judío marrano es decir lo mismo que Judío excomulgado".*

Para el *Tesoro* de Covarrubias *"Es el recién convertido al cristianismo, y tenemos ruin concepto dél por haberse convertido fingidamente... Cuando en Castilla se convirtieron los judíos que en ella quedaron, una de las condiciones que pidieron fue por entonces no les forzasen a comer carne del puerco, lo cual pro-*

---

52 A. Domínguez Ortiz, *Los Judeoconversos...*, p. 115.
53 La voz manteca (en España, ayer como hoy) sugiere prioritariamente: *"La gordura de cualquier animal, especialmente la del lechón. Y en diciéndose Manteca, absolutamente se entiende la del puerco. Llámase también Unto".* (*Autoridades*). El término manteca, tal como se emplea en el Río de la Plata, tiene su sinónimo hispánico en el de **mantequilla**, que es la confeccionada con la leche de vaca.
54 A. Domínguez Ortiz (ibíd., p. 27) indica la obra de Farinelli: *Marrano, Storia di un vituperio*. Ginebra, 1925.

testaban no hacerlo por guardar la ley de Moisés, sino solamente por no tenerla en uso y causarles náusea y fastidio. Los moros llaman al puerco de un año marrano, y pudo ser que al nuevamente convertido, por esta razón y no por comer la carne de puerco, le llamasen marrano. Y, según otros, marrano se dijo **cuasi barrano**, *porque en arábigo* barrano *vale lo mismo; y los arábigos también pudo ser mudasen la M en B, y el nombre fuese de raíz hebrea; porque algunos quieren que se haya dicho marrano de la palabra caldea o siria* **marsn-atha**, *que vale* **Dominus Venit**, *con que daban en rostro a los judíos que esperaban y esperan hasta hoy el prometido..."*.

Si atendemos al comienzo de la definición de nuestro fraile, veremos que es lo suficientemente oblicua como para que caigan en ella la generalidad de los conversos, pues no hay aclaración sobre la posibilidad de haberlos sinceros.

V

Para una sociedad intolerante: remedios intolerantes

"El miedo guarda la viña."

Sentencia popular

Intolerantes en virtud de su exclusivismo teológico, las religiones monoteístas pugnan siempre por lograr una armonía totalizadora. El cristianismo no fue ni es excepción. Desde que señoreara como religión oficial del Imperio romano, la Iglesia trató de eliminar las discrepancias que pudieran asomar dentro como fuera de la fe. Y de perseguida se mudó en perseguidora.

El contexto social y religioso de la España de mediados del siglo XV daba sobradamente para que se cumpliera esta función vigilante de la Iglesia. En el trámite de su riguroso acecho, terminó incorporando a los conversos al ámbito de lo "extra-ordinario", convirtiéndolos en fuente de riesgo inminente, amenazadora de lo sagrado.

Quedó entonces echada la suerte de los cristianos nuevos. La desenfrenada ola racista y su infaltable cortejo de miserias apabulló en adelante a la "nación" conversa y a la judía. Con intermitencias, reaparecerá y paulatinamente dará pie a cuatro hechos capitales:

1. La fundación, en 1478, de la Inquisición castellana que, entrando en funciones a partir de 1480, habrá de trastocarse en Inquisición española tres años después.

2. La expulsión de los judíos en 1492.

3. La proliferación y subsecuente oficialización de los estatutos de limpieza de sangre (efectuada por el Pontífice en 1555 y por Felipe II en 1556).

4. En 1609-1614 habrá de tocar el turno a los moriscos, cuando había corrido ya más de un siglo de la expulsión de los los moros (1501-1502) y habíanse transformado en "moriscos", es decir, en conversos, luego de sufrir bautismo forzoso y numerosos destierros dentro de la propia península.

Los tres primeros puntos serán tratados a continuación, en tanto reservaremos el Capítulo VIII para la expulsión de los moriscos.

1. 1478-1483: el santo remedio de la Inquisición

La paternidad ideológica de la instauración del Santo Oficio castellano –más tarde español– es doble. Pese a semejar incongruencia, se incubó al unísono, tanto en el frente de los cristianos nuevos anti-judíos y el de sus partidarios de origen cristiano viejo, como en el interior del bando anti-judío y anti-converso de los cristianos viejos.

Múltiple y diversa era la intención de todos ellos y la del poder real sobre el que influyeron predicaciones religiosas y necesidades sociopolíticas y financieras.

Pretendían los conversos denunciar y castigar a judaizantes y judíos para salvar a los cristianos nuevos de buena fe, sobre todo para evitar la amenazante proliferación de los estatutos de limpieza de sangre. Mientras que, los anti-conversos, sin olvidar el riesgo judío, más se interesaban en descubrir "al enemigo oculto", al confeso infiel. Por otro lado, los reyes (pro o anti-conversos), además del celo religioso, intentaban atajar las endémicas revueltas sociales que ponían en entredicho el reino castellano y a sus almas.

Desde sus orígenes, esta Inquisición moderna presentó el carácter de **"control social"** dirigido a incidir sobre "lo que es del César" y sobre "lo que es de Dios".

En cuanto al objetivo financiero, básicamente fue haciéndose en el curso de los acontecimientos políticos. Guerras civiles de sucesión, modernización de la administración real y de la guerra, aproximación y fin de la Reconquista, son algunos de sus hitos evolutivos. Pero, desde muy temprano –en virtud del elevado costo del mantenimiento de la maquinaria del Santo Oficio, solventada por la Hacienda Real– también primó la necesidad de contribuir a su financiamiento.

La historia se abre en Castilla, en los últimos años del reinado del padre de Isabel, Juan II (†1454). Otra vez protagonista involuntario es Don Álvaro de Luna: en 1451, evidenciando motivaciones más políticas que religiosas, pidió ciertos poderes inquisitoriales al Papa Nicolás V. El asunto quedó en agua de borrajas: el permiso llegó, pero luego de la ejecución del favorito en 1453.

Unos diez años más tarde, los dominios de Castilla manteníanse trágicamente convulsionados. Alarmados los de la Orden de San Francisco, a causa del número y mezcla dañosa entre "cristianos", "infieles" (judíos) y "herejes" (conversos apóstatas), escriben en 1461· sus inquietudes a Fray Alonso de Oropesa, General de la Orden de San Jerónimo, y le proponen recurrir conjuntamente ante el Rey para limitar el radio de acción de los "infieles" y para que *"...sobre los herejes se haga inquisición en este Reino según como se hace en Francia, y en otros muchos Reinos, y provincias de Cristianos: porque los buenos sean conocidos, de entre los malos apartados y puedan vivir seguros, y en paz, y esta tal malicia no haya lugar de inficcionar y corromper todo el bien de la nuestra Santa Fe Católica"*.[1]

Por esa época reinaba ya Enrique IV de Castilla, el Impotente (1454-1474, hijo mayor de Juan II). Desesperando hallar mejor camino para aplacar los ánimos (encendidos además por las banderías sucesorias), el monarca se inclinó en favor de la implantación del Santo Oficio cuando el prestigioso Fray Alonso de Oropesa le convenció de *"...que toda la raíz de estos alborotos procedía de que los cristianos viejos acusaban a los judíos bautizados, que vivían mal y pervertían a otros, y como no hallaban quien los castigase hacíanse ellos jueces* [los cristianos viejos] *y les hacían todos estos daños..."*.[2]

Encargará el Rey al jerónimo la organización de una inquisición episcopal, hasta el momento nunca habida en Castilla. Su primera actuación, encabezada por el mismo Oropesa, tendrá de escenario a la envilecida ciudad de Toledo.

Los documentos no ponen en duda la justicia con que procedió este tribunal. Erigido en defensa del converso fiel, condenó por igual a los apóstatas y a los judíos que acuciaban a los conversos que no renegaban del bautismo. También procedió contra los cristianos viejos fanatizados quienes, más que la pureza de la religión, codiciaban las riquezas de los conversos.

El porvenir de los tribunales inquisitoriales abonará signo contrario a esta equidad. Ciertamente, ambición de pocos.

Las opiniones de figuras como las de Fray Alonso de Cartagena o Fray Alonso de Oropesa quedaban empañadas no sólo por la fuerza tumultuaria de una opinión pública exaltada y envidiosa, sino, lo que era peor, eran superadas en los medios cultivados por la corriente de cristianos nuevos y viejos que sostenían que el mal, a más de radicar en el contacto con los judíos, yacía en la imposibilidad del propio cristiano nuevo de liberarse de la culpa del deicidio.

En esa línea dirá el franciscano Alonso de Espina que, irremediablemente, el converso habrá de cargar la sospecha de ser judío y hay que tratarlo a la par del recalcitrante. No se detiene en esto Fray Alonso y en su *Fortalitium fidei* (1459) fustiga además a los "malos pastores". Acusándolos de "mercenarios", ya que, *"...no curan de apacentar a sus ovejas, sino de trasquilarlas [...]"*. *"Nadie inquiere los errores de los herejes; y entraron ¡Oh Señor! en tu rebaño los lobos*

---

1 A. Sicroff, *Los Estatutos...* p. 92. ‖ La preocupación de la Orden franciscana derivaba de la gran cantidad de conversos que abrigaba en su seno y del escándalo, pues unos cuantos de sus frailes habían sido hallados judaizando. La de los jerónimos no estaba exceptuada de igual vergüenza. Era este un problema que concernía a todas las órdenes mendicantes, las cuales por sus características habían acogido gran número de cristianos nuevos convertidos a la fuerza. Muchos de ellos, tomaban los hábitos como medio de salvar la vida en esta tierra y no el alma en la otra.

2 Oropesa, retornado -en 1465- a la paz conventual, escribió *Lumen ad Revelationem Gentium*, obra que valoriza la cristiandad conversa, en defensa de la unidad de los fieles y de la fe católica. Demoró años en terminarla, diciendo a aquellos que lo estimulaban a hacerlo: *"Tenía determinado callar pues el hablar es tan peligroso"*. En su juventud, Fray Alonso habíase opuesto al establecimiento de estatutos de limpieza en los jerónimos. Sin comprobación, aunque con visos de verdad, muchos sostienen que Fray Alonso era de origen converso. (En Sicroff, *Los Estatutos...*, pp. 96-102, extraído de *Historia de la Orden de San Jerónimo* de Fray José de Sigüenza.)

rapaces... Nadie piensa en los pérfidos judíos, que blasfeman de tu nombre, ni en los infieles que hacen en secreto inauditas crueldades; porque sus dádivas y cohechos cegaron los ojos de los jueces y de los prelados, en el clero y en el pueblo".[3]

Llegado el día once del mes de diciembre del año de 1474 muere el desdichado Enrique IV. Desgarraban al reino castellano, de tiempo ha, terribles conspiraciones y luchas sucesorias. La muerte del Rey halló a judíos y conversos cercados por esos ardores cortesanos y armados. En su mayor parte, se habían anotado en el partido contrario a Isabel, hermanastra del finado Rey, de modo que cayeron en situación desdichada cuando ella se alzó con la corona castellana.[4]

La cronología hacia la fundación de la Inquisición castellana (que poco después será española) acusa otro año clave: 1478.

Aproximándose el fin de los combates por la sucesión de Castilla, horribles disturbios explotan en Sevilla: durante la noche del miércoles 18 de marzo de la Semana Santa, en la antigua aljama un caballero –que se dirigía a una cita amorosa– casualmente descubre a un grupo de judíos y judaizantes celebrando su Pascua, el Seder. La reunión sirve de excusa a los cristianos viejos para imputarles blasfemia y los tumultos se tiñen del rojo de la sangre y el pillaje.

Un franciscano anti-converso furioso, Alonso de Hojeda, aprovecha la oportunidad para relatar a los Católicos el gravísimo riesgo que corría la cristiandad en aquella Sevilla herética, más musulmana y judía que cristiana en virtud de la falsedad de las conversiones; hecho que, tampoco, era incierto.

Impresionada, Isabel decide una serie de medidas que desembocan en la solicitud de inquisición para Castilla. En unión con Fernando se dirige a Sixto IV, quien concede su aprobación en bula que expide el 1 de noviembre de 1478.[5]

---

[3] En Sicroff (ibíd.), pp. 101-102. ǁ Aún está abierta la discusión de si Espina era o no de familia conversa, pero la mayoría se inclina por esta calidad.

[4] Isabel habíase casado en 1469 con su primo Fernando de Aragón, entonces sólo Rey de Sicilia. Las nupcias se realizaron en secreto, porque Enrique IV deseaba unirla al anciano Rey de Portugal, Alfonso V. Aparentemente, este había logrado el acuerdo gracias al cual, en 1468, Isabel fue nombrada heredera en detrimento de Juana, hija única de Enrique. Apodada "la Beltraneja", Juana hacía figura de bastarda, pues era *vox populi* la impotencia y homosexualismo del monarca. Pueblo y Corte la consideraban fruto de los amores de la Reina con el favorito real, D. Beltrán de la Cueva. En 1470, cuando Enrique se enteró del casamiento desheredó a su hermanastra y públicamente declaró heredera a su hija; pero a la muerte de Enrique, Isabel consiguió ser igualmente coronada. Ello propició el estallido de una guerra sucesoria en la que tomará intervención D. Alfonso V (1475), quien se resistía a aceptar la pérdida del reino castellano en el que hubiera unido bajo la égida lusitana a casi toda la península. El 4 de setiembre de 1479 se cerró la Guerra de la Sucesión de Castilla con la firma del Tratado de Alcaçovas. Este tratado habría de ser de la mayor importancia para España: no sólo trajo el reconocimiento de los Reyes Católicos, sino la definitiva posesión de las islas Canarias, sin las cuales el salto al Atlántico hubiera sido imposible. En cuanto a la infeliz Dª. Juana, en los años de la guerra habíase casado con D. Alfonso, pero siendo ella sobrina del Rey precisaban de una dispensa papal que el Pontífice negó, anulándose así el matrimonio. Dª. Juana "quedó para vestir santos", encerrada en un convento en Portugal. No obstante, sostendrá hasta el final de sus días (1530) el reclamo sobre sus derechos a la corona de Castilla.

Unos años más tarde, la institución inquisitorial habrá de expandirse a "las Españas" cuando, en bula de 1483, Sixto IV *"...dio facultad a dichos Señores Reyes para nombrar Inquisidor general, incorporar las Inquisiciones de Aragón, Valencia, Cataluña y Sicilia a las de Castilla y León, y también para nombrar otras personas (cuándo y cómo lo juzgasen oportuno)...". "Y* [continúa la ley] *en otro Breve de Inocencio VIII, de 10 de febrero de 1484 se insertó y confirmó el anterior en todas sus partes..."* / *"...Y en virtud de las facultades concedidas por dichas bulas al Inquisidor general Fr. Tomás de Torquemada, convocó éste en Sevilla a 30 de Noviembre del mismo año de 84 a los demás Inquisidores; en cuya Junta se formaron las instrucciones que debían observarse uniformemente en todas las Inquisiciones..."*.[6]

Acabada en 1480 la primera organización del tribunal, los pesquisadores del "oficio" se arrojaron sobre Sevilla. Sus resultados se conocieron en el primer auto de fe realizado el 6 de febrero de 1481, donde seis personas fueron quemadas. Cuenta el Cronista Real Fernando del Pulgar, que solo en ese año, en varias ciudades y villas de la jurisdicción sevillana, más de dos mil personas de ambos sexos ardieron en las piras purgatorias.

Auto de Fe o de Inquisición, de acuerdo a *Autoridades* es *"El que el Santo Tribunal hace en público, sacando a un cadalso a los reos después de examinadas sus causas y sentencias: en el cual se leen públicamente sus culpas, y las sentencias que les corresponden, según los méritos de ellas"*.

El valor ejemplarizante del **auto de fe** residía menos en los delitos que se castigaban, que en la conmoción psicológica que llegaba a provocar su ambivalente espectáculo: un conjunto compuesto de poderío y de deshonra.

Era una fiesta popular que transcurría a lo largo de varias horas y demandaba una cuantiosa inversión. Pomposa, ostentosa y multitudinaria, la ceremonia imponíase en un despliegue coreográfico que comenzaba por una procesión preliminar.

Los píos "actores", quienes colaboraban en el lucimiento de esta verdadera "puesta en escena", salían de lo más granado de la Corte, de la nobleza y la burguesía. También asistían los infaltables mendicantes y mendigos y hasta algunos eximios literatos como Lope de Vega, a quien se registra en el impresionante auto de fe acaecido en Madrid el domingo 21 de enero de 1624. Según las crónicas, fue presenciado por 70.000 espectadores.[7]

---

5   *Novísima Recopilación*, Lib. II, Tít. VII "De los Tribunales de Inquisición; sus Ministros y Familiares". En la Ley I, se va desgranando -hasta 1578- el proceso institucional que conduce a la oficialización del Santo Oficio de la Inquisición. Evidencia cuánto tiene de instrumento del poder real. Las leyes son once y abarcan hasta el año de 1784.
6   Ídem.
7   Unos testimonios dan a Lope de Vega presidiendo el acto; otros, lo muestran gobernando un tercio de la procesión preliminar junto al licenciado Luis Parral. Cualquiera fuera la posición que ocupara en el auto de fe, el célebre escritor fue un acérrimo defensor de la limpieza de sangre, como la de oficios, hecho que sus obras no desmienten, si se tiene en cuenta el contexto en que nacieron. (En J. Caro Baroja, *Los Judíos en la España...*, T.I, p. 192.)

Mediante este rápido proceso, que culminaba en un órgano institucional con jurisdicción sobre los reinos de Aragón y de Castilla, quedaba fundada la Inquisición española. Resulta más sugestivo el acontecimiento si advertimos que el Santo Oficio es el primer vínculo unificador de "las Españas", el paso primario hacia "España" en singular.[8]

Genéricamente, gracias a las funciones de control sociopolítico que se le asignara en aquel universo europeo, a caballo entre la feudalidad agonizante y la modernidad en trámites de parición, la Inquisición será un competente instrumento en el camino de la reunificación del poder etático.

Esto explica la aceptación que obtuvo de los monarcas en vías de quebrar las estructuras feudales por medio de la centralización de ese poder. En el porvenir, esta acción centralizadora habrá de conducirlos a la concreción de los modernos Estados nacionales.

Los tribunales inquisitoriales proliferarán entonces en casi toda Europa bajo la dirección de la Inquisición romana. No obstante guardarán una diferencia esencial con los de la España promotora o con los de Portugal, porque en esos dos reinos el Santo Oficio será un órgano del Estado, de hecho y derecho independiente de Roma.[9]

Desde el punto de vista político-administrativo, el Santo Tribunal del Oficio al representar la primera institución común a "las Españas", simboliza el inicio de un cambio reunificador del poder que, como acabamos de apuntar, estaba dándose en la realidad etática del cosmos hispánico y del europeo en general.

Desde el punto de vista mental, sin embargo, el hecho de que este cambio despunte a expensas de la instauración de un órgano del Estado que puede categorizarse de religioso-político, no patentiza cambio sino permanencia: reafirmación del milenario ideal de la unidad política indisolublemente incorporada a la unidad religiosa. Antiquísimo ideal, en el que el actor político se sirve del actor religioso, este se sirve de aquel y los dos se sirven a sí mismos. Asunto menos apreciado, pero nunca ausente, en los demás Estados europeos que, como dijéramos, aceptarán el funcionamiento de los tribunales del "oficio" romano.

---

8   Durante los Católicos las administraciones de sus reinos continuaron separadas, incluso en lo que respecta al curso monetario, aunque se hicieron tímidos intentos para unificarlo. En el caso español -como en el de las demás monarquías europeas que pugnaban por salir del quiebre del poder etático consecuente del sistema feudal- el problema de la unificación administrativa es un aspecto esencial. El proceso de recuperación del Estado centralizado, sin embargo, fue más lento de lo que a simple vista parece. La sobrevivencia de numerosos derechos feudales, señoriales (laicos o eclesiásticos) y forales seguirán en los siglos venideros coartando la unidad del poder real, particularmente en materia fiscal y judicial (como ya hemos visto en páginas anteriores). La lentitud de los cambios, en este sentido, únicamente habrá de romperse con la aceleración impuesta: primero, por los ciclos revolucionarios que principian con la Revolución francesa de 1789; segundo, por las dos guerras mundiales acaecidas en el siglo XX.

9   La Inquisición romana fue establecida por el Papa Pablo III en 1542. En materia religiosa, principalmente, tendió a combatir el protestantismo. ‖ Cronología de la Inquisición en las posesiones de España en Europa: Sicilia, 1517 (Milán y Nápoles se resistieron con éxito); Países Bajos, 1522. ‖ La Inquisición portuguesa se funda en 1536, a instancias de España, pero la bula que subordina la Inquisición portuguesa a la autoridad regia es del año de 1547.

Antes y después de instaurada la Inquisición española, la Reina Isabel observa actitudes ambivalentes, no obstante estar influida por un entorno franciscano contrario a conversos y judíos.

Por ejemplo, no vacila en modernizar la administración del reino valiéndose de personal y ministros judíos o conversos; ni tampoco en atender su salud y la de Fernando con médico judío, y hasta se interesa por mantener a su lado al cristiano nuevo Fernando del Pulgar (1430?-1493?), otorgándole el cargo de Cronista Real pese a haberlo degradado del de Secretario Real.

Usufructúa también la soberana, y sin pestañear, los generosos empréstitos salidos de manos de sus poco o nada cristianos banqueros españoles y genoveses. Mas, luego de la toma de Málaga (1487), Isabel viola acuerdos de libertad de cultos y obliga a los judíos malagueños a pagar rescate por su vida. Como muchos eran insolventes, 20.000 doblas fueron desembolsadas por Abraham Senior (su "ministro de Hacienda" y uno de sus principales financistas) para liberar a 450 judíos de una previsible esclavitud en África.[10]

La guerra contra las almenadas fortalezas del reino granadino mantenía en ascuas las finanzas castellanas. A punto de franquear Granada percibían los soberanos que era el final de "a más moros, más despojos", porque luego no habría más de estas guerras.

Asimismo, sabían los Católicos que, en gran medida, no iba a conjugarse aquello tan apetecido de obtener "el oro y el moro". Era evidente que si Castilla entraba por una puerta y apresaba al moro, por la otra se esfumaba el oro del grueso tributo que por siglos habían rendido a las arcas castellanas los reinos musulmanes, en particular el granadino.[11]

---

10 A. Sicroff en *Los Estatutos* (p. 180), resumiendo una cita de Fray Domingo de Baltanás transcribe: *"Abraham Senior tenía fama de bondad hacia los cristianos aun cuando todavía era judío... Cuando el Espíritu Santo impulsó por fin a don Abraham a pedir el bautismo, los Reyes Católicos fueron transportados de alegría y fijaron ellos mismos la fecha en que su ministro entraría en el cristianismo... Y para ilustrar la piedad de Abraham Senior, Baltanás nos cuenta que, fijado el día de su bautismo, don Abraham volvió, sin embargo, a la sinagoga para rezar con los demás judíos. Fernando e Isabel quedaron consternados ante la idea de que su ministro hubiera cambiado de intención... pero sus temores desaparecieron cuando Senior les explicó que hasta que fuera bautizado tenía que vivir como judío, porque no podía permanecer un solo día fuera de la ley divina. Y este hombre, bautizado Pablo Coronel, en su lecho de muerte llamó a todos sus hijos y les exhortó a seguir siendo buenos cristianos"*. Menos dulce que la de Baltanás, quien entonces luchaba a favor de los conversos y contra los estatutos de limpieza de sangre, otra documentación indica que no fue el Espíritu Santo, sino las amenazas de los Católicos de aplicarle medidas más severas que la expulsión, el real motivo de la conversión de Abraham. Esto sin perjuicio de que después fuera un buen cristiano y Fernando e Isabel sus padrinos. (Ibíd., p. 123.)

11 Antes de las grandes expulsiones de 1609-1614, los moriscos, para evitar destierros o amenazas de expulsiones, acostumbraron pagar grandes sumas a los Católicos. Más adelante, como veremos, también ello se daría en situaciones como la de Granada en 1526, cuando pagaron a Carlos V para mantener su lengua y escritura, vestimenta, comidas y costumbres relativas a los nacimientos, casamientos y enterramientos.

En el mismo orden, razones de alianza con los poderosos ganaderos de la Mesta, quienes impedían aumentar la presión fiscal sobre la lana, disminuían sensiblemente la otra gran fuente de los recursos castellanos.

La dura realidad financiera de Castilla, por más que muchos autores traten de disimularla en cuanto factor activo en la fundación de la Inquisición moderna, debe tenerse en cuenta junto a los factores religioso y de control político-social.

Si en los motivos de la católica Da. Isabel el "hambre" fiscal no puede descartarse (ni en las confiscaciones inquisitoriales ni en las producidas cuando la expulsión hebrea), en D. Fernando menos aun. Su vehemencia confiscatoria –acompasada con la represión política y social en el reino aragonés– desdibuja ciertamente el factor de la vindicación religiosa.

Son suficientes en este sentido, los esfuerzos inútiles del Papa Sixto IV (y de la mayoría de los papas que le seguirán) para controlar los abusos perpetrados por la Inquisición española contra las personas y propiedades de los que caían en sus manos.

Al convertirse en un fin en sí misma y en un órgano de control social extrarreligioso y arquetípico, la Inquisición aumentó velozmente sus necesidades financieras. Siendo muy oneroso y de cargo de la Corona su sustento, esta fue la que estructuró y controló gastos e ingresos que –más que en provecho de la Real Hacienda– alcanzaban solo para la manutención de los propios Tribunales y, a veces, ni eso.

Dadas las erogaciones en salarios de personal, gastos de administración y en las variadas diligencias que requería la puesta en marcha de la maquinaria (sin contar fraudes y malversaciones de los bienes de los condenados), la necesidad de cubrir un endémico estado deficitario hizo frecuente la costumbre de que, cuando se necesitaban fondos, se efectuaran visitas distritales con la única finalidad de recaudar.

Las fuentes principales de la recaudación eran: las **confiscaciones** y las **penas pecuniarias** (multas y penitencias). Todas eran impuestas por el inquisidor en relación a los delitos y a la capacidad económica del condenado.

En el rubro de los ingresos, asimismo, hay que sumar las **composiciones y habilidades**. A través de las **composiciones** los descendientes de los condenados, pagando determinadas sumas en las que se ponían de acuerdo con la autoridad inquisitorial competente (composición), podían, por ejemplo, escapar de la confiscación de los bienes o conseguir licencias para irse a Indias. También pagando lograban las **habilidades** (hoy diríamos habilitaciones), indispensables para estar en condiciones de ejercer cargos y oficios que de otra forma se les vedaba.

La constatación de estas vinculaciones de la acción real y de su Inquisición con motivaciones que no son estrictamente las de "la defensa de la fe", así como la de otros comportamientos que hoy parecen absurdos, no deben llevarnos a peligrosas conclusiones anacrónicas.

Precisamos tener presente que el ámbito del factor religioso no se reduce a "la defensa de la fe", sino que es rico en otras variables. Como siempre, y más en aquella duración inmersa en el totalitarismo religioso, incumbe a la esfera teológica un radio de acción que sobremonta con creces el hecho específico de la fe como tal.

Bajo el comportamiento de Isabel (más que el de Fernando) fluía un condicionamiento cultural fundado en la idiosincrasia cristiano-hispánica que le impedía administrar la realidad partiendo de la razón costo-beneficio tal cual hoy la entendemos. Y esto último siempre que nos hayamos liberado de permanencias afincadas en valores como los que anidan en el ideal nobiliario o en los nacionalismos de variadas vertientes (caso del nazismo, el fascismo, el falangismo o el estalinismo).

En una demografía pobre, cual era la de aquel antaño peninsular, la destrucción de la fuerza económico-social de los conversos (no interesa si ricos, medianos o pobres) y la de los judíos devengada de la expulsión, sería inexplicable si la midiéramos con nuestros parámetros mentales. Porque con esas disposiciones, los Católicos estaban estrangulando a "la gallina de los huevos de oro".

Las dudas y contramarchas del proceso que culmina con la expulsión hebrea y con la victoria de la tendencia a aceptar la proliferación de estatutos de limpieza, prueban que los monarcas tuvieron noción de ello. Pero, hondamente enraizadas en su enculturación, fueron más poderosas las razones político-religiosas de la "elección divina".

La pérdida de la relación "costo-beneficio" en bien de la preservación de un ideal de pureza cristiana volverá a suceder, aunque ya con sus buenas diferencias, cuando se decrete la trágica expulsión de los moriscos. En este acontecimiento resulta imposible soslayar, entre otras cosas, el peso argumental de un peligro real de "adentro" y de "afuera", cuestión que veremos más adelante.

El análisis del problema no se resuelve devaluando o sobrevaluando la honestidad de "la defensa de la fe", sino acreditando, en esa defensa, la presencia de variables culturales deudoras de valores de vida que inhabilitaban para hacer de otra manera y la ausencia de otros medios culturales que hubieran permitido calibrar más ajustadamente las consecuencias negativas de la ingestión masiva de los "remedios intolerantes".

No interesa si católico, ortodoxo o protestante, el crédito del factor religioso siempre es *per se*. Está en sí mismo, como suyo era el dominio global que ejercía sobre los fundamentos vitales de una humanidad enculturada en un proceso civilizatorio que era hijo legítimo de la unión de la religión con el Estado.

Las novedades que aportan los Reyes Católicos al instituto inquisitorial, su modernidad, están implícitas en variaciones cuantitativas cuyo acrecentamiento hará asequible el cambio de calidad. Estriban en ciertas enmiendas que, de una parte, afectan las relaciones del Santo Oficio con los poderes laicos y, de otra, ensanchan los objetivos del control social y político que anhelan la Iglesia y el Estado, sus auspiciantes.

Durante la Edad Media, siendo católica toda la cristiandad europea-occidental, el cuidado de la ortodoxia exigió más vigilancia, ésta justicia y la justicia observancia de la sentencia.

Correspondieron a los poderes eclesiásticos las tres medidas, pero no si la pena acarreaba la muerte. Era entonces cuando la justicia eclesiástica **"relajaba"** al culpable, entregándolo al **"brazo secular"** que daba curso a la sentencia.[12]

Mientras "relajaba", la Iglesia evitaba caer en pecado mortal por aquello de "no matarás", aunque la muerte protagonizada en el "quemadero" trascendía la naturaleza purificadora del castigo capital.[13]

Los relajados, empero, podían ser quemados de dos maneras distintas: **en persona o en efigie** (estatua o muñeco que simula ser el condenado). Dos causas determinaban que fuera quemado en efigie: que el individuo estuviera ausente o hubiera fallecido. En este caso, si era posible, se desenterraban los despojos, y efigie y huesos iban a la pira.

Julio Caro Baroja describe un quemadero fundándose en la narración que un historiador ha dejado del que existía en la ciudad de Córdoba. Consistía *"...en una especie de fogón de grandes dimensiones, hecho de material y con un mármol grueso en el centro, y a él se sujetaban los maderos en que se ataba a los condenados; allí fueron quemados aún varios judaizantes por los años 1700, 1721, 1722, 1723 y 1730. A 4 de marzo de 1731, cuatro pero en estatua".*[14]

A fines del siglo XV, el cambio cualitativo estará en que el poder real, amén de "brazo secular", configurará en adelante "el cuerpo" de la Inquisición: de facto, el Tribunal del Santo Oficio se convertirá en institución organizada y manejada por el Estado, aunque en derecho ello le correspondiera al Pontífice.

Los penitenciados deseaban mantener clara esa diferencia porque les permitía recurrir sus sentencias ante la Santa Sede. Mas solo alcanzaron éxito en limitadas ocasiones, por ejemplo, cuando el monarca se desinteresaba y no presionaba al Papa.

Oficializada, la Inquisición deviene instrumento del poder real y, secundariamente, del eclesiástico; especie conveniente de Estado dentro del Estado, que el astuto embajador veneciano Leonardo Donato describe así:

"...el pontífice no participa en las decisiones de este consejo [el tribunal de la Inquisición], ni siquiera en materia de religión. Los pontífices aceptan, por otra parte, de mal grado este estado de cosas y sé que a veces han intentado hacer intervenir en este consejo a alguna persona de su confianza y dependiente inmediatamente de su autoridad, como por ejemplo el nuncio, pero por no cambiar los usos del reino, y también por otras razones, el rey jamás ha permitido

---

12 **"Relaxar"** en la cuarta acepción de *Autoridades*: *"Vale asimismo entregar el Juez Eclesiástico al Secular algún reo, digno de pena capital".* ‖ El poder real era el **"brazo secular"** en virtud de ser el Rey el lugarteniente de Dios sobre la tierra.

13 *Autoridades.* **"Quemadero."** *"El sitio o paraje destinado a quemar a los penitenciados o condenados a la pena de fuego."*

14 *Los Judíos en la España...*, T. I, p. 342.

ninguna modificación de las normas... Su Majestad deseaba obtener más poder y eficacia en la administración de la justicia penal de sus reinos por medio del tribunal de la Inquisición; todos los asuntos se trataban allí a puertas cerradas, sin que se embarazaran los procesos y los testimonios, y le parecía que algunas veces podría utilizar el rigor y la terrible autoridad de este tribunal para otros designios y castigar delitos que no hubieran podido ser juzgados por la vía ordinaria. Así es que pudo juzgar mediante la Inquisición asuntos que no hubieran podido ser juzgados, este motivo es el que ha determinado la sublevación de los catalanes contra ella y su Majestad...".

Más adelante nuestro embajador continúa: *"Este consejo y tribunal de la Inquisición posee una terrible autoridad; tiene tal poder sobre los negocios y la vida de los españoles que yo pienso que no hay ninguno otro superior en este país. Sin embargo, nada se decide sin la participación del rey o su aprobación expresa o tácita. Los inquisidores y el conjunto de los ministros y empleados de este consejo –que son muy numerosos y disponen de tribunales en las principales villas españolas– actúan con tanto secreto que jamás se oye hablar de los acusados y de sus procesos, sino cuando la sentencia es anunciada oficialmente en la plaza pública. Aún más, todos temen a tal punto a este tribunal que hablan muy poco de sus asuntos; tampoco se busca conocer los detalles por temor a aparecer sospechoso a sus ojos. Los jefes de la acusación y el número de los testigos quedan en secreto y, por lo que yo oí decir, el tribunal recibe de la defensa del acusado todo lo que le parece bueno de producir para justificarse. A pesar de todo, se dice que las sentencias son muy justas y merecidas..."*.[15]

La actividad inquisitorial despierta en la población un tropel de miedos constantes. Son horrores cadenciosos, reiterados, traspirados en el pasar multisecular del "oficio" santo, que renueva la vieja sentencia del decir popular: **"el miedo guarda la viña"**.

Torturas y penas que van desde la de muerte, azotes, cadenas, multas y otras penitencias, pasando por las de cárcel o destierro, no son muy distintas en crueldad a las que aplicaban los tribunales civiles o militares de aquellos siglos.[16]

Los terrores cervales, el miedo, no vienen de estos castigos, sino se deducen de la condición totalitaria de aquel poder laico-eclesiástico mancomunado. Los espantajos intimidatorios de la Inquisición avecindan en el **secreto** y en el **poder sobre los negocios y la vida**.

El **secreto** concernía al juicio procesal, a las delaciones y a los testigos; imponía una sórdida e impotente inseguridad que invadía al acusado y alcanzaba hasta a sus abogados, adecuadamente desinformados.[17]

No interesaba si el denunciante o el testigo eran de buena o de mala fe, interesaba la denuncia y, en ocasiones, ni esta: los rumores de la calle eran sufi-

---

15 Leonardo Donato, Embajador veneciano ante la Corte de Felipe II de 1570 a 1573. (G. Comisso, *Les Ambassadeurs...*, pp. 156-158.)

cientes para echar a andar la maquinaria. Cualquier cosa podía pasar, cualquier cosa pasaba, hasta colocar a 42 personas en una misma sentencia de muerte.

El poder sobre los negocios era tan total que no quedaba resquicio por donde huirle a la ruina. En los negocios, la acción del "oficio" traía el secuestro inmediato de los bienes y la confiscación definitiva si el detenido era penitenciado con la pérdida de los mismos. Esto era habitual cuando el delito era grave; cuando no, los bienes eran devueltos, empero casi siempre habían mermado, a veces hasta no quedar ni las migajas.[18]

Pleno era **el poder sobre la vida** en razón de que las actuaciones del santo tribunal cubrían íntegramente el espectro del hacer y no hacer de los individuos.

---

16 · La **cárcel** secreta era el lugar de detención, pero cuando las personas eran condenadas a cárcel -ya fuera perpetua (no más de 4 años) o a otros años de prisión- la cárcel podía ser la propia casa, la ciudad o su jurisdicción. ‖ El **destierro** era la prohibición de vivir en su lugar de residencia, generalmente le estaba vedado (de por vida o por un lapso determinado) entrar a la ciudad hasta una o dos leguas a la redonda. ‖ La **tortura** no era un castigo, sino uno de los elementos procesales para obtener pruebas concluyentes: la confesión. Sin embargo, el totalitarismo del sistema permitía volver a torturar al reo pese a haber ya confesado. Aconteció esta desgracia a Silvestre González, un zapatero vecino de La Palma, en Canarias, porque no había ratificado su confesión fuera de la cámara. Entonces *"Fue mandado que baje a la cámara baja atado de manos y puesto en una escalera donde se suele dar tormento. Fue requerido a decir la verdad. Fue mandado se le dé un jarro* [en este caso la tortura era por medio del agua] *e dijo que él quiere decir la verdad que lo desaten y que dirá la verdad y que lo desaten y que dirá toda la verdad que dirá que es perro y que es judío y que dirá toda la verdad y que lo desaten y que dirá toda la verdad y lo que pasa y cuántos judíos hay y que él es judío y que es judío"* (M. Ronquillo Rubio, *Los Orígenes de la Inquisición...*, p. 214). A Silvestre habíanlo apresado después de ir a reclamar la entrega de las herramientas de su oficio, requisadas por los inquisidores cuando prendieron a su padre Alvar González, asimismo zapatero y propietario de tierras. También su madre fue apresada. Los tres miembros de esta familia conversa, de origen portugués, finalmente fueron sentenciados por judaizar y quemados en persona (1525-1526). (Ibíd. 219.)

17 Tanto las declaraciones de los testigos de cargo (los denunciantes), como las de los de descargo (elegidos por el acusado) eran ignoradas por el reo. Por eso, muchas veces este elegía como testigos favorables a individuos que lo habían delatado y no citaba a quienes le hubieran servido de descargo pensando que habían sido sus denunciantes. Cualquiera podía ser testigo de cargo, hasta infamados, perjuros y herejes. En cambio, menos amplitud se tenía para la calidad de los de descargo donde no calificaban ni herejes ni miembros de la familia del reo (familia en sentido extenso, es decir, no sólo parientes sino cualquier persona de alguna forma vinculada con el acusado). El secreto riguroso, castigado con graves penas y penitencias, se imponía también a los testigos, prohibiéndoles darse a conocer como testigos ni comentar sobre el caso. ‖ La obligación del abogado defensor era naturalmente la defensa del acusado, pero en la práctica sólo lo asesoraba sobre las instancias del proceso que era sumamente complicado, le comunicaba el estado en que se hallaba el mismo y se ocupaba de buscar a los que el acusado creía que testificarían favorablemente.

18 Como medida preventiva los bienes del procesado se confiscaban, procediéndose a su **secuestro** (embargo). El secuestro comprendía tanto los bienes muebles (incluidos los enseres más modestos de uso doméstico) como los inmuebles, los contratos, las escrituras y los semovientes. La miseria que el sistema aportaba al individuo y a su familia era determinada ya en la primera etapa, en la que al reo si era artesano le eran secuestradas las herramientas de su trabajo y si tenía bienes perdía también parte de su peculio. No sólo porque debía alimentarse por su cuenta en la cárcel, sino a causa de las malversaciones en las que corrientemente incurrían los depositarios de los bienes y los propios oficiales de la Inquisición. Una vez sentenciado, el reo era obligado a pagar la pena que le fuera impuesta (que podía traer la confiscación definitiva) y las costas judiciales. Conclusión: en la generalidad de los casos, el sistema terminaba por no diferenciarse de la confiscación definitiva, aunque esta no hubiera sido dispuesta en la sentencia.

Intervenían hasta el pensamiento que, aunque no fuera expresado ni tal vez hubiera sido pensado, era supuesto.

Luego de este breve recorrido, queda claro que la Inquisición no fue un poder autoritario, sino totalitario. Su esencia no se resuelve en un mero autoritarismo político, sino en un poder que, invadiendo enteramente el fuero privado del individuo, en forma policial lo vigila y despoja de sí mismo, enajenándolo de cuerpo y alma, de bienes materiales y espirituales, de familia y etnia.

Cristiano, judío o musulmán, la persona vivirá soledad de paria. Hasta este momento, si el cristiano hispánico (como el de las demás sociedades europeas), conminado a obedecer las opiniones y dogmas de la ortodoxia católica adolecía de libertad de conciencia, moraba al menos en una sociedad con menos capacidad vigilante, que, con los límites conocidos, permitía esa libertad a los integrantes de las etnias judaicas e islámicas.

De modo que, para los cánones de libertad y seguridad personal vigentes en la época, el cambio introducido por el Santo Oficio es de entidad. Gesta una conciencia de privación individual y étnica; conciencia prohibitoria que genera una sociedad tensionada cuyas asentaderas, en adelante, reposarán en la sospecha y la desconfianza, la delación y la envidia, el temblor y la vergüenza.

El engranaje regulador de este cosmos amordazado y maniatado giraba en torno a dos hechos capitales: **la amplitud del concepto de herejía** y **la configuración de la infamia** que se abatía sobre el implicado y su familia.

La amplitud conceptual de la **herejía** es la que servirá de cebo al totalitarismo del régimen. Empezará este por usar el antiguo concepto de herejía (que incluía crímenes contra la ortodoxia, brujería y adivinación) y lo trasegará al **conjunto** de los cristianos nuevos, sospechado en virtud de su reciente conversión. La falta individual contra la ortodoxia se transformará, entonces, en la del grupo de los neófitos *in totum*.[19]

Felipe II, aprisionado entre el temor al marrano, el peligro Turco y el de Lutero, reanima la definición de hereje dada siglos atrás por D. Alonso y D Enrique III: *"Hereje es todo aquel que es cristiano bautizado, y no cree los artículos de la Santa Fe Católica, o algunos de ellos"*.[20]

Estas modificaciones extensivas, de por sí sustantivas, se ensancharán poco después y comprenderán al **conjunto global de la sociedad**: a conversos como a cristianos de viejo cuño, pues otros delitos se declaran heréticos: la blasfemia, la bigamia, el bestialismo, la lujuria, la apostasía, el amancebamiento...[21]

Cualquiera y cualquier actitud o comportamiento que despertare sospechas acabará siendo pasible de herejía, agigantando así un combustible herético que

---

19 Tradicionalmente, en la Antigüedad oriental y occidental, los miembros de las minorías judías de la Diáspora fueron considerados y empleados como hábiles hechiceros. Por eso, una vez convertidos al cristianismo se les temía y sospechaba de continuar siendo tales, sin perjuicio de seguir empleando y utilizando las "recetas" publicadas en legendarios libros como *La clavícula de Salomón*, muy en boga en España a lo largo de los siglos XVI, XVII y XVIII. Durante el Medioevo, cuando surge el Islam, igual fama fue adjudicada a los individuos de la minoría musulmana.

20 *Novísima Recopilación*, Libro XII, Tít. III, Ley I. El sobrescrito es nuestro.

se autogenerará durante la comisión de la tarea de control político-social por el Estado. No obstante, por esto mismo, esta ampliación no debe atribuírsele solo al mundo ibérico, sino que fue compartida.

Jean Delumeau llega a la conclusión (que extiende a toda Europa occidental) de que los poderes civiles y religiosos produjeron "una civilización de la blasfemia" con el propósito de "disciplinar a una sociedad reacia".[22]

La moral renovada de las élites, desde el siglo XIV afincada en valores más austeros, trataba de apaciguar las violencias de una masa rural y artesanal, culturalmente cada vez más distante a consecuencia del agravamiento de las diferencias sociales causadas por un mundo que entraba en el capitalismo. Esta "normalización vigilante" Delumeau la aprecia en la lucha contra la blasfemia, los juramentos y la lujuria. Las palabras injuriosas contra la religión eran vistas como amenazas a un cristianismo en el riesgo de caer en conductas heréticas, tanto ateas cuanto proclives a la brujería.[23]

Prevalecía en los gobernantes y en la Iglesia la sensación de que los juramentos y blasfemias tenían el poder de atraer la ira divina, que siempre concluye en desgracia. La impresión de que la blasfemia y los juramentos van en aumento con el paso de las centurias está expresada en numerosos documentos, que no sólo las señalan en ambos sexos, sino en todas las edades, incluidos los niños.[24]

En consonancia con los recelos, monarquía e Inquisición convendrán que son heréticas todas las cuestiones relativas al ser humano: la moral pública y la privada, la actividad política y la económica, la artística y la de los oficios, la profesional y todas las áreas de la expresión del pensamiento y su creación, además de las incipientes ciencias, en las que la experimentación corría el riesgo de sospecharse brujería.

Sin distinción, caerán cristianos nuevos y cristianos viejos. Nada valdrán sus altas jerarquías (si las tuvieren), nada sus dineros, nada las llagas de sus hambres y miserias. Grandes, nobles e hidalgos, obispos y humildes frailes, ricos y medianos burgueses, rústicos campesinos y simples villanos, hombres y mujeres, niños, jóvenes y viejos, sanos y enfermos, todos tendrán paso franqueado a la sombría viña del Señor Inquisidor.

---

21 También es importante destacar que las penas por estas causas son, en general, benignas, como por ejemplo sentenciar que en plazo de ocho días el reo mandará decir una misa del Espíritu Santo, la oirá devotamente y pagará la quitación al clérigo que la dijera y una cantidad para los gastos del Santo Oficio. (J. Caro Baroja, *Vidas Mágicas e Inquisición*, T I, p. 167.) || Sobre **apostasía** y diferencia teológica con respecto a la herejía ver J. Caro Baroja *Los Moriscos...*, pp. 14 y ss.
22 *El Miedo...*, pp. 617-622. || Al respecto G. Duby señala que esa vocación por "disciplinar" se asienta en "miedos" desprendidos de la Guerra de los Cien Años que "*...hizo que la gente de los campos devastados, atormentada por los militares, afluyera a las ciudades. Los ricos tuvieron miedo de los pobres. Eran demasiado numerosos, inquietantes. Se sobrepasó el umbral de tolerancia de la miseria*". (*Año 1000...*, p. 46.)
23 Delumeau presenta una serie ejemplar de leyes europeas que castigan estos hechos desde principios del siglo XV en adelante. Particularmente, esa legislación arremete en períodos de peligros inminentes: peste, carestías, invasiones, "el Turco", etc. (Ídem.)
24 Ídem.

La amplitud conceptual de la herejía no estaría completa si no recordáramos que la hinchazón del campo herético era, asimismo, autogenerada por la mentalidad de aquellas sociedades europeas, cuyo mayor denominador común era vivir la vida bajo los terroríficos "mandatos" de un universo mágico.

Todos, de arriba abajo de la escala social, ya gobernantes ya gobernados, cultivados e ignorantes, tenían la certidumbre de morar bajo la causa-efecto de múltiples "encantamientos". Y, si todavía en nuestro mundo supuesta y suficientemente racional, tecnológico y científico, gentes de cualquier clase social son presa fácil de horóscopos, amuletos, cábalas, adivinos y hechiceras, celestinas "hacedoras y deshacedoras de daños", ¿cómo no habría de acontecer en aquellas centurias cuando los hechizos eran casi la única respuesta para la explicación de tantas cosas inexplicables?

Comprendemos que embrujados vivieran, si, además, la mismísima Iglesia no obstante perseguir la hechicería, proclamaba poderes sobrenaturales y tenía sacerdotes exorcistas para enfrentar al Demonio oculto en sus múltiples vestiduras.

Son poderes que –dada su teoría demonológica– la Iglesia todavía convoca en nuestro tiempo cuando, fundada en la fe de su certeza y en la de su uso, lo considera necesario. Tales poderes han sido reconfirmados por el Papa Juan Pablo II.

El universo mágico de antaño (igual que el de hoy en día) transitaba períodos de aumento o de descenso de su actividad que, naturalmente, coincidían con momentos de desgracias o de bonanza. Los "chivos expiatorios" ondulaban (y ondulan) de acuerdo a esta regla.

Las crisis económicas y los desastres militares y políticos de las épocas de Felipe IV y Carlos II, no en vano llamado "El Hechizado", fueron prolíficas en "encantadores" y "encantamientos" causantes de las peripecias de aquella España elegida a la que ahora Dios, incomprensiblemente, parecía abandonar.[25]

---

25 El poema de Quevedo "La cueva de Meliso" refleja el sentimiento general de que el valido de Felipe IV, el Conde-Duque de Olivares, había "hechizado" al Rey. Tan larga fue la fama de hombre maligno y protector de magos de este odiado valido que en pleno siglo XVIII todavía era tema de numerosos relatos y obras literarias de carácter popular. ‖ Ejemplo más sintomático aun es el de Carlos II, el "Hechizado", pues en su caso el propio Emperador austríaco, dando por cierta la declaración de un muchacho a quien en Viena estaban exorcisando por endemoniado, mandó a su embajador en Madrid que averiguara cómo había ocurrido el embrujo del Rey español. El Conde de Harrach (el embajador) averiguado que fue, contó a su Emperador que, de acuerdo a lo narrado por el propio confesor del monarca, el hechizo había sucedido merced a unas bolsitas que supuestamente contenían reliquias pero que, metidas debajo de las almohadas del lecho real, impedían procrear a la pareja. Además (continuaba informando), gracias a la declaración de un demonio conjurado por el mismo confesor y por el Padre Mauro (un fraile savoyardo o nizardo), pudo conocerse que la instigadora había sido la Condestablesa Colonna y las ejecutoras del embrujo la Condesa de Berlips, favorita de la Reina, y una tal Doña Alejandra. Final: la favorita terminó alejada (por las dudas) y las reliquias, declaradas inocentes, no se quemaron porque el Padre Mauro recordó que en la habitación del moribundo Felipe IV habíanse encontrado unas bolsitas parecidas y ya habían sido quemadas. Al Padre Mauro le fue peor: acabó detenido a comienzos del 700, para gusto de la Reina quien, al revés que él, no creía a su marido presa de ningún demonio, sino que su infortunio reproductor provenía de ser el hijo de un padre viejo y gastado. (En J. Caro Baroja, *Vidas Mágicas e Inquisición*, T. I, capítulo IV, "Magia y política", pp. 105-106.)

La **infamia**, que se abatía sobre los implicados en procesos inquisitoriales, es el otro elemento capital de los motivos que aterrorizaban al cuerpo social.[26]

La sentencia nunca dejaba de ser una catástrofe y, aun absolutoria, siempre endosaba una infamia que no era solamente desventura individual, sino retorno a la vieja culpa colectiva de las justicias tribales: recaía sobre el penitenciado y su familia (directa o colateral, afectando, en general, a varias generaciones).

La infamia inhabilitaba para entrar en la carrera de los honores. Por la pragmática del 30 de setiembre de 1501 los Reyes Católicos mandan: *"que los reconciliados por el delito de la herejía y apostasía, ni los hijos y nietos de quemados y condenados por el dicho delito hasta la segunda generación por línea masculina, y hasta la primera por línea femenina, no puedan ser ni sean de nuestro Consejo, ni Oidores de las nuestras Audiencias y Cancillerías ni alguna de ellas, ni Secretarios ni Alcaldes, ni Alguaciles, ni Mayordomos, ni Contadores mayores ni menores, ni Tesoreros ni Pagadores, ni Contadores de Cuentas, ni Escribanos de Cámara ni de Rentas ni Cancillería, ni Registradores, ni Abogado, ni Fiscal, ni tener otro oficio público ni Real en nuestra Casa y Corte y Cancillerías; y asimismo, que no puedan ser ni sean Corregidor, ni Juez ni Alcalde, ni Alcaide ni Alguacil, ni Merino, ni Prevoste, ni Veinticuatro, ni Regidor ni Jurado, ni Fiel Ejecutor, ni Escribano Público ni del Consejo, ni Físico ni Cirujano, ni Boticario, ni tener otro oficio público ni Real en alguna de las ciudades, y villas y lugares de los nuestros reinos y señoríos; so las penas en que caen e incurren las personas privadas que usan de oficios para que no tienen habilidad ni capacidad, y so pena de confiscación de todos sus bienes para la nuestra Cámara y Fisco... sin otro proceso ni sentencia ni declaración, y las personas queden a la nuestra merced".*[27]

Abríanse así las puertas de la vergüenza pública, además de conocer la miseria material. Destino infamante, que inhabilitaba tanto el presente como el porvenir del individuo y el de su linaje cuestionado junto con él.

Infamia infamante del reconciliado, quien podía (o no) ser absuelto, pero aquel que se negara a la reconciliación indefectiblemente ganaba la condena a la

---

26 *Autoridades.* **Fama**. *"Se toma por la opinión de alguna persona, buena o mala, conforme a su modo de obrar. Lat.* Fama, Nomen. *Fuero Real. lib. 4. t. 20. l.9. Sea quito del hecho que era acusado, cuanto en la pena del cuerpo y de la fama".* ‖ **Infamia**. *"Descrédito, deshonra o cosa contra el buen nombre y fama. Es voz puramente latina* [...]. Quevedo, Vida del Gran Tacaño. cap.10. "Dios sabe cuál estaba de ver la infamia de mi tío."

27 *Novísima Recopilación,* Lib. XII, Tít. III, Ley III. ‖ En la Ley IV, aclarando la interpretación de la anterior con respecto a ciertos "oficios públicos y de honra", indica que los reyes se reservan el determinar cuáles caen bajo la designación de "oficios de honra" y señala que solo serán hábiles "con licencia y especial mandado para ello", concedida por los propios monarcas. ‖ *Autoridades.* **Merino.** (Primera acepción.) *"Juez puesto por el Rey en algún territorio, en donde tiene jurisdicción amplia: y este se llama Merino mayor, a distinción del puesto por el Adelantado o Merino mayor, el cual tiene jurisdicción para aquello solo que se le delega* [...]. *Merino es nombre antiguo de España, que quiere tanto decir como hombre, que ha mayoría para hacer justicia sobre algún Lugar señalado."*

hoguera; purificación esta de la que tampoco se librarán los **relapsos**, o sea, los reconciliados que eran descubiertos retornando a su antigua religión.[28]

Existían, sin embargo, **períodos de Gracia**, que no eran otros que el plazo que los inquisidores concedían a los sospechosos para que voluntariamente se autodenunciaran, antes de comenzar la actividad inquisitorial en una localidad. Interesaba sobremanera a los inquisidores la autodenuncia, ya que invariablemente implicaba la denuncia de cómplices, lo que permitía aumentar el número de sospechosos y su puesta inmediata en investigación.

El reconciliado en este período, pese a resultar siempre absuelto, tampoco se libraba de la publicidad infamante: *"...Domingo, doce días del mes de febrero del año ochenta y seis salieron en procesión todos los reconciliados que moraban en estas siete parroquias... los cuales eran hasta setecientas y cincuenta personas, hombres y mujeres. Y salieron de San Pedro Mártir... Los hombres en cuerpo* [hoy diríamos 'en cuerpo gentil'], *las cabezas descubiertas y descalzos sin calzas; y por el gran frío que hacía, les mandaron llevar soletas debajo de los pies por encima descubiertos, con candelas en las manos no ardiendo. Y las mujeres en cuerpo, sin cobertura ninguna, las caras descubiertas y descalzas..., y con sus candelas. En la cual gente iban muchos hombres principales de ellas y hombres de honra. Y con el gran frío que hacía, y de la deshonra y mengua que recibían por la gran gente que los miraba, porque vino mucha gente de las comarcas a los mirar, y van dando muy grandes alaridos, y llorando algunos se mesaban... Y van muy atribulados por toda la ciudad, por donde va la procesión el día de Corpus Christi, y hasta llegar a la iglesia mayor... donde les dijeron misa y les predicaron. Y después levantóse un notario y empezó a llamar a cada uno por su nombre..."*.[29]

Vergüenza pública, anunciada en la calle, en la plaza; denunciada por el **sambenito** colgado en la iglesia. Infamia infamante, que habrá de cargarse *per secula seculorum*.[30]

El sambenito era el medio más terrible de vergüenza pública, tanto para vivos como para muertos y, en general, para todos los descendientes de los penitenciados, porque se colgaban en las iglesias para infamia del linaje y se renovaban en caso de desaparecer y también se renovaban con el paso del tiempo (aunque fuera de 200 o 300 años) con el fin de que la memoria de la "mancha" no se perdiera. En tiempos de Torquemada algunos penitenciados fueron condenados a llevarlos de por vida.

Narra Godoy Alcántara que Sebastián Orozco en su relación de reconciliaciones y autos de fe celebrados en Toledo entre finales del siglo XV y principios XVI, señala: *"Es de notar que los sambenitos de todos estos quemados se ponían y pusieron colgados en el claustro de la santa iglesia de Toledo, a la parte del huerto, en unos maderos colgados, y yo los vi allí; mas porque andando el*

---

28 *Autoridades:* **Reconciliarse con la Iglesia**. *"Frase que significa volver al Gremio de ella el Apóstata o Hereje, que abjuró de su error y herejía."*
29 B. Bennassar, *Inquisición Española...*, p. 35.

tiempo con los aires, soles y aguas, los dichos sambenitos estaban ya rotos y gastados, y no se podían leer... fueron mandados renovar, y poner en cada parroquia de esta ciudad, donde los tales quemados o reconciliados eran parroquianos, y en las iglesias de los lugares en donde eran naturales, lo cual se hizo en el año de 1538... lo cual pesó infinito a los confesos de Toledo, descendientes de aquéllos, y por esto todos o los más se han quitado o mudado los nombres antiguos que tenían de sus abuelos y antepasados...".[31]

Desgraciada encrucijada moral, castigo arquetípico, sucedido en una cultura de honor endiosado; todopoderoso leitmotiv del valer más o valer menos de los sujetos: más que la hidalguía, más que la riqueza y más que la honrada pobreza que, en caso de infamia, veíase privada del manto protector de su evangélico valor.

En los siglos XVI y XVII la furia inquisitorial de los primeros tiempos fue decayendo, pero solo en cuanto "furia", pues la Inquisición mantuvo una actividad constante. Solamente se registra una tendencia a la baja en los últimos años del Rey "Hechizado".

Sin embargo las guerras, fieles compañas de los miedos de las gentes y los remedios del "oficio", ofrecen un renacimiento de los fuegos inquisitoriales. Cuando la Guerra de Sucesión (1701-1713/14) que envolvió a España a la muerte del infeliz Carlos II, tornarán a arder.

A partir de la paz, una vez afirmado en el trono Felipe V (nieto de Luis XIV y fundador de la rama española de los Borbones), las llamas de los quemaderos habrán de apaciguarse nuevamente.

Deseoso de afrancesar las costumbres, el Rey tratará de abatir el poder de un Santo Oficio que no entraba demasiado en sus esquemas culturales. Empero, desde 1720, tendrá que renovar los miedos para guardar la viña, particularmente la castellana. Terrible será el quinquenio de 1720 a 1725. Aunque en algo desmaya, la vara alta proseguirá hasta 1730.

---

30 Covarrubias (bajo Benito) "**Sanbenito** (sic) *es el habitillo que la Santa Inquisición acostumbra poner a los reconciliados.* Está corrompido el vocablo de **saco benedicto**; *y responde al que en la primitiva Iglesia traían los que hacían penitencia pública".* ‖ *Autoridades.* **Sambenito**. *"La insignia de la Santa Inquisición, que ponen sobre el pecho, y espaldas del penitente reconciliado, a modo de capotillo amarillo con Cruz roja en forma de aspa. Díjose* **Sambenito** *de* **Saco bendito**, *abreviado con alguna variación el nombre; y parece que viene de que en la primitiva Iglesia los que hacían penitencias públicas se vestían unos sacos, o cilicios, y estos los bendecía el Obispo, o el Sacerdote, y con ellos estaban a las puertas de las Iglesias, hasta haber cumplido su penitencia, y ser absueltos de sus culpas, y admitidos con los demás fieles al Gremio de la Iglesia; y de esto ha quedado que la Santa Inquisición eche estos sacos a los penitentes".* ‖ **Sambenito**: *"Por extensión significa el letrero, que se pone en las Iglesias con el nombre, y castigo de los penitenciados, con un aspa roja encima".* ‖ *"Metafóricamente se toma por la nota, o infamia que queda de alguna acción, tomando por metonimia la causa por el efecto".* ‖ En nuestro siglo XX la frase común "le colgaron el sambenito" demuestra la perduración de esta memoria infamante. Moliner señala que la palabra viene de la fusión de **san** y **Benito** y Sicroff dice que el sambenito era *"capote amarillo con la* **cruz de San Benito**". (*Los Estatutos...*, p. 244.) ‖ Excepto *saco benedicto*, los sobrescritos son nuestros.

31 *Ensayo Etimológico Filológico...*, pp. 254-255.

En los últimos tramos del siglo XVII y en el correr del XVIII, los encausados y relajados resultaron ser, en su mayoría, conversos lusitanos y mercaderes pertenecientes a los grupos medios y modestos. Acontecer demostrativo de que ya no existen casos relevantes, ni casi conversos españoles judaizando o islamizando.[32]

El otro hecho a capitalizar es que los personajes son de avanzada edad, lo que podría sindicar un fenómeno viejo, remanente de períodos anteriores; denota, en todo caso, que el peligro de los de la "nación" había dejado de existir como problema. Pasadas tantas generaciones era inevitable que la sangre española no estuviera absolutamente mixturada.

Se había finalmente cumplido el argumento que esgrimiera Fray Agustín Salucio en las postrimerías del siglo XVI. *"Con el correr del tiempo* [había señalado el dominico] *las familias de cristianos viejos se mezclarán indefectiblemente vía matrimonio con los de procedencia conversa sin tan siquiera saberlo, ni el uno ni el otro. Porque, en esta materia, las personas eligen atraídas por otras conveniencias mayormente de orden económico o por 'inclinación' y porque, en definitiva, aquellos que investigan al futuro cónyuge no usan los mismos niveles de exigencia que los investigadores de limpieza"*.[33]

Debe haber intervenido en este olvido el tiempo transcurrido, que parece hacerle caso al refrán y "lo cura todo". También ayudaban algunas realidades, como la de los libros parroquiales que por iniciativa de Cisneros fueron recién obligatorios después de un sínodo diocesano efectuado a fines del siglo XV.[34]

Los inquisidores, por consiguiente, tenían poco material informativo para escarbar en los linajes de la masa más allá de los finales del mencionado siglo. En cambio, no gozaban de esta ventaja los linajes conocidos de los nobles.

La costumbre antiquísima de elegir el apellido que se quisiera contribuía con lo suyo a confundir al Santo Oficio en sus inquisiciones. El hábito, que podría remontar a épocas de la formación de los apellidos durante la baja latinidad y el

---

32 Un argumento manejado en el siglo XVII por los defensores de la limitación de los estatutos señalaba ya la disminución del peligro de los falsos conversos españoles. Afirma un inquisidor de la época de Felipe IV, que son portugueses los casos de judeocristianos de los que se está ocupando el Santo Oficio y también *"...muchos que son cristianos viejos, que los engaña el Demonio por judaizante; no habiendo habido en su linaje de esta sangre, y otros por ritos luteranos..."*. (A. Sicroff, *Los Estatutos...*, p. 251.)
33 *"El dominico Fray Agustín Salucio se hace abogado de la limitación de los estatutos."* (Ibíd., pp. 222-246.)
34 J. Godoy Alcántara, *Ensayo Etimológico...*, p. 60. ‖ En Francia (a pesar de unos pocos antecedentes desperdigados aquí y allá) el primer acto administrativo que dispone un registro de estado civil es el Edicto de Villers-Cotterêts (agosto 1539). Es limitado, pues sólo se refiere a la obligación de los curas de inscribir los nacimientos de los niños que bautizaban. En 1579, o sea cuarenta años después, la ordenanza de Blois extenderá la obligación a los matrimonios y a las defunciones. El cuidado que, por razones de limpieza de sangre se observa en las parroquias hispanas, por las mismas razones no tiene su similar en las francesas. Por ejemplo, en los bautismos, hasta comienzos del siglo XVII, las actas carecen de precisión e incluso el nombre y el apellido de la madre se olvidan. Recién en una ordenanza de 1667 se establece la obligación de indicar el lazo de parentesco de los testigos y los esposos, la edad, la calidad y el domicilio de los esposos. (C. Dubourguey, *À la Recherche de vos Ancêtres*, pp 104 -108.)

primer Medioevo, permitía una *"...libertad completa en la adopción del apellido, constituyendo razón de preferencia para elegir indistintamente entre los de los ascendientes, la mayor nobleza, el cariño materno, motivos de gratitud, si es que no se llevaba como gravamen de los bienes que se poseían"*.[35]

Esta costumbre remontó los tiempos, de manera que, *"De tal facultad de tomar y dejar apellido usaban ampliamente los criminales, sobre todo los procesados por la Inquisición, a quienes las sentencias condenatorias cerraban la puerta de casi todas las profesiones, y cuyos nombres, inscriptos en los muros de las iglesias o en los sambenitos que de ellos pendían, imprimían sello de infamia a sus descendientes. Para volver a entrar en el derecho común, las familias mudaban de apellido, por lo cual desaparecieron muchos"*.[36]

Cómo no iban las gentes a mudar de apellido cuando no había un solo lugar u oficio (incluso los más viles) donde se pudiera trabajar y las señales de la infamia ni siquiera precisaban de un sambenito para ser bien visibles: *"Otro sí pronunciamos, sentenciamos y declaramos sus hijos, nietos, nietas y descendientes del dicho Benito García, por la línea masculina, ser no hábiles, infames e incapaces, privados de todos beneficios temporales y espirituales por el dicho delito de la herejía y apostasía, cometido por el dicho Benito García, cardador, su padre y abuelo, y privándolos, como lo declaramos privados de todas las dignidades y oficios eclesiásticos, canongías* [etcétera] *que en la santa Iglesia de Dios tengan o esperen tener, y de la posesión de ellas, que no lo puedan tener y poseer, ahora ni de aquí adelante, ni de nuevo haber hasta la segunda generación, ni puedan ser clérigos, promovidos a sacros órdenes, ni puedan ser maestros, ni doctores, ni licenciados, ni bachilleres en ninguna otras ciencias ni artes, ni puedan usar de tal nombre, ni de tal ciencia ni arte, ni oficio ni dignidad... privándoles asimismo, como los privamos y declaramos privados para todos los oficios, honores públicos que en lo temporal tengan o esperen tener, que no lo puedan tener... por sí ni por interpósitas personas, así como regidores, corregidores, jurados, asistentes, alcaldes, alguaciles, diputados, abogados, procuradores, mayordomos, maestre-escuelas, pesadores públicos, cobradores, mercaderes, escribanos, notarios, contadores, ni tesoreros, ni cancilleres, ni médicos, ni cirujanos, ni sangradores, ni barberos, ni boticarios, ni fieles ejecutores, ni arrendadores, ni cogedores de algunas rentas, ni cualesquier otros oficios semejantes que públicos sean y decirse puedan. Los cuales oficios, beneficios de susodichos* **declaramos ser vacantes por los dichos sus hijos e hijas, nietos y nietas**; *y ser inhábiles para los tener para ahora y para siempre jamás, para que ellos, ni alguno de ellos, por sí, ni por otra persona alguna, ni... que sean habidos y adquiridos, antes que el dicho Benito García, su padre y abuelo, cometiese el dicho delito de herejía y apostasía; ni puedan tener otros oficios y ejercicios que tocan y decirse puedan para administración y regimiento, o proveimiento de alguna*

---

35   J. Godoy Alcántara, *Ensayo Etimológico Filológico*.., p. 60.
36   Ibíd., pp. 61-62.

renta pública... y no puedan ser especieros, ni mesoneros, ni venteros, ni taberneros, pues que la sangre dañada e inficcionada de la infamia del dicho Benito García, su padre y abuelo, acompaña y sigue... Asimismo pronunciamos [etcétera] *que los dichos hijos e hijas, nietos y nietas del dicho Benito García, ni alguno de ellos, en ningún tiempo ni lugar, por alguna causa, ocasión ni color, pueda vestir ni traer brocado, ni oro, ni plata, ni carmesí, ni otra ninguna seda ni chamelote, ni grana, ni aljófar, ni corales, ni ámbar, ni joyas, ni piedras preciosas, así sobre sus personas como en sus cabalgaduras, ni dorado ni plateado, ni puedan traer otros cualesquier paños revocados o bordados de seda... ni montar en caballo con silla, ni traigan armas algunas, salvo un cuchillo despuntado de pan cortar... so pena de excomunión mayor y pérdida de todo lo que así trajeren...".*[37]

En la cambiante modernidad de la centuria XVI (y en la aun más cambiante y acelerada de las por venir), el trabajo del inquisidor seguirá oliendo a fuego purificador, pero añadirá un nuevo "material" herético prioritario: su ojo avizor se inclinará sobre la revolucionaria invención de la imprenta y sus productos.

Grabados, libros, folletos, hojas sueltas y publicaciones periódicas, aceitan el engranaje inquisitorial. A la confección del *Index* y a las órdenes de destruir (parcial o totalmente) las publicaciones censuradas, se suman los castigos a los impresores contraventores. Alguno que otro marchó al quemadero en los Países Bajos españoles, donde las enseñanzas de Lutero y Erasmo hacían estragos.[38]

Sin perjuicio de esto, a medida que fue progresando desde los Reyes Católicos la importancia difusora de la imprenta, la monarquía desarrollará, valiéndose principalmente de la labor inquisitorial, una minuciosa y extensa legislación que impondrá la licencia, que era lo que hoy llamaríamos censura previa.[39]

En el transcurso del siglo XVIII, el poder real habrá de consolidar su autoridad en la materia cuando predomine el regalismo secularizador que, beneficiando la esfera de competencia del monarca, acotará la influencia del Santo Oficio.

El cambio no habrá de llevarse sin sobresaltos para la Corona, porque los del "oficio", temiendo las transformaciones empujadas por los ilustrados, pretende-

---

37 Ibíd., pp. 252-254. ‖ El sobrescrito es nuestro.
38 *"También ha acostumbrado el Santo Oficio, hacer autos públicos de quema de libros, como se vio al principio que se instituyó la Inquisición, que para quitar todos los dogmas y las artes vanas y ciencias ilícitas, supersticiones de mágica y encantamientos, recogieron los inquisidores en la ciudad de Salamanca, como Universidad principal, todos los libros y papeles que hallaron en poder de los judíos y los nuevamente convertidos de ellos y en otras personas, que llegaron a ser sesenta mil libros, y los quemaron por auto público junto al convento de San Esteban, mandando con edicto público que nadie usase más de aquellas artes vanas y supersticiosas."* (En J. Caro Baroja, *Vidas Mágicas e Inquisición*, T. I, p. 173, citando al Inquisidor general, don Andrés Pacheco, quien evacua una consulta "sobre la aprobación de los libros", la que puede fecharse entre 1621 y 1625.) ‖ Un interesante registro de los nombres y obras de impresores condenados por la Inquisición existe en el Museo Plantin-Moretus de Amberes, instalado en la casa del famoso impresor Christophe Plantin (1520-1589).
39 *Novísima Recopilación*, Libro VIII, Títulos XV, XVI, XVII, XVIII.

rán erigirse en poder independiente. "Por el Estado y contra el Estado", como bien sugiere Bartolomé Bennassar.[40]

En duro enfrentamiento con la Inquisición, el ilustrado Carlos III termina tomando las riendas de la vigilancia de las publicaciones. Definitoria es en este sentido la Real Cédula de 14 de junio de 1768 (sobre el "Modo de proceder el Tribunal de la Inquisición para las prohibiciones de libros"). El Rey expresa su deseo de "*...evitar motivos de críticas en la condenación y expurgación de libros...*".

Los cinco capítulos contemplados en la ley son indicativos de los límites puestos a la tarea inquisitorial, de antiguo única encargada de realizar los edictos y los índices prohibitivos y expurgatorios de los libros.[41]

A contramano de los tiempos abiertos a la difusión de las ideas, cuando en las postrimerías de la centuria de las Luces e inicios de la XIX arrecie el huracán revolucionario que sacude al Imperio de la península a sus Indias, el Señor Inquisidor, pertrechado de todo su celo "*...no alcanza* [según anota la legislación] *a contener los irreparables perjuicios que causa a la Religión y al Estado la lectura de malos libros, porque la multitud de los que se introducen de los Reinos extranjeros, y la codicia insaciable de los libreros hace poco menos que inútiles sus tareas en este tan importante punto...*".

En 1802, Carlos IV dispone la reiteración de una Real Cédula de su padre de 1784 que legisla sobre el contralor y las penas a imponer por el Estado. Esta cédula de 1784, generaliza a partir de "*...los inconvenientes y perjuicios que acaban de tocarse en la nueva* Enciclopedia metódica *impresa en Francia...*".[42]

Tres años más tarde, el 3 de mayo de 1805, impotente para contener "los malos libros", el monarca endurece su posición y decreta un detallado Reglamento que reúne en un solo Juez de Imprentas la tarea de contralor y censura de "*todas las imprentas y librerías de mis dominios*", con enormes potestades para inspeccionar, nombrar, dirigir y supervisar la labor de los censores y demás miembros a sus órdenes.[43]

La Inquisición española era ya tan fantasma europeo cuanto fantasma de sí misma. Muchos de sus otros rubros de control de los desvíos sociales eran nor-

---

40 Título que Bennassar otorga al Capítulo 11 en *Inquisición Española...*, pp. 321-336. Sucintamente Bennassar expone los fines de la Inquisición, "*arma absoluta de la monarquía*" que, en el período de las Luces, a contraviento de los cambios coyunturales que estaban produciéndose, pretende erigirse en tutora de lo que ya va siendo imposible de tutelar, inclusive el Rey.

41 Ibíd., Tít. XVIII, Ley III. Los capítulos 1, 3 y 4. En el 1: "*Que el Tribunal de la Inquisición oiga a los autores católicos conocidos por sus letras y fama, antes de prohibir sus obras; y no siendo nacionales, o habiendo fallecido, nombre defensor, que sea persona pública y de conocida ciencia, arreglándose al espíritu de la constitución 'Solicita e provida' del Santísimo Padre Benedicto XIV, y a lo que dicta la equidad*". En el 3: "*Que las prohibiciones del Santo Oficio se dirijan a los objetos de desarraigar los errores y supersticiones contra el dogma, al buen uso de la Religión, y a las opiniones laxas que pervierten la Moral cristiana*. En el 4: "*Que antes de publicarse el edicto se me presente la minuta...*".

42 Ibíd., Tít. XVI, Leyes XXXI y XXXII.

43 Ibíd., Tít. XVI, Ley XLI.

malmente incoados en la Justicia Real. Pero, no nos engañemos: en su jurisdicción tradicional –con relación a las cuestiones de fe– todavía en la España dieciochesca era "el cuco" que agitaba los pliegues de sus viejas vestiduras.

Prueba fehaciente es la prisión, juicio y condena de Pablo de Olavide, notable Intendente de Sevilla y Administrador de las fructíferas colonias instaladas en Sierra Morena. En su condición de reformista Olavide había impedido allí el establecimiento de los capuchinos, que como todos los mendicantes resultaban una onerosa carga para la población. Apresado en 1776, reapareció dos años después acusado de herejía y vestido con el tradicional atavío de penitente. La ceremonia, aunque pública, fue restringida a 46 invitados, imponiéndosele ocho años de reclusión en un monasterio de La Mancha y la confiscación de sus bienes. La condena no se llegó a cumplir porque poco después huiría a Francia.[44]

Luego de la guerra contra la Francia invasora ("Guerra de la Independencia", 1808-1814), la incontenible revolución entrará con napoleónico pie en los reinos españoles y la Inquisición será suprimida en 1808 por Napoleón Bonaparte. Veintisiete años hacía, desde 1781, que ninguna persona era purificada en el quemadero. La última, en esa fecha y en Sevilla, fue María de los Dolores López. Condenada "por ilusa" (visionaria), la tal María de los Dolores aseguraba que había salvado del Purgatorio a más de un millón de almas.[45]

La Junta Suprema (Sevilla, 1808), constituida para hacerse cargo de la España que restaba libre y sin Rey trató de colocar vallas a la libertad de imprenta y a un proyecto de constitución sumamente afrancesado. Atemorizada por el giro demasiado liberal que tomaban los acontecimientos y el reclamo de convocatoria a Cortes (primero de Jovellanos y después Calvo de Rozas), se puso a aceptar la tradicional herramienta de control social: nombró un Inquisidor general.

La máquina precisaba más apoyo para funcionar y ahí quedó detenida, con derechos como siempre, pero sin hechos. Mientras, la Junta caía como Ejecutivo. A su lado nombrarían una Regencia que, en 1810 y a regañadientes, convocó a las Cortes y a la elección de sus representantes, los cuales en su gran mayoría serán reformadores.

Con la victoria de los librepensadores algunas reformas fueron saliendo. Por ejemplo, la abolición de las probanzas de nobleza que se exigían para entrar en determinados cuerpos del ejército, en los facultativos y en los de las guardias de las personas reales. La necesidad de formar oficiales superiores estaba en la raíz de esta decisión, así como la necesidad de proteger los derechos del hombre se expresó en la abolición de la tortura y el tormento, y en la ley que determinó que los españoles solo podían ser presos por orden judicial y que su declaración debía tomarse dentro de las primeras veinticuatro horas.

---

44 John Lynch, *El Siglo XVIII*, p. 259.
45 Ibíd., p. 258. ‖ J. Caro Baroja (*Los Judíos en la España...* T. III, p. 178) aclara que fue Napoleón, y no José Bonaparte, como se cree habitualmente, quien suprimió por vez primera la Inquisición.

El mayor instrumento de cambio salido de las liberales Cortes de Cádiz radicó en la Constitución, que solemnemente juraron el 19 de marzo de 1812. Declarando en ella que la soberanía reside en la nación y limitando los derechos de la monarquía, incluyeron expresamente la libertad de imprenta, pero cometieron el error de no hacerlo taxativamente con respecto a la Inquisición, así como el someter a la censura de la Inquisición un folleto titulado "La Triple Alianza".

El debate sobre la abolición del Santo Oficio se vino y fue acalorado. Una guerra de guerrillas de tinta y papel se abrió entre liberales pro abolicionistas y absolutistas defensores del Tribunal. En tanto aquellos decían que implícitamente estaba en la Constitución, estos proponían un restablecimiento que no era tal, sino tan solo encender de nuevo el motor.

La cuestión pasó a estudio e informe de una Comisión de las Cortes. En octubre de 1812 los miembros informantes dictaminaron: primero, que la religión católica, apostólica y romana estaba protegida por la Constitución; segundo, que el Santo Tribunal era incompatible con la Constitución.

Comenzado el 5 de enero de 1813, el debate se lució con la intervención de los miembros del clero que jugaban en filas liberales y estaban en contra del Santo Oficio. Finalmente, el 22 de febrero siguiente, las Cortes se pronunciaron: 90 votos a favor de la abolición y 60 en contra.[46]

Amparándose en la euforia popular, una muchedumbre se lanzó al asalto y destrucción de los archivos de las sedes inquisitoriales e invadió las iglesias para destruir los infamantes sambenitos.

Involuntariamente hacedora de la España nacional y nacionalista, hacedora de naciones nuevas y nacionalismos (en los reinos europeos y en los ultramarinos de América), la Francia caerá ante una Europa mancomunada en su contra y "las cosas" tratarán de retornar a sus antiguos cauces.

La Inquisición será restaurada el 21 de julio de 1814 por un también restaurado Fernando VII, necesitado de ejercer más eficazmente el dominio político de una sociedad española soliviantada ideológicamente.

Incapaz de ser el mismo, acompañando el tránsito del siglo XIX, el pueblo español iniciaría una era de guerras civiles que habría de mostrarse tan cruenta y rotunda cuanto secular: tradicionalistas, conservadores y clericales, en un extremo; en el opuesto, modernistas, liberales anticlericales, constitucionalistas o abiertamente republicanos.

En el lapso que va de 1814 a 1820 la actividad del Santo Oficio se abatió con furor sobre los liberales y su "conspiración masónica". La sangrienta represión, conducida en este y en otros planos, tendrá a su vez sangrienta respuesta en la victoria liberal de 1820, que impondrá a Fernando VII la restauración de la Constitución, de las Cortes, de las libertades políticas y la supresión de la Inquisición.

---

46 Según J. Caro Baroja (ibíd., p. 179) "...*puede decirse que aquellas discusiones acerca de la Inquisición constituyeron la base más profunda para dividirlos* [a los españoles], *desde entonces, en dos grandes sectores*". "*La votación ... hizo prever la guerra civil*" (p. 180).

El grado de odio entre los "partidos" puede medirse en canciones y coplas de la época. El *Trágala* de los liberales, cantada en toda Andalucía después de 1820, mentaba: *"Señor doctor/ Estoy empachado/ No me ha sentado la Constitución./ Pues, amiguito,/ Traga esa china,/ Que no hay más quina/ Para ese mal./ Trágala o muere,/ Tú, servilón,/ Tú, que no quieres Constitución./ Ya no la arrancas,/ Ni con palanca,/ de la Nación./ Trágala, trágala, Trágala, trágala,/ Trágala, perro,/ Tú que no quieres/ Constitución"*.[47]

Solo significaría un corto receso para los absolutistas y el Santo Oficio. En 1823, una nueva guerra civil decretó la caída de los liberales y del régimen constitucional. Imposibilitado de manejar el absolutismo sin medidas totalitarias, Fernando restableció la Inquisición a pesar de que desconfiaba de ella, pues antaño, y no sin razón, había sentido sobre sí la carga de su ojo vigilante.

Tocó ahora el turno de cantar al otro "partido": *"Sean siempre despreciados/ los liberales exaltados,/ moderados y sanculotes,/ que dicen es un fanatismo/ los misterios del cristianismo/ y no tienen más religión/ que la infame Constitución,/ ajena de todo bien. Amén"*.[48]

Fallecido en 1833 el indeseable Rey que un día fuera por todos "el Deseado", la Inquisición española volvió a suprimirse. Sin embargo, aunque muy alicaída, sus consabidas virtudes de control político y social la retornaron a escena por un tiempo más hasta que expiró en el año de 1843, privada de olor a santidad.

No obstante los comprensibles altibajos sucedidos en la largura existencial de la Inquisición española, si de derecho en 1843 cerrábase un ciclo de casi cuatro centurias, en los hechos dejaba el legado de una mentalidad condicionada para aceptar la vigencia de su ideología autoritaria y totalitaria.

Durante la época de la Ilustración muy poco pudo hacerse en detrimento suyo, porque vigoroso fue el temor de la realeza a degradar el control sociopolítico que el Señor Inquisidor facilitaba a su gestión. No menos vigorosa fue la anuencia de gran parte de la sociedad, sin la cual el Santo Oficio no hubiera podido resistir las embestidas de los cambios temporales.

En los altos estratos conservadores y en los bajos de la sociedad hispánica, el Tribunal gozaba de popularidad. Ni siquiera en la Constitución de 1812, las Cortes, surgidas de aquella que fuera la primera rebelión procreadora de la moderna nación española, se atrevieron de entrada a desalojarlo del programa institucional, sino, como hemos ya visto, tuvieron que hacerlo poco después y no sin grandes debates.

Persistencias... Espesas y cuasi inmóviles permanencias mentales, profundamente enraizadas en la peculiar enculturación cristiano-católica de España.

Enculturación que también es la que, trasmudada a sus Indias y suspendida en el tiempo, abona el hecho de que en el Uruguay de 1911, cuando se desenvol-

---

47 J. Caro Baroja, *Introducción a una Historia del Anticlericalismo Español*, pp. 136-137.
48 Ídem.

vían y renovaban ácidos choques entre opositores y partidarios de la laicización del Estado, aún se dijera así:

"...*todos somos inquisidores. Para no remontarnos a los tiempos pasados, en nuestra época, desde las esferas oficiales hasta los últimos y más humildes habitantes de un país, somos inquisidores, porque serlo es un derecho que nadie puede negarlo ni quitarlo y es muchas veces hasta una necesidad no solamente en el orden político, sino en el orden social e individual. ¿Cuál es la más de las veces la misión de los gobernantes, los ministros, los jueces, los legisladores y la policía? Observar, indagar, inspeccionar cualquier asunto o cosa, vigilar a las personas de quienes sospechan tratando de descubrir sus secretos, sus reuniones, sus conversaciones y hasta violando su correspondencia particular. Y bien ¿qué es todo esto sino inquirir? ¿Y quien inquiere no es inquisidor?... Si inquirir es un derecho... ¿por qué razón se le ha de negar a la Iglesia?"*.[49]

Munido de este y otros argumentos demostrativos de que la Iglesia no es ni puede ser *"responsable de las severidades cometidas fuera de toda duda..."*, dando por cierta la legitimidad de inquirir y de inquisición generalizada en la sociedad, el Sr. Alonso pasa a comprobar si, en el ejercicio de ese derecho, el *"Poder Eclesiástico ha cometido abusos, única inculpación que pudiera hacérsele"*.

Comienza historiando la necesidad de Inquisición desde los tiempos de los maniqueos y al llegar a la española utiliza los milenarios argumentos que en las pasadas centurias sirvieron para legitimarla: *"Oíd y juzgad: en 1406, echaron los judíos en un caldero con agua hirviendo una hostia consagrada y hecha la inquisición de tal hecho, resultó que entre los culpables había un médico apellidado Mair, el cual confesó que, siendo médico de la corte, había con sus drogas, dado muerte al rey Enrique III. En 1407, los judíos echaron pólvora en las calles de Toledo el día de Corpus, para que ardiese y abrasase a los cristianos en momentos en que las recorrían en procesión acompañando al Santísimo Sacramento... En 1468, aprehendieron los judíos en Sepúlveda otro niño cristiano, el día de Jueves Santo y el Viernes le hicieron sufrir azotes, corona de espinas y muerte en la cruz...* **En 1490 el día de Viernes Santo martirizaron al niño Cristóbal de la Guardia...** *Los judíos que ejercían el oficio de taberneros envenenaban el vino para venderlo a los cristianos... En 1542 reinando Enrique IV (sic), dos judíos robaron otro niño de un lugar del Señorío del Marqués de Almanza, cerca de Zamora, y después de darle cruel muerte, le sacaron el corazón, lo quemaron y reduciéndolo a cenizas, lo echaron en el vino y se lo bebieron...* **Estos hechos no pueden ser puestos en duda, bajo ningún concepto pues tienen en su apoyo el testimonio no sólo de los historiadores católicos, sino aún de adversarios de la Religión y del Santo Oficio.** *Decidme Señores ¿Será necesario algo más para probar cuán general y profunda sería la irritación de los cristianos españoles contra los judíos que los calumniaban, que los odiaban, los humi-*

---

49 "La Inquisición." Folleto editado por la Congregación de San Estanislao de Kostka y Centro Juan I. Bombolino. Parroquia de la Aguada, 32 pp. || El sobrescrito presente y los que siguen son nuestros.

llaban, profanaban el augusto Sacramento de la Comunión, atentaban contra su vida, robaban los niños...? ¿No estaba obligado el Rey a tomar una enérgica actitud en defensa de su pueblo?".

Al término de su alocución, el conferenciante concluye que *"la Iglesia Católica, puede levantar bien alta su frente y decir por todas partes, que ella jamás puede responsabilizarse de los actos cometidos por un Tribunal* [el de la Inquisición española] *que, fundado con nobles miras y mejores fines, se ha apartado de su verdadera misión al ser regido por hombres que bien pudieron ser buenos y virtuosos como han sido indignos ante la sociedad y apóstatas ante Dios".*

En otras palabras: defensa del sistema, culpabilidad de los individuos que lo aplicaron. Realmente, ¿puede sentirse que en los momentos en que hace su discurso el Sr. Alonso habían pasado más de 400 años desde el día en que la pareja de los Católicos Reyes solicitó al Papa Inquisición "por evitar grandes males y daños"?

Y hoy, cuando la distancia ha superado los 500 años, en nuestra apocalíptica América Latina, ¿cuánto es el porcentaje de extracto inquisitorial que contienen muchos de los mesiánicos "remedios saludables" que se proponen y le proponen?

A estas preguntas solo cabe la respuesta braudeliana: es lo mismo, aunque no es igual.

2. *1492: la expulsión de los judíos*

El introito inevitable de la pragmática del 30 de marzo de 1492, que fulmina la expulsión de todos los judíos que se negaran a cristianar, es la caída del Reino de Granada acaecida el 2 de enero de 1492.

Otorgada en Granada por Don Fernando y Doña Isabel, la referida pragmática es otro de los "remedios" aplicados por los monarcas, después de haber infructuosamente probado reducir a gueto al judío.[50]

"Porque Nos fuimos informados, que en nuestros reinos había algunos malos cristianos que judaizaban, y apostataban de nuestra santa Fe Católica, de lo que era mucha causa la comunicación de los judíos con los cristianos, en las Cortes que hicimos en la ciudad de Toledo **el pasado año de 1480 años** (sic) **mandamos apartar los dichos judíos de todas las ciudades, y villas y lugares de nuestros reinos y señoríos en las juderías y lugares apartados, donde viviesen y morasen, esperando que con su apartamiento se remediaría".**

Sin embargo, demostró ser inocuo tal remedio y reafirmados en su convencimiento por consejo de inquisidores, frailes, seglares y demás interesados en la salvación de la fe, los Católicos concluyen que *"...el remedio verdadero de to-*

---

50 *Novísima Recopilación*, T.V, Lib.XII, "De los delitos y sus penas: y de los juicios criminales", Tít.I, "De los judíos; su expulsión de estos reynos, y prohibición de entrar y residir en ellos", Ley III, "Expulsión de todos los judíos de estos reynos; y prohibición de volver á ellos". || En adelante los sobrescritos son nuestros.

dos estos daños e inconvenientes está en **apartar del todo** la comunicación de los dichos judíos con los dichos cristianos...".

Las probanzas justificatorias van cayendo una a una hasta arribar a la sentencia: "**...acordamos de mandar salir todos los dichos judíos y judías,... y que jamás tornen**". A renglón seguido, otras disposiciones aumentan la pena del extrañamiento pues: "*...mandamos a todos los judíos y judías, de cualquier edad sean, que viven y moran, y están en los dichos nuestros reinos y señoríos, así los naturales de ellos como los no naturales, que en cualquier manera o por cualquier causa hayan venido, y están en ellos,* **que hasta en fin de mes de Julio primero que viene de este presente año de 1492 años salgan de todos los dichos de nuestros reinos y señoríos con sus hijos e hijas, criados y criadas, familiares judíos, así grandes como pequeños, de cualquier edad que** *sean; y que no sean osados de tornar a ellos, ni estar en ellos ni en parte alguna de ellos de vivienda ni de pasada, ni en otra manera alguna; so pena que si no lo hicieren... incurran en pena de muerte, y confiscación de todos sus bienes... sin otro proceso, sentencia ni declaración*".

Prosigue el documento señalando las penas a que se harían acreedores aquellos que osaran (una vez pasado el plazo perentorio del mes de julio) recibir, acoger o defender pública o privadamente a los judíos, aclarando que no interesa la jerarquía ni condición de quien incurra en ese delito "*...so pena de perdimiento de todos sus bienes, vasallos, fortalezas, y otros heredamientos... que van a nuestra Cámara y Fisco*".

Pero, dentro del lapso estipulado, se establece que los judíos quedan bajo la protección real para "*...mejor disponer de sí, y de sus bienes y hacienda...*". Asimismo, "*...damos licencia y facultad a los dichos judíos y judías, que puedan sacar fuera de los dichos nuestros reinos y señoríos sus bienes y haciendas por mar y por tierra,* **con tanto no saquen ni oro ni plata, ni moneda amonedada, ni las otras cosas vedadas por las leyes de nuestros reinos, salvo en mercaderías que no sean cosas vedadas, o en cambios.**"

En ocasiones, y este es el caso, las transcripciones documentales tienen tanta fuerza que huelgan los comentarios. La imaginación, sin temor a equivocarse, puede calcular que la pragmática abrió otro agitado período de conversiones forzadas, que hinchó a España de nuevas y no muy santas remesas de nuevos cristianos. También como de costumbre, aunque en mucha menor cuantía, de profesos sinceros.

Para la pureza de la religión se reiteraba entonces lo sucedido en las precedentes conversiones masivas, que fueran abundosas en falsas y flacas en verdaderas. Pero, a diferencia de aquellas, era peor. Envueltas en el apresurado acontecer las recientes confesiones casi no habían dado pie a la predicación; en tanto que –arrastradas por el plazo insoslayable de 4 meses y sin elección intermedia: o cristiano o expulsado– la aceptación del bautismo fue un acto de desesperación.

En medio de la histeria reinante, el Pueblo de la Ley se hallaba moral y materialmente entre la espada y la pared: los que sostuvieran su fe, encarados a los horrores de sufrir una nueva diáspora; los que confesaran por la nueva, encarados a un futuro incierto, porque implacable se anunciaba el avance de los estatutos de limpieza de sangre.

De aquellos judíos que se quedaron en España, algunos no lo pensaron dos veces y decidieron de inmediato su conversión, como nuestro ya conocido banquero Abraham Senior, fundador de familia de eruditos y teólogos eminentes. Otros, más vacilantes, se bautizaron en masa durante los últimos días o en el mismo momento de la partida, aterrorizados ante la incertidumbre del porvenir y de la miseria que ya sufrían por la pérdida de su trabajo y sus bienes.

En líneas generales la historiografía especializada destaca que en España permanecieron cristianizados los más cultivados y los de mayor fortuna, mientras que los exiliados —salvo excepciones— pertenecían a los grupos socioeconómicos menos afortunados de la sociedad sefardita: mediana, pequeña y baja burguesía compuestas por profesionales (médicos, cirujanos, notarios, bachilleres, sangradores, etcétera), artesanos (albañiles, carpinteros, plateros, zapateros, tejedores, etcétera), tenderos y otros comerciantes al por menor.

Perentoria, la expulsión concedía un plazo mínimo para enterrar toda una vida e iniciar otra de tenebroso porvenir. ¿Cómo hacer para no malvender los bienes? ¿Cómo evitar la estafa y arruinarse más de lo que ya se estaba?

En aquel presente, acostumbrado a un andar cansino, con sus vías de comunicación rudimentarias y peligrosas y sus medios de transporte costosos, ¿cómo podrían eludir la muerte los pobres o los más débiles: las parturientas y los párvulos, los ancianos, los enfermos y los tullidos?

¿Adónde ir? ¿En cuál hueco del mundo hallar refugio sin caer en esclavitud, ya apresados por los árabes, ya a ellos vendidos por los cristianísimos y malteses caballeros de San Juan?[51]

De *motu proprio* –o las más de las veces por imposición circunstancial porque era lo más próximo– el vecino reino de Portugal fue el mayor receptor del exiliado sefardí. Mas, en 1496, de la tierra lusitana serán judíos y moros obligados al bautismo y expulsados aquellos que se negaran.

Al año siguiente, marcharon al exilio los recalcitrantes que judaizaran después de su conversión. Y, en el año de 1497, nuevas, masivas y forzadas aguas benditas correrán por cabezas elegidas, pues D. Manuel se precipitó a bautizar a los judíos menores de 25 años y a separar de sus padres a los hijos menores de los no convertidos.[52]

---

51 *"Todavía en 1768 la comunidad judía de Londres envió 80 libras esterlinas para ayudar a rescatar a un grupo de esclavos judíos retenidos en Malta y pasaron otros treinta años más antes de que Napoleón liquidase este tráfico."* (P. Johnson, *Historia de los Judíos*, p. 247.) ‖ El tráfico resultaba muy fructuoso a los malteses, quienes se aprovechaban del sobreprecio que pagaban los judíos ricos para rescatar de la esclavitud a los de su nación. ‖ *Autoridades.* **Rescatar.** "Recobrar por precio lo que el enemigo ha robado. Por extensión se entiende de cualquiera cosa que pasó a ajena mano."

El soberano portugués obedecía y daba gusto a sus poderosos suegros, los Católicos, pero que no deseaba perder ni desprenderse de tan excelente inmigración; laboriosa y calificada para la administración como para los negocios.[53]

El trasvaso de los expulsados asimismo se producirá hacia el reino de Navarra, que todavía era independiente. Pero, en 1498, de allí son echados. Trágicos cortejos colman entonces las rutas que conducen a Francia, a Italia y a Holanda; navegan apretujados a Inglaterra y a Irlanda; caminan hacia el Norte más extremo: Alemania, Polonia y Rusia. El oriente europeo en general figura en el mapa de esa expiación forzada y, muy en particular, los extensos dominios de "el Turco". Este último destino les fue más propicio. Como es notorio, los sefardíes no sólo conservaron bajo el Imperio Otomano su religión sino también su lengua: el ladino.[54]

No contamos a Marruecos, ni en líneas generales al África norteña, porque la recepción fue tan tenebrosa que por lo común acabó en muerte o esclavitud.

Ningún sufrimiento fue ahorrado al hebreo emigrante, ni siquiera el de la sífilis, que en 1493 penetraba con paso atronador por la bota italiana. Puntual, el "chivo expiatorio" expulsado de España fue acusado de infligir aquella peste, que, en el poema del médico Girolamo Fracastoro, sirvió de castigo divino al pastor Siphilus, habitante de una legendaria isla del Nuevo Mundo.

Desasosegados y aterrorizados, los hombres convirtieron el flagelo en tempranero insulto nacionalista. Típico desahogo en "el otro" de los terrores propios, la sífilis gozó de una infinita variedad de nombres. Por eso, además de "mal judío", hubo de llamarse "mal americano", "mal italiano", "mal napolitano" "mal español", "mal gallego", "mal francés o gálico", "mal alemán", "mal polaco", "mal levantino", "mal africano", "mal turco", "mal de los cristianos".

Las crónicas son ricas en dramas y darán lugar a la formulación de la leyenda del **"judío errante"** quien, condenado a vagar, viviría privado de echar raíces en tierra alguna.[55] Leyenda popular, ciertamente incubada en los vaivenes de la

---

52 A. Simôes Rodrigues, *História de Portugal em Datas*, p. 81. || Asimismo, sobre el tema, Amaro Neves: *Judeus e Cristâos Novos de Aveiro*.
53 A principios de 1497, D. Manuel habíase casado con Da. Isabel, viuda de su hijo el Infante D. Alfonso e hija de los Reyes Católicos. (A. Simôes Rodrigues, *História*...)
54 Moliner. Ladino: "(De latinus, *latino*). Se aplicó en la Edad Media, por oposición al árabe, al lenguaje romance y al moro que lo sabía hablar; también, a la obra escrita en el lenguaje más culto y comparable al latín... Nombre aplicado por los sefardíes de los Balcanes al lenguaje judeo-español".
55 J. Delumeau, *El Miedo*..., p. 445 y P. Johnson, *La historia de los judíos* capítulo "El gueto", pp. 239 y ss. "*Muchos judíos* [señala Johnson], *casi totalmente desposeídos, y a quienes se les prohibía entrar en las ciudades de las cuales ya se había expulsado a los judíos, se convirtieron en buhoneros... La historia de un judío que había golpeado a Cristo durante su vía dolorosa, y por eso estaba condenado a vagar hasta el segundo Advenimiento, apareció por primera vez en una crónica boloñesa de 1223; Roger de Wendover la recogió cinco años más tarde en sus Flores de Historia. Pero en las primeras décadas del siglo XVI, el Judío Errante se convirtió en Asuero, el típico buhonero judío, viejo, barbudo, raído, lamentable, un presagio de la calamidad... según el centenar o más de versiones populares difundidas por la imprenta, se lo vio en repetidas ocasiones: en Lubeck en 1603, París en 1604, Bruselas en 1640, Leipzig en 1642, Munich en 1721, Londres en 1818.*" En este capítulo hay, además, una interesante descripción del nacimiento de los guetos venecianos y de la palabra *ghetto*, procedente del véneto.

Para una sociedad intolerante: remedios intolerantes 169

voluminosa diáspora sefardita; desperdigada por el mundo, la migración forzada conmovía la seguridad de sus hermanos en los lugares donde se hallaban establecidos de antiguo.

Reacción atómica, reacción en cadena y antisemita, que entonces alcanzó también a la comunidad de los ashkenazim. Consecuente con la perenne incertidumbre en que moraba el judío, los arribos masivos de los expulsados de Sefarad, generalmente fueron el preludio de otras expulsiones de "guetización" y de la expansión de la Inquisición romana.

Ninguno quería ver sus lares colmados de judíos: seres de extraña "raza", que rechazando al cristianismo repudiaban los modos de vida impuestos y propugnados por la Iglesia.

Es este, como el de las expulsiones, un asunto de la "larga duración". Así había hecho el pueblo del Éxodo con todos sus dominadores, desde los inmemoriales tiempos en que asumiera su condición de "elegido". Así habían hecho paganos y cristianos ante la presencia judía, especialmente cuando calamidades y temores de cualquier índole los atenazaban.

En la geografía de los puntos de arribo de esta diáspora judía no debemos perder de vista a las españolas islas Canarias, a las lusitanas de Cabo Verde y Madeira y a toda la América hispana y portuguesa. En estas tierras desembarcaron en calidad de cristianos nuevos y no como expulsos, porque, tal cual vimos, les habían sido expresamente prohibidas.

Son controvertidas las cifras sobre la cantidad de expulsos que emprendieron las rutas del exilio. No sólo se presentan en este momento las dificultades consecuentes de una época que recién comenzaba a cuantificar, sino que, aparentemente, los rabinos que hicieron el recuento integraron el número de los expulsados al número total de judíos existentes en España al tiempo de la expulsión.

Se ignora, además, si realmente las cuentas de los rabinos incluían también a los que habíanse convertido, es decir, a los exjudíos de las anteriores conversiones multitudinarias y a los que eran producto de las efectuadas durante el período de cuatro meses previo a la expulsión.

Según anota Julio Caro Baroja, las cifras oscilan entre 300.000 (de acuerdo a los rabinos), 400.000 (en opinión de antiguas autoridades extranjeras) y 160.000 (en cálculos de especialistas modernos). A esta estimación de 160.000 expulsados habría que añadir –dentro de la estimación total de la población judía– a los que se quedaron: unos 240.000 conversos de última hora.[56]

Jean Delumeau, en cambio, presenta números un poco distintos: 185.000 expulsados, de los cuales 20.000 habrían perecido en las rutas del exilio, en tanto que 50.000 habríanse bautizado.[57]

Si partimos de una demografía española calculada –entre fines del siglo XV y principios del XVI– en 7 u 8 millones de habitantes, cualquiera sea la cifra que

---
56 *Los Judíos en la España....*, T. I, pp. 198-206.
57 *El Miedo...*, p. 462.

elijamos, nunca por ello dejará de pesar negativamente en sus consecuencias sociales, económicas y espirituales.

A la circunstancia **cuantitativa** debe sumársele la variante **cualitativa**: la pérdida de una minoría calificada que, si en parte recuperábase con el cristianado, por otra habrá de deteriorarse perturbada por los estatutos de limpieza de sangre y por la actividad inquisitorial sobre el converso, acción tan prolijamente cumplida que, en varios casos, acarreó la desaparición de familias enteras y hasta la de pequeños núcleos urbanos donde era más fácil descubrir al judaizante.

La cantidad de la emigración puede reducirse contabilizando el retorno de gran número de familias. Eran aquellas que –habiendo en un principio reafirmado su fe gracias a la influencia y estímulo de los rabinos– no pudieron soportar el exilio, regresaron y solicitaron el agua bautismal.

Ante la avalancha de retornos con esperanzas de continuar descristianados o bautizarse en caso extremo, los Reyes Católicos prohibieron en 1499 la entrada a "*...algunos judíos que se atreven a venir a estos nuestros reinos, diciendo, que ellos no fueron de los que fueron echados, y que no se extiende a ellos la ley precedente* [la de expulsión], *por ser de reinos extraños; y después que están presos, dicen, que quieren ser cristianos...*". De la norma se exceptúa a los judíos que públicamente se hubieran bautizado en el extranjero y presentaran constancia de su conversión hecha ante testigos y escribano. Aclara, además, que "*...si alguno tuviere esclavo judío, lo envíe fuera del reino dentro de dos meses, o se torne cristiano...*".[58]

Domínguez Ortiz opina que con el tránsito del tiempo "*...el judío auténtico llegó a ser tan desconocido en España que se convirtió en un personaje fabuloso, acerca del cual corrían las más extraordinarias leyendas; además de ser corcovados malolientes, etc., nacían con rabillo o cola*".[59]

En materia de persecución, sin embargo, no se presta a diferencias el judío con el converso, y menos en el ejemplo que Domínguez Ortiz provee en cuanto

---

58 Como antecedente inmediato puede considerarse la pragmática de Fernando e Isabel del 2 de agosto de 1498 (*Novísima Recopilación*, Lib. XII, Tít. III, Ley II), disponiendo severísimas penas para aquellos que habiendo sido condenados por herejes y se ausentaron de los reinos, quisieran volver a ellos con pruebas que los eximieran de las condenas y penas que la Inquisición les había impuesto, "*...por ende, queriendo extirpar tan grande mal, mandamos que no sean osados las tales personas condenadas de volver a estos nuestros reinos y señoríos por ninguna vía, manera, causa, ni razón que sea, so pena de muerte y perdimiento de bienes...; y que la tercia parte de los dichos bienes sea para la persona que los acusare...*". Los motivos de la pragmática están en que muchos condenados por la Inquisición recurrían a Roma o a cualquier otra autoridad religiosa en el exterior y, generalmente, mediante pago del favor *Novísima Recopilación*, las leyes IV y V del Lib. XII, Tít. I, incluyen las disposiciones que reiteran la prohibición de entrar judíos a los reinos de España. La IV, reúne una pragmática de los Reyes Católicos del año 1499 con una disposición de Felipe II del año 1558, mientras que la V guarda una resolución de Carlos IV, del año 1802. La reiteración a lo largo de los siglos es indicativa de las dificultades halladas en la aplicación de estas disposiciones prohibitivas, que no lograron detener ni las amenazas de pena capital, pérdida de bienes e Inquisición.

59 *Los Judeoconversos en España..*, p. 111.

a la circunstancia de este en la isla de Mallorca. Más que converso sospechoso, el cristiano nuevo directamente fue figura de judío.

No es del caso aquí averiguar porqué, sino constatar una situación que difiere de la generalidad hispánica y que arrancó súbitamente en 1678. En ese momento, con la intención de vigilarlos mejor, los cristianos viejos mallorquines confinaron a los conversos en un barrio.

La de 1678 únicamente es la fecha de una aceleración; habrá de ser continuada por muchas más. Son mojones que marcan ordalías, confiscaciones cuantiosas y autos de fe, pero no la sordidez de la opresión cotidiana de aquel mundo cerrado y encerrado del converso.[60]

Estrecho y en medio de la ciudad el recinto *"...estaba formado por las calles Sagell, Bolsería y Platería, llamado el barrio de Call; de este nombre, por una falsa etimología* [aclara Domínguez Ortiz], *proviene el apelativo* **los de la Calle**, *que juntamente con el más popular de* **chuetas**, *se les aplicó".*[61]

En el tránsito de la centuria siguiente, cansados los conversos de una discriminación que –además de mantenerlos separados les impedía ejercer el gran comercio, pertenecer a los gremios (con lo cual les estaban vedadas la mayor parte de las profesiones) o entrar en la universidad–, solicitaron de Carlos III, en 1773, la equiparación con los cristianos viejos.

Sorteando largas oposiciones, nueve años más tarde, el Rey pudo promulgar la Real Cédula del 10 de diciembre de 1782, que ordenó el cese del gueto y de cualquier otro signo discriminatorio. Insatisfechos los cristianos viejos no cumplieron los mandatos y así tenemos su reiteración en 1785 y en 1788 (cuando se vuelven a insertar las dos anteriores).

Arquetipo del arraigo de una cultura de la intolerancia, que obligaba a reiterar la ley y a amenazar a todo el espectro social con penas severas en caso de incumplimiento, la Real Cédula de 1788 establece:

"He tenido a bien resolver y mandar, que a los individuos del barrio **de la calle** *no sólo no se les impida habitar en cualquier otro sitio de la ciudad de Palma o isla de Mallorca, sino que se les incline, favorezca y conceda toda mi protección para que así lo ejecuten; derribándose cualquier arco, puerta u otra señal que los haya distinguido de lo restante del pueblo, de modo que no quede vestigio alguno: que se prohíba insultar y maltratar a dichos individuos, ni lla-*

---

60 Ibíd., p. 115.
61 Ibíd. y nota 23, donde de *Etimologías Españolas* de García de Diego: *"Calle es una derivación de* **Kabal**, *que significa aljama, comunidad judía.* **Chueta** *proviene del adjetivo sustantivado latino* **suilla**, *carne de cerdo, que en las lenguas del este de España dio* **chulla** = *lonja de tocino, y en otras regiones* **chulleta** = *chuleta. Es clara la ironía* [continúa Domínguez Ortiz] *que encierra esta alusión a un producto al que los semitas profesan aversión ancestral".* (Ídem.) ‖ Los sobrescritos en el texto y en la nota son del autor. ‖ Ciertamente, está equivocado el autor porque no se trata de "aversión ancestral", sino de la obediencia a un precepto bíblico: Levítico 113/8: *"Comerás de los animales terrestres los que tienen la pezuña partida y rumian, pero no comeráis los que rumian o sólo tienen la pezuña partida. El cerdo que tiene la pezuña partida pero no es rumiante es inmundo. No comáis la carne de estos animales ni toquéis su cadáver. Son inmundos para vosotros".*

marlos con voces odiosas y de menosprecio, y mucho menos judíos, o hebreos y chuetas, o usar de apodos de cualquiera manera ofensivos, bajo la pena de los que contravinieren, de cuatro años de presidio, si fueren nobles, de otros tantos de arsenales, si no lo fueren, y de ocho al servicio de la marina, si fueren de corta edad. * Asimismo he venido en declarar a los referidos individuos aptos al servicio de mar y tierra en el ejército y armada Real, y para otro cualquier servicio del Estado. * Y deseando además de estas gracias concederles mi protección, persuadido de su fidelidad y amor a mi Real servicio, y con el objeto de que sean útiles al Estado; he venido en declararlos igualmente idóneos para ejercer las artes, oficios y labranza, del mismo modo que a los vasallos del Estado general del reino de Mallorca, sin que por ningún motivo se les impida emplearse en estas ocupaciones".[62]

A casi 300 años de la expulsión de los judíos, los mallorquines "chuetas" de hecho vivían en las mismas condiciones que sus antepasados hebreos; tanto por su reclusión en "el barrio de la calle" y distinción con señales expresas, como por los impedimentos que les caían en materia laboral.

Esta situación desbordaba las limitaciones que imponía la necesidad de presentar limpieza de sangre para el ejercicio de determinados empleos, artes u oficios y daría para pensar que los "chuetas", en cierta forma, cabrían en la tipología de las castas.

"Males que nacen de la opinión no se remedian con leyes", apunta con justeza Domínguez Ortiz. Tan inclemente fue este sentir entre los cristianos viejos mallorquines, que, a mediados del siglo XIX, cuando ya no existían identificaciones barriales, ni sambenitos en las iglesias ni cualquier cosa material que denunciara a los antiguos chuetas, recurrieron a los apellidos de los comparecientes en autos de fe y ellos hicieron carne en libros, para mejor memoria.[63]

En 1877, José Taronji, un sacerdote de origen chueta, hubo de publicar una obra en la que defendía el derecho de los conversos al sacerdocio porque habíasele *"impedido el ministerio de la predicación en setiembre de 1876 por el ridículo motivo de ser yo de los que en Mallorca llaman **de la calle"**.* Veremos más adelante que, rigurosa, la ignominia chueta se extenderá al siglo XX.[64]

3. 1467-1556: Proliferación y oficialización de los estatutos de limpieza de sangre

En puridad, el proceso que conduce a la proliferación y oficialización de los estatutos de pureza se inicia en Toledo en 1467 cuando, ante una rebelión de conversos, se restablece el estatuto municipal otorgado en la sentencia de 1449.[65]

---

62 *Novísima Recopilación*, Libro XII, T.I, Ley VI otorgada en Aranjuez el 13 de abril de 1788. El sobrescrito y los asteriscos, en el documento.
63 *Los Judeoconversos en España...*, p. 119.
64 Ibíd., pp. 119-120. El sobrescrito es del autor.

La marea fue incrementándose a partir del reinado de los Católicos, sobre todo luego de la instauración de la Inquisición, que en buena medida era, no sólo hija de esta nueva situación, sino también causante de exclusiones desde que Fernando e Isabel legislaran sobre ellas.

Entonces, *"...ciertas corporaciones, familias y aun pueblos enteros, quisieron precaverse de toda mancha de contaminación y gozar del prestigio que ya empezaba a concederse a quienes no tenían contactos con aquellos miembros mal considerados el cuerpo social".* [66]

Ochenta años después, en 1547, Juan Martínez Silíceo, en el momento Arzobispo de la catedral de Toledo, promueve la aprobación de un estatuto de limpieza por parte del cabildo catedralicio. En 1555 el estatuto sería refrendado por el Papa Pablo IV y en 1556 por Felipe II.

El arquetipo del procedimiento a seguir para juzgar la limpieza de sangre fue pergeñado, según expresa Sicroff, en 1530 cuando la catedral de Córdoba adoptó el estatuto que será recién aprobado por Roma en 1555: *"Arrodillado, con la mano derecha puesta sobre la imagen de un crucifijo contenido en un misal, el candidato debía jurar que no descendía de judío ni de moro. Luego debía señalar los apellidos de sus padres y abuelos, así como los lugares de su nacimiento. La investigación debía entonces ser emprendida por el ordinario, acompañado por dos delegados del cabildo, en la iglesia, o en otro lugar público. Cuando fuera necesario llevar la investigación fuera de Córdoba, una persona... sería nombrada para interrogar a los testigos designados por el propio candidato... el investigador recibiría una suma* per diem *según el rango de la persona, el trayecto recorrido y el tiempo empleado. Habiendo recogido todos los informes, el secretario o el notario debían leerlos al cabildo y un voto decidiría si el candidato podía entrar en posesión de su beneficio. Una simple mayoría afirmativa bastaba para admitirle, después de lo cual debía prometer guardar todos los estatutos y costumbres de la Iglesia, sobre todo en lo concerniente al honor del cabildo, y aun más particularmente a su estatuto de limpieza de sangre".* [67]

A causa de la calidad de Sede Primada de España, las ratificaciones del estatuto catedralicio toledano sentaron jurisprudencia: en avante, cualquier institución considerábase autorizada a adoptar estatutos de pureza para vigilar el linaje de los que aspiraran a ingresar en ellas y a expulsar y multar a los que se descubrieran en su interior, aunque fueran creyentes honestos. [68]

La progresión se tornará exponencial y la exigencia de presentación de limpieza habrá de erigirse en norma legal inexcusable para acceder a ciertos oficios y a numerosas instituciones (laicas o religiosas), como a determinados cargos públicos (reales o municipales), muchos de ellos de suma modestia.

---

65   J. Delumeau, *El Miedo...*", pp. 467-468. Atendiendo a los principales jalones del proceso, el autor trae una muy útil síntesis cronológica, con la salvedad de un error -notoriamente tipográfico- en la fecha de aprobación por el Papa Pablo IV: dice 1535, debe decir 1555.
66   A. Domínguez Ortiz, *Los Judeoconversos en España...*, pp. 79-80.
67   *Los Estatutos...*, p. 121.

Era la culminación de una evolución centenaria, originada en una sociedad presa de excitación y exhibicionista, rencorosa e intimidatoria, maníaca y lúcida, diestra en polémicas y siniestra en resultados. Factor de desperdicio humano y retraso, a corto o a largo plazo enroscará a España en una de las más grandes y duraderas de sus desventuras.

Tal vez, intuyendo algunas de sus nefandas consecuencias, en 1548, Felipe –aún Príncipe– y el Consejo Real habían dejado en suspenso el estatuto toledano del año anterior, trasladando la decisión al Emperador, quien no decidió nada.

O, tal vez, sería cautela inherente a las ambivalentes experiencias del pasado: los Católicos habíanse opuesto en 1486 al estatuto de los jerónimos, pero se guardaron de opinar cuando en 1495 el Papa lo ratificó. La línea de conducta tendía a endurecerse con respecto a los conversos, pues, en 1498, al encontrarse el Colegio Viejo de San Bartolomé (Universidad de Salamanca) en dificultades para expulsar a un colegial converso, la Reina dijo *"...que si no quería salir por la puerta lo echasen por la ventana"*.[69]

Similar ambivalencia, y también endurecimiento frente al cristiano nuevo, se repara en las actitudes del pontificado como en la de otras autoridades eclesiásticas españolas, regulares o seculares.

En reiteradas ocasiones la posición de la Corte de Roma –ya en contra, ya confirmando los estatutos– derivó de frecuentes presiones extrateológicas representativas de fuerzas poderosas: de la monarquía y del clero español unas; de ricos conversos, que entregaban cuantiosas sumas, otras. Empero, esas oscilaciones no invalidan los múltiples testimonios de la repugnancia que en definitiva le causaba a Roma el principio de la limpieza de sangre, por cuya causa acaecieron numerosos choques antes, durante y después de la oficialización de los estatutos.[70]

En lo que respecta a la clerecía hispana, durante el período previo a la oficialización, estuvo plagada de marchas y contramarchas. En 1483, el Arzobispo Alonso Carrillo, imponiendo su opinión al Sínodo de Toledo, consigue una de-

---

68 En la catedral de Toledo, los antecedentes inmediatos se registran desde el 16 de octubre de 1530, a raíz de la aprobación del estatuto de la Capilla de Reyes Nuevos, efectuada por la Emperatriz Isabel (en nombre del Emperador ausente) y la ratificación de Clemente VII, el 14 de setiembre de 1531. Luego, en 1547, contando con la anuencia previa de Pablo III, Carlos V prestó su consentimiento a la reforma del estatuto de Reyes Nuevos. ‖ El primer estatuto de Reyes Nuevos tuvo 15 votos a favor, 1 abstención y 7 en contra. Habíase llegado a su adopción a causa del escándalo promovido por un capellán conocido por "el Bachiller de la Medicina", quien había judaizado durante los 40 años en los que diariamente celebró misa sin consagrar la hostia. La infamia fue de tal naturaleza, que nadie quería ni entrar a la capilla ni asistir a sus ceremonias. Parece que esto fue lo que indujo a Clemente VII a dar su aprobación. (Ibíd., pp. 129-130.)
69 Ibíd., p. 122.
70 Ejemplar es el caso de D. José Rodríguez de Benavente, a quien en 1609 y a consecuencia de su ascendencia hebrea, se le negó una capellanía en la catedral de Toledo. Benavente recurrió ante la Rota que revocó la sentencia. El cabildo catedralicio consideró ante el Consejo que la medida parecía más tendente a *"...impugnar el estatuto que a la sentencia del pleito"*. (Citado en A. Domínguez Ortiz, *Los Judeoconversos en España....*, p. 83.) ‖ También trae a ejemplo la revocación por Roma, en 1572, del estatuto de San Pablo de Sevilla, permitido diez años antes y, en 1606, el rechazo de la petición de estatuto a los dominicos del convento de San Vicente de Plasencia (pp. 96-97).

claración contraria a los estatutos y manifiesta: *"...con dolor hemos aprendido de la exclusión en muchas cofradías, capítulos y colegios del Arzobispado de los nuevamente convertidos... y sus descendientes... irritamos todos estos estatutos aunque sean confirmados con costumbre larga y muy antigua... determinamos que tales estatutos no son de algún valor y declaramos que son contrarios al derecho y a la caridad, y relajamos todos los juramentos que en esta razón hubieren hecho y reprobamos y anatematizamos todas las Cofradías, Capítulos, Colegios y Comunidades que de aquí adelante hicieren tales decisiones de naciones, y linajes, pública o secretamente con cualquier color o pretexto".*[71]

Ante un clima de vertiginosa ofuscación, poco y nada servirán estas y otras muchas declaraciones o disposiciones defensoras proclives a consolidar la causa de la fe del converso.

Causa que desfallecía y fe que dañaba a los conversos sinceros por el cotidiano espectáculo de la real y creciente existencia de judaizantes entre los convertidos forzosos de los últimos tiempos.

No escapaban de la aguda mirada del Arzobispo Carrillo, algunos de los expedientes a los que disimuladamente recurrían los conversos para judaizar, incluso después de muertos: en las Constituciones Sinodales del 12 de mayo de 1481, decidido a contravenir la costumbre de que los cristianos nuevos se enterraran aparte, en cementerio diferente al de los cristianos viejos, determinó Carrillo que esto redundaba en deshonra para los descendientes y ordenó que el cristiano que deseara ser enterrado de esta manera no recibiría las honras de un cortejo fúnebre. También amenazaba con excomunión a los sacerdotes que acompañaran a los difuntos a tales cementerios de tierra virgen y a los asistentes laicos ponía multa de cinco florines de oro.[72]

Así estaban de confusas las cosas cuando, merced a los escandalosos descubrimientos de judaizantes en el interior de la Orden de San Jerónimo, se llegó al punto psicológico de "no retorno".

A propósito del establecimiento del Santo Oficio hemos visto que por razones doctrinales los jerónimos calificaban de despropósito anticristiano la distinción entre nuevos y viejos bautizados. Infelizmente vino la oportunidad, hacia los últimos veinte años del siglo XV, en que fueron compelidos a cuidar la pureza dentro de la orden, no solamente por contar con gran número de conversos, sino porque las indagaciones inquisitoriales habían revelado judaizantes dentro de sus monasterios, algunos de los cuales ocupaban altas dignidades.

Salió a luz que las conversiones, a más de falsas, habían sido con la exclusiva intención de poder judaizar sin caer en las sospechas de la Inquisición. Sintomático fue el proceso incoado contra Fray Alonso de Toledo, quien rezaba según el rito de su antigua religión mientras simulaba hacerlo cristianamente, porque, *"entre nosotros no puede haber conocimiento de lo que rezamos".* O aquel se-

---

71 A. Sicroff, *Los Estatutos...*, p. 106.
72 Ibíd., p. 107.

guido contra Fray Juan de Madrid, pues de acuerdo a lo testimoniado por el testigo Mosé Hadida, en el monasterio Fray Juan guardaba el Sabbat mejor que él. También es ejemplar el proceso contra el Prior del monasterio de la Sisla, quien había organizado la forma de cumplir todos los años con la fiesta de los Tabernáculos. Pero nada como el sonado caso de Fray Diego de Marchena, del monasterio de Guadalupe, ya que había ingresado a la Orden Jerónima sin tan siquiera recibir el bautismo.

El juicio a Marchena fue la gota que derramó el agua de un vaso que venía colmándose día tras día. En un auto de fe cumplido en Toledo en 1485, Marchena y 52 personas de ambos sexos marcharon al quemadero. Fue demasiada la deshonra: en 1486 los jerónimos aprobaron su estatuto de pureza y en 1487 reanudaron su inquisición interna. En 1495, el estatuto fue refrendado por el Papa español Alejandro VI.[73]

La repercusión de estos hechos protagonizados por los jerónimos fue ejemplarizante. Provocó la adopción de estatutos por parte de otras órdenes y corporaciones religiosas e incentivó la severidad de las cláusulas relativas al número de antepasados que debían considerarse para medir la antigüedad del cristiano.[74]

De todas las órdenes religiosas, la última en ofrecer resistencia fue la Compañía de Jesús. Sin embargo, sometida a las enormes presiones de una sociedad empeñada en la limpieza de su linaje, cedió a finales del 1593, durante la realización de su Quinta Congregación. Y no sólo adoptaron estatuto, sino que excluyeron a los conversos, decisión que fue revista en 1608, a instancias de la campaña llevada por el P. Pedro de Ribadeneyra.[75]

Sabido es que su fundador, San Ignacio de Loyola († 1556), habíase opuesto a la discriminación y que, hasta la cuasi imposición del estatuto, los jesuitas habían acogido a un buen lote de conversos, muchos insignes varones como el P. Diego de Laínez (sucesor de San Ignacio en el generalato) o Nicolás de Polanco, a quien las presiones de los reyes de España y Portugal, poco antes de diciembre del 93, habíanle escamoteado el generalato.[76]

Las órdenes de caballería no quedaron a la zaga de las religiosas. La prestigiosa y poderosa Orden de Santiago (creada en 1170, según fecha que entre varias elige el Doctor Micheli Marquez) expresa en el "Modo de dar el Hábito" que, llamando al que ha de recibir el hábito, el caballero que habrá de armarlo le advertirá: "*Sabed que en nuestra Orden hay un establecimiento* [estatuto] *del te-*

---

73 Ídem. "*Los escrúpulos de limpieza de sangre se imponen en la Orden de San Jerónimo.*"
74 Los dominicos, si bien no redactaron inmediatamente estatuto, su Capítulo General de 1489 no sólo prohibió el acceso a los conversos, sino que dispuso expulsión para los profesos. Luego, dieron marcha atrás, y aunque no adoptaron una medida general, los distintos conventos de Santo Domingo fueron implantando estatuto en forma particular. V. gr., en 1496 Torquemada lo obtuvo para Santo Tomás de Ávila. ‖ Ver J. Caro Baroja, *Los Judíos en la España*..., T. III, Tercera Parte, capítulo 9, 2: "Los conversos en las órdenes", pp. 231-236.
75 H. Kamen, *La Sociedad Europea*...., pp. 403-404.
76 Tanto San Ignacio como Diego de Laínez, en vista de su peculiaridad, calificaron la limpieza de sangre de "humor español". (Ibíd., p. 403.) ‖ Ver J. Caro Baroja, *Los Judíos en la España*..., T. II, Segunda Parte, capítulo 10, 1: "Los jesuitas y los conversos", pp. 247-253.

nor siguiente. Establecemos, y ordenamos, que siempre que se supiere que en algún Caballero de nuestra Orden no concurren las calidades de limpieza de sangre, que las Bulas Apostólicas, y Nuestros Establecimientos disponen, se le quite el Hábito, aunque sea profeso expreso. Y para averiguar esto declaramos que sea bastante información lo que la Orden de oficio mandare hacer, con que se haga por dos personas de la misma Orden sin que se llame la parte, ni el Fiscal. Y preguntarle si con esta condición le quiere recibir. Y respondiendo que sí, proseguirá el Caballero que ha de dar el Hábito [...]".[77]

Apenas transcurridos cien años del acto fundacional de la sentencia-estatuto en 1449, las autoridades laicas y clericales agacharon el lomo y se subordinaron a los apremios del partido favorable a los estatutos. Mayoritario por amplio margen, el movimiento proestaturario estaba dispuesto a vencer gracias a sus desplantes coactivos.

Aunque no todo venía de esa coacción. Asimismo, los poderes civiles y eclesiásticos se encontraban sumidos en un mar de dudas sobre la validez de las conversiones forzadas. Por consiguiente, la "vista gorda", plena de desaprobaciones y aprobaciones de derecho en cada caso particular, caracterizó sus tomas de decisión antes de la oficialización de los estatutos.

En este sentido, la "luz verde" encendida por Pablo IV no hizo más que reconocer una situación irreversible dentro de la Iglesia española. En cuanto a la monarquía, todavía hesitó ante la aceptación del toledano, pero en 1556, a 8 años de aquella dilatoria, quedaba claro al Rey que otra vía era ya impracticable y que, con su consentimiento o sin él, el cuidado por la sangre limpia continuaría. Similar debe haber sido el pensamiento de su Consejo pues esta vuelta estuvo por la autorización.

En opinión de Albert Sicroff podría detectarse una "autojustificación" real basada en la defensa de la fe católica ante el avance del luteranismo. A los efectos, se apoya en una orden de Felipe II dirigida a los Caballeros de Alcántara y Calatrava. Exigiéndoles cooperación para la ejecución de las limpiezas les decía: *"Considérese, que por no haber tenido en Francia el (sic) advertencia, que fuera justo tener en los de la Generación de Moros y Judíos fueran conocidos y estuvieran diferenciados de los demás Católicos Cristianos viejos han inficionado con sus herejías, todo aquel Reino y de aquí se concluye, que todas las herejías que ha habido en Alemania-Francia España (sic) las han sembrado descendientes de Judíos como se ha visto y se ve cada día en España"*.[78]

---

77 *Tesoro Militar de Cavallería. Antiguo y Moderno Modo de Armar Cavalleros, y Profesar, Según Las ceremonias de cualquier Orden Militar* [...]. *Con un Breve Discurso del Origen de los Sumos sacerdotes* [...]. Por el Doctor don Joseph Micheli Marquez, Vicecancelario de la Orden Militar de Constantino Emperador. Madrid, 1642. ‖ Por los distintos tipos de estatuto, divididos por categorías (nueve según las instituciones), ver J. Caro Baroja, *Los Judíos en la España*..., T. II, Cuarta Parte, capítulo 2, 2.3.4.5., pp. 287-293, y 8. 9., pp. 305-309.

78 *Los Estatutos...* , p. 172. Esta argumentación referida a los luteranos y a los alumbrados había sido dada ya en 1548 por Silíceo (preceptor de Felipe II y más tarde Arzobispo de Toledo); sin embargo, el argumento no había servido entonces para convencer a Felipe.

Ningún efecto tendrán los apasionados alegatos en favor de los conversos, discursos y escritos de religiosos y laicos, porque en muchas ocasiones, en razón de los riesgos, decidieron mantenerlos anónimos. Son defensas que, con cabal claridad e igual que en los años posteriores a 1449, desmenuzan los considerandos racistas que contienen estos reglamentos discriminatorios, contrarios al origen de Jesucristo, a la esencia del cristianismo y a la purificación de los pecados proporcionada por el bautismo.

Uno de los reproches que los defensores de los conversos hacían a un furibundo anticonverso como el Arzobispo de Toledo, Silíceo, versaba sobre la subversión del principio de Mateo (XXII): *"amarás a tu prójimo como a ti mismo"*. Suspicaz, Silíceo argumentaba que ese precepto no supone igualación del amado con el que ama, ya que sería un absurdo que un Rey amara a sus servidores igual que a sí mismo, que es Rey. De forma que el precepto debe ser interpretado en el sentido de que cada uno debe tratar a su prójimo como querría ser tratado si estuviera en el lugar de su prójimo. O sea, que un amo debe tratar a sus criados como querría que se le tratase a él si fuese criado.

Con frecuencia se alega que hacia la última década del siglo XVI fue disminuyendo la adopción de constituciones relativas al linaje limpio. Pero la situación, más que descenso de la fiebre purificadora, parece indicar agotamiento de las posibilidades de fundar estatuto porque ya casi no quedaba cuerpo o institución que se preciara sin fijar estatuto de limpieza.[79]

En su defecto, y por el instante, puede señalarse que hubo una reacción en contra, lenta aunque reacción al fin, dirigida a eliminarlos (como máxima y utópica aspiración) o a mitigarlos (aspiración menor pero más real), mediante una reducción del número de ascendientes requeridos para calibrar la calidad de la antigüedad del cristiano.

A pesar de esto, lo esencial quedó en pie y fue hecho consolidado que para honor y honra de Dios los descendientes de cristianos nuevos, legalmente, constituirían en España una "nación" aparte hasta el último tercio del siglo XIX, según habrá de verse.

Curiosa unidad religiosa, obtenida mediante una división de la propia cristiandad, separada en dos categorías y no por razones teológicas sino raciales. Curiosa ruta hacia una unidad étnica que, en ese mismo año clave de 1492, avanzaba una pieza más en su tablero al publicarse en el mes de agosto siguiente, al término del plazo concedido para proceder a la expulsión de los judíos, la primera gramática en lengua vernácula: la castellana de Antonio de Nebrija.[80]

La intención de "a una sola religión una sola lengua" nos tienta como argumento. Pero, ¿no estaremos pisando la ciénaga del anacronismo, atribuyendo in-

---

79 *"El último capítulo* [catedralicio] *que adoptaría un estatuto de pureza de sangre fue el de Tuy, en Galicia, cerca de la frontera portuguesa, en los años veinte del siglo XVII, debido a que numerosos judíos portugueses enriquecidos se establecían en Galicia y trataban de introducirse en el alto clero."* (B. Bennassar, *Los Españoles...*, p. 211.)

80 Antonio de Nebrija, *Gramática de la Lengua Castellana.*

tenciones a aquello que no lo tuvo y que, en la realidad de esa duración estaba ya maduro para que, sin propósitos de esta naturaleza, sin más ni más, ocurriera? ¿Simple coincidencia entonces de un final (y un principio) de la ex-lengua romance que había ido afinándose y componiendo en la castellana, al grado de poder configurarla en una gramática, ciencia estructuradora del lenguaje y, en cuanto tal, estructuradora del pensamiento y su enunciación?

VI

Un nuevo orden jerárquico privilegiado

"...son labradores, gente llana, sin mezcla de alguna raza malsonante y, como suele decirse, cristianos viejos ranciosos; pero tan ricos, que su riqueza y magnífico trato les va poco a poco adquiriendo nombre de hidalgos, y aun de caballeros."

Miguel de Cervantes
Don Quijote

1. La estirpe del cristiano viejo. Revanchismo social y honor plebeyo

Adherida al arquetipo de la vida noble, el ideal de la sangre limpia extremó la desigualdad de aquella sociedad hispánica ya sobrejerarquizada. En renglón aparte, y además de las jerarquías otorgadas de derecho por los estamentos y de hecho por el poder adquisitivo, la oficialización de los estatutos gravaba a la sociedad española con el peso de una nueva jerarquía privilegiada de carácter racial: la de "cristiano viejo", en oposición a la jerarquía no privilegiada de "cristiano nuevo".

Este baldón jerárquico se acumuló a los que ya soportaban las espaldas del conjunto social y fue inevitable cuando se exigió la probanza de antigüedad cristiana para ocupar infinidad de cargos y oficios (de Corte o municipales), ingresar a las órdenes religiosas y militares, ejercer determinadas profesiones, integrar corporaciones, estudiar en universidades y colegios, ser familiar de la Inquisición e, incluso, hasta para servir de testigo en probanzas de limpieza.[1]

---

[1] Excelente síntesis aporta J. Caro Baroja en el artículo "Honor y vergüenza". (En J. G. Peristiany, *El Concepto del Honor...*, capítulo 2, pp. 95-112.)

La malignidad del sistema robará toda esperanza. Mientras que de alguna manera en las jerarquías tradicionales los individuos conservaban la esperanza de entrar o de salir, en la **"jerarquía cristiano vieja"** las posibilidades de accesión son problemáticas: ni estamento ni dinero aseguraban su pertenencia, porque su esencia se reclamaba en la calidad de cristiano viejo y esta dependía de la posibilidad de **probarla**, asunto más arduo de lo que aparenta.

Para componer la etiología de la enfermedad estatutaria y su raigambre en el decurso temporal, no podemos restringir nuestras reflexiones a las obsesiones teológicas o antisemitas desarrolladas por la sociedad hispánica. Vaya esto sin perjuicio de que la circunstancia es de racismo, en la medida en que el estigma radica en la "antigüedad" del linaje del cual desciende el cristiano y no en el cristiano mismo; de donde, la creación de "la raza de cristiano nuevo".

Tampoco es cosa de refugiarse en la causal de una manía fundada en sí misma, como si fuera una especie de máquina de autocombustión interna. Algo más profundo, trágico y mórbido habitaba en ella: **el revanchismo social**.

Desencadenado por la porción mayoritaria de los actores en cuestión, estampado en la nueva jerarquía privilegiada sancionada en los estatutos, ese revanchismo tenía beneficiarios directos: el plebeyo en general, y el de baja extracción, en particular, y los hidalgos pobres.

Gracias a la pureza de su estirpe, podrá ahora el villano tener a alguien más abajo de él, estar en igualdad con el noble (titulado o hidalgo) y vanagloriarse de su condición superior al disfrutar de precedencia y del derecho al **honor caballeresco** que se acopla al de la honra.

Era un honor aun más inmaculado que el del noble, pues la sangre de los plebeyos desheredados de fortuna habíase mezclado menos con la de los adinerados de la nueva cristiandad; honor más inmaculado que aquel al que podían aspirar muchos otros plebeyos, burgueses (ricos o medianos), contaminados a causa de "infecciones" sanguíneas vía matrimonio o por las devenidas vía limpieza de oficios, en virtud de ejercer actividad artesanal, profesional, comercial o financiera que calificaban en la vileza.

El genial Francisco de Quevedo sintetiza como nadie esta pasión malsana a la que era adicto: *"Alguno vi que subía, / Que no alcanzaba anteayer / Ramo de quien descender / Sino el de su picardía. / Y he visto sangre judía / Hacerla el mucho caudal / Como papagayo, real, / Clara ya su vena oscura"*.[2]

Honor que en el hidalgo sin fortuna tenía lugar, pero encogido y muy enfadado ante la vaciedad de una bolsa que le retaceaba el derecho a una vida noble, mientras que otros plebeyos engrandecidos por el dinero la vivían, y en la soberbia de su éxito, impúdicamente, se la fregaban en las narices.

Para comprender la situación debemos ahondar en dos cosas que ya han sido tratadas en páginas anteriores: una, el concepto hispánico del honor, ingrediente vital en cuanto es sostén del ideal nobiliario; la otra, la intensa mezcla sucedida

---

2   Citado por J. Caro Baroja, ibíd., p. 103.

entre viejos y nuevos cristianos pertenecientes –social o económicamente– a los grupos superiores de la sociedad (ya de la Nobleza, ya del Tercer Estado).

2. *Evolución del concepto hispánico del honor: honor y honra*

Acendrado en la mentalidad española, **el concepto del honor** (que siempre es un valor con referencia al otro, porque, en puridad, es la sociedad la que otorga o priva de él a los individuos), tiene en nuestra lengua castellana la peculiariedad de una doble forma de expresión: **honor y honra**.

La distinción entre honor y honra no es fácil de captar en Covarrubias y en *Autoridades*, porque sus autores manejaban, con la naturalidad de lo cotidiano, una diferenciación que nosotros –enculturados en otros valores– perdemos al carecer de referencias apropiadas.

Por consiguiente, recurriremos a un diccionario contemporáneo y bien pulido como el de Moliner, para hallar el matiz diferencial existente entre ambos términos.

Honor. "① *Cualidad de la persona que, por su conducta, es merecedora de la consideración y respeto de la gente y que obedece a los estímulos de su propia estimación: 'Hombre de honor. Hombre sin honor. Una mancha en su honor. No se lo permite su honor'. En general, se refiere a* **hombres, y a virtudes o cualidades caballerescas como el valor, la intolerancia de las ofensas, la lealtad, la fidelidad a la palabra dada o la limpieza del linaje, y al comportamiento propio de una persona noble o hidalga o, en lenguaje de ahora, de clase elevada:** *'Se batió para vengar su honor. Honor vidrioso. Honor calderoniano. Su honor no le permitía batirse con uno que no fuese hidalgo. Dice que su honor no le permite aceptar un trabajo humilde'. También* [continúa Moliner], *de modo muy particular, a la conservación de la fidelidad de la propia mujer o de la integridad de la fama de ella o de una hija, una hermana, etc.: 'Mató para vengar su honor al amante de su esposa...'. En cuanto a las mujeres, el honor hace referencia siempre al recato de su comportamiento con el otro sexo y a su fama en relación con él: 'Una mujer celosa de su honor. Los caballeros se batían en defensa del honor de las damas'. Por todo ello, a medida que las costumbres cambian, la palabra honor va siendo substituida por otras menos altisonantes: 'dignidad, rectitud, propia estimación, respeto de sí mismo, vergüenza, amor propio, puntillo, prestigio, buena fama', etc., acomodadas a los distintos casos y matices del hecho de disfrutar, merecer o preocuparse de conservar el respeto de la gente.* (V. '*HONRA*'). ② *Con referencia a colectividades tiene uso actual y corriente y equivale a 'prestigio': 'El honor de esta casa. El honor profesional'.* ③ '*Fama*'. *Circunstancia de ser alguna persona tenida por la gente como de mérito o de importancia excepcional: 'Ese cargo no le dará provecho pero sí honor'* (V. '*DESHONOR*'). ④ '*Honra*'. *Cosa con la que alguien se siente enaltecido: 'Su visita ha sido un honor para mí'.* [...]". Siguen otras formas del uso de este término que valen al caso pero no agregan.³

Después de este largo recuento importa destacar que **honor vale a honra** cuando es *"Cosa con la que alguien se siente enaltecido"*.

Pero **honra** vale por sí misma y así lo especifica Moliner: ① 'Dignidad'. Con referencia a cierta persona, circunstancia de ser intachable por su conducta, por no haber cometido actos delictivos, inmorales, o, en general, que merezcan el desprecio de la gente. **Con referencia a mujeres, tiene el mismo significado que 'honor', pero se usa hablando de mujeres de cualquier clase social.** (V.'DESHONRA'). ② Honor caballeresco: 'Celoso de la honra de su estirpe. Se batió en defensa de su honra'. Pero no se puede decir 'hombre de honra' como se dice 'hombre de honor', ni 'las reglas de la honra', como se dice 'las reglas del honor'. ③ ('Adquirir, Ganar; Dar'. Pero no 'tener, disfrutar' etc.). Aunque sí, señala Moliner, puede dar 'Fama', que es la "Circunstancia de ser una persona respetada, admirada o tenida por meritoria entre la gente: 'Eso te dará honra, pero no provecho'. ④ 'Honor'. **Motivo de orgullo:** 'Es una honra para mí pertenecer a tan ilustre corporación'. (V.'DESHONRA')". La quinta acepción se refiere a las "honras fúnebres", que en el Río de la Plata solemos titular de honores fúnebres y no honras.[4]

Semióticamente, estas sutilezas idiomáticas son ejemplo irrefutable de otras sutilezas que hacen a la mentalidad de la sociedad que las ha creado. Por lo tanto, ¿cuál de las dos palabras ha sido la primera?

La etimología de **honor** (del latín, HONOS,-ŌRIS) nos remite a la voz **honore** que registra su primera documentación hacia el 950, en las *Glosas Emilianenses*. También que, como **onor**, aparece en *El Cid* y que del siglo XI hasta el siglo XIII es palabra femenina y más tarde se generaliza el masculino. Se utiliza en las acepciones feudales para referirse a heredad, patrimonio y usufructo de las rentas de alguna villa o castillo y, análogamente, para lote, suerte.[5]

Nacido primero, el término honor, procrea derivados como **honrar** (del latín Honŏrare) que se dijo 'onrar', 'ondrar', (en *El Cid*, por ej.) hasta adquirir desde el siglo XIV la fonética actual. Y de aquí 'ondra' (*El Cid*), 'onrra' (documento de 1074) y 'orna' (documento de 1209), *"más popular que honor en todas las épocas"* advierten Corominas y Pascual y agregan: *"Tan poco popular se hizo honor que J. Valdés* [en *Diálogo de la Lengua*, 1535] *sólo lo admite en verso, reservando honra para la prosa"*.[6]

No en vano Fray Sebastián de Covarrubias sostenía en 1611 que *"honor vale lo mismo que honra"*. Y por cierto que valía, pero, en principio, no había sido aplicado a los mismos sujetos.

Del análisis etimológico y del conceptual se deduce que el **honor** se corresponde con las virtudes de la condición hidalga, noble, caballeresca y la **honra**,

---

3   El sobrescrito es nuestro.
4   El sobrescrito es nuestro.
5   J. Corominas y J. A. Pascual, *Diccionario Crítico Etimológico*.
6   Ídem. El sobrescrito es nuestro.

en cambio, cabe a personas de ambos sexos y de cualquier condición (noble o plebeya) y se remite a conductas intachables desde el punto de vista moral.

En ancas de coyunturas temporales –como acabamos de apreciar desde el siglo XII– los recovecos mentales de aquella sociedad principiaron a trasladar y extender al conjunto social los valores de un honor nobiliario que se enunciará en el **honor-honra**; ligazón que, en definitiva, habrá de sustanciarse en la obligación a una vida noblemente vivida. De ahí que **"Deshonor"** valga a "Deshonra. Pérdida del honor" y **"Deshonra"** valga a "Deshonor. Pérdida de la honra".[7]

Arribamos a un punto en que (aparte de la ubicación del individuo en la escalera estamentaria, que en primera instancia dividía la sociedad) el valor supremo residirá en la incorporación siamesa del honor-honra, signo distintivo de esta especie de derecho "universal" a la nobleza. Y tan universal era que acabó en la depreciación del Don. Si nos atenemos a Juan Benito Guardiola, luego del Emperador Don Carlos *"... comenzó a haber desorden y atrevimiento, llamándose Don muchos caballeros, no duques, ni condes, ni marqueses, sino otros cualesquier como tuviesen estado mediano. Después, siguiendo sus pisadas, comenzaron otros a llamarse 'Don'... Pues agora, en nuestros días, ha venido este negocio a tanta corrupción y soltura, que ya, mal pecado, muchos se llaman 'dones'* [...]. *Sobre todo es cosa de lástima y dolor que hasta las mujeres de arrendadores y gente baja, y aún las rameras públicas... se atreven a usurpar este clarísimo nombre que es cosa digna de castigo"*.[8]

3. Honor-honra: orgullo y pureza

Desde aquel entonces el honor trastocado en honra y la honra en honor, contrajeron nupcias bendecidas por uno de los valores del honor: **el orgullo**.

Así, para mayor claridad, repetimos con Moliner: *"el honor vale a honra"* (cuando es *"cosa con la que alguien se siente enaltecido"*) y la honra vale a *"honor caballeresco"* (*"celoso de la honra de su estirpe"*).

Estamos en el **honor-honra "motivo de orgullo"** y, para el caso, ese motivo de orgullo –fuente de la propia estimación y de la estimación de los demás– es la limpieza del linaje, su disfrute y su conservación. Y, en razón de que no siendo caballero el destinatario primordial de esta novel forma del honor caballeresco (aunque sí más poderoso por su número, limpieza y firmeza de voluntad en la conquista del honor), en la dialéctica semántica la honra le ganó al honor.

Condición noble la del honor, que impuso de antiguo (y a todas las sociedades europeas) la limpieza de oficios; condición "goda" de la sociedad de las Españas que, a su modo particular, de manera indisoluble y también de antiguo, ligó el honor a la honra y, ambos, a la defensa de la religión cristiana y católica.

---

7 Moliner.
8 J. B. Guardiola, *Tratado de Nobleza y de los Títulos*. Madrid, 1591. Citado por D. García Hernán en *La Nobleza en España...*; p. 184.

El valer más del honor-honra español hallará en la limpieza de sangre la oportunidad que no le había concedido la de oficios. Buscará, por ello, eclipsar en esta nueva jerarquía las abismales brechas sociales y económicas que –en el interior estamentario– iban abriéndose al compás de una economía capitalista, por otra parte, definitivamente aposentada.[9]

En virtud de la sangre sin mácula serán "nobles" todos los cristianos viejos. De suerte que, el honor noble y caballeresco, anudado a la honra, se transfiere al plebeyo. Con frase completa lo dirá la cervantina Dorotea refiriéndose a sus padres: *"...son labradores, gente llana, sin mezcla de alguna raza malsonante y, como suele decirse, cristianos viejos ranciosos; pero tan ricos, que su riqueza y magnífico trato les va poco a poco adquiriendo nombre de hidalgos, y aun de caballeros".*[10]

Por encima del estamento de nobleza, por encima del clerical, por encima de desemejanzas económicas y de nacimiento, esta novel condición jerárquica borrará unas distancias, entretanto va tejiendo otras más peligrosas para la salud de la sociedad española, tan enajenada en su interior como ajena al exterior europeo que miraba con asombro esa peculiar sobrevaloración del honor.

Honor-honra plebeyo, honor de míseros hidalgos, pero, siempre "caballeresco": entregado a la defensa del honor de Dios; como si fuera parte de la reanudación de una "Reconquista" en la que el pueblo menudo se recibía de "caballero" y el converso de "infiel".

Imagen confortable de pueblo caballero. Más honorable en este hogaño que en aquel antaño; yendo en pos, no ya de la Reconquista de una tierra que el moro mancillaba, sino en procura de la de su alma en riesgo ante el enemigo clandestino: "el confeso", quien disfrazado de cristiano conseguía apropiarse de los bienes, vida y milagros, de los únicos verdaderos cristianos.

4. Una forma de subversión social y de guerra civil

La división de las clases, sobradamente cumplida con el orden estamentario y la limpieza de oficios, se agudizaría con la nueva mutilación. Narra Fray Gerónimo de la Cruz que: *"En una villa de Castilla la vieja, hay dos Parroquias, en la una celebran la fiesta del santísimo misterio del Sacramento los Hijosdalgo, en la otra los hombres buenos, y aclamaciones y gozos de aquellos días, que dicen la mayor devoción, y compostura, son decir los hombres buenos a los hi-*

---

9 Después de doscientos años de estatutos, buena prueba de que este acontecimiento acabó considerándose como una nueva jerarquía de carácter noble y hasta superior, es la petición que, con el propósito de limitar los estatutos, fue presentada por los "del Reino de Castilla" en época de Felipe III. Observaba esta petición que había en España dos categorías de nobleza: hidalguía y limpieza, *"...aunque la primera es más honrado tenerla; pero muy más afrentoso es faltar la segunda; porque en España más estimamos a un Hombre Pechero, y limpio, que a un Hidalgo que no es limpio...".* (A. Sicroff, *Los Estatutos...*, p. 247.)

10 Miguel de Cervantes, *Don Quijote...*, Primera Parte, capítulo XXVIII, p 325. El sobrescrito es nuestro.

dalgos, Judíos colgad en vuestra fiesta los Sambenitos; y los hidalgos a los hombres buenos, villanos colgad vuestros capotes. En tales fiestas ¿dónde está la gloria de Dios?".[11]

La extrema defensa de la honra divina era "escudo nobiliario" ocultador de aviesas ambiciones y odios de clase. En sí, **una forma de subversión social y de guerra civil** declarada entre los estratos urbanos (medios y bajos), los campesinos y los hidalgos pobres, contraponiéndose a los señores y a la rica burguesía (en gran número conversa) que gracias a ennoblecimientos comprados y uniones matrimoniales habíase "fugado" del estado plebeyo.

Vale entonces la pena recalcar que la pureza de la sangre de la nobleza española era cuestionada suspicaz y aprensivamente por las clases bajas y medias, porque los integrantes de las clases altas no habían tenido prurito alguno en mezclarse con cristianos nuevos quienes, provenientes de la aristocracia o la intelectualidad, brillaban por su abultada hacienda.

Gran cantidad de cruzamientos con cristianos nuevos acontecieron por vía matrimonial o por amancebamiento. En Castilla, en León, en Navarra y en Aragón, reyes y nobles lo hicieron. Al fin de cuentas, venían haciéndolo desde tiempos inmemoriales cuando, sinceramente y sin presiones, habíanse muchos hebreos convertido.[12]

Frecuente por ello había sido en su época la conducta de D. Alfonso de Aragón, bastardo del Rey Juan de Navarra, cuando no dudó en desposar a Estenza Coneso, la que bautizada tomaría el nombre de María. Estenza era hija del rico hombre de negocios Aviatar Ha-Cohen, dicho "el Coneso". Y, si recordamos lo ya expresado en otra parte, hasta en Da. Isabel y en D. Fernando terciaba la sangre judía.

Orgullosos de su nueva estirpe que tan alto los encumbraba, los conversos, insertados en la nobleza o en las jerarquías superiores de la clerecía, exacerbaron el sentimiento antisemita de la población rural y urbana de baja y media extracción. Fueron "más realistas que el rey" y, por aquello de que "no hay peor astilla que la del mismo palo", resultaron muchas veces los más enconados enemigos de los hebreos recalcitrantes y de los cristianos nuevos de buena o mala fe.[13]

---

11 Fraile de la Orden de los Jerónimos, De la Cruz fue ardiente defensor de los estatutos y, a la vez, defensor (en ocasiones más que Fray Agustín Salucio) de limitarlos en el tiempo y en sus abusos. En 1637, se publicó su *Defensa de los estatutos y nobleza españolas. Destierro de los abusos, y rigores de los informantes.*
12 Pero también reyes y nobles mantuvieron relaciones con hebreas a través de alianzas regulares e irregulares. Señala J. Caro Baroja que *"...los escritores tradicionalistas han solido afirmar, con mala intención, que en las épocas remotas los judíos utilizaban a sus bellas mujeres e hijas para captar a los cristianos aun mejor que por medio del dinero"*. (*Los Judíos en la España...*, T. II, p. 269.)
13 Regla sociológica bien establecida es aquella que se refiere a los "conversos" de cualquier especie. Modernamente, se aplica sobre todo en el caso del "converso de clase media", individuo que en el deseo de afirmación de su estatus en la clase superior a la que ha ascendido, hace, más que otro individuo que ya ha nacido en ella, un uso mucho más drástico y ejemplificador de los valores (léase subcultura) del grupo social al que ahora pertenece.

5. *"Pobre pero honrado." La limpieza de sangre: preocupación plebeya*

En estas circunstancias: **"pobre pero honrado"**. Es este otro dicho del refranero popular que logra completar su valor como expresión de humildad de hacienda y de humildad de cuna, pero humildad opulenta en virtudes. Sin duda, atizó hondos resquemores sociales.

Bien observa Caro Baroja que el "villano honrado" es una figura literaria clásica en el Siglo de Oro, sobre todo en el teatro; baste recordar, comenta, a Lope de Vega, a Rojas Zorrilla o a Calderón, cuyo *El Alcalde de Zalamea* representa la quintaesencia, porque *"...es una acción fundada en el orgullo de las distintas clases sociales y en la conciencia villana de la propia honra, 'patrimonio del alma' y de origen divino"*.[14]

Más adelante se refiere Caro Baroja a la influencia que este arquetipo del "pobre honrado" ha tenido en nuestros días. Por eso, *"...el pueblo, la masa obrera y campesina, tiene unas virtudes de que carecen las clases pudientes, y así a base de los arquetipos del pobre honrado y del rico falto de honra y generosidad se han llevado a cabo cantidad de campañas socialistas y anarquistas... Así, también, se ha creado no sólo una conciencia de la moral o de la honra del **pueblo** como entidad física, sino también una conciencia de la honra de éste como clase **pobre**"*.[15]

El descripto es el espíritu de revancha que no se oculta en el Arzobispo de Toledo, quien luego será Cardenal Juan Martínez Silíceo, el personaje más gravitante en la victoria anticonversa que finaliza en 1556 con la oficialización de los estatutos.

Venido al mundo en 1486, en el seno de una familia pobre y campesina de la aldea de Villagarcía de Badajoz (cerca de Llerena), bajo el modesto nombre de Juan Martínez Guijarro, nuestro hombre principió por evidenciar sus complejos al transformar el humilde Guijarro en sonoro y latino Silíceo. A los 16 años huyó de la casa paterna e hizo lo que todo joven sin fortuna y ambicioso podía hacer en aquellas épocas para superarse: "se metió a cura".

La escasez de información impide saber cómo es que el joven Guijarro aparece en la Universidad de París llevando una vida de austeridad y dura disciplina, en tanto recaudaba prestigio como maestro en la Facultad de Artes, en la que enseñó 9 años. Convertido en filósofo y matemático regresó a España y ocupó la cátedra de Artes en Salamanca. También fue canónigo de Coria y colegial de San Bartolomé. Suficiente llegó a ser su fama como para que Carlos V lo eligiera preceptor del futuro Felipe II, cargo que ocupó por 10 años (1534-1544) y del cual salió nombrado (no sin oposición) Arzobispo de la Sede Primada de España de la que se encargó el 6 de enero de 1545.[16]

Esta escueta biografía de Silíceo, aparte de los méritos propios que le caben en su ascenso y que no valían socialmente demasiado en un contexto en el cual

---

14 "Honor y Vergüenza", en J. G. Peristiany, *El Concepto del Honor...* , p.106.
15 Ibíd, p. 120. || El sobrescrito es del autor.

primaba la excelencia del linaje, indica que, dada la cortedad del mismo, el único recurso de vanagloria que le quedaba era la calidad cristiano vieja de sus antepasados.[17]

Se estima, asimismo, que la estadía en el Colegio de San Bartolomé (7 años de alumno y 12 de profesor de Filosofía Natural) debió influir en su rencor hacia los conversos. La institución *"reclamaba el honor de ser la primera de adoptar en España un estatuto de limpieza de sangre"*.[18]

En las controversias de los bandos –alineados en contra y en pro de los cristianos nuevos–, sombrío, enconado y cargado de pasiones aflora el trasfondo de odio plebeyo y envidia de fortuna que los estatutos contienen.

Las discusiones previas a la aprobación del estatuto de la catedral toledana (que fue de 24 votos a favor y 10 en contra) constituyen una notable demostración. El plebeyo Silíceo aprovecha para descargar su lengua mordaz sobre el Deán D. Pedro de Castilla (o del Castillo), noble de sangre real, descendiente del Rey Pedro I, pero con antepasados conversos: *"...mi voto* [manifiesta] *es que en caso que el estado de esta Santa Iglesia cerca de las personas que adelante han de ser en ella admitidas por beneficiados se haya de mudar, limitar, o restringir... diría que sólo en ella de aquí adelante se admitan caballeros ilustres, o nobles hijosdalgo, o letrados graduados por rigor de examen conforme a las pragmáticas de estos Reinos, y no otra persona alguna porque admitir otra gente baja y popular sin tener otras cualidades que los ayuden so color de ser los tales cristianos viejos es destruir la grandeza y autoridad de esta Santa Iglesia, y la orden de ella"*.[19]

En la ocasión, aunque tan luego no serviría de nada, la Universidad de Alcalá apoyará a D. Pedro, sosteniendo que el estatuto era *"una cizaña que el Demonio ha sembrado en los corazones de los beneficiados por esta Santa Iglesia"*.[20]

Durante el lapso previo a la oficialización de los estatutos, cuando aún se discutían, los individuos de origen noble y los intelectuales aristocráticos por regla

---

16 Entre los candidatos a preceptor de Felipe II se hallaba el eminente humanista Juan Luis Vives. Silíceo fue un maestro tan laxo con su alumno real, que el Emperador se quejó al punto de exclamar: *"Cierto que no ha sido ni es el que más os conviene para vuestro estudio: ha deseado contentaros demasiadamente"*. En 1541 Carlos V reforzó los estudios de Felipe con otros maestros, como Juan Ginés de Sepúlveda. Más tarde, Felipe hizo de Silíceo su confesor. (G. Parker, Felipe II, pp. 37-38.)
17 Caro Baroja pone como ejemplo de que el Cardenal no tenía empacho en declarar su origen modesto, porque era de labriego y, por ese hecho, limpio y cristiano viejo. Así expone en una carta que se le atribuye, dirigida al doctor Santiago: *"Yo os quería casar con mi sobrina; y pues también araron vuestros parientes como los míos, no tendréis qué decir* [reprochar] *a vuestra mujer, ni ella a vos"*. (Artículo "Honor y vergüenza", en J. Peristiany, *El Concepto del Honor...*, pág. 112.)
18 A. Sicroff, *Los Estatutos...*, p. 127. Al renovarse el estatuto en 1517: *"Se mandó también que si por ventura (lo que Dios no quiera) alguno de ellos* [los conversos] *entrare, sea expelido del Colegio, y sea compelido a pagar por cada año que dentro estuviere veinte mil maravedís"*.
19 Ibíd., p. 134.
20 Ídem.

general despreciaron la preocupación de pureza, relegándola a la categoría de preocupación plebeya.

Del prolífico historial estatutario se extraen algunos ejemplos interesantes. Unos son hijos de sangrientos tumultos populares desencadenados contra los confesos, caso de los que en 1474 ocurrieron en Córdoba, ciudad que los excluyó de todas las funciones públicas. Otros, son de una especie más novedosa e índice del "honor caballeresco" del plebeyo llevado a sus extremos: en 1482, la corporación de pedreros de Toledo decretó prohibir la trasmisión de sus secretos profesionales a aquellos que fueran descendientes de cristianos nuevos.[21]

Indicativa en este sentido es la ocurrencia de los guipuzcoanos quienes, para evitar la inmigración conversa, prohíben no solamente su afincamiento, sino también el casamiento con los naturales.

Con esta disposición discriminatoria pretendían defender su estatus de hidalguía general, concedida en Guipúzcoa a todos los que probasen descender de un solar ubicado dentro de las fronteras de su territorio. Como se ha observado anteriormente, era vital para los vascos la preservación de una nobleza colectiva que los libraba de las infamias de la limpieza de oficios.

Costare lo que costare, los vascos tenían que esquivar la penetración conversa, más cuando ya se los tildaba de judíos (a causa de ejercer oficios que en el resto de la península se catalogaban serviles o propios de hebreos) y no faltaban (ni faltarán) escritos reprochándoles una ascendencia judía.

La literatura de la época nos provee, como es habitual, de buena información. Por ejemplo, el anónimo –atribuido al Conde de Lemos– *Historia del Búho Gallego* (de la primera mitad del XVII), o la controversia de estos nacionalismos regionales que desembarcó en las Indias abrazada al Tratado breve de una disputa y diferencia que hubo entre dos amigos, el uno castellano de Burgos y el otro vascongado, en la villa del Potosí, reino del Perú (1624). En esta obra se moteja a los vascos de coléricos, contrabandistas, desobedientes a la autoridad real, amigos y aliados de los franceses, dados a la brujería y carentes de hidalguía en razón de su estirpe judía.[22]

6. Ausencia de un patrón estatutario único. Las probanzas

Con respecto a la redacción de los procedimientos de investigación de limpieza, como en la de los mismos estatutos, sería un error pensar en la existencia de un patrón único. Al contrario, cada institución elaboraba las cláusulas de sus

---

21 Más interesante resulta esta actitud cuando conocemos que estos pedreros eran de origen moro (Ibíd., p. 117). || J. Caro Baroja, además de señalar esto mismo, indica que "... si hemos de creer a autores del siglo XVI, de cien años después, también se aplicó en los bajos fondos. Hasta las cofradías de ladrones de Sevilla, de las que Cervantes hizo una pintura tan viva en Rinconete y Cortadillo, tenían su estatuto..., hecho que prueba que se hallaban calcadas de instituciones serias". (*Los Judíos en la España...*, T. II, p. 311.)

22 Según J. Caro Baroja (*Los Vascos*, p. 260), la referencia de afrancesados recae sobre los vascos franceses, los cuales en buen número emigraban a América.

reglamentos acompasándolas a sus pretensiones. Por ello fueron cambiando de menor a mayor severidad o viceversa, según sugiriera el tono de los tiempos y el conservadurismo de cada institución.

Una de las exigencias más terribles de las normas estatutarias refería, como ya anotáramos, al número de ascendientes requeridos para juzgar la antigüedad del linaje. Algunas corporaciones extremaron su pundonor al grado de demandar pruebas desde "tiempo inmemorial" o afinaron la investigación hasta los tatarabuelos de las dos ramas.[23]

Pero, en su *Defensio Statuti Toletani* (1575), D. Diego Simancas (o Velázquez Simancas), afirma que las penas de exclusión que sufren los confesos sinceros *"...serán temporales si se mantuvieren pacíficos, si no volviesen al vómito* [el de sus antepasados judíos], *si no se mezclasen en cosas que no les atañen, pues de aquí viene el removerse la memoria de sus antepasados. Sean católicos, quietos, pacíficos, modestos y de buenas costumbres y no pasarán muchos años sin que sean equiparados a los cristianos viejos; casi nadie sabe quiénes fueron sus antepasados hace 400 años; muy pocos pueden referir los suyos hace 200; una generación pasa y otra llega..."*[24].

La visión optimista de D. Diego Simancas, que vendría a ejecutarse siempre que el cristiano nuevo se encuadrara en "su molde", adolecía sin embargo de otra irrealidad: no tenía en cuenta que las dificultades de probanza documental se obviaban merced a la admisión –como elemento probatorio– de denuncias anónimas, del rumor, de la opinión o la mala fama, sin tan siquiera deslindar su certeza o falsedad; factores, como sabemos, también suficientes para iniciar causas inquisitoriales.

Posiblemente, para las familias menos importantes y plebeyas, la arbitrariedad encerrada en esta aprobación lisa y llana del rumor o la mala fama haya sido más dañina que las limitaciones mediante pruebas instauradas documentalmente. Estas, en cambio, se abatían mayoritariamente sobre las familias de estirpe noble y cuanto más noble más fehaciente la documentación desde "tiempos inmemoriales".

Sintomático es el caso (con final feliz) de la familia de D. Pedro Osorio de Velasco, que en los avatares de la limpieza había quedado aprisionada junto con el propio Rey que deseaba favorecerla. Descendía D. Pedro Osorio del Obispo de Burgos, D. Pablo de Santa María (a quien hemos visto convertido en 1391). En el distante 1604 sólo pudo limpiarse dicho linaje por decreto de Felipe III. Escudándose en un Breve que él mismo había solicitado el año anterior al Papa Clemente VIII, el monarca concedió a la posteridad de D. Pedro y de todos los des-

---

23 En 1586 un escrito en contra de los estatutos, cuyo autor es un franciscano que permaneció anónimo, señalaba que *"...ya no se tiene en España por tanta infamia ni afrenta haber sido blasfemo, ladrón, salteador de caminos, adúltero, sacrílego, o ser inficionado de otro cualquier vicio como descender de linaje de Judíos aunque haya doscientos o trescientos años que sus abuelos se convirtieron a nuestra Sta. Fe Católica".* (En A. Sicroff, *Los Estatutos...*, p.182.)
24 Citado por A. Domínguez Ortiz, en *Los Judeoconversos en España...*, p. 86.

cendientes de D. Pablo de Santa María la habilidad para acceder *"...a todas las honras, oficios, beneficios y encomiendas en que se admitían los que se llaman caballeros hijosdalgo, cristianos viejos, limpios de toda raza..."*, en homenaje al hecho de haber convertido D. Pablo cuarenta mil judíos.[25]

Ciertas constituciones, como la del Colegio Mayor de Cuenca (1537), permiten las denuncias de "oídas": en el procedimiento de averiguación había una cláusula que preguntaba a los testigos *"Si saben que el Pretendiente es Cristiano Viejo, que no desciende de linaje de Judíos, ni Moros, por ninguna vía, y que nunca hubo rumor, o fama de lo contrario"*. Esta disposición fue copiada por el estatuto catedralicio de Toledo impulsado por Silíceo.

La fragilidad de las pruebas basadas en la opinión común todavía desamparaba más a los individuos, porque se desechaba la opinión de los testigos favorables, aunque estuvieran en franca mayoría. Esto determinaba que la probanza de limpieza terminara siendo "metafísica" y no documentada, tal cual se exigía en parte a la hidalguía.

Esta es una de las causas para que, en el *Discurso de un Inquisidor, hecho en tiempo de Felipe 4º. Sobre los estatutos de Limpieza de Sangre de España y si conviene al servicio de Dios, del Rey y del Reino moderarlos*, el anónimo inquisidor proponga que sean solo aceptados los testimonios firmados. De ese modo aquellos que los rindan asumirían la total responsabilidad de lo que afirman.[26]

La multiplicación excesiva de las probanzas asimismo constituía uno de los grandes problemas de las investigaciones de limpieza. En innúmeras ocasiones enturbiaba la realidad hasta el absurdo, como el de haber casos en que a un hermano se le declaraba "limpio" y al otro "maculado". La incongruencia se resolvía en perjuicio del "limpio", quedando los dos "manchados", porque, ante la duda, se daba precedencia a las pruebas que condenaban el linaje y no a las que lo absolvían.

7. *"Bien está quien no se mueva"*

La cuestión conversa ya poco o nada tenía que ver con la defensa de la fe. Trágicamente desmandada, habíase reconvertido en el punto culminante de una parálisis que, atacando a todos los miembros del cuerpo social, conducía a la **anomia**, una de las categorías que los sociólogos reconocen propia del tipo de situación psicosocial que surge cuando un sentimiento general de inutilidad invade a una sociedad.

Por supuesto, en esta circunstancia anómica de la sociedad española, hay que adjuntar los efectos de la limpieza de oficios, así como en oficios y sangre a su cobertura común: el ideal nobiliario.

---

25 A. Sicroff, *Los Estatutos...*, p. 218.
26 Ibíd., pp. 249 y 251.

Era, en verdad, una variación cultural implementada en el corazón del ideal nobiliario. Su desenlace compelía al inmovilismo a "los de arriba", tocados por la incertidumbre de su futuro, el miedo a la perturbación de su presente y a la conmoción de su pasado familiar; mientras sumergía en la desidia a "los de abajo", pues, también inseguros, no aspiraban a superarse, satisfaciendo sus frustraciones con el poder compensador que les concedía la consolidación de su nuevo estatus "nobiliario".

Para nobles promiscuos y plebeyos enriquecidos, como para cristianos nuevos, perturbadores todos del orden establecido (por "salidos de su sitio"), había llegado la hora del "no va más".

A la retranca, entonces, las élites de sangre, las intelectuales y las económicas.

La nobleza –que hasta el surgimiento de los estatutos de pureza había estado unida a la alta burguesía y en buenas relaciones con la mediana mercantil– luego de la consagración de la limpieza no querrá verse envuelta en averiguaciones de linaje. Igual suerte correrán las relaciones sociales en el desparejo ámbito de los integrantes del Tercer Estado.

La sociedad española caerá en una especie de "no te metas" del que aún los hijos rioplatenses de hoy parecemos no habernos totalmente "curado". En demasiadas cosas que importan a la conducción política, al desarrollo socioeconómico de la sociedad y a la solidaridad social, firme se yergue en nuestra gente el viejo adagio castellano: *"Bien está quien no se mueva"*.

VII

La reforma del sistema de estatutos de limpieza de sangre

"Las notas de infamia no deben ser eternas."

Juan de Mariana, 1599

Hemos podido apreciar que durante los primeros cien años en que se fueron gestando los estatutos y hasta su oficialización, la inconveniencia de esta riesgosa fuente de disenso social fue entendida como un ataque a la unidad cristiana y, por ende, a la esencialidad del cristianismo.

En las postrimerías del siglo XVI y en el siguiente, con los resultados sobre la mesa, los adversarios de los estatutos modificarán sus discursos de tal modo que dejarán de mencionar las preocupaciones teológicas. Porque las pruebas de limpieza de sangre, según palabras de un inquisidor y sacerdote, el Obispo de Zamora Juan Rico Campofrío, eran fuente de escándalo moral y político, y habían convertido a España en una sociedad de constantes conflictos; tanto así, que constituían el noventa por ciento de los casos que se incoaban en los tribunales.[1]

Aceptando la irremediable realidad de la popularidad de la limpieza, los críticos de esta etapa procurarán alivio, no eliminación. Creyentes sinceros de la protección de la virtud cristiana y la necesidad de diferenciar por ello a los individuos, se hallaban sin embargo amilanados ante la perspectiva de ser tenidos por judíos.

Habrán, entonces, de analizar la "enfermedad" y, tratando de comprobar lo funesto del "remedio" higiénico que estaban aplicando, aconsejarán una modificación de la medicina. En puridad, su planteo asienta en una reforma encaminada a poner límites en la investigación: acotación en el tiempo (número de generaciones), extirpación del anonimato en las denuncias, distinción de falsas y verdaderas, limitación del número de testigos y de probanza.

---

1   H. Kamen, *Una Sociedad Conflictiva...*, p. 405.

La figura medular de estas propuestas será el dominico Fray Agustín Salucio († 1601), de noble origen y predicador de fama, de quien Felipe II dijera: *"verdaderamente éste es fraile y predicador de veras; debo oírle siempre de buena gana".*[2]

Tanto escuchó el monarca de buena gana a Salucio que, en 1598, poco antes de aquel fallecer, las Cortes recibieron un Memorial en el que nuestro fraile solicitaba la limitación de las pruebas a cien años. Si esta acotación era aprobada, vendrían a quedar libres de "nota" los descendientes de las multitudinarias conversiones del tiempo de los Católicos.[3]

Acongojado por la situación de incomodidad y "quietismo" en que se encontraban las familias importantes a raíz de su mezcla, escribe Fray Agustín: *"...Hay ciudades principales en que ha cundido tanto alguna raza entre las familias nobles y de lustre que son ya muy pocas las que no rehusarán el ponerse en cosa para la cual sea menester rigurosa información de limpieza; y de los que saben cierto que no se les puede oponer falta de ella hay muchos que también huyen la información, porque no se descubra algún oficio bajo en algunos de sus rebisabuelos...Y otros hay sin número que ninguna cosa saben contra sí, y de cuerdos no quieren que se escarbe en su linaje".*

Entre las cabezas clarividentes tuvo el Memorial gran éxito, al punto de imprimírsele clandestinamente. Pero, el Consejo castellano ordenó su requisa, no obstante que ni la Inquisición, ni un grupo de teólogos consultados se oponían a las sugerencias de Salucio.

Estos cautos clamores tampoco tuvieron eco favorable durante el reinado de Felipe III quien, bien al contrario, expulsará a otros cristianos nuevos: los moriscos. Por eso carecerán de "buena prensa" tanto esta proposición de Salucio como otras similares, caso de la manifestada en 1618 por D. Gabriel Cimbrón, Procurador de Ávila. Preocupado por la falsedad de los testigos y la perversión de aceptar el rumor como hecho consumado, expresaba Cimbrón que *"...ya en nuestra España no hay nobleza ni limpieza que ser un hombre bien quisto o mal quisto, o tener potencia o traza con qué comprarla, o que sea de tan oscuro y bajo linaje que no haya en su república noticia alguna de sus pasados, y por no ser conocidos son bautizados con nombre de cristianos viejos".*[4]

Y la "noticia alguna de sus antepasados", corría, en cambio, en disfavor de los linajes hidalgos a través de los denominados **"libros verdes"**, arquetipo de la

---

2   A. Sicroff, p. 222. Expresiones del Rey, después de oír el sermón que Fray Agustín Salucio pronunciara contra la corrupción de los funcionarios y otros desórdenes que se daban en el reino.|| La obra fundamental de Salucio es *Discurso acerca de la justicia y buen gobierno de España en los estatutos de limpieza de sangre; y si conviene o no alguna limitación en ellos.*

3   En cuanto al plazo para el número de años propuesto por Salucio, según Sicroff es de 100 o 150 años (*Los Estatutos...*, p. 242); según Domínguez Ortiz es de 100 años (*Los Judeoconversos en España...*, p. 89). En el siglo XVII, otros escritores, como el Inquisidor Anónimo, proponen un lapso de 100 años y solo para todos los que pudieran demostrar que en ese período ninguno de sus antepasados había vacilado en la fe cristiana. (A. Sicroff, ibíd. p. 252).

4   A. Domínguez Ortiz, *Los Judeoconversos en España...*, p. 91.

malignidad popular ensañada con las familias bien (o suficientemente) documentadas. La prohibición de estos libros integra las medidas de reforma de los estatutos promovidas por Felipe IV.[5]

1. La pragmática reformista de Felipe IV (1623). Los "libros verdes"

El hecho de que hayan tratado de reformar y no de eliminar el sistema estatutario, provee la pauta de la adhesión mental de la generalidad de la sociedad española hacia la limpieza. También, proporciona la magnitud de los escollos que debían superar los esfuerzos reformistas que, en última instancia, hallamos impresa en la tibieza de sus resultados.

Muerto Felipe III (1621), su hijo y sucesor, Felipe IV, sanciona en 1623 una pragmática de contenido reformista.[6]

Nacida de los trabajos de la denominada "Junta de Reformación" que constituyera el Rey el mismo año de su acceso al trono, la pragmática era parte de un trabajo más ambicioso y global, preparatorio de las directivas sobre las cuales habría de ejecutarse la reforma del Estado, o de la Monarquía para utilizar lenguaje de época.[7]

Las consideraciones que abren la lectura de la pragmática son reveladoras de aquella sórdida y anómala guerra civil que inutilizaba a España:

*"Porque el odio y malicia, y otros respetos y accidentes particulares se han hecho tanto lugar en el modo de la calificación de la nobleza y limpieza en los actos que se requieren, **con tan poco crédito y consuelo de la Nación, con tanta inquietud y discordia en la República, con tanta costa en las haciendas y vidas, y peligro en las conciencias, que se juzga en el Gobierno por la cosa más digna de reparo, así por el remedio de inconvenientes tan grandes, y de que tanto daño resulta al Reino en común y en particular...".*[8]

---

5   *El Libro Verde de Aragón* contenía el sumario genealógico de los conversos aragoneses y de los cristianos viejos emparentados con ellos y, por consiguiente, "manchados". Su autor anónimo, a principios del siglo XVI, lo escribió con fundamento y, según Caro Baroja, de modo bastante riguroso. Pasados 100 o más años, las copias se multiplicaron y deformaron, porque *"... cada copista puso lo que alcanzó a saber o imaginar por su cuenta, y el Libro Verde era, en suma, un motivo de escándalo"* (*Los Judíos en la España...*, T. II, pp. 273-274).
6   *Novísima Recopilación*, Libro XI, Tít. XXVII, Ley XXII: "Don Felipe IV en los capítulos de reformación de la pragmática de 10 de Feb. de 1623 cap. 20". "Actos positivos para la calificación y prueba de limpieza y nobleza con las prevenciones de esta ley."
7   *"Tenga Vuestra Majestad por el negocio más importante de su monarquía el hacerse rey de España; quiero decir, Señor, que no se contente Vuestra Majestad con ser rey de Portugal, de Aragón, de Valencia y conde de Barcelona, sino que trabaje y piense, con consejo mudado y secreto, por reducir estos reinos de que se compone España al estilo y leyes de Castilla, sin ninguna diferencia; que si Vuestra Majestad lo alcanza será el Príncipe más poderoso del mundo."* (Olivares en un memorial secreto destinado a Felipe IV y redactado en 1625. Citado por J. Pérez en *Historia de España* de J. P. Le Flem, J. Pérez y otros, p. 231.)
8   El sobrescrito, como todos los siguientes, es nuestro.

En esta fundamentación, al modo de Salucio y demás escritores que con posterioridad a la oficialización de los estatutos bregaban por la limitación, no se discute la bondad de los estatutos sino la intención, que es *"...porque se conserven en su primitiva calidad e institución los santos estatutos, y los útiles y loables fines del beneficio común a que se ençaminaron, y que de su buen uso se han experimentado, y que siendo tan conveniente en la substancia, no se pongan en estado de perjuicio por los accidentes en el modo..."*.

Habría que incursionar más a fondo para colegir si estas afirmaciones eran de buena fe creídas, o si solamente se decían para eludir una confrontación tajante, pues la realidad mental, a todas luces, sindicábase predispuesta a favor del fenómeno estatutario.

De cualquier manera, no son intenciones excluyentes, sino coadyuvantes. No cabe duda de que la admisión de los beneficios de los estatutos era indispensable para obtener una reforma del sistema.

La pragmática ordena (a continuación) no admitir las denuncias anónimas, entre las que se encuentran los memoriales sin firma *"...aunque citen y señalen testigos, y aunque aleguen fama pública;* **y sólo se pueden admitir en orden a inquirir, y no para otro efecto, cuando individuaren y señalaren sambenito o penitencia, y el año en que se dio la expresión de la persona a quien toca, de la Iglesia o parte donde está, del parentesco que tiene con el pretendiente, o con otros individuos, tan particulares que verosímilmente induzcan el ánimo a que no es malicia...".** La norma continúa con otros cuidados tendentes a proteger a los pretendientes de limpieza de los testigos de mala fe.

Albert Sicroff sostiene que la disposición que hacía lugar a los memoriales sin firma, y que solo se admitían "en orden a inquirir", disminuía los efectos saludables.[9]

Esto es innegable. No obstante, somos de la opinión de que, en caso de cumplirse la pragmática, constituiría un adelanto benéfico porque la inquisición se llevaría a cabo *"cuando individuaren sambenito, etc..."*. En una palabra, se impone presentar pruebas más fehacientes de la veracidad de la infamia para que la investigación pueda tener lugar, comprobando *"...que no es malicia"*.

Por otra parte, era natural que así aconteciera desde el momento en que –en los hechos, por las razones que fueren– seguían estimando la limpieza como un medio necesario de protección.

El esfuerzo reformista daba entonces todo lo que podía. No olvidemos que el Santo Oficio utilizaba para la iniciación de sus inquisiciones (y proseguiría utilizando hasta el fin de sus días) denuncias anónimas de toda especie.

En el capítulo 1 de la ley, se pone límites a *"...las palabras que se hayan dicho en pendencia, o extrajudicialmente en corrillos o conversaciones"*, exigiéndose que *"...no basten ni sean impedimento para los actos de nobleza y limpieza, cuanto quiera que se hayan divulgado y esparcido, y llegado a noticia de mu-*

---

9 *Los Estatutos...*, p. 252.

chos". Esto se mantiene salvo que, una vez hecha la averiguación pertinente, *"...los informantes hallaren que hubo fundamento..."*, asunto que el legislador especifica a continuación.

Era tan terrible esta situación "armada", que el Anónimo Inquisidor (del que ya diéramos ejemplos) pide severas penas para aquellos calumniadores que en un momento de ira hubieran insultado espontáneamente a otro con el epíteto de **"moro"** o **"judío"**, porque esto, fuera del contexto que lo había provocado, valía a "haber oído" que así había sido llamado Fulano y a los jueces les bastaba igual para recusarle la limpieza. También, se pregunta si es pertinente que la limpieza se fundamente en los orígenes oscuros de los individuos de bajo nacimiento o en los decires de viejos, generalmente miserables, a quienes era suficiente un poco de vino, una amenaza o un halago para que testimoniaran cualquier cosa.[10]

En el capítulo 2, se trata de la necesidad imperiosa de llegar al punto de "cosa juzgada", que en materia de nobleza y limpieza nunca lograbase alcanzar. Se hinca el diente en la cuestión del límite en el número de generaciones *"... para que los descendientes por línea recta adquieran derecho"*, porque de otra suerte quedaban *"... sujetos a que los efectos de odio y malicia, que cada día se experimentan, sean más poderosos que la autoridad de la cosa juzgada, y que la vehemente presunción de verdad que induce, contra la cual apenas hallaron entrada las leyes;..."*. Por consiguiente, *"ordenamos y mandamos, que en el cuarto o cuartos, en que hubiere tres actos positivos de limpieza y nobleza... se tenga por pasada en cosa juzgada y ejecutoriada; y que en su virtud se adquiera derecho real a los descendientes por línea recta, para quedar calificados por nobles y limpios para todos los actos que se ofrecieren... y baste probarse la descendencia de las personas que obtuvieren los dichos tres actos... aunque los dichos actos se hayan ganado en diferentes Consejos, Tribunales, Comunidades o Colegios, o en uno mismo, y respecto de un cuarto, o de dos o de todos..."*. Aclara, además, que los tres actos deben ser cumplidos en su totalidad, la ausencia de uno de ellos impide la declaración de nobleza y limpieza.

Conocida es la precariedad del estado de derecho en las sociedades occidentales de aquellos días. Los derechos individuales solo fueron agenciándose muy parsimoniosamente luego de las Revoluciones norteamericana y francesa de fines del XVIII, pero la situación española es alucinante, incluso para su tiempo.[11]

Inquisición más limpieza (que elimina la responsabilidad individual trasladándola al linaje), más inobservancia en ella de algo esencial como la declaración de "cosa juzgada", más inoperancia de las leyes, es demasiado.

El capítulo 3 de la pragmática señala los tribunales habilitados en asuntos de limpieza y nobleza. Son pocos y "graves": Inquisición y sus familiaturas, Conse-

---

10 Ibíd., p. 253.
11 Inglaterra es la excepción, pues realiza una paulatina y positiva evolución que, arrancando de la lejana Carta Magna (firmada entre Juan "Sin Tierra" y sus barones, un 15 de junio del 1215), se consolida en el Bill of Rights de 1688.

jos de las Órdenes y Religión de San Juan, el de la Sede Primada de Toledo, los cuatro Colegios mayores de Salamanca, los dos mayores de Alcalá y Valladolid.[12]

En el capítulo 4, se defiende la cosa juzgada de manera que, aunque se descubra después de dada que había existido defecto, permanezca igual por juzgada, con su derecho adquirido. En cuanto a los capítulos 6 y 7: el primero, libera de la tacha que podía haber caído sobre un linaje en caso de que algún antepasado hubiera confesado sobre su calidad ante la Inquisición y otros Tribunales y Consejos *"...algunas cosas que no fueron ciertas, ni tuvieron causa y razón para ello..."* porque *"...la verdad no se muda por la sola voluntad...";*[13] el segundo, legisla restringiendo las calidades de las probanzas de los Tribunales de algunos Colegios y Comunidades que *"...no contentándose con la afirmativa de que sean limpios... requieren que no se haya oído decir ni dudar lo contrario..."*.

Estima el legislador, en este sentido, que al apretar unos tribunales más que otros ello redunda en perjuicio de la calidad de la limpieza de aquellos que no van tan lejos. Ergo, las mismas probanzas para todos. Estas disposiciones denotan las vestiduras de las que debían echar mano los reformadores para la obtención de sus metas.

Hemos dejado para el final la prohibición contenida en el capítulo 5, porque ella es síntoma de los extremos de perversión social de un sistema que –sin reparar en medios– no vacilaba en multiplicar la difamación: *"...porque muchas personas con malicia y curiosidad natural, más que por conveniencia ni otro buen efecto, conservan en su poder **libros que llaman verdes o del becerro**, y registros y catálogos de descendientes, fabricados sin más autoridad ni causa que las que les ofreció su misma inclinación, **de que han resultado y resultan irreparables e injustos daños de la nobleza y limpieza como del gobierno y quietud pública**, pues sólo con ver escritas en estos libros y registros algunas familias, se califican por notadas, y el deponer un testigo que las ha visto en ellos, u oído decir que lo estaban, basta para tropiezo y reparo, siendo en lo ordinario lo más cierto, que ni tienen substancia, ni saben la causa y fundamento de su origen; mandamos, que ninguna persona, de cualquier calidad que sea, no pueda tener ni tenga ningún libro en su poder, registro ni catálogo, ni otro **papel en que trate de cualquiera cosa que pueda hacer notar en materia de limpieza de familias o descendencias, y que queme los que tuviere**, so pena de qui-*

---

12 Poco después, el 19 de setiembre de 1623, la pragmática fue enmendada con respecto al número de tribunales habilitados, aumentándolos sensiblemente. La resistencia de los primeros tribunales a aceptar el agregado de otros, hizo que la enmienda fuera reiterada por el Consejo Real en 1624; por Felipe V en 1730, 1731, 1742 y 1744; por Fernando VI en 1755. Según Sicroff (*Los Estatutos...*, p. 257), la oposición a ampliar el número de tribunales vendría de la sospecha de admitir estos tribunales en algunos lugares que, como Sevilla, Granada o Bolonia, se tenían de dudosa calidad cristiana.

13 A. Sicroff (ibíd., p. 255), expresa que tal vez trataran de aliviar a los que habían "confesado" por las dudas, aprovechando los períodos de Gracia o, en su defecto, a sus descendientes maculados por ello.

nientos ducados aplicados por tercias partes, y dos años de destierro del lugar donde fuere vecino, y de esta Corte, con cinco leguas".

Las buenas intenciones aquí expuestas deben haber caído en saco roto, pues algunas copias de los libros verdes han llegado a nuestros días. Sin embargo, no acontece igual cuando vamos a los diccionarios, donde la definición "libro verde" es ambigua y elusiva. En una muy escueta y permisiva definición, *Autoridades*, a escasos cien años de la pragmática, anota: *"El que contiene las cosas particulares de un País, y especialmente de los linajes de él, y lo que cada uno tiene de bueno y de malo. Figuradamente llaman así a la persona dedicada a semejantes noticias. Lat. Ephemerides".* A más de trescientos cincuenta años, tanto Casares como Moliner asumen en sustancia la definición de *Autoridades*. El primero indica que es *"Libro o cuaderno en que se escriben noticias curiosas de algunos países y familias"* y que, figuradamente, es *"Persona dedicada a semejantes averiguaciones"*. Para la segunda, es *"Libro o cuaderno en que se escriben curiosidades de personas y países, y, particularmente, se anota lo que tienen de bueno o malo los distintos linajes"*. También agrega una segunda acepción como *"Persona que escribe esos libros o averigua esas cosas"*.

Si solamente a estas definiciones nos atuviéramos, distantes en tiempo y espacio, no lograríamos conocer cuál era el verdadero propósito de estos inicuos libros, presentados en calidad de inocuos. Por la contraria, cuando *Autoridades* no informa correctamente, está sugiriendo que aprobaba libros o que, sin aprobarlos, no estaba en condiciones de desaprobarlos, o las dos cosas, ya que, estas obras –del mismo modo que las leyes–, siempre son producto de acuerdos que varios hacen sobre sus desacuerdos.

Aun ajustándonos únicamente a la legislación recopilada en la *Novísima* (que aclaran y agregan elementos a la ley madre) veríamos los obstáculos levantados para impedir el cumplimiento de las reformas en las leyes XXIII y XXIV.

En lo principal, esas vallas se dirigían a embarazar la declaración de "cosa juzgada" que permitía la adquisición del derecho real en los casos de limpieza. El manejo (consciente o inconsciente) comenzaba en los propios tribunales que no admitían ninguna o solo alguna de las tres pruebas positivas, pese a que ellas habían emanado de tribunales legalmente autorizados para hacerlo.[14]

Ignorar la prueba de los tres actos positivos –que eximían para siempre de más informaciones– era, de hecho, el "no cúmplase" de la norma de 1623.

Es probable que esta especie de necesidad de hacer nuevas informaciones tuviera, también, razones financieras: conformaban una excelente fuente de ingre-

---

14 *Novísima Recopilación*: **Ley XXIII**: por cédula de Felipe IV del 22 de marzo de 1638 sobre "Observancia de la ley precedente, con varias declaraciones contenidas en esta". || **Ley XXIV**: Don Felipe IV a 19 de setiembre de 1623; el Consejo Real, el 23 de marzo de 1624; Don Felipe V a 11 de noviembre de 1730, a 18 de febrero de 1731, a 9 de marzo y 18 de abril de 1742, y a 19 de agosto de 1744; Don Fernando VI a 2 de octubre de 1755, sobre "Los tres actos positivos que han de hacer cosa juzgada para la calificación de la nobleza obren este efecto, siendo de los Colegios mayores que se expresan". Aunque el acápite de la ley dice "nobleza", en el texto consta "limpieza".

sos que las instituciones estatutarias no parecían dispuestas a perder por culpa de la pragmática.

La necesidad de "cosa juzgada", que acarrea el abuso de la multiplicación de las informaciones, adquiere todo su valor con el siguiente ejemplo: en una familia en la cual veinte individuos han hecho información positiva de su limpieza, esas veinte ocasiones no sirven si el miembro número veintiuno de la familia aspira a un cargo, dignidad (etc.), para los que se precisa demostrar limpieza. Las investigaciones recomienzan, y nuevamente el individuo como su linaje están en peligro de ser cuestionados.

Fuera por estos u otros motivos, las instituciones de estatuto no miraban con simpatía a los aspirantes que presentaban la prueba de haberse cumplido los tres actos positivos, requeridos y aceptados por la Ley del 1623. Por ejemplo, en 1654 el Santo Oficio reclamó a Felipe IV para que le autorizara (cosa que hizo) a seguir los pasos de los Colegios Mayores de Salamanca, de Alcalá, de Sevilla y de Valladolid, así como los de las comunidades de la Iglesia de Toledo o de la Orden de San Juan, los cuales, haciendo caso omiso de la pragmática, no aceptaban la probanza de los tres actos positivos.[15]

El permisivismo de Felipe IV y su valido, el Conde-Duque de Olivares desagradaba a la gente, que no miraba con buenos ojos ni la venta masiva de oficios y títulos de nobleza, ni la "invasión" de portugueses (en particular banqueros y mercaderes), ni las facilidades de que habíanse aprovechado (en España y en América) cuando estuvieron unidas en la cabeza del monarca español las coronas peninsulares. Sin contar que el "portugués" era justipreciado siempre de cristiano nuevo, para lo cual razones no faltaban.[16]

Con el aumento del "enemigo" instalado en casa –una casa que amenazaba ruina– y entrado en desgracia el Conde-Duque en 1643, las instituciones que exigían la limpieza redujeron a letra muerta la pragmática de 1623, aprovechándose de la debilidad creciente de una monarquía francamente incapacitada para reaccionar ante esta abierta subversión.

2. *Una batalla que sólo el tiempo podrá vencer*

En 1813, las Cortes de Cádiz suspendieron los estatutos de limpieza de sangre. Julio Caro Baroja ve en este acto suspensivo (como en la abolición de la Inquisición y otros de tenor parecido), la apertura de una nueva época.[17]

---

15 También, hacia 1654, la Inquisición se endurecía aboliendo una disposición que, tomada en 1639, expresaba que a una persona reconocida en los testimonios como buen cristiano –pese a la mala fama de su linaje– no se le exigiría informes que se remontaran a más de cien años.
16 En particular, el empuje de la inmigración portuguesa en España fue muy fuerte durante el reinado de Felipe IV, sobre todo en los momentos en que prevaleció la influencia de Olivares. Esta actitud, que atraía hombres y capitales portugueses, formaba parte de un proyecto más general de reactivación de la alicaída economía hispánica.
17 Artículo "Honor y vergüenza", en J. G. Peristiany, *El Concepto del Honor...*, p. 111.

Antonio Domínguez Ortiz es todavía más entusiasta. A su entender, las Cortes gaditanas casi no se hicieron cargo del problema, hecho que para él es prueba de que "había dejado de ser una cuestión candente". Se basa, por un lado, en el principio de igualdad ante la ley para todos los españoles que las Cortes adoptaron y, por otro, en un decreto del 17 de agosto de 1811, que abolía las pruebas de sangre para ingresar en el Ejército y la Armada. *"Si no mencionaron las pruebas de limpieza de sangre* [expresa] *es porque no se consideraba necesario."* Más adelante veremos que estas conclusiones son demasiado optimistas.[18]

Del mismo modo que en el caso de la Inquisición, las limpiezas regresaron junto al restaurado Fernando VII; si no fueron desalojadas de las instituciones públicas y de las privadas, por lo pronto se eliminaron en algunas dependientes de la órbita del Estado luego de la muerte del Rey el 29 de setiembre de 1833.

Meses después, el 31 de enero de 1835, la Reina Gobernadora María Cristina de Nápoles (cuarta mujer de Fernando VII), hace lugar a una solicitud de la Sociedad Económica Matritense que demandaba libertad para el ejercicio de cualquier profesión u oficio. La Real Orden que dicta fundamenta que: *"...cualquiera que haya sido la razón por la que se reputasen oportunas tales informaciones* **han desaparecido felizmente las causas que las motivaron, que es opuesto a los principios de la justicia universal castigar en la generación presente y en las futuras extravíos y debilidades que pertenecen y probablemente purgaron ya las generaciones pasadas; que semejante prueba es inútil, porque la caridad cristiana y los sentimientos nobles y generosos de los españoles se resisten a revelar hechos que pudieran privar a hombres inocentes y acaso beneméritos, de los medios que para su subsistencia les ofrecen el estudio de las ciencias y la profesión de las artes,** *y por último, que los gastos a que dan margen las diligencias judiciales que las citadas informaciones suponen son un sacrificio que las escasas fortunas de muchas familias no pueden soportar, se ha servido resolver que* **en lo sucesivo no se exija la prueba de limpieza de sangre en ninguno de los casos en que hasta ahora se ha exigido en los establecimientos y profesiones dependientes del Ministerio del Interior** [o de la Gobernación], **bastando en su lugar la partida de bautismo que acredite ser hijo de legítimo matrimonio y la justificación de buena moral y conducta"*.[19]

Enfrentada a la que sería la primera guerra civil de la España moderna, la regente de la pequeña Isabel II (1830-1904) trataba –con esta y otras medidas– de contentar a los liberales que apoyaban la sucesión de su hija en contra de las aspiraciones de los carlistas, sustentadores de Carlos, hermano del finado rey.

Batalla peculiar la de los estatutos, más bien perdida que ganada, con solo el paso del tiempo a su favor; batalla sustanciada en permanencias mentales vencedoras de cambios que apenas hollaban la resistencia de los valores que prohijaban.

---

18 *Los Judeoconversos en España...*, p. 121. ‖ Según J. Caro Baroja, ello fue *"...en homenaje al heroísmo popular frente a Napoleón... (Los Judíos en la España...,* T. III, p. 189.)
19 Ibíd., p. 122. ‖ El sobrescrito es nuestro.

El desuso de la exigencia estatutaria de limpieza por lo tanto fue lento. He aquí una breve relación del camino seguido, pleno de retrocesos aunque con el gran mérito de la insistencia.

A la que ya hemos visto de 31 de enero de **1835**, con respecto a la supresión de la prueba de limpieza para el acceso a las profesiones dependientes del Ministerio del Interior, sucede, al año siguiente (21 de setiembre de **1836**), el restablecimiento en su fuerza y vigor del artículo promulgado por las Cortes de Cádiz (19 de agosto de 1811) sobre la abolición de las pruebas de nobleza en la parte que concierne a la Armada nacional. Luego, el artículo 5 de la Constitución de **1837** declaró que todos los españoles son admisibles a empleos y cargos públicos, según su mérito y su capacidad. El contenido de este artículo hubo sin embargo de ser reiterado en las constituciones de **1845** y **1857**, lo que prueba la resistencia a su aplicación. En esta última carta además se permitió el asentamiento del culto. Expresa Caro Baroja *"... que, con ella, se alcanzó el mayor grado de libertad conocido"*. Empero, todavía en 1860, para acceder a la Escuela Militar española había que presentar pruebas de pureza de linaje, y aún había gremios que las exigían.[20]

En la enumeración del lento trámite sufrido por los partidarios de la eliminación de las pruebas de limpieza, importa mencionar: la Ley de 13 de mayo de **1865**, en la cual Isabel II suprime las informaciones para el ingreso a determinadas carreras del Estado y para contraer matrimonio. No obstante, demuestra el incumplimiento de normas anteriores el hecho de que la Constitución de **1869** debiera insistir en la admisión sin exclusiones de todos los españoles a los cargos públicos, e hiciera un añadido sugestivo: que esa admisión era independiente de la fe profesada. Finalmente, la Constitución de **1876**, en su artículo 15, recoge el principio de las constituciones de 1837, 1845 y 1857.[21]

Cuatrocientos veintisiete años, si partimos de la toledana sentencia-estatuto de 1449, no corrieron en vano. Y aunque en el recalcitrante *animus* de los partidarios de la pureza de linaje el espectro del criptojudío se haya consumado básicamente en masones y liberales, la permanencia de la sospecha antisemita trascendió al siglo XX.

Testimonia Albert Sicroff que *"Todavía, en 1949, en Mallorca, los chuetas existían y eran grupo aparte..."*. Presenta pruebas personales, señalando que, en 1949, estando en Mallorca, un sacerdote le comentó *"que ya se admitía a chuetas a algunos oficios, aunque de los más humildes, de la Catedral de Palma. Sin embargo, añadió, seguía la cautela contra 'las doce tribus de chuetas', hasta el punto de evitarse el casamiento con los que llevaban sus apellidos. También me dijo* [continúa Sicroff] *que, 'sin querer faltar en la caridad', en verdad los 'chuetas eran diferentes' de los otros cristianos. Recordó que cuando era seminarista, la conciencia de la diferencia se agudizaba durante Semana Santa. En esta tem-*

---

20 J. Caro Baroja, *Los Judíos en la España....*, T. III, p. 190.
21 Ídem.

porada, si algún chueta por accidente, rozaba contra un crucifijo, no faltaba quien le soltaba: '¡Cuidado! ¡Es de nosotros!'".[22]

No llama, entonces, demasiado la atención que en 1951 circulara en Palma de Mallorca una reedición de *La Sinagoga Balear* y, en 1966, se editara una obra que renovó antiguas polvaredas, pues entablaba la discusión partiendo de 15 apellidos con fama de chuetas: *"Aguiló, Bonnin, Cortés, Forteza, Fuster, Martí, Miró, Picó, Piña, Pomar, Segura, Taronji, Valenti, Valleriola y Valls"*.[23]

Domínguez Ortiz cree que "la preocupación" está muerta, pero es un finado tan reciente que aún *"...es de mal gusto en la isla evocar esos espectros del pasado"*.[24]

No obstante, la monarquía, el gobierno y la misma sociedad española han dado muestras fehacientes de cambio en estas últimas décadas. Sobre todo saludable ha sido la revisión que, a propósito de los 500 años de la expulsión, se ha hecho y, aún se hace. Saludable y reconfortante, como la palabra judeoespañola de Solomon Gaon al recibir, en nombre de las comunidades sefarditas, el Premio Príncipe de Asturias de la Concordia: *"Israel, era para los Djios Sefardíes la tierra santa, Espanya la segunda patria"*. Aviva la esperanza de que el tiempo, al fin, entierre los últimos residuos de este que, por siglos, fuera trágico espantajo.

---

22 *Los Estatutos...*, pp. 304-305.
23 A. Domínguez Ortiz, *Los Judeoconversos en España...*, p. 121. La publicación cuya autoría es de Miguel Forteza se titula: *Els descendents dels conversos de Mallorca. Quatre mots de la veritat.*
24 Ídem.

VIII

La cuestión morisca

"¡Shhh... hay moros en la costa!"

Refrán popular

"El enfrentamiento entre el Imperio Otomano, secundado por Trípoli, Túnez, Argel y Tetuán, y más tarde por Salé, y España, apoyada por Italia, produjo en los siglos XVI y XVII una guerra de corsarios permanente, prolongada en *razzias* crueles contra las costas del adversario. Corsarios y *razzias* producían decenas de miles de esclavos vendidos en los mercados cristianos y musulmanes: de un lado, Mesina, Venecia, Nápoles, Génova, Málaga, Palma de Mallorca, Valencia, Sevilla, Lisboa...; del otro, Estambul, Salónica, Esmirna, Alejandría, El Cairo, Trípoli, Túnez y Bizerta, Argel, Tetuán, Fez, Marraquesh, Salé... Florecía el comercio humano."

Bartolomé y Lucile Bennassar
Los cristianos de Alá

En armonía con las perspectivas abiertas por la caída del último de los reinos moros en los albores de 1492, los Reyes Católicos, aparte de las medidas estrictamente políticas, tomaron otras que aspiraban a la rápida conversión de sus nuevos vasallos. Violentaban con ello, sin embargo, las capitulaciones de Santa Fe, pero en este y en otros aspectos Fernando e Isabel las incumplirían, estrenando un comportamiento que sería continuado por sus sucesores.[1]

Definitivamente, la sustancia circunstancial había cambiado. Después de casi ochocientos años, en las montaraces y arboladas cumbres norteñas y en el verde apacible de sus valles; en la enjuta sequedad castaña de la meseta castellana y en las fronteras fluctuantes de los espacios que los reconquistadores nombraron la Extremadura; en los tiernos huertos y regados vergeles al pie de la nevada sierra del último reducto del viejo al-Andalus, por siempre jamás, mudos permanecerían los ecos desafiantes del apóstol patrón: "¡Santiago y cierra España!".[2]

Arañando la cifra secular de los ochocientos años, los cristianos recuperaban por fin la tierra que, tan solo en cinco años, habían perdido a manos de los hijos de Mahoma.[3]

1. De moros y mozárabes

Geografía política, geografía humana, geografía histórica (y por ello temporal), los términos imponen una geografía **mozárabe**, originaria de la conquista musulmana.

Manifiesta Covarrubias que *"Cuando los moros ganaron España entre los demás cristianos que quedaron entre ellos, los de Toledo alcanzaron seis iglesias de la ciudad que les dejaron libres, y en las cuales celebraban los divinos oficios y recibían los Santos Sacramentos. En este tiempo usaban el rezado que ordenó el bienaventurado San Isidoro, y la misa que por haberla conservado éstos se llamó después oficio y misa mozárabe. Pues, como estos tales cristianos estuvieron mezclados entre los moros, llamáronlos* **mixtiarabes**, **eo quod cum arabibus viverent.** *Después de recobrada la ciudad de Toledo de los moros, se continuó y conservó la memoria de estos* **mixtiarabes**, *corrompido el vocablo en mozárabes. En las dichas seis iglesias, y en la iglesia mayor, hay la capilla de los mozárabes, que fundó el cardenal don Fr. Francisco Ximénez, donde hoy día se dice el oficio y la misa mozárabe. [...]"*.

En el estudio rendido por *Autoridades*, lo que se dice del mozárabe, en lo que vendría a ser la primera acepción, no difiere demasiado de lo expuesto por Covarrubias. Pero hay cierto giro diverso cuando después señala: *"Otros son de sentir se dijo Mozárabe de la voz Arábiga Mustarabe, que significa vivir entre Árabes: y que los Cristianos se llamaron Mozárabes, no por haberse mezclado, ni emparentado con los Árabes, sino por haber vivido entre ellos"*. Como vemos, estas últimas interpretaciones silencian la posible mezcla del cristiano con el árabe, haciendo sólo hincapié en el "vivir entre".

---

1 Los acuerdos o capitulaciones para la rendición de Granada se firmaron en Santa Fe el 25 de noviembre de 1491, produciéndose el 2 de enero de 1492 la entrada de los reyes en la ciudad. Santa Fe, núcleo militar y urbano cercano a Granada, fue levantado por Fernando para albergue de Isabel y de la Corte, así como para servirle de centro de operaciones de la guerra que personalmente dirigía. || Covarrubias. **Moro.** "Latine maurus, *dicho así de la provincia de Mauritania* [...]." || *Autoridades*. **Moro.** "*El natural de Mauritania, Provincia de África. Tómase regularmente por el que sigue la secta de Mahoma. Lat. Maurus. [...]."*
2 Siendo de cruzada el espíritu que animara la Reconquista, la invocación al Apóstol patrón de España traducida en el grito de guerra ¡Santiago! o ¡Santiago y cierra España! había sido en las batallas contra los moros el aliento centenario de los guerreros cristianos. De donde se deriva que uno de los atributos de este santo sea el de **"Matamoros"**.
3 La palabra **al-Andalus** no designa a Andalucía, sino que es denominación que cubre geográficamente a toda la España musulmana. Sus fronteras se modificarían al paso de la Reconquista.

De acuerdo a Jean Pierre Molénat, la designación mozárabe *"... se deriva del árabe* musta'rib, *cuya significación es 'arabizado' o 'arabizante'. Todos los arabófonos del mundo árabe, a excepción de los originarios de la Península Arábiga misma, eran* musta'riba *(plural de* musta'rib), *y se comprende que el término no haya sido utilizado en España más que para designar... a los cristianos protegidos, y que la palabra haga su aparición solamente en las partes cristianas de la Península Ibérica..."*.[4]

Acontecer previo a la Reconquista, la realidad mozárabe llegó a incluir a la casi totalidad de los cristianos peninsulares que, apenas transcurrida la primera década del siglo VIII, acabaron en vasallos del musulmán vencedor. Acontecer asimismo coetáneo a la Reconquista, la distribución geográfica de esta humanidad mozárabe se irá confundiendo nuevamente en la etnia cristiana a medida que, políticamente triunfante, va borrando del mapa a los reinos islámicos.

En situación similar a la que soportará después la minoría mudéjar en la España cristiana, la mozárabe se verá compelida a convivir con un Islam que (a excepción de los almohades) tolera su diferencia. Les era permitido practicar su religión y morar bajo las normas y costumbres de su civilización, aunque al menor signo favorable, sin dilaciones, decretaban mahometano al mozárabe, impidiéndole revertir la conversión.

Decir tolerancia, sin embargo, no significa expresar igualdad jurídica. En el caso –como en el del mudéjar– la palabra consiente otra lectura significativa que la enlaza a un estatuto diverso, creador de condiciones de inferioridad para el mozárabe: en materia fiscal, en prohibiciones como las del matrimonio mixto, o la interdicción que, por lo general, les vedaba el ocupar cargos dirigentes.[5]

Estas fueron algunas de las razones de peso para que, por un lado, se produjeran numerosas conversiones al mahometismo y, por otro, para que también abultadas fueran las cifras de los mozárabes que decidían mudarse a territorio cristiano, señaladamente ampliado entre las centurias XI y XIII.[6]

De las regulaciones de convivencia no debemos desplazar a aquellas concernientes a los judíos residentes en los dominios del musulmán: en esencia, eran iguales a las de los cristianos. Figura nunca ausente del universo urbano del árabe, el hebreo sobreviviente de las furias godas muchas veces acreditaba en los

---

4   *Toledo, Siglos XII-XIII*, obra dirigida por Louis Cardaillac, capítulo 3, artículo "Los Mozárabes: un ejemplo de integración", pp. 104-105.
5   La prohibición de los matrimonios mixtos no significa que no hubiera existido posibilidad de mezcla entre las etnias. El mestizaje (es decir, las uniones interraciales o interétnicas) pudo efectuarse a través de los convertidos al mahometismo que contraían matrimonio con islámicos. De igual modo, la integración biológica y cultural podía darse por aquellos que, convertidos o no, tenían descendencia a través de uniones informales.
6   Por lo que se refiere al mozárabe toledano, sería exagerado el encasillarlo en la idea de una minoría oprimida, sino más bien habría que ubicarlo ya, a mediados del siglo XI, en calidad de minoría influyente y rica. Una vez pasadas las sospechas de su arabización, fundaron –luego de la Reconquista– linajes que hasta obtendrán la grandeza, por ejemplo, los descendientes de los Álvarez de Toledo que dieron lugar a la rama de los condes de Oropesa y a la de los duques de Alba.

reinos morunos un asentamiento numeroso y secular, o en forma transitoria sólo se allegaba cuando del lado cristiano el aire se tornaba insalubre.[7]

Pero una cosa es dibujar fronteras políticas y muy otra eliminar largas duraciones de convivencia; son lapsos atrapados siempre en ineludibles procesos de aculturación, entre los que tanto cuenta la asimilación como la deculturación, es decir, la integración o la pérdida de los modelos originales de una o de las dos culturas en cuestión.

Son hechos que alumbran, aquí y allá, en uno de los mejores ejemplos de cultura mozárabe: el Reino de Toledo. En este Toledo musulmán, cual indicaba Covarrubias, la clerecía mozárabe mantuvo por siglos el "rito toledano" o "mozárabe", deudor del oficio visigodo que tiempo antes de la reconquista de Toledo (en 1085) había dejado de practicarse en el resto de la España cristiana.

Incluso más: las divergencias de esta clerecía arabizada con la Iglesia no se limitaron a una cuestión de carácter ritual, sino que, desbordándola, invadieron la esfera teológica y procrearon la herejía del adopcionismo.[8]

Sin duda, estos hechos denuncian los cuatrocientos años de aislamiento del clero mozárabe y son demostrativos de que, en la enculturación mestizada, la religión cristiana no se libró de la influencia de la islámica.

No es de extrañar, entonces, que a un año y medio del retorno de Toledo a manos cristianas, una clerecía foránea (franca y básicamente dependiente de la orden de Cluny) acampara en la ciudad y, amparada en la advocación de María, reconvirtiera en catedral cristiana a la Gran Mezquita. Con esta decisión, destronaban doblemente la vieja basílica mozárabe de Santa María, cuyo prestigio remontaba a San Ildefonso (607-667), pues sus muros habían sido testigos de la famosa defensa que el santo hiciera del dogma de la concepción virginal de María.

En su combate contra la clerecía mozárabe, "infectada" por el Islam como por sus siglos de "independencia", los pontífices emprendían la tarea de descabezar el cristianismo mozárabe. Importa observar que tal combate se inició (como luego lo harían los Católicos) con la violación de los acuerdos que regían la entrega de la ciudad que firmaran el 25 de mayo de 1085 Alfonso VI y al-Quadir.

---

7 Vuelta a vuelta, también el judío que vivía en el Islam peninsular se vio admitido o perseguido; aunque, al parecer y en general, hubo más de aquello que de esto. Del mismo modo que en los reinos cristianos, los judíos jugaron un rol importante en la administración de los islámicos, llegando en oportunidades a ser verdaderos primeros ministros.

8 El adopcionismo fue concebido por Elipando, Arzobispo de Toledo a fines del siglo VIII: sostenía que la naturaleza humana de Cristo era adoptiva y, por lo tanto, en este sentido, Cristo no era hijo de Dios sino solamente adoptivo. La herejía fue condenada por el Concilio de Francfort del 794. || Según refiere F. J. Hernández (en L. Cardaillac, *Toledo*..., capítulo 2, artículo "La Catedral, instrumento de cristianización", p. 80), esa herejía constituía un claro intento de conciliar cristianismo y mahometismo. Expandida en el mundo mozárabe, por ejemplo en el reino de Valencia, el Papa Gregorio VII (1073-1085), pretendiendo reimplantar el Imperio bajo la dirección política y religiosa de Roma, conminó a los reyes cristianos de la península a emprender una campaña para extirpar lo que llamaba "la superstición toledana". (Ibíd., p. 83.)

Los acuerdos asimismo aseguraban la vida, las propiedades de los musulmanes y la continuación de la religión mahometana en el recinto de la Gran Mezquita. Hasta hoy, los historiadores disienten sobre la fecha en que se produjo la violación, aunque los trabajos más recientes la ubican en diciembre de 1086.

Habría sido Agnès de Aquitania (segunda mujer de Alfonso VI) la que en ausencia del Rey, aunque en unión con el Abad cluniacense Bernardo de Sauvetat, procedió a la ocupación compulsiva de la Gran Mezquita, que de inmediato fue entregada a Bernardo para convertirla en catedral bajo la advocación de María. Parecería que, una vez enterado, Alfonso VI estuvo en desacuerdo; sin embargo, el hecho es que terminó por no desdecirlo, llegando incluso a señalar que la Gran Mezquita había sido *"una casa arrebatada al diablo"* y que la consagración a María permitía que aquel *"hasta entonces habitáculo de los demonios, fuera en lo sucesivo santuario de virtudes"*.[9]

En claro detrimento de la clerecía mozárabe, Bernardo, quien fue nombrado Arzobispo de Toledo, se ocupó de desdibujar la preeminencia de la antigua basílica destinándola a hospedería. Estos, y otros actos similares, fueron respondidos con sucesivas rebeliones por parte del clero arabizado; pero casi nada pudo frente a la tenaz campaña llevada a cabo en todas las sedes episcopales del Reino de Castilla, donde se nombraron prelados francos y un ejército de jóvenes y fogosos religiosos reclutados en el Sur de Francia. Recién 194 años después (1280), pudo acceder a la mitra arzobispal de Toledo un clérigo de linaje mozárabe.[10]

Si elocuente era la dispar enculturación del mozárabe toledano en materia religiosa, más aun se traslucía en otros aspectos de sus modos de vida, particularmente, en aquellas áreas del quehacer humano en que la etnia islámica –entonces no sólo dominante política y numéricamente– era culturalmente más compleja que la cristiana.

2. De cristianos y mudéjares

Geografía política, geografía humana e histórica, en el largor de la Reconquista los monarcas y señores hicieron muchos vasallos de la etnia mora en las tierras de la Hispania que fueron recuperando. Eran, en su gran mayoría, **mudéjares** (aunque también había algunos conversos al cristianismo) de condición libre o esclava.

El *Tesoro* de Covarrubias define: *"Mudéxares. Vocablo arábigo, vale tanto como moros vasallos de cristianos.[...]. Estos por tiempo, vinieron a convertirse y tornarse cristianos, y son los moriscos antiguos de Castilla, Aragón y Cataluña, distintos de los de Valencia y Granada".*

Autoridades no lo trae (más abajo veremos por qué), pero en Moliner, *"Mudéjar. (Del ár. 'mudeyyen', el que ha sido autorizado para quedarse, participio*

---

9 Ibíd, pp. 84-85.
10 Ídem.

de 'dayan', *permanecer. Adj. y n.). Se aplica a los musulmanes que vivían en territorio reconquistado por los cristianos, sin mudar de religión, y a sus cosas. (Ant.* 'modéjar'*). Particularmente, al estilo de decoración arquitectónica que ellos desarrollaron, consistente en dibujos hechos con los mismos ladrillos haciendo resaltar a algunos de ellos sobre la superficie formada por los demás".*

Apuntan Corominas y Pascual en su *Diccionario Etimológico* igual origen y agregan que la primera documentación es de 1571 en Garibay; también está en Mármol (1600) y en "el Quijote". *"Se aplicaba* [expresan] *solamente a los moriscos de Granada y Andalucía, mientras que los de la Corona de Aragón recibían el nombre de tagarinos".* La Academia lo acepta en 1884, por eso falta en *Autoridades.*

La conclusión es que no hay acuerdo entre Covarrubias y Corominas y Pascual, aunque también se observa lo tardío de la aceptación de la voz mudéjar que, según Jean Pierre Mólenat, registra apariciones literarias ya en los últimos años de la centuria XV. Igualmente su uso es tardío, pero, como este autor opina, puede admitirse el hablar de mudéjares porque es una forma de distinguirlos de los moriscos.[11]

Esto, además, nos sirve para descubrir cuántas veces una palabra existe en los decires corrientes sin que haya sido aceptada por los lingüistas, sino transcurrido mucho tiempo.

Hay una geografía moruna que atender en las postrimerías del siglo XV, con despareja distribución numérica y regional en el mapa de las dos Coronas dueñas del espacio peninsular hispánico.

En el Norte del Reino de Castilla la Vieja (Galicia, Asturias, León, Navarra, Cantabria, Vizcaya y demás provincias vascas), tanto los reinos islámicos que se configuraron como las reiteradas oleadas de las invasiones provenientes de Arabia o del África arabizada, promovieron una disímil distribución humana sobre el espacio. Se trataba, según hemos visto, de la España rústica, la de los montañeses que acaudillaron el inicio de la Reconquista, la España del golfo vizcaíno, del frío Norte, de los vascos, de los reyes de Navarra, de Asturias y de Galicia, que batallando contra moros y contra sí, acabaron anexados a León y a Castilla.

A veces, en aquellos espacios, algunos establecimientos islámicos consiguieron raigambre secular, cual es el caso de Calahorra. Próxima a la confluencia del Cidaco con el Ebro, Calahorra (ex-Calaguris celta, ex-Calaguris Nassica romana y ex-metrópoli del territorio vascuence) estuvo durante los siglos IX, X y mitad del XI, bajo el control de los moros y solo fue recuperada por el Rey de Navarra en el 1054.

Parecidas circunstancias se dan en Vizcaya, en porciones importantes de Navarra (especialmente sobre los bordes del Ebro) o en Asturias. En todos estos la-

---

11 L. Cardaillac, *Toledo*..., capítulo 3, artículo de J. P. Mólenat, "Mudéjares, cautivos y libertos", pp. 118-120.

res hubo durabilidad probada, ya que nunca dejó de ser el moro (mudéjar o morisco, luego de las conversiones obligadas) un personaje conocido: revendedor ambulante, especializado generalmente en el comercio de la pólvora de arcabuz.[12]

En sentido contrario, en la zona media de las montañas navarrenses, los asentamientos árabes resultaron fugaces. Aun menor fue su presencia en la extensión cántabro-pirenaica, donde no se arraigaron.

En otras regiones, como la de la vascuence Álava, no hubo afincamientos estables a pesar de haber sufrido numerosas incursiones en el transcurso de las centurias VIII y IX.[13]

Nuestra geografía humana se transforma, en cambio, cuando nos internamos hacia el Sur de Castilla la Vieja y penetramos en la Nueva, en los espacios que fueran dominio del antiguo Reino de Toledo. Aquí la demografía árabe aumenta al grado de encontrarse en todos sus núcleos urbanos; es una prueba más de que, en un decurso cercano a los cuatrocientos años (del 711 al 1085), aquella porción de la España fue realmente musulmana. El comentario del viajero Hieronymus Münzer quien indicaba que, a pesar de su pequeñez, el burgo de Madrid tiene dos morerías, es ilustrativo.[14]

Como es de suponer por lo antedicho sobre los mozárabes, el máximo ejemplo a finales del XV lo brinda Toledo, con su humanidad heterogénea, compuesta por las tres etnias consabidas: la cristiana, revertida en dominante, y las dos minoritarias, la musulmana y la judía.[15]

En Toledo, como en otros lugares de la España recuperada por la cristiandad, las necesidades de repoblamiento fundamentaban la costumbre de pedir a los

---

12 F. Braudel, *La Méditerranée...*, p. 120.
13 J. Caro Baroja, *Los Vascos*, p. 65.
14 *Viaje por España y Portugal, 1494-1495* (Madrid, 1951).
15 A partir del siglo XI, la lucha por el predominio político entre los reyes cristianos fue mayor que la que sostuvieron contra los reinos taifas que, independientes desde el año 1000, también rivalizaban entre sí. De hecho, los cristianos fueron dominando a los musulmanes porque sus ejércitos constituían la fuerza primordial de los árabes en las guerras intestinas que los destruían (el ejemplo del Cid es suficiente). En esta época de la España medieval, todos los reinos taifas eran tributarios de los cristianos, en particular el de Alfonso VI de León (que entonces tenía anexada temporariamente a Castilla). Después de obtener Toledo (que se rindió el 6 de mayo de 1085) Alfonso adoptará (1087) el título de **"Emperador de toda España"** y Toledo será su capital. Por otra parte, Alfonso VI, recibiendo el vasallaje de casi todos los reinos taifas (1083) y reconociendo realidades de coexistencia y de predominio, se da el nombre de **"imbirator du-l-millatayn"**: emperador de las dos religiones. Tiempos europeos de vocaciones políticas universalistas, el título de "Emperador de toda España" es tanto una respuesta al imperialismo del pontificado de Gregorio VII -que en la ocasión pretendía apropiarse de España- cuanto encierra la intención de liderar la Reconquista e instaurar la superioridad imperial sobre los demás reinos cristianos. El título será usado por los reyes castellanos y leoneses hasta Alfonso VII inclusive (1157). Pero después del fallecimiento de Alfonso, triunfando la costumbre feudal sobre la idea imperial, los reinos de Castilla y León se dividieron. Cuando más tarde volvieron a reunirse la concepción de una España imperial carecía ya de vigencia. (L. Cardaillac, *Toledo...*, capítulo 2, artículo de Julián Montemayor: "El Sueño Imperial").

moros que se quedaran. Del mismo modo, se hacía con la comunidad judía afincada en los ex-reinos islámicos.

Esta costumbre también fue practicada por los árabes en las tierras que conquistaban, tanto por razones de repoblamiento cuanto de control de los pueblos que sometían. Sin embargo, parece que fue muy grande la emigración de moros toledanos a los otros reinos del Islam peninsular, sobre todo después de la cristianización de la Gran Mezquita. Se presume, entonces, que fue corta la cantidad de mudéjares que luego de esto se quedaron en la ciudad y todavía menos en el campo, mientras que otros (que se entiende numerosos) habrían permanecido y aceptado la conversión.

Pero hubo una parte de población musulmana (alguna convertida y la mayoría mudéjar) a la que no se le hacía solicitud de permanencia, sino que, sencillamente, la radicación se le imponía: se trataba de la población cautiva o esclava. Como era habitual en las sociedades con sistema esclavista, los individuos podían siempre liberarse mediante compra de la libertad o cláusula testamentaria.

En la actualidad (de acuerdo a lo que resalta la historiografía reciente), la etnia musulmana en tierras del ex-reino toledano fue mucho más numerosa y pesante culturalmente de lo que otrora se pensaba; de donde se desprende la fuerte herencia de "mudejarismo": la integración de lo cristiano y lo islámico, que se aprecia en las artes de artesanos, orfebres, alarifes y arquitectos (a las que le son indiferentes los orígenes étnicos), o en las literarias, de las que buenos ejemplares son los arciprestes literatos –el de Hita y el de Talavera– o el propio Miguel de Cervantes, nacido en Alcalá de Henares.

Manejamos hoy un lenguaje pleno de voces reveladoras del árabe decir; palabras que con variada fortuna contagiaron el habla de los rudos cristianos: verbo prendido en la escritura dialectal del arabizado; verbo que fue estampándose en la abierta matriz del castellano madre y, traspasando las morunas fronteras, fue a clavarse en la España cristiana y reconquistadora.[16]

Las necesidades de repoblamiento nunca se agotan en la cantidad numérica de la demografía, sino que, siempre, acumulan otras que pertenecen específicamente a la calidad del ámbito cultural y, dentro de esta y en la oportunidad que comentamos, a **lo** culto.

En épocas anteriores al siglo XV, la civilización islámica y la hebrea superaban a la cristiana occidental. Solamente a partir de la mencionada centuria la ci-

---

16 Tomando posición contraria a la sostenida por Claudio Sánchez Albornoz (por ejemplo, en *La España musulmana*), Jean Pierre Molénat apunta que las particularidades lucidas hasta el siglo XV por la lengua castellana de Toledo -tanto la hablada como la escrita- se explican más bien por la influencia del dialecto árabe que lo precedió y no porque fuera un "aljamiado", es decir, una lengua romance escrita en caracteres árabes. Cuando tuvo lugar el aflujo de poblaciones cristianas del Norte, que posibilitaron la conquista de la Andalucía del Guadalquivir (Córdoba, 1236 y Sevilla, 1248), si el árabe toledano desapareció de los documentos notariales en el siglo XIV, no aconteció igual con las firmas (por más de un siglo seguirían firmando en árabe), ni con las inscripciones árabes estampadas en los dinteles de las casas de linajes mozárabes. (L. Cardaillac, *Toledo...*, capítulo 3, artículo "Los Mozárabes...", pp. 105-106.)

vilización del Occidente europeo emprendería su despegue, conducida por el empuje dinamizador que aún le caracteriza.[17]

En los espacios toledanos, manchego-castellanos de la Nueva Castilla, durante los tres primeros siglos de su reconquista (del XI al XIII), se concluyó una fusión de las tres culturas. Porque, de la reunión del conocimiento de las élites cultas de la **Toletot** judía, de la **Tulaytulah** musulmana y de la **Toledo** cristiana nació (en brillante aunque última exposición) la obra de la famosa Escuela de Traductores de Alfonso X el Sabio. Análogo sentido contiene el título de "Emperador de las tres religiones" que se dieron algunos de los reyes castellano-leoneses.[18]

Pero no carguemos a este pasado con tinte rosa, porque también la rosa tiene espinas. Esto, en cierto modo, permite comprender por qué, promediando el siglo XV, se configuró la limpieza de sangre en Toledo cuyo ámbito habíase mostrado como un remanso de tolerancia en medio de la intemperancia de un cristianismo europeo en plena cruzada fundamentalista.

Lo mismo que para el mozárabe en su momento islámico, tolerancia no significa igualdad, sino más bien desbravar las diferencias mediante pactos entre las partes interesadas. Tolerancia equivale a estatutos regidores de una convivencia pactada, aunque una de ellas estuviera en posición de superioridad.

Señales urticantes afloraron de cuando en cuando en aquella duración. En ocasiones, la instigación contra el "otro" –judío o mudéjar– venía de afuera, principalmente a través de normas pontificias, como las que surgieron del IV de los concilios lateranenses que, en 1215, obligaron a ambas etnias a usar vestidos diferentes a los llevados por los cristianos. O el decreto de Gregorio IX del año de 1239, que impuso en Castilla la expurgación del *Talmud* y de otras literaturas judaicas.[19]

---

17 Apunta Jean Pierre Dedieu (L. Cardaillac, *Toledo...*, capítulo 2, artículo "El Reflujo del Islam Español", p. 44), que el al-Andalus (los territorios musulmanes de la península) integra la porción "... *de un conjunto inmenso que se extiende hasta el Indo, en el que circulan hombres, ideas y libros, en el que jamás se ha perdido el recuerdo de las obras de la Antigüedad, y donde jamás se ha interrumpido la tradición de la lectura. Desde ese punto de vista, está a años luz de la Europa cristiana"*. Así en ciencias, como la astronomía, en artes como la arquitectura, en el derecho y la matemática, árabe es, en aquel ayer, la lengua creadora y trasmisora, y árabe el dialecto mozárabe que (como se ha señalado) se inserta en el castellano. Cómo no hacerlo, si hasta los Evangelios son leídos en árabe. ‖ La comunidad hebrea, mucho menos numerosa que la musulmana, pero importante en calidad cultural, deja su sello en los estudios y actividades que hemos ya comentado en capítulos precedentes.

18 En 1139, cuando Alfonso VII hace su entrada en la ciudad, exige que le acompañen la música y los juglares de las tres religiones para que le canten loas en sus lenguas. Según cuentan sus cronistas se titulará "Emperador de las tres religiones". Sesenta años más tarde, Fernando III de Castilla y León (1199-1252) también se dice "Rey de las tres religiones" e ilustra su sepulcro con una inscripción escrita en las tres lenguas. (L. Cardaillac, *Toledo...*, Prólogo, p. 18.) Fernando III, padre de Alfonso X el Sabio, quien pasó al santoral como San Fernando, no dejó de combatir a los moros venciéndolos en Úbeda, Córdoba, Jaén y Sevilla entre 1234 y 1248. Y, en defensa de la Iglesia, guerreó contra la herejía albigense, así como en bien del progreso de su cultura, hizo traducir al castellano las leyes visigóticas, que se convirtieron en uno de los más viejos documentos del idioma castellano.

Las más negativas de aquellas señales iban dirigidas a la "tercera" de las religiones: la judía, a pesar de algunas demostraciones que –sin remitirse exclusivamente a la esfera administrativa o financiera– podían manifestar ciertas intenciones de integración por parte del hebreo, por ejemplo, su participación en las huestes de Alfonso VI en la batalla librada en Uclés contra los almorávides (1108). El resultado, adverso a las armas cristianas, desembocó en muerte y persecución a los judíos, chivos expiatorios de la derrota.[20]

En cambio, por otros carriles (dentro de estos límites de la Nueva Castilla manchego-toledana) fue corriendo la integración con el mudéjar. Desde los principios mismos del Toledo retomado, hubo una copiosa conversión del mahometano a todos los niveles sociales, aun aquellos de la nobleza y reyecía.[21]

Por su parte, los viejos mozárabes toledanos, que cultivaban una cultura arabizada hasta estamparla en el vestir, fueron reforzados con el arribo de otros mozárabes provenientes de diversas regiones del ex al-Andalus.

Tanto hubo de asimilación que no pudieron destruirla los repobladores castellanos, ni los francos y borgoñones venidos del Sureste de Francia y del Norte cristiano desde finales del XI. Esta cultura arabizada, que todavía era fuerte en el reinado del infeliz Enrique IV de Castilla, va disminuyendo en el de su hermanastra Isabel.

3. *El Islam en derrota. La caída del Reino de Granada*

Después del año de 1212, con el triunfo cristiano en las Navas de Tolosa, aquello que restaba de al-Andalus está en perdición; mal que pese a las ayudas africanas recibidas por los reyes musulmanes.

Cuentas de un rosario, los dominios del Islam uno a uno fueron cayendo en manos castellanas: Badajoz (1228), Mérida (1230), la ilustre y magnífica Córdoba (1236), Murcia (1243, ganada por Aragón pero devuelta a Castilla), Jaén (1246), Sevilla (1248), Cádiz (1262), y tantas otras más pequeñas como Huelva y Arcos.

No obstante, arropado en los vahos de la peste negra, el siglo XIV desencadenaba demasiados vientos de discordia en el bando cristiano. Granada, único y agonizante superviviente de los mahometanos reinos, lograría un respiro y en el rosario sólo aparecerá, en 1344, la cuenta de Algeciras. Pero al término de la primera década de la siguiente centuria, están nuevamente los castellanos en la lid y, rompiendo las fronteras granadinas, se apropiarán de Antequera (1410) y,

---

19 L. Cardaillac, *Toledo*..., capítulo 3, artículo de Pilar León Tello, "Un aire de éxito: la Judería", p. 135.
20 En esta batalla murió Sancho, el único hijo varón de Alfonso VI. El heredero era mestizo, habido en una mora cristianada que las crónicas llaman Zaida (Señora). Amada esposa de Alfonso VI, Zaida parece haber sido una princesa toledana, viuda del hijo del que por entonces era Rey de Sevilla.

veinte años después, de Huéscar (1430). Nuevo y largo respiro hasta la caída de Almería (1489).

Otra Castilla acababa de redondearse. Será nombrada "la Nueva", mas no estará completa hasta que en 1492 se rinda la ciudad de Granada, la última cuenta de aquel rosario multisecular.

El pequeño reino de Aragón había ido haciendo lo suyo. En sus inicios, solo una franja recostada a los Pirineos (vecina a Navarra por el Oeste y a los condados catalanes por el Este), Aragón fue agrandándose, en especial y desde fines del siglo XI, a expensas de los emiratos árabes: el de Zaragoza (1118), el de Albarracín (a fines del siglo XII) o, al promediar el siglo XIII, el de las islas Baleares y el Reino valenciano, colonizados por señores aragoneses y comerciantes catalanes.

Mientras esto ocurría (igual que en Castilla), todo un mundo mudéjar –que también dejó su impronta– iba quedando en tierras del dominio aragonés, salvo en ciertas regiones catalanas donde no habían tenido los moros la posibilidad de establecerse.[22]

* Sobre coexistencia y convivencia

En 1492, la circunstancia se presenta suficiente y dispar. Suficiente, pues el círculo de la Reconquista habíase cerrado; dispar, porque, así como esta sería la última vez que "Santiago" batallaría contra reinos del Islam peninsular, también sería la última en que un vencido Rey musulmán haría –en su nombre y en el de los suyos– contrato de igual a igual con sus pares cristianos.[23]

Estos dos acontecimientos prohijarán cambios sustanciales en las relaciones de aquellas sociedades: por un lado, la desaparición de la **coexistencia** y, por otro, la transformación de la **convivencia**.

---

21 Algunas conversiones fueron principescas, mientras que otras dieron pie a santificación. Por ejemplo, Santa Casilda de Briviesca (Burgos), hija del Rey al-Ma'mun de Toledo. Fue tal la asimilación de estos conversos de moros que pasaron desapercibidos y de ellos solo se encuentra noticia en las crónicas musulmanas o en la hagiografía. (L. Cardaillac, *Toledo...*, capítulo 3, artículo de María Jesús Rubiera Mata, "Los primeros moros conversos o el origen de la tolerancia" pp. 109-117.)

22 Los mudéjares en Aragón, propiamente dicho, vivían en núcleos urbanos, trabajando como artesanos. Por ejemplo en Zaragoza se ocupaban en la industria del cuero o en la fabricación de armas y de pólvora. En cambio, en las regiones del reino que están hacia el Ebro y los Pirineos, siendo los mudéjares demográficamente más numerosos, se reunían en activas comunidades agrícolas y pastorales. En total, eran el 20 por ciento de la población aragonesa y, en su mayoría, vasallos de grandes señores (v.gr., el Conde de Aranda en Almonezil).En la vieja Cataluña, por el contrario, el Islam sólo alcanzó a introducirse en sus territorios sureños, a la altura de Tarragona y el Ebro. (F. Braudel, *La Méditerranée*, T. 2, p. 120.)

23 Apunta J. Caro Baroja, que las capitulaciones santafesinas *"se hallaban concebidas dentro de un espíritu de transigencia, dictadas aún por la vieja idea medieval de que había que 'convivir', amistosamente casi, con el moro, puesto que en la península coexistían estados cristianos y musulmanes".* (*Los Moriscos...*, pp. 40-41.)

Habían sido casi ochocientos años en los que a reyes y caudillos cristianos no les fue permitido olvidar la presencia de moros que eran monarcas de reinos y señores de muchos vasallos, por más que hubieran sido sus tributarios durante las postreras centurias.

Igualmente, no fue permitido a los reconquistadores sustraerse del hecho de que, de tanto en tanto, el Islam español recurría a ayudas exteriores. Este aporte invasor, procedente del Islam árabe o del Norte africano arabizado (el bereber), suponía un refuerzo que alargaba la vida del bando moruno; aunque, en última instancia, el socorro tendiera a disminuirlo pues sustituía dinastías y engrosaba las disensiones internas.

Estos motivos influyeron para que la tradición hubiera sido la leal observancia de los acuerdos suscritos, salvo excepciones como la que hemos visto de la Gran Mezquita de Toledo o la relativa al incumplimiento de algunas cláusulas de las capitulaciones firmadas cuando la rendición de Málaga.

De manera que, reinos cristianos y reinos moros, manejaron su centenaria **coexistencia** dentro de ciertas reglas de juego. Generalmente, eran reglas que acataban al pie de la letra ya que ninguno de los dos estaba en condiciones de desligarse de la palabra empeñada.

Esta situación de coexistencia, además, había garantizado un tipo de **convivencia** que, no solamente regía la vida en común de las "tres religiones" (bajo dependencia cristiana o árabe), sino que había autorizado la emigración (hacia una u otra soberanía) de aquellos que sentíanse incómodos. Cuando Toledo fue ganado para los cristianos, muchos mudéjares, y también judíos, emigraron a otros reinos musulmanes. Al revés, lo mismo había acontecido con la emigración a dominios cristianos de mozárabes y judíos, sobre todo cuando (suplantando a los almorávides), se aposentaron las hordas fundamentalistas de los almohades (1150-1250).

Desde 1482 el "reducto" granadino había ido encogiéndose en forma ostensible, aunque todavía suministraba posibilidades de cobijo. Pero diez años después, producida que fue su anunciada defunción, la añeja relación fundada en la coexistencia y en determinadas costumbres de convivencia, habría de trastocarse en muy escaso tiempo. En el futuro, sin esta última y eventual protección, las etnias minoritarias restarían a voluntad de las reglas de juego que impusiera la vencedora.

En resumen: antes de 1492 existió una pactada coexistencia que, *a posteriori* de esa fecha, desaparecería ante la victoria cristiana.

El **fin de la coexistencia** contenía, como todo fin, un principio: el nacimiento de **nuevas formas de convivencia** entre cristianos, moros y judíos.

De los judíos, sabemos que la solución de los Católicos fue tan inmediata cuanto cortante: la expulsión, decretada el 31 de marzo de 1492.

Con respecto a los mudéjares, liberados de compromisos que nadie estaba en posición de hacer cumplir, y liberados del peligro de "la infección judía", Fernando e Isabel emprendieron la ardua tarea de asimilar mediante la conversión a la numerosa masa de vasallos mudéjares.

Aunque ocasionalmente hubo de los otros, básicamente fueron granadinos que, de un solo golpe, pasaron de su condición de moros y vasallos de moros, a la de mudéjares vasallos de cristianos y, muy poco después, a la de **moriscos**: mudéjares que en masa (por las buenas o las malas) fueron convertidos a la fe católica.

En los inicios del proceso, el replanteo de la convivencia de las dos culturas, la cristiana (mayoritaria y dominante) y la moruna (minoritaria y sojuzgada), se fue realizando dentro de los parámetros de respeto a las diferencias que prescribían las capitulaciones santafesinas.[24]

Mundo aún en el Medioevo, como era habitual en sus *mores* relativas a la distribución de territorios conquistados, los reyes dispusieron el "repartimiento" que benefició a muchos cristianos y, también, a algunos moros. Si el "repartimiento" colmó las esperanzas de los reconquistadores, asimismo, en un principio (pero en menor cuantía), designó señoríos a nobles moros, que en el caso del Rey Boabdil, su madre, su mujer y su hermana, estaban firmados en lo capitulado sobre sus intereses el 25 de noviembre de 1491.[25]

En el transcurso de los primeros años posteriores a la derrota, afirmó D. Diego Hurtado de Mendoza que *"Gobernábase la ciudad y el reino como entre pobladores y compañeros; una forma de justicia arbitraria, unidos los pensamientos, las resoluciones encaminadas en común al bien público"*. Pero, enfrentado ya a la nueva realidad granadina, planteada bajo otros designios y añorando aquella otra, el antiguo Capitán General de Granada hubo a continuación de acotar: *"esto se acabó con la vida de los viejos"*.[26]

No carecía de razón D. Diego. La política de Hernando de Zafra (Secretario Real que condujera las negociaciones anteriores y posteriores a la sumisión de Granada) y, todavía más, la propia anuencia regia a la infidelidad de la palabra empeñada, se correspondían con un cambio de ética en las generaciones jóvenes.

---

24 En las capitulaciones existían cláusulas que garantizaban a los moros la permanencia de su identidad cultural: libertad de religión, derecho a ser juzgados por sus leyes, uso de su lengua y vestimenta (incluido el velo en las mujeres) y otras costumbres de tipo alimenticio o higiénico vinculadas también al mahometismo como, por ejemplo, la práctica del baño.
25 Lorenzo de Padilla en su *Crónica de Felipe I*, llamado El Hermoso señala: *"Todos los grandes, y caballeros e hijosdalgo que sirvieron en la conquista deste reino hubieron mercedes, a cada uno según su estado, de casas y heredamientos y vasallos"*. A continuación da una enorme lista de los beneficiados. (Citado por J. Caro Baroja en *Los moriscos...*, p. 42 y nota 24.)
26 Diego Hurtado de Mendoza, *De la Guerra de Granada hecha por el rey de España don Felipe II contra los moriscos de aquel reino sus rebeldes*. (Citado por J. Caro Baroja en *Los Moriscos...*, nota 40, pp. 47-48.) El sobrescrito es del autor. || La voz **arbitraria** está aquí en función de adjetivo; según *Autoridades*: *"Lo que depende únicamente de la voluntad y arbitrio de uno: como acción arbitraria, sentencia arbitraria. Viene del Latín 'Arbitrarius', a, um, Recop. lib. 4.tít.21.l.4. Mandamos que luego que la tal sentencia 'arbitraria' fuere dada, de que la parte pidiere ejecución se ejecute libremente... si la tal sentencia 'arbitraria' fuere confirmada por el Presidente y Oidores"*.

La victoria cristiana, como muchas otras victorias de su especie, no se erguía en buena consejera: tendía a impacientarse, enrareciendo un clima de tolerancia que –tal cual hemos visto con los judíos y los conversos– había presentado su desgaste al promediar la centuria.

El rompimiento con la tradición se generó rápidamente. Entre 1492 y 1493 hallamos algunas de sus primeras señales cuando un número elevado de mudéjares –en su mayoría señores o integrantes de las clases altas de Granada– decidieron un éxodo voluntario, malvendieron sus posesiones y marcharon a Berbería.[27]

Dentro del mismo tenor: a la política llevada por D. Íñigo López de Mendoza (Conde de Tendilla, Alcaide y primer Capitán General de Granada), quien pretendía obrar dentro del marco tradicional, se la limitó con disposiciones que la iban convirtiendo en letra muerta.

Aquí y allá, los cambios tocaban derechos: casi de inmediato se anuló el de porte de armas o, para estimular la repoblación con cristianos, se prohibió la compra de tierras a los mudéjares habitantes en la vega de Granada; también, a través de impuestos que recayeron únicamente sobre la cabeza de los mudéjares, se implantaron en los años de 1495 y 1499 diferencias fiscales.[28]

La verdadera tónica de las transformaciones que se avecinaban ocurrió en 1498, cuando la ciudad de Granada fue dividida en dos partes: una para los cristianos y otra, apodada la Morería, para los mudéjares.

Los límites de **la Morería** todavía se instauraron al viejo estilo, pues fueron el resultado de un acuerdo de las partes: la porción cristiana se repoblaría con *"quinientos mercaderes, tratantes y oficiales de los más distinguidos, incluso algunos de 'carpintería y albañilería, aunque sean mudéjares', además de cuatrocientos labradores que poblarían el Albaicín, donde se les dieron casas a cambio de las que dejaban en la parte reservada a los cristianos"*.[29]

Paralelamente, a la pausada política de catequesis del primer Arzobispo granadino, Fray Hernando de Talavera, sucedió en 1499, agresiva y amenazante, la de las conversiones forzosas del Cardenal Fray Francisco Jiménez de Cisneros. En sólo el tramo que va de octubre a mediados de diciembre, el Arzobispo tole-

---

27 A 27 de enero de 1493 partía también el destronado Boabdil. En el mes de octubre siguiente, Hernando de Zafra hacía a los Católicos un resumen e informaba que...*"con motivo de la marcha del rey, se habían ido 6.300 moros en varias naos, carabelas y caracas, vizcaínas las más"*. (Ibíd., p. 44.) ‖ Málaga, Almería, Ronda, Baza, Motril, Algeciras, las tierras todas del ex-reino granadino iban vaciándose de su élite. Estas gentes se establecieron en la porción occidental del Norte de África, incluyendo la costa del Atlántico, habitando ya en ciudades y pueblos preexistentes (caso de Fez o Tetuán), ya fundando nuevos. Servían como guerreros o funcionarios y, a veces, haciendo el corso. ‖ Consultar F. Braudel, *La Méditerranée*, T. 2, "El 'funcionario'", pp. 30-34, donde realiza excelente exposición sobre estos "desarraigados" y su importancia en el desarrollo de los modernos Estados, tanto en Occidente como en el Oriente islámico.

28 En general, esta inmigración estuvo constituida por familias pobres procedentes de Galicia, Asturias y León. ‖ *Autoridades*. **Vega**. *"Parte de tierra, o campo bajo, llano y fértil. Covarr., es de sentir se dijo del latino* Vigor, *que significa* Fuerza, *por ser más fuertes que otras tierras para los frutos. El Padre Guadix cit. por el mismo Covarr. dice es nombre Arábigo [...]."*

29 J. Caro Baroja, *Los Moriscos...*, p. 47. ‖ El Albaicín integraba el sector mudéjar de la ciudad.

dano (aparentemente confabulado con moros conversos) obtuvo la primera sublevación de mudéjares cuyo escenario fue el Albaicín de Granada.

Domínguez Ortiz y Bernard Vincent señalan que está aún por averiguarse si las intenciones de Cisneros pretendían llegar al conjunto del pueblo musulmán, o si solo iban destinadas a combatir a los elches (o helches): cristianos renegados o hijos de cristianos que habían optado por el mahometismo.[30]

Cualesquiera hayan sido esas intenciones, a los tres días se salió del paso con el perdón para aquellos que se convirtieran, mas a todos quedó la impresión de que el "mudejarismo" tendría corta vida y que los reyes estaban determinados a incumplir su trato.

4. *Moros: conversión o expulsión*

Entre 1500 y 1502 otras sublevaciones (como la de la Alpujarra o la de Ronda) salpicarían el mapa del ex-Reino granadino, y obligarían a Fernando a terminar los sangrientos diferendos con las armas en una mano y el agua bautismal en la otra. Según expresara el Rey: *"Mi voto y el de la reina es que estos moros se bauticen, y si ellos no fuesen cristianos, seránlo sus hijos o sus nietos"*.[31]

Renovaban los Católicos, como en ocasión de la expulsión de los judíos, la vieja antinomia medieval: convertir o destruir al "otro", al "extranjero". Las expresiones de D. Fernando traen a la memoria las de San Luis de Francia cuando, preguntado si no podríase discutir con judíos y musulmanes, respondía: *"Con esa gente sólo hay un argumento: la espada. ¡Hay que hundirles la espada en el vientre!"*.[32]

Enmarcados en este clima, no les iba mejor a los mudéjares de Castilla, los que vivían allí desde siglos atrás. Nada con ellos había pasado. Nada tenían que ver estos viejos mudéjares con las sublevaciones de los recientes mudéjares de Granada. En tranquilidad moraban en territorio castellano y estaban acostumbra-

---

30 *Historia de los Moriscos*, p. 19. ‖ Covarrubias: *"Elche. En lengua arábiga vale tornadizo, **perfuga, transfuga"**. // Ibídem: *"Elche. Título de marquesado en el reino de Valencia; parece estar corrompido este nombre y el antiguo Illici, que unos dicen ser Elche y otros Alicante, porque Ptolomeo dice ser ciudad marítima, y aquella costa y seno se llama* **sinum Illicitanum. Vide Hortelium,** *verbo* **Illici"**.(Los sobrescritos son de Covarrubias.) ‖ En *Autoridades* el término no se encuentra. ‖ En Moliner: *"elche. Morisco. Renegado del cristianismo"*. ‖ Básicamente, Corominas y Pascual indican: *"Elche, 'cristiano renegado que se hace mahometano', del ár* [...] *'extranjero no mahometano' que vulgarmente se aplicó a todos los que habían apostatado de su religión, particularmente a los europeos que terminaron pasando al servicio de los moros. 1° doc.: Ya en 1310 'embajador', Tratado entre Granada y Castilla [...];"*. Asimismo, continúan estos autores: elchi significando 'embajador' también aparece en 1406-1412 y que **elche** aparentemente puede entenderse como mudéjar en Pérez de Guzmán, quien falleció hacia 1460. Señalan que en Nebrija se emplea con el sentido de *"tornadizo; perfuga, transfuga, defector"* y en Mármol, en el 1600, con el de renegado de procedencia cristiana y sus hijos, mientras que en Cervantes (*Don Quijote*) dice que así se llama a los moros de Granada o mudéjares.
31 Esta frase, que la tradición atribuye a Fernando, habría sido dicha en oportunidad de la rebelión de los moriscos de 1501. (Citada por A. Domínguez Ortiz: *Los Judeoconversos en España...*, p. 146.)
32 G. Duby, *Año 1000...*, p. 63.

dos al "mudejarismo", a practicar su culto y sus hábitos sin restricciones, si bien residían –como era tradición– en sus aljamas y portaban distintivos.

Debido a la Real Cédula de 12 de febrero de 1502, no obstante, se vieron conminados a elegir entre convertirse o ser desterrados. Ganados por el terror, como había sucedido con los granadinos, la gran mayoría se convirtió con tal de no abandonar su tierra natal.

Fernando e Isabel *"...en Granada a 20 de julio de 1501 por pragm. y en Sevilla a 12 de febrero de 502"*. *"Considerando el gran escándalo que hay, así cerca de los nuevamente convertidos como de todos los otros nuestros súbditos y naturales, de la estada de los moros en estos nuestros reinos y señoríos, y lo que del dicho escándalo se podría seguir en daño de la cosa pública de ellos, en ver que hayamos tanto trabajado, que en el reino de Granada, donde todos eran infieles, no haya quedado ninguno, y que con ayuda de nuestro Señor hayamos quitado de allí la cabeza del oprobio de nuestra Fe, que de esta secta había en las Españas, que permitamos estar los miembros de ella en los otros nuestros reinos, trae inconveniente: y porque así como a nuestro Señor plugo echar en nuestro tiempo del dicho reino a nuestros ancianos enemigos, que tantos tiempos y años los sostuvieron, y guerrearon contra nuestra Fe, y contra los Reyes nuestros antecesores... así es razón. Mostrándonos agradecidos de esto, y de los otros grandes beneficios que habemos recibido de su Divina Magestad, echemos de nuestros reinos los enemigos de su santísimo nombre, y que no permitamos más, que haya en nuestros reinos gentes que sigan leyes reprobadas: considerando asimismo, como la mayor causa de subversión de muchos cristianos, que en estos nuestros reinos se ha visto, fue la participación y comunicación de los judíos; y que así hay mucho peligro en la comunicación de los dichos moros de los nuestros reinos con los nuevamente convertidos... y se tornen a los errores primeros; lo cual según la flaqueza de nuestra humanidad, y sugestión diabólica que continuo nos guerrea [...]; y porque cuando algún escándalo o peligro hay de su estada, y necesidad de su salida o expulsión, aunque sean pacíficos, y vivan quietamente, es razón que sean expelidos de los pueblos, y los menores con los mayores... habiendo habido sobre ello mucha deliberación, acordamos de mandar salir a todos los dichos moros y moras de nuestros reinos de Castilla y de León, y que jamás tornen ni vuelvan [...]." "...que no puedan ir... por mar ni por tierra a los nuestros Reinos de Aragón y Valencia, y Principado de Cataluña, ni al reino de Navarra... que no puedan ir ni vayan a las partes de África ni a las tierras del Turco... que se puedan ir y vayan, si quisieren, a tierra del Soldán..."* El tiempo que se les da es hasta el *"...fin del mes de abril..."* y bajo pena de muerte y confiscación para aquellos que se animen a regresar como para los que los ayuden.[33]

---

33 *Novísima Recopilación*, L. XII, T. II, Ley III.

* Un descubrimiento antropológico

Durante los años que corren del 1500 al 1510 la tendencia fue la de obtener cristianos verdaderos merced a la multiplicación de la tarea misional, la aumentación y distribución conveniente de las parroquias.

Aquella convicción real que Fernando expresara en 1501 no escatimó esfuerzos para su logro, pero, en el transcurso de esos diez años que anotamos, los hechos impartieron a las cabezas coronadas una lección antropológica: aprendieron que el bautismo (forzado o convencido) no alcanzaba para erradicar el mahometismo, sino que, además, era indispensable eliminar hábitos culturales que hasta entonces habían permitido; al grado de aparecer muchos de esos hábitos aprobados taxativamente en algunas capitulaciones que en forma particular habían concertado con determinadas comunidades moriscas.[34]

Los resultados de este descubrimiento se calibraron teniendo en cuenta los factores que por su mayor gravitación facultaban la permanencia del mahometismo, dificultaban su erradicación e impedían la verdadera conversión del morisco: los manuscritos islámicos y el **Corán**, fuentes primarias de sus fundamentos.

El 12 de octubre de 1501, el Santo Oficio actuando en auto de fe quemó todos aquellos que pudo encontrar, incluidos los que pertenecían a bibliotecas de cristianos laicos y de las órdenes religiosas.[35]

Luego las autoridades se arrojaron sobre costumbres derivadas del mahometismo, cual el modo de matar los animales. En algunas capitulaciones de 1500 y 1501 expresamente fue prohibido: *"...que tengan sus carniceros y pescaderos como agora los tienen, matando las [reses] según e por la orden e manera que las matan los cristianos e non en otra manera"*.[36]

Más lentamente van surgiendo otros hechos culturales contrapuestos. Escondidos en la lejanía, solamente pudieron ser detectados en el vivir diario de la nueva convivencia. Uno de ellos, imposible de aceptar, fue el de la conducta permisiva de la cultura árabe sobre la consanguinidad de los matrimonios.

En el cosmos cristiano, católico y romano, era esta una cuestión que la Iglesia regía y prolijamente cuidaba gracias a una severa legislación en materia de relación consanguínea, habilitando con dispensas (o no habilitando) a los futuros cónyuges cuya consanguinidad caía dentro de los parámetros que consideraban incestuosos. Este problema había despuntado ya en los hábitos del mozárabe,

---

34 En algunas de estas capitulaciones de los años 1500 y 1501, que luego no se respetarán por los motivos ya indicados, se permitía, por ejemplo, *"...que no sean apremiados, hasta que rasguen los vestidos que agora tienen ellos y sus mujeres, a que compren e traigan otros nuevos"* (Capitulaciones de Baza, Huéscar y Tabernas). También en las capitulaciones de Huéscar y Tabernas se indica :*"...que no les sea vedado el baño a los que quisieren bañar en él, agora ni en ningún tiempo"*. (Citadas por Domínguez Ortiz y Vincent, en *La Historia de....*, p. 20.)
35 Perdióse de esta forma gran parte de un legado intelectual y técnico que había permitido el desarrollo de Europa a partir del siglo XII. Desarrollo que se apoyaba *"...en lo que los conquistadores cristianos habían hallado en las bibliotecas árabes de Toledo y Palermo"*. (G. Duby, *El Año 1000...*, p. 70.)
36 Capitulaciones de Baza y Huéscar. (Domínguez Ortiz y Vincent, en *La Historia de....*, p. 20.)

empero con su aumento exponencial a raíz del nacimiento del morisco, asumía ahora caracteres alarmantes.[37]

En el mismo orden de cosas, la convivencia había develado a los cristianos que la costumbre del baile (sobre todo la zambra) o la concurrencia a los baños públicos sublimaba intenciones lujuriosas. Sobre los baños se sospechaba porque eran mujeres las que asiduamente los frecuentaban –según les parecía a los cristianos– para dar placer a sus hombres; placer que también le daban a estos comiendo y durmiendo mucho, pues el gusto del arabizado estaba por la hembra entrada en carnes.[38]

Y qué contar sobre otras *mores* que, aunque contrapuestas, fueron en cambio recibidas y ocultamente admitidas por los cristianos viejos, subidos al carro de aquello tan arcaico de que "no creo en brujas, pero que las hay, las hay".

La fama de la hechicería oriental (entre ellas la árabe como la judía) reconocía raíces milenarias en el mundo cristiano, incapacitado de deshacerse de la parte oriental de su enculturación. Los españoles no fueron excepción, y menos cuando la oportunidad de la nueva convivencia intensificó el contacto biológico-cultural y los miedos de los tiempos europeos apuntalaban una sociedad entregada a una exaltada evaluación de la hechicería. El contacto íntimo y las afinidades hacia la hechicería desencadenaron una feroz como apasionada "caza de brujas" bajo la dirección de la Iglesia.

A despecho de las persecuciones y condenaciones realizadas por el brazo ejecutor de la Inquisición, la sobrevaloración de la magia (blanca y negra), el curanderismo y la adivinación, fantasmas de los propios fantasmas, estuvieron en España en el orden del día prácticamente hasta fines del siglo XIX. Indudablemente, la largura de esta duración indica la existencia de "un mercado", con "oferta" y "demanda" sólidamente establecidas.

El caldero de la hechicería procuraba "pactos" tan luciferinos como fáusticos: encantamientos, victorias y derrotas del "ángel caído"; pócimas para sanar, pócimas para matar, pócimas para doblegar la virtud virginal de virtuosas doncellas, "polvos de la Madre Celestina y del Padre Cucharón". Y, en ocasiones, hasta manuscritos árabes como el *Don Quijote* cervantino que su autor (negando en esta ficción su autoría) comenta haber comprado en una callejuela de la Alcaná toledana y, habiéndolo hecho traducir por un morisco aljamiado, resultó ser escrito por un tal Cide Hamete Benengeli, historiador arábigo.[39]

---

37 Señala J. L. Flandrin que *"...en 1215, el Concilio de Letrán limitó los impedimentos de consanguinidad y de afinidad legítima al cuarto grado, y el de afinidad ilícita al segundo grado"*. Comenta que, además que ver en estas prohibiciones el aspecto de utilidad social que tenían, la Iglesia estaba *"...obsesionada por el pecado de incesto en cuanto variedad del pecado sexual"*. Agrega que la Iglesia en 1917 recién se decidió a reducir esos grados *"...en ocasión de la publicación del nuevo código de derecho canónico"*. (*Orígenes de la Familia...*, pp. 36 y 38.)

38 Uno de los principales argumentos para prohibir los baños en Castilla es el de que alentaban la molicie y el afeminamiento.

39 Este universo mixturado es magníficamente presentado por J. Caro Baroja en *Vidas Mágicas e Inquisición*.

Procesos de transculturación, procesos recíprocos, amasados en longeva duración, asimilaron las mixturadas convivencias que fluían debajo de pieles morenas que antes habían sido más claras.

En los años corrientes entre 1500 y 1526, en la totalidad del área de la España peninsular, fueron sumándose las prohibiciones relativas a tales o cuales *mores* musulmanas hasta que, el 7 de diciembre de 1526, podemos dar por finalizado el aprendizaje antropológico. Una junta, a los efectos instalada en Granada, redefine la cuestión y publica un índex casi completo de las costumbres islámicas.[40]

En ese índex se establece que será musulmán todo aquel que, aunque bautizado, siga cualesquiera de los hábitos que allí se califican como mahometanos. Ligada a esta línea de acción, se traslada de Jaén a la ciudad de Granada el máximo custodio de la fe: el Santo Oficio de la Inquisición.

Estando en las postrimerías de 1525, Carlos V impartió órdenes para que se ejecutara el bautismo en masa de los mudéjares del Reino de Aragón (el Aragón propiamente dicho y Valencia), y declaró abolido el mahometismo.

Meses antes el Inquisidor General, D. Alonso Manrique, acorde al parecer de una junta que estudiara el tema, había dispuesto que era válido y con obligación de vivir como cristianos el bautismo de los mudéjares de Valencia. Acometida forzosamente por el pueblo bajo en el transcurso de la crisis de las Germanías, esa conversión acaeció en tierras valencianas entre 1521 y 1522.[41]

---

40 En 1526, pisando Carlos V suelo granadino por vez primera, tan impresionado por su belleza como por un memorial de agravios que le presentaron ciertos moriscos de alto rango, dispuso que un grupo de visitadores averiguara la verdad del memorial. Los encargados estuvieron de acuerdo con la lista de agravios que mencionaban, pero también que los granadinos, en los 27 años que llevaban de bautizados, ninguno dejaba de mahometizar de una forma u otra. Acordaron asimismo que la enseñanza de la fe cristiana había sido casi inexistente y que de la conversión sólo habíase cumplido el carácter obligatorio con que se había ejecutado. El Emperador reunió entonces una junta que confeccionó el catálogo de prohibiciones. No obstante, los moriscos, como otras veces, pagaron para obtener la suspensión de las prohibiciones. La suma era importante: 80.000 ducados a devengar en seis años. Junto al catálogo, el Emperador libró una buena cantidad de reales cédulas dirigidas a proteger a los moriscos de las expoliaciones de que eran objeto.

41 El de las **Germanías** (1519-1522) fue un movimiento de carácter social (no político), integrado por los elementos más bajos del estamento plebeyo del Reino de Valencia que se rebelaron contra la inopia de los estamentos privilegiados. El detonador: la huida -hacia sus posesiones rurales- de los patricios de la capital (Valencia) cuando en 1519 arreciaron, por un lado, los estragos de la peste negra y, por otro, las incursiones de los corsarios árabes. Miserables y abandonados a sí mismos, los plebeyos se armaron y, a fines de aquel año, una junta ("Junta de los Trece") tomó a su cargo el gobierno. En 1520 continuaban dueños de la situación, después de haber echado de la capital y de Játiva al enviado real, el Virrey D. Diego Hurtado de Mendoza. Aun más, el 25 de julio de 1521, los **agermanats o agermanados** pudieron derrotar al ejército real en Gandía. Durante su predominio, numerosas fueron las represalias sangrientas que tomaron contra los privilegiados, **al tiempo que obligaban a bautizarse a los odiados mudéjares de los nobles**. Perdidosos en varios encuentros, liquidados en la capital (noviembre de 1521), quedaron resistiendo en Játiva y Alcira hasta setiembre de 1522. Es interesante anotar que su postrer líder, "el Encubierto" (que se decía hijo del finado Príncipe D. Juan y por ende nieto de los Reyes Católicos) era hijo de padres judíos, cosa que se descubrió al desnudar su cadáver luego de que, puesta a precio su cabeza, fuera asesinado durante la resistencia de Játiva. ‖ En el sentido empleado en este caso: **Germanía**, del catalán 'germanía', 'hermandad'; derivado de 'germá', 'hermano'. (Corominas, *Breve...*)

La resolución real acarreó –en los primeros meses de 1526– los sangrientos levantamientos de los musulmanes de las clases bajas. Una brutal guerra de guerrillas abrasó de Sur a Norte las ricas y pobladas regiones valencianas de la sierra de Bernia, de Benaguacil y la sierra de Espadán. En cambio, los islamitas más moderados y pudientes, concertarían (ya en enero de 1526) un acuerdo por el cual compraron el statu quo real.[42]

No cabía duda de que los moriscos mahometizaban y que, a semejanza de lo sucedido en el reino de Castilla cuando la rebelión de los Comuneros (1520-1522), los nobles señores de moriscos los protegían, desinteresándose de si eran o no cristianos leales. Porque su preocupación era no verse desvalidos de aquellos trabajadores industriosos y austeros en el vivir, fueran libres o esclavos; virtudes estas que, con toda evidencia, acuñaban su origen en el mahometismo y no en la tradición de los cristianos españoles.[43]

Del odio y desprecio hacia el morisco que sentían las clases medias y bajas del Tercer Estado, así como la nobleza mediana y pobre, tampoco podía dudarse. Para estos grupos sociales, todo aquello que hoy justipreciamos en razón de los beneficios que esta minoría reportaba a la sociedad eran tenidos por inconvenientes y negativos.

Nuevamente, el paradigma de los contrarios civilizatorios imprime su huella. Tacaños y sin honra eran los moriscos en opinión de los cristianos viejos, hidalgos empobrecidos o gente del común. Porque, a pesar de las exacciones que soportaban, trabajando (ya en oficios viles, ya en la agricultura) aumentaban su modesto peculio o se enriquecían gracias al ahorro que les permitía la frugalidad de sus hábitos. Al contrario de los señores o de los acaudalados burgueses dueños

---

42 El acuerdo no se oficializó públicamente hasta 1528.
43 La rebelión de las **Comunidades**, ocurrida en el centro del Reino de Castilla, sobre el eje Valladolid-Toledo, fue una crisis social y política sustanciada por la mediana nobleza y las clases medias urbanas, aunque alguno que otro representante hubo de la alta nobleza y la aristocracia negociante. Tal el caso de Da. María Pacheco, hija del Conde de Tendilla, D. Iñigo López de Mendoza. Al quedar viuda de D. Juan de Padilla, uno de los líderes comuneros ejecutados en Villalar en abril de 1521, Da. María tomó las riendas de la resistencia toledana hasta que la ciudad cayó en febrero de 1522. Basándose en la teoría medieval y tomista de la naturaleza contractual del poder real, la intención sociopolítica de los **comuneros** (constituidos en Junta a mediados de 1520) era la de convertir a las Cortes en una institución menos aleatoria en su convocación, con una periodicidad estipulada y un reglamento interno equitativo para que, efectivamente, pudieran constituirse en el control y sustento de las decisiones políticas del reino: por ejemplo, la de hacer la guerra, sacar moneda del reino, nombrar corregidores en los municipios, procuradores en las Cortes o imponer impuestos. Con este proyecto, los comuneros procuraban el necesario peso político de la mediana burguesía y nobleza, sin que por esto buscaran (ni siquiera sus miembros plebeyos) una equiparación fiscal con los estamentos privilegiados. Sus objetivos tendían principalmente al control del gasto público: único medio imaginado, tanto para mantener dentro de márgenes razonables la presión fiscal que aplastaba a los pecheros, como para impedir la competencia que sufrían por parte de los ricos burgueses (plebeyos o ennoblecidos), quienes, beneficiándose de una política cada vez más acentuada de ennoblecimiento y de privatización de los oficios, obtenían por merced o compraban empleos públicos en la Corte o en los municipios.
‖ *Autoridades*. **Comunidad** (en el sentido aquí empleado): *"El cuerpo que forma cualquier Pueblo, Ciudad o República regido y gobernado por sus Justicias, Gobernadores, Magistrados u otros Superiores*[...]*"*.

de esclavos moriscos, la población cristiano-vieja (pobre o empobrecida) sufría entonces la dura competencia morisca sin poder disfrutar de los beneficios de su trabajo.

Otra cuestión de nota era la alta natalidad morisca. Temiéndola frente a la muy menor natalidad de la población cristiana vieja, atribuían aquella multiplicación a un promiscuo y exacerbado apetito sexual de la "raza".

Sucintamente, y sin ánimo de profundizar, esa característica demográfica del árabe o arabizado puede explicarse en parte por la costumbre de contraer matrimonio en temprana edad y por la ausencia de una clerecía célibe, cuestiones ambas opuestas a las de la cultura hispánica de aquel entonces, que habrán de incidir negativamente en su devenir social y demográfico.[44]

Excepto los señores y los dueños de moriscos, y ciertos consejeros del entorno real que manejaban juiciosos argumentos de buen gobierno, el grueso de la población cristiano-vieja estaba enconada con el morisco y, por lo tanto, en su contra.[45]

* Cuando convencer es más complejo que convertir

En lo que atañe al poder real, durante el reinado de Carlos V la política fue dilatoria del problema, mal que pese al índex del 7 de diciembre de 1526 que había oficialmente decretado la extinción de la religión mahometana.

Desde el ángulo político, según acabamos de observar, la conducta estuvo influida por las presiones internas de los reinos de Castilla y de Aragón que se estrenaban en la experiencia de un Estado común, con un gobierno conducido y administrado por una sola cabeza. De manera similar, intervenían las exigencias del poder real convertido en imperial (intra y extraeuropeo).

Desde el ángulo étnico, la Corona, a casi tres décadas del inicio de las conversiones forzosas, sabía lo que tenía que "borrar" para llegar a la deseada asimilación y conocía que convencer era más complejo que convertir. Pero, ¿podría?

En civilizaciones y culturas no laicizadas, en las que el todo social está integrado a la esfera religiosa, los modos de vida de un pueblo, hasta en los más mí-

---

44 El celibato eclesiástico influyó notablemente en la escasa demografía del cristiano. H. Kamen señala que en 1591 la población eclesiástica era de 40.000 sacerdotes seculares y 50.000 de ambos sexos en las órdenes religiosas. Siendo la población total calculada en unos ocho millones, el clero constituía el 1,2 por ciento. Estaban, además, distribuidos muy desigualmente, pues se concentraban de preferencia en las principales ciudades. (*Una Sociedad Conflictiva...*, p. 286.)

45 A este respecto, es útil recordar que desde mediados del siglo XV y durante los siglos XVI y XVII, al compás del desarrollo de la moderna ciencia política, numerosos fueron los pensadores dedicados a "consejos de buen gobierno". Períodos de formación del Estado y la sociedad moderna, así como creadores de nuevos empujes imperiales y luchas imperialistas (que extralimitaban las fronteras de esos mismos noveles Estados), iba de suyo la necesidad de proveer al "Príncipe" de los medios teóricos para gobernar el timón con propiedad y justeza. Pero, también, sucedía al revés, pues, como decía Maquiavelo en la dedicatoria de *El Príncipe* a Lorenzo de Médici, *"...para comprender la índole del pueblo es necesario ser príncipe, y para conocer la de los príncipes conviene ser pueblo"*. (Nicolás Machiavelo, *Obras Políticas*, p. 452.)

nimos aspectos de su quehacer, son dictados e impuestos con rigor por la religión dominante. En nuestro caso, era la religión cristiana, católica, apostólica y romana la que definía y otorgaba los medios de la identificación cultural y, en última instancia, de la identidad étnica.

El problema se presentaba en España más complejo que el de la simple conversión al cristianismo, porque, para que obrara la asimilación, era preciso modificar estructuras mentales enculturadas en formas muy distintas de concebir y encarar la vida individual y social.

Consecuentes de un proceso de socialización fundado en el islamismo, los valores de este universo mental eran naturalmente distintos de los valores y hábitos cristianos que, por su lado, poseían sus propias formas de enculturación y de regulación del ámbito social.

Estas dificultades culturales provocarían no pocas desazones a los conversos sinceros, como había sucedido (y sucedía) con los judíos convertidos de buena fe. Muchas veces, sin que mediaran motivos religiosos, el cristiano nuevo rechazaba ciertos alimentos en razón del desacostumbramiento a su sabor, por ejemplo, la carne de cerdo o la manteca.

Cabe pensar que si el vencido hubiera sido el cristiano, habría sufrido iguales obstáculos que el converso judío o musulmán, pues –reiteramos– las dificultades para asimilar sociedades de enculturación dispar, básicamente estriban en que la socialización de los pueblos depende de su enculturación, vale decir, de los modos de vida en que se ha instruido a sus individuos.

En los moriscos granadinos las ataduras culturales saltaban por doquier. La situación era peor que la de los conversos judíos, en razón de constituir una minoría demográficamente mucho más importante que la hebrea; en su mayoría habían podido vivir gobernados por sus reyes, sus señores y sus leyes, sin tener que soportar las limitaciones que, en los reinos cristianos, sobrecargaban la existencia de los vasallos "de segunda".

Ateniéndonos únicamente a la globalidad de las *mores* cotidianas de los moriscos, la tragedia de la "mudanza" (similar a la de los judíos) recubría aspectos muy variados. Algunas han sido comentadas al ejemplificar ciertos contrapuestos civilizatorios, pero vale la pena insistir: las formas de organizar la familia, el casamiento, el nacimiento y la muerte (particularmente visibles en la tradición de la circuncisión y de los entierros), la valoración del trabajo y los tipos de trabajo, las maneras del vestir y la alimentación, la contabilización según sus oraciones de las horas del día o las de descanso.

El esfuerzo asimilador, acorde la globalidad pretendida, estaba destinado al fracaso. La tarea misional, casi exclusivamente limitada a la imposición del agua bautismal, incapacitaba el logro de los cambios culturales que hubieran debido acontecer para conseguir la transformación de la sólida y espesa trama cultural del morisco; trama tejida, como la del cristiano, en torno a su religión.

Aunque hubiera sido la tarea realizada con otra eficiencia, su eficacia igualmente estaba condicionada a la existencia de otra sólida y espesa trama: la del grosor de su humanidad. La historia de otras experiencias colonizadoras, en diferentes tiempos, espacios y sociedades, comprueba que la colonización es exitosa para la cultura colonizadora cuando su acción se desarrolla en espacios, no sólo de culturas incomplejas, sino vacíos de humanidad.

No tenemos necesidad de recurrir a las viejas civilizaciones del Asia occidental y oriental, las del África norteña o la de la negritud para comprobar la incidencia de uno o de los dos factores mencionados; basta recordar las de América y el caso particular de Uruguay.

En la circunstancia morisca, espesor cultural y espesor demográfico –que no pudieron abatir las constantes repoblaciones con cristianos viejos y destierros de moriscos hacia el interior peninsular– se conjugaron para frustrar la pretendida colonización.

Era tarea semejante a las cumplidas por el mítico Hércules. Pero el moro lo supo antes y es así como tempraneramente, según hemos visto, muchos de los linajes nobles comprendieron la circunstancia: fueron abandonando la tierra de su nacimiento o convirtiéndose en cristianos de buena fe.

La defección de las élites redujo sensiblemente la calidad cultural y económico-social de la comunidad morisca, conduciéndola a un grave proceso de deculturación, humillación y descenso de su ubicación en la escala valorativa de la sociedad.

Este acontecimiento, auspició la suposición de que la morisca era una "casta ruin". "La canalla morisca" (como expresaría Cervantes en *El coloquio de los perros*) existía incluso en el entender de los propios moriscos pauperizados, cercados socialmente y encerrados en la desgraciada postura que dimana siempre de cualquier estereotipo generalizador, más aun cuando tal estereotipación es inferiorizante.

En *Vidas Mágicas e Inquisición*, Julio Caro Baroja presenta un caso arquetípico: el del curandero Román Ramírez, un sexagenario, tísico y asmático. En el transcurso de su proceso Ramírez reconoció que venía *"de la casta más ruin del mundo"*. Modesto e infeliz, descendía nuestro hombre de padres y abuelos moriscos que le habían trasmitido ciertos conocimientos medicinales y toda una tradición cultural mágica, no desmentida por sus lecturas de libros de caballería, entre ellos el famoso y prohibido *Amadís de Gaula*. Distinguiéndose por ser un declamador excelso, el morisco era solicitado por gente de alto rango y hasta había recitado en los palacios del Pardo y Aranjuez ante quien sería Felipe IV. De memoria fabulosa, Ramírez atribuía este don a que, siendo niño de 6 o 7 años, le habían dado *"zumo de alcánfora, que posee la virtud de disecar el cerebro"*. Los del Santo Oficio lo pusieron en prisión el 27 de octubre de 1599, pero se les murió. No obstante, el fiscal pidió y obtuvo *"que se terminara la causa contra su memoria y fama"*, y dispuso que sus míseros bienes fueran confiscados. El 5 de marzo de 1600, en la toledana plaza de Zocodover, sus exhumados huesos fueron al quemadero junto con su estatua. El caso fue tan famoso y se quiso tan ejemplarizante que el auto de fe se llevó a cabo el primer domingo de Cuaresma y contó con la presencia de la pareja real, D. Felipe III y Da. Margarita, el Duque de Lerma (valido del monarca) y otros nobles personajes.

La investigación inquisitorial había ido más allá de un simple asunto de apostasía, o sea de mahometismo, porque la fiscalía sospechaba que Ramírez tenía "pacto con el diablo"; apariencia que estaría confirmada por testigos de algunas de sus "milagrosas" curaciones y confección de pócimas misteriosas en las que intervenían "genios". En buen arabizado, comenta Caro Baroja, el pobre morisco creía en ellos de buena fe. Por cierto que, en esto, la Inquisición no le iba en zaga con eso de tener "pacto con el diablo".[46]

La realidad de su mentada "ruindad" dejó al pueblo morisco debilitado; inerme para encarar a un pueblo cristiano-viejo que saciaba sus insatisfacciones en el honor-honra de sus purezas godas, la de oficios y la de sangre, máximos exponentes del supremo valor de su linaje confrontado al degradante y degradado del morisco.

Herencia de esta actitud despreciativa hacia el morisco es la voz **"morisqueta"**, que hoy se emplea sin saber su origen. De acuerdo a *Autoridades* es *"El ardid o treta propia de los Moros: lo que por traslación se dice de cualquier acción con que se pretende engañar, o burlar o despreciar a otro"*.

En igual disposición deben comprenderse los diversos sentidos de la voz **"moro"**, que actualmente se ha perdido, al menos en el Río de la Plata. También la de refranes que *Autoridades* brinda y que contienen referencias a los moros, por ejemplo, *"Moro. En estilo familiar llaman al vino que no tiene agua; en contraposición del que la tiene, que llaman Cristiano, porque dicen que está bautizado"*; o aquel refrán que expresa *"Moros que van y vienen"*, *"Frase con que se da a entender, que a alguno, aunque no está enteramente borracho, le falta poco"*.

En las deportaciones dentro de la península como en las expulsiones definitivas fuera de ella, no debe descartarse el peso del factor pasional.

5. *Moriscos: el enemigo "adentro" y "afuera"*

Abandonada, arruinada, despreciada y prolífica, la cristiandad morisca tornábase día a día más peligrosa. Persistía en el mahometismo, empujada por las dificultades y deficiencias de la evangelización y, también, porque eran "cristianos de segunda".

Las crónicas cuentan que el origen del bandidaje de los **monfíes** (o monfís) en el medio rural valenciano y granadino se remonta a grupos de moriscos perseguidos.[47]

---

46 Según anota Caro Baroja, la obra de Juan Ruiz de Alarcón, *Quien mal anda en mal acaba*, se fundamenta en el proceso a Román Ramírez. Comenta además que el manuscrito del proceso inquisitorial supera en dramatismo a la creación de Ruiz de Alarcón. (*Vidas Mágicas e Inquisición*, pp. 339-353.)
47 Monfíes (o monfís) es palabra árabe que significa **desterrado**.

Despojados de sus propiedades, impedidos de refugiarse en los señoríos (por orden de las autoridades), corridos de las iglesias que les rehusaban el tradicional amparo eclesiástico (reducido a tres días), aquellos moriscos se fueron con sus familias a las montañas *"hiciéronse fuertes en ellas, [y] de aquí salían a hacer fuerzas, hurtos y homicidios para vivir"*.[48]

La inseguridad en tierra granadina asimismo devenía de los **gandules**, muchachada holgazana y forajida que vivía en las ciudades y salía a hacer sus correrías generalmente acompañando las incursiones de los **corsarios** turcos y berberiscos. Los desembarcos de estos **"moros en la costa"** significaron uno de los riesgos más temidos por las autoridades y por el pueblo cristiano-viejo.

La voz "gandul", igual que la de morisqueta, se procreó en la devaluación del moro trastocado en morisco. Corominas y Pascual ilustran que procede del árabe *gandur* que significa: "petimetre", "parásito", "hombre de mala vida". Con razón Caro Baroja observa la curiosa permanencia en el castellano actual del sentido de "vago" de esta voz; hecho que también expresa el verbo gandulear en cuanto es sinónimo de holgazanear.

El gandul originariamente era el miembro de una especie de milicia urbana que existía en Granada y en Fez. En cada barriada, señalada por una mezquita o una parroquia, había un capitán que reclutaba a los jóvenes del vecindario bajo su bandera.[49]

"Hoy no nos imaginamos –comenta Caro Baroja– *lo que la amenaza marítima turco-berberisca suponía en el ánimo del español del siglo XVI, que consideraba como muy posible una nueva invasión de España por los infieles..."*, provenientes de Tetuán, Argel y otras plazas fuertes de las costas africanas.[50]

Todavía podemos calibrar aquel lejano pánico de la España mediterránea en la permanencia del perentorio *"¡shhh... que hay moros en la costa!"*. Espontáneo, prosigue pronunciándose aún cuando se desea imponer silencio sobre lo que alguien está diciendo y otros no deben oír. Por centurias ha venido repitiéndose,

---

48   H. Kamen en *Una Sociedad Conflictiva...* (p. 279) argumenta que *"como parte del proceso de repoblación... se obligó a los moriscos a presentar sus títulos de propiedad; quienes no podían presentarlos habían de pagar una multa, y si no podían pagarla se vendían sus tierras. Así fue cómo 100.000 hectáreas pasaron a manos de funcionarios cristianos sólo en el período de 1559-1568".* Esto naturalmente contribuyó a llenar las urgentes necesidades fiscales de Felipe II (F. Braudel, *La Méditerranée*, T. 2, p. 123). En otro orden de cosas, se suprimieron las licencias para tener armas y, desde 1560, el derecho a tener esclavos negros y moros. || Asimismo, Bermúdez de Pedraza en su *Historia Eclesiástica* (citado por J. Caro Baroja, *Los Moriscos...*, pág. 167), remarca que desde comienzos del siglo XVI se registra "negros y malhechores" en las Sierras del Sur. (Ibíd., capítulo 5, nota 76.)
49   *Los Moriscos...*, p. 170.
50   Ibíd., p. 169. ||*"Respecto a la alarma de Granada que os he descrito, Sire, no es otra cosa que el miedo que tienen a los moriscos naturales del país, los cuales, porque esto está verificado, estaban en inteligencia con el rey de Argel... Este rey* [de España] *quiere por buenas y altas consideraciones que se vistan a la española... y quieren sobre todo que hablen español y no algarabía. Se habla de expulsar a toda la dicha generación fuera de dicho reino y transportarla a Galicia y a las montañas, tan apartados unos de otros que no puedan conspirar desde ahora con los moros, y en su lugar poner gallegos y montañeses..."*. (*Despachos* de M. de Fourquevaux, 1565-1572, embajador de Francia ante la Corte de Madrid, citado por J. Delumeau en *El Miedo...*, p. 413.)

sobre todo si se está entre niños, como centenaria contraseña de adultos que no tienen noción del porqué de su origen, pero que todos comprenden.

Entre el miedo y la opresión, *"el moro se hizo más moro y el cristiano más cristiano"*. No debemos entonces asombrarnos de los levantamientos moriscos que estallaron en la centuria XVI, por turno y según las regiones. El conflicto se agudizó más cuando la burocracia cortesana sustituyó en el gobierno las funciones que antiguamente atendía la nobleza, vieja aliada del morisco.[51]

Es esta burocracia, instigada por los obispos de las diócesis sufragáneas de Granada, la que decide la pragmática del 17 de noviembre de 1566. En ella se resucitan las disposiciones de la Junta de 1526, que fueran suspendidas por el pago de los 80.000 ducados a Carlos V.

Dos años más tarde, durante la Nochebuena de 1568, los moriscos se sublevaron y alumbraron desde el Albaicín una sangrienta rebelión que, extendiéndose como reguero de pólvora por el ex-reino granadino, no paró mientes en masacrar clérigos y laicos, sin mirar sexos ni edades. Y, mientras unos vendían esclavos cristianos a los berberiscos, los otros recibían la inmunidad real para robar y matar al declarse a Granada "campo franco".

Los sublevados se dieron un rey y renegaron del cristianismo, pero esto no los libraría de sus propias y sempiternas disensiones que los iban destruyendo por dentro, mientras que por fuera lo hacían los ejércitos cristianos: en 1570, prácticamente los insurgentes estaban liquidados. Junto a ellos pagará su deuda el total del pueblo morisco que, en general, los había protegido y abastecido.[52]

Las deportaciones

Es el principio de otro rosario, tan o más trágico que el de la caída del Islam. Sus cuentas, esta vez, señalan **deportaciones** en masa de la población morisca.[53]

Fantasmales caravanas de míseros hombres, mujeres y niños –como fueran las de los judíos expulsados en el 1492– llenaron los caminos fluviales y terrestres, y distribuyeron su humanidad por toda la España castellana, en especial las regiones de la Nueva Castilla. Fernand Braudel comenta que *"En casi dos décadas, 1580-1590, es decir en menos de veinte años, curiosamente, el problema de Granada se trastocó en el de Castilla y el de Andalucía"*. Agrega con propiedad que *"Habíase desembarazado a Granada, pero para llenar a Castilla, particularmente la Nueva. Se cerraba así un expediente, aunque sólo para abrir otro igualmente inquietante. ¿No estaban [los moriscos] condenados a la riqueza por

---

51 J. Caro Baroja, *Los Moriscos...*, p. 164.
52 J. Delumeau (*El Miedo...*, pp. 413-414) señala que *"Los rebeldes, en el punto culminante del combate, son por lo menos 150.000, 45.000 de ellos en armas. En sus filas combaten berberiscos, ¿tal vez 4.000?"*.
53 Ibíd., p. 414: indica la cifra de 70.000 a 80.000 deportados, de los cuales habrían fallecido en el camino unos 20.000.

el hecho mismo de su industria, en un país inundado de metales preciosos, poblado de demasiados hidalgos para quienes trabajar?".[54]

A la par, la Corona emprendía la repoblación de Granada con unas 12.000 familias de colonos gallegos, asturianos y castellanos. Menos trabajadores e ignorantes de la agricultura intensiva y de regadío empleada por los moriscos (huertas, vergeles, cría del gusano de seda, etcétera), los inmigrantes norteños la sustituyeron por cultivos extensivos y productos que no se adecuaban, lo que contribuyó aun más a la decadencia de la economía granadina.

Para colmo de sus males, muchos moriscos se enriquecieron rápidamente gracias a su industriosidad, creando en sus nuevas tierras otra fuente de rencor; sumada ella a la persistencia en el mahometismo (evidenciada al grado de tener métodos hasta para descristianar a los niños), aumentaba las tensiones sociales.

El grueso de la población morisca, pauperizado, desarraigado y sin destino final asumido, vagaba, transformándose en trashumante: arrieros y trajineros, vendedores de buñuelos (una de sus comidas más populares y gustadas), embozados hacedores de pócimas de amor, fórmulas para hacerse rico, trabajando de sabias comadronas o expertos sanadores... Estos oficios, que permitían a los moriscos gran movilidad además de buenas ganancias, los ponía en situación de espiar y confabular con comodidad, llevando noticias de un lado a otro.[55]

La pequeña minoría morisca, que pudo entrar en las profesiones liberales, prefirió, en general, la de la medicina; como en los judíos, fue en los moros una profesión arraigada en su cultura. Así fue que, a pesar del descrédito del morisco, Felipe III (que decretaría la expulsión definitiva), siendo aún príncipe, llegó a hacerse curar por Gerónimo Pachet. Y, Pedro Aznar de Cardona, uno de los más feroces detractores de la etnia morisca, solicitó al doctor Cabrera que permaneciera en España luego de anunciada la expulsión, cosa a la que el médico morisco se negó.[56]

Algunos cuantos más, extrañando demasiado su terruño, regresaron: primero, ocultamente; luego a cara descubierta. Bajo el pretexto de arreglar los asuntos de sus propiedades, alborotaban sin embargo el ambiente, comunicaban con sus pares valencianos y aragoneses y, de nuevo, pisaban fuerte.[57]

En 1611, la edición del *Tesoro* de Fray Sebastián de Covarrubias en su definición de moriscos sintetiza la aprensión y el profundo escepticismo del cristia-

---

54 *La Méditerranée...*, T. 2, p. 126.
55 J. Caro Baroja, *Los Moriscos...*, p. 213. || Nada obsta para que, en cierto modo, no podamos comparar esta circunstancia morisca a aquella que intervino en la aparición del "judío errante", en persona y en leyenda.
56 Citado por H. Méchoulan, *Le Sang de l'Autre...*, p. 219.
57 La demografía morisca en Aragón era mayoritaria en las tierras de señorío, condados y ducados; en cambio, en las de realengo era mayoría la cristiana vieja. Los choques entre ambas comunidades, inevitables y permanentes, se agravaron ante el regreso de sus exvecinos y el mahometismo casi a cara descubierta. (Julio Caro Baroja, *Los Moriscos...*, p. 207). || También, Domínguez Ortiz-Vincent, *Historia de...* (capítulo 7, "La difícil convivencia").

no coetáneo: *"Moriscos. Los convertidos de moros a la Fe Católica, y si ellos son católicos, gran merced les ha hecho Dios y a nosotros también"*.[58]

Apareados al miedo, nuevamente se hacen oír reclamos extremistas pidiendo expulsión definitiva como en 1582. Eran temores que –sublimados en el sentimiento inequívoco del "enemigo adentro"– se apoyaban, como de habitual, en peligros exteriores. Eran miedos que avanzaban de Oriente y golpeaban con insistencia desde el siglo XIV. Otros eran recelos más noveles, pues venían subidos al carro de los imperios competidores que se levantaban en el horizonte occidental de Europa.

Amenaza "del Turco", amenaza del Islam. Vieja amenaza era esta que la España cristiana, con su enorme masa islamizada, soportaba más que ningún otro país al Oeste de la Europa de los Balcanes. Porque, en el *"...siglo XVI, el mundo otomano comienza a orillas del Adriático y se abre a tres continentes: de Buda* [Pest] *a Bagdad, del Nilo a Crimea, extendiendo incluso su protectorado a gran parte de África del Norte. Las derrotas cristianas de Kossovo (1389) y de Nicópolis (1396), la toma de Constantinopla (1453), el fin del pequeño imperio griego de Trebisonda (1461), el dominio de Egipto (1517), la ocupación de Belgrado (1521), el desastre infligido en Mohacs (1526) a los caballeros húngaros...; la anexión metódica de las islas del Egeo entre 1462 (Lesbos) y 1571 (Chipre), hicieron del sultán un Augusto musulmán... En Europa domina los Balcanes y dos tercios de Hungría, Transilvania, Moldavia y Valaquia le pagan tributo... Incluso después de Lepanto (1571), los corsarios turcos y berberiscos continuaron visitando las costas italianas... Pero en el siglo XV y a principios del XVI, numerosos campesinos emigraron hacia los territorios controlados por los turcos en los Balcanes. Encontraban allí, aparentemente, condiciones de vida menos penosas... En el este asiático del imperio, los funcionarios fueron en número creciente 'renegados', introducidos poco a poco en la clase gobernante otomana... Los cristianos (prisioneros o desertores) renegaron de su fe 'a millares' para pasar al Islam"*. En suma, terminan los turcos a las puertas de Alemania.[59]

La detención del Islam en Lepanto (1571), sucedida poco después de reducida la insurgencia granadina, no significó la recuperación de vastas regiones europeo-centrales y orientales que –cual acabamos de ver– el cristiano había ido perdiendo y –cual vemos hoy– nunca, en cierta forma, llegó a recuperar.

---

58 El sobrescrito es nuestro.
59 La síntesis del proceso del avance musulmán en Europa que efectúa Jean Delumeau (*El Miedo...*, pp. 405-421) y de la cual solo hemos hecho una breve cita, permite comprender hoy, con toda propiedad, la existencia de la Europa musulmana que había quedado "olvidada", como inexistente, detrás de la "Cortina de Hierro" de los países comunistas. La "Guerra Fría" acompañada de la desinformación (consuetudinaria a la situación y a los gobiernos totalitarios de régimen marxista-leninista o del particular comunismo yugoslavo del Mariscal Tito), dieron pie al desconocimiento y al asombro que nos embarga ante la explosiva situación de las nacionalidades involucradas en aquella especie de manto común inventado por esos regímenes de fuerza; entretanto, daban hacia el exterior la impresión de un notable acuerdo ideológico y una lograda uniformidad étnica.

La cuestión morisca 241

Por otra parte, pujante en su arranque, el protestante Imperio inglés hacía lo suyo, aliándose con la piratería berberisca en el Mediterráneo o estimulando las revueltas y levantamientos políticos y religiosos en los Países Bajos españoles. En estos últimos, pesaba asimismo la acción de los protestantes franceses (hugonotes) y de la monarquía católica pero imperialista de los Borbones. Por ejemplo, se sabía que el navarro Enrique IV de Francia, a través de sus agentes en el Béarn, mantenía negociaciones secretas con los moriscos.

La tela va tiñéndose de oscuros colores: actividad de la Inquisición por un lado, medidas restrictivas de la demografía morisca por otro (como el servicio obligatorio y pago en las galeras porque se muere pronto allí, o la separación de los niños de sus familias para criarlas en las de cristianos viejos).[60]

Por razones señaladas anteriormente (celibato de los entregados a la Iglesia, sangría lenta de las guerras imperiales y emigración a las Indias), España se halla demográficamente mal parada para resistir la gran peste que castigó entre 1596 y 1602; o para enfrentar las tremendas hambrunas derivadas de las crisis agrícolas que se abatieron, por ejemplo, sobre Castilla central y Andalucía entre los años de 1605 y 1607.[61]

Prolegómenos estos propicios para ordenar la entrada en acción del nuevo chivo expiatorio, que sublimando pecados aleje a los enemigos. No es un hereje, como lo había sido el judío, ahora es un cristiano el expulsado; más destacado en sus diferencias que el confeso de origen hebreo. Fuera por voluntad propia o por obligación, habiendo sido escasamente integrado a la aglomerada comunidad de aquella duración, el morisco continuaba siendo un "extranjero" peligroso, no ya para la fe, sino para la seguridad de España.

Mixturados con los miedos (que aconsejan la expulsión) y las razones de Estado (que aconsejan su inconveniencia), sobrevuelan los intereses personales. Una historia positivista podría calificarlos de "causa incidental", pues son los señalados intereses los que en 1608 dan la vuelta de tuerca que decide la expulsión.

En este ramo espúreo reclutamos dos personajes de gran influencia y poder: el Obispo de Valencia, Juan de Ribera, y el valido de Felipe III, el Duque de Lerma.

El señor Obispo, quien hasta ese momento había sido un entusiasta de la conversión, cambió de posición proponiendo un paradójico triple destino de la solución final: por una parte, asegura a Felipe III que la expulsión es acorde a la Fe porque protege la pureza de la misma; por otra, planteando la cuestión desde el punto de vista financiero, le instiga a esclavizar en su provecho a todos los mo-

---

60 H. Kamen estima que solo en el ex-reino de Granada los moriscos constituían el 54 por ciento de la población total. Esta era la relación moriscos-cristianos más elevada en toda la península. (*Una Sociedad Conflictiva...*, p. 279.) También sostiene que la rápida tasa de crecimiento de la población morisca de Granada fue el principal motivo de las deportaciones de 1584. (Ibíd., p. 285.)
61 Ibíd, pp. 356-357.

riscos, porque *"La cantidad de hombres, de mujeres y de niños sanos será importante que una vez provistas las galeras y las minas, se podrá vender el surplus en Italia. Los niños de menos de seis años se negociarán en España a buen precio, y se los comprará con gusto. Y esto, no sólo su Majestad lo puede hacer, pero está obligado en conciencia a cumplirlo separando a los hijos de sus padres, ya que la servidumbre de los primeros no debe ser considerada como un castigo sino benéfico en razón del bautismo recibido"*.[62]

Conocedor de la ruina que acarrearía a la economía valenciana la expulsión de los moriscos de ese reino (donde gozaba de una respetable cantidad en sus tierras), el Obispo Ribera no tiene problemas en plantear, además, su deseo de que sean librados del decreto de expulsión los valencianos, sin detenerse a mirar que, en todo caso, revistaban entre los más peligrosos. Su pregunta *"¿Quién hará ahora nuestros zapatos?"*, lo demuestra sin ambages.[63]

El Duque de Lerma, en cambio, propone al Consejo de Estado que a los señores de tierras valencianas (entre los que se contaba) se les compense con las tierras de los moriscos expulsados. Hasta entonces habíase opuesto a la expulsión, pero *"En esto [expresa Kamen], al igual que en toda su política, al duque le parecía clave el elemento del lucro personal"*.[64]

6. La expulsión de los moriscos: 1609-1614

El Consejo de Estado aprobó la expulsión el 4 de abril de 1609, pero el primer reino en conocerla fue el de Valencia durante el mes de setiembre. Si bien les daban el cortísimo plazo de treinta días para cumplir el decreto, todavía exceptuaban a quienes sus párrocos certificaran que no mahometizaban y a los niños menores de seis años cuyos padres estuvieran de acuerdo en que se quedaran. No es difícil imaginar ni tragedias, ni levantamientos.

Vendrán después nuevos decretos que se estiran en el tiempo que corre entre 1609 y 1614. La *Novísima Recopilación* registra en su Ley IV (Lib. XII, Tít. II) que, a 9 de diciembre de 1609, fulminó el Rey Fernando III (1598-1665) la *"Expulsión de todos los moriscos habitantes en estos reinos; y prohibición de volver a ellos"*.

La copiosa legislación sobre los moros y los moriscos fue cercenada notablemente en la *Novísima Recopilación*; para conocerla es preciso recurrir a las Recopilaciones anteriores. La *Novísima Recopilación* ilustra en nota (a) de la Ley IV: *"En la introducción o preámbulo que se suprime de esta ley se refieren las causas que obligaron a la expulsión de los moriscos, reducidas a que habían sido inútiles para su conversión a nuestra Fe los castigos ejecutados por el Santo Oficio, los muchos edictos de gracia a su favor, y los medios y diligencias de su*

---

62 Citado por H. Méchoulan, *Le Sang de l'Autre...*, p. 228.
63 Citado por F. Braudel, *La Méditerranée...*, T. 2, p. 129.
64 *Una Sociedad Conflictiva...*, p. 352.

instrucción en ella; que de conservarlos en estos reinos amenazaba peligro a ellos, y podría gravarse la Real conciencia: que la continuación de sus delitos los tenía convencidos de herejes y apóstatas, y proditores [los autores de hechos alevosos que incluyen traición] *de lesa Majestad divina y humana: y que al mismo tiempo que se trataba de su remedio en una Junta de Prelados y personas doctas, convocada en Valencia, procuraban que el Turco y el Rey de Marruecos enviasen las mayores fuerzas en su ayuda y socorro".*

Textualmente la Ley IV comienza: *"Mandamos, que todos los moriscos habitantes de estos reinos, así hombres como mujeres y niños, de cualquier condición que sean, fuera de los esclavos,* **dentro de treinta días salgan de estos reinos y límites de España,** *contados desde el día de la publicación de esta ley; prohibiendo, como prohibimos, que no puedan volver a ellos, so pena de la vida y perdimiento de bienes, en que desde luego incurran sin otro proceso ni sentencia".* Durante ese mes escaso (capítulo 2) *"...usando de clemencia con ellos"* su majestad expresa *"***que puedan disponer de sus bienes muebles y semovientes, y llevarlos, no en moneda, oro, plata y joyas, ni letras de cambio, sino en mercaderías no prohibidas...***".* Pero (capítulo 3) *"...***las raíces han de quedar por Hacienda Mía,** *para aplicarlos a la obra del servicio de Dios y bien público que más me pareciere convenir".*[65]

La tragedia del pueblo morisco fue haciéndose por cuentagotas. Según cifras que tomamos de Jean Delumeau, se expulsaron *"...aproximadamente, 275.000 individuos de los casi ocho millones de habitantes con que contaba España: el 3.4 por 100 de la población. Como si la actual Francia se privara de golpe de 1.800.000 personas. Sólo de ese modo se podía estar en casa sin miedo".*[66]

Henry Kamen acerca una cifra de 300.000 moriscos residentes en España. De ellos, un tercio era de la población de Valencia y un quinto de la de Aragón, siendo menores las cifras en el resto del territorio español.[67]

El geohistoriador Henri Lapeyre cree —basándose en los registros de salida— que se podría hablar de 300.000 personas. Calcula que a esta pérdida habría que sumar la de otras 10.000 o 12.000 personas, fallecidas durante las rebeliones de Valencia y en las rutas hacia el exilio.[68]

Todas las cifras que en general se maneja provienen de las estimaciones de autores contemporáneos a la expulsión, como Fray Alonso Fernández, Pedro Fernández de Navarrete, etcétera. No obstante, un prudente Julio Caro Baroja no arriesga cifras tan definitivas, porque estima que al no saberse a ciencia cierta cuántos moriscos había en España, es imposible calcular cuántos fueron los expulsados.[69]

---

65 El sobrescrito es nuestro.
66 *El Miedo...*, p. 414.
67 *La Sociedad Europea*, p. 205.|| En *Una Sociedad Conflictiva...* , p. 353, Kamen indica que los moriscos de España pueden calcularse en 320.000 y que representaban en Valencia el 30 por ciento de la población, en Aragón el 20 por ciento. De modo que los expulsados fueron 300.000.
68 *Géographie de l'Espagne morisque*. Paris, 1959. Citado por F. Braudel, *La Méditerranée...* , T.2, p. 129.

El problema aun es más complejo: primero, porque estaban exentos de partir los esclavos; segundo, porque muchos, apremiados por la desesperación, se vendieron como esclavos; tercero, porque otros muchos lograron quedarse, protegidos por los señores o las autoridades locales, a pesar de las sanciones a que se exponían; cuarto, porque, aparentemente en número apreciable, retornaron del exilio y aun gozaron de protecciones derivadas de vínculos familiares que eran el producto de un mestizaje secular del cristiano viejo y el morisco; después de todo, y pese a todo, cristianado. Por esta causa los moriscos habitualmente serán acusados de apostasía y no de herejía, aunque de esto también hubo.[70]

La prueba de que fueron numerosos los que en la península permanecieron la hallamos en la propia legislación española. Así, la Ley V de la *Novísima Recopilación* (L. XII, Tít. II, por Felipe V en el Buen Retiro a 29 de setiembre de 1712) luce una nota aclaratoria de otras prohibiciones que refieren al año de 1626 y expresa en su acápite: *"Expulsión general de los moros llamados cortados o libres"*. Pasa a indicar luego en los considerandos: *"...los graves inconvenientes que se siguen, tanto en lo político como en lo espiritual, de la persistencia en España de los moros que llaman **cortados** o **libres**, las utilidades que trae consigo el expelerlos de ella, y las precauciones que, para evitar que en adelante los haya en mis reinos...; he resuelto, se haga una expulsión general... sin que se interponga más dilación que de aquel tiempo limitado... para recoger sus familias y caudales, y conducirse con ellos al África: que por lo que mira a los moros esclavos que deben quedarse, y en que no se pueda hacer novedad respecto al derecho que tienen en ellos sus dueños, mientras son esclavos, se vele mucho sobre éstos, para en caso de que quieran cortarse, no se permita en el ajuste ningún contrato injusto, como estoy informado se ejecutan cada día con este género de rescates..."*.

La ley adiciona que, si llega a haber demasiados moros cortados, o sea que compraron su libertad, hay que vigilar de cerca para que no escandalicen y practicar la expulsión de tiempo en tiempo *"...siempre que se reconociere, que su excesivo número puede ser perjudicial"*.

Las tierras adonde van a parar los exiliados incluyen, mayoritariamente, las del África del Norte. Pero no siempre fueron allí bien acogidos, porque significaban competencia de mano de obra o, porque, en oportunidades, algunos daban prueba de haber sido realmente cristianos convencidos, aunque carecieran de los hábitos de la enculturación de la sociedad cristiano-católica.

Procedente del África norteña, hubo gente que subrepticiamente se introdujo en España usando de puente a las islas Canarias. Mas, también, hubo la que si-

---

69 *Los Moriscos...* , p. 237-249.
70 Domínguez Ortiz y Vincent (*Historia de...*, pp. 249-250) consideran que, bajo la protección del Obispo de Tortosa, muchos de los moriscos catalanes se quedaron y que retornó la mayoría de los que fueron expulsados. Pero, asimismo, apuntan que fue en Andalucía donde más se quedaron, ya como esclavos o por mejores relaciones con los cristianos viejos: contrayendo matrimonio con ellos, permaneciendo en casas religiosas o escondiéndose en las tropas de mendigos, peregrinos y gitanos, así como de maleantes y bandidos.

muladamente se quedó en ellas, hecho que puede observarse en los registros de la Inquisición de las islas.

Otros grupos marcharon al Levante, a los dominios "del Turco" (balcánicos u orientales) y, en fin, otros más, yéndose por los caminos de Francia quedaron allí o, remontando hacia el Norte, recalaron en Alemania. Empero, según Kamen, acabaron por asentarse en Salónica y Estambul.[71]

* *Voces discordantes*

En esta contradictoria España, sin embargo, a semejanza de lo sucedido cuando la expulsión de los judíos (aunque en menor medida y más tímidamente), voces desapasionadas se dejaron oír, antes, durante y después de las expulsiones. Favorecedoras del morisco, se mezclaban con las de los opositores a los estatutos de limpieza de sangre.

Unas protestas procedieron de los descendientes de la etnia morisca, como es el caso del notable memorial redactado por el morisco, caballero y letrado, Francisco Núñez Muley, cuando fue comisionado por su pueblo para detener la pragmática de noviembre de 1566 que, como se ha visto, sentenciaba el fin de las costumbres moriscas.[72]

Nuestro conocido Salucio, en su *Discurso sobre los estatutos de limpieza de sangre"* (1600), apoyándose en iguales motivos propone unas sabias soluciones, aunque absolutamente extraordinarias para aquel ambiente cargado de tensión: matrimonios interraciales, a condición de que no fueran forzados, permitirles el acceso a las dignidades y honores; es decir, integrarlos a la sociedad española. Señala, además, que la alta natalidad que demuestran, doblando su número cada diez años, va en contra de la seguridad de la república. Si esta continúa dividida, puntualiza Salucio, lo único que puede esperarse es la guerra civil.[73]

Entre los contrarios al extrañamiento pueden contarse los numerosos pedimentos de los señores de moriscos y clérigos que solicitan al rey detener la expulsión. De antemano conocen los desastres que puede acarrear. Cuenta, por ejemplo, Fray Marcos de Guadalajara, en su *Memorable expulsión y justísimo destierro de los moriscos de España*, que *"De Aragón han venido dos diputados, que son el duque de Villahermosa y un canónigo, con embajada para representar los inconvenientes que resultarían de sacar los moriscos de aquel reino a lo cual se ha respondido que hasta ahora no se ha tomado resolución en ello, que*

---

71 H. Kamen, *Una Sociedad Conflictiva...*, p. 353. || J. Caro Baroja toma a modo ejemplar de toda esta situación de retorno y protección, el diálogo que, en *Don Quijote* (Segunda Parte, Cap. LIV), mantiene Sancho con su amigo el tendero morisco Ricote, quien le dice que había retornado disfrazado de peregrino desde Alemania, el único país en que *"se vive con libertad de conciencia"*. A propósito señala el autor que valdría la pena una investigación de cuándo aparece en el castellano la idea de libertad de conciencia. (*Los Moriscos...*, pp. 237-238.)

72 H. Méchoulan, *Le Sang de l'Autre...* (pp. 210-211) resume parcialmente el *Memorial* que Núñez Muley presentara al Presidente de la Junta, el Obispo Pedro de Deza.

73 Ibíd., p. 235.

a su tiempo se les avisará... (20 de diciembre de 1609). Poco después Fray Marcos alude a los preparativos de la saca, a nuevas delaciones... y a la saca (10 de abril de 1610), que fue considerada como ruinosa".[74]

Al igual que los señores de la nobleza (dueños de vasallos tan excelentes como eran los moriscos), ninguno de los arbitristas de la época, consejeros del "buen gobierno", estaba de acuerdo con la expulsión. La lista de los críticos de la expulsión va siendo más extensa cuando avanza el siglo XVII y se corporizan los preanunciados signos de la decadencia agrícola y económica que, con certeza, va declarándose inevitable.

Los argumentos desde el principio siempre tiran hacia el lado más notorio de las ventajas económicas: la frugalidad de su vida y la adhesión al trabajo. Después de la expulsión, seguirán afirmando que *"...no hay lugar entre ellos para los mendigos, todos son particularmente laboriosos, todos tienen un oficio..."*.[75]

En 1626, resumirá Pedro Fernández de Navarrete los motivos que piensa son los que insuflan la resistencia morisca a la integración: *"...detestan* [la religión cristiana] *porque se ven despreciados y saben que no hay esperanza de que un día pueda borrarse la mancha de su bajo origen".*[76]

En el siglo de la Razón, las Luces también criticaron agriamente la expulsión a la que calificaron de irracional. Fundados en las ideas del jusnaturalismo y dispuestos a la acción política reformista, los iluministas, ya fueran connacionales como Gaspar de Jovellanos, ya extranjeros como el ácido Voltaire, acordarán con el Conde de Campomanes que la desventura de España con los moriscos, *"...puede servir de ejemplo de los males que acarrea el no respetar los príncipes los derechos de los pueblos, tan sagrados en su línea como los suyos propios, como todos los dimanados del contrato social, que es la suprema ley".*[77]

Estamos ante los pilares ideológicos de la Independencia de Indias, reinos que ya se decían América y sentíanse "criollos": españoles aún, pero diferentes.

* ¿Desaparecieron los moriscos de España?

Acabamos de ver que no. Las pruebas están a la vista en tantas cosas que ya hemos nombrado. Revelan continuidades raciales y culturales que suben a la superficie guiadas por las corrientes de estas aguas profundas del histórico devenir.

---

74 J. Caro Baroja, *Los Moriscos...*, p. 232.
75 H. Méchoulan, *Le Sang de l'Autre...* (p. 233) citando a Fray Alonso Fernández, *Historia y Anales de la Ciudad y Obispado de Valencia*, 1627.
76 Ibíd. (p. 234). Pedro Fernández de Navarrete, *Conservación de Monarquías y Discursos Políticos sobre la gran consulta que el Consejo hizo al Señor Rey don Felipe III...*, Madrid, 1626.
77 En la carta "Sobre el origen y costumbres de los vaqueiros de alzada", Jovellanos dirá que la expulsión fue *"irracional e impolítica"*. (Citada por J. Caro Baroja, *Los Moriscos...* p. 258.) ‖ El Conde de Campomanes en sus *Cartas Políticas-Económicas* (Madrid, 1878) p. 83. ‖ Las palabras de Campomanes, aunque más modernas en su concepción, son en cierto modo similares a las que escribiera Pedro Fernández de Navarrete en 1626, cuando lamentándose de la expulsión dijera que *"...es una política muy maligna del Estado que los príncipes retiren la confianza de sus súbditos"*. (Citado por H. Kamen, *La Sociedad Conflictiva...*, p. 352.)

Están en el estereotipo del andaluz, en la tez aceitunada, los negros cabellos y la mirada de "la mujer morena", venus nacida del apasionado pincel de Julio Romero de Torres. Están en las particularidades del hablar meridional, en el lenguaje de las hermosas cerámicas, en los azulejos de pardos, azules y blancos colores, en la magnificencia del cordobán o en la encalada arquitectura de techos de terraza e íntimos patios de ojos de agua y senderos bordeados de verdes arrayanes, protectores de jugosos limoneros y encarnados naranjos.

Están en el gran registro que siempre es la literatura a través de los temas que la inspiran, y hasta en las peculiaridades mestizas de la Semana Santa granadina o sevillana. Son realidades tan presentes en nuestro presente, como antaño lo estuvieron en la reiteración de los procesos del Oficio. Aún, a 9 de mayo de 1728, cuando San Felipe y Santiago de Montevideo recién despuntaba en el indiano Río de la Plata, cuarenta y seis personas (en su mayoría mujeres) fueron condenadas por mahometizar en el auto de fe cumplido en la ciudad de Granada.

Si bien no es del caso entrar en el plano de la vieja discusión histórica sobre los perjuicios de esta autoextirpación (en que se elucubra las razones de Estado que hubieran debido pesar en las consideraciones de la Corona), es indudable que la decisión no puede aislarse de la gravitación de la "razón pasional"; en particular, cuando se enumera los desastrosos resultados de la despoblación y destrucción de la economía morisca, vitales para España, y más si consideramos la parcial bancarrota en que se hallaba la Real Hacienda desde 1607.

En gran parte fueron las dificultades financieras el motivo de la política pacifista que se inauguró con la tregua de doce años firmada con Holanda en 1609, el mismo año de la expulsión. No obstante, colocándonos en una posición cortoplacista, temporariamente, los bienes de los moriscos (oro, plata, joyas, inmuebles y esclavos) deben haber rendido sus frutos a las exhaustas arcas reales.

Fuera esto de cuestión, lo que permanecería viva, y por mucho tiempo, sería la desolada descripción que en tiempos de Carlos II hizo el embajador veneciano Federico Cornaro: *"En España la naturaleza está quemada por el sol y desecada por los vientos; en Andalucía y en algunas provincias bañadas por el cercano mar, caminando jornadas enteras a través de inmensas extensiones, no se encuentra pueblo alguno y el campo está sin cultivar, echado al abandono"*.[78]

Suerte de mezquindad y de miedo razonable "al otro" que conspiraba desde "adentro" y amenazaba desde "afuera". Aunque es preciso observar que, en estas épocas, a la apostasía morisca debe sumarse el problema de las herejías y el de la brujería que asolaban el catolicismo en los remotos espacios del Norte peninsular: Galicia, Asturias y Navarra. En 1568, sobre ellas escribirá un canónigo de la catedral de Oviedo a Francisco de Borja: *"Son unas Indias que tenemos dentro de España..."*. En verdad, interesante conjugación de Islam e Indias "dentro de España" y de España encaminándose hacia "afuera" de la Europa occidental.[79]

---

78 En G. Comisso, p. 186.) Cornaro actuó en España de 1678 a 1681.
79 La cita en H. Kamen, *Una Sociedad Conflictiva...*, p. 291.

Bueno es preguntarse, también, ¿cuánto hay, en las palabras de Cornaro, de una España amenazada en sus costas?[80]

La "razón pasional" incluía (como en el cuestionamiento de "la nación cristiano-nueva") el factor religioso, jerárquico y racista de la limpieza de sangre, desfogue de sentimientos envidiosos y violentos. En el pasar de los siglos nos devuelve la imagen de una sociedad seducida por la "misión" de una España que, a la cabeza de las reformas de la Iglesia tridentina, iba quedando a la cola de la modernidad.

---

80 Ver B. y L. Bennassar, *Los Cristianos de Alá. La fascinante aventura de los renegados.*

IX

Cerrando el itinerario: de vagamundos y gitanos

"Vagar. Andar ocioso de un lugar a otro, del verbo *vacare*... Vagamundo, el que se anda ocioso por todas partes. Contra los vagamundos hay leyes del reino, y en todas las repúblicas bien concertadas, las tienen... y si no tienen de qué comer lo han de hurtar o robar [...]."

Fray Sebastián de Covarrubias
Tesoro de la Lengua Castellana o Española, 1611

"Gitano. Quasi egitano, de Egipto. Esta es una gente perdida y vagamunda, engañadora, embustidora.[...]."

Ibídem

No podemos cerrar este dilatado itinerario europeo e hispánico sin hacer referencia a la contrapartida más notoria del "Bien Nacer": los vagamundos y los gitanos, ambos controlados de hecho y de derecho.

No fueron los vagamundos ni los gitanos fenómenos socioeconómicos y étnicos exclusivos de España, pero siempre y cuando recordemos las peculiaridades hispánicas que hacen la diferencia.

1. *Vagamundos*

Acogemos bajo el término genérico de "vagamundos" (hoy más en uso "vagabundos") a todos los individuos que –aproximadamente, desde el siglo XIII– son parte integrante de poblaciones errabundas.

Lanzadas a los caminos, trepadas al convoy de la miseria, estas gentes marginadas se desplazaban por aquella Europa conflictiva que, en su occidente, soportaba una crisis de transición (deshacedora del orden medieval y hacedora del de los Estados nacionales e imperios de la modernidad), mientras que, en su oriente mediterráneo, "el Turco" proseguía desplegando su manto cada vez más inquietante.

Cuando se produzcan los descubrimientos y a través de Portugal y España vayan abriéndose las puertas del Nuevo Mundo, anchos y esperanzados horizontes ofertarán sus extraordinarias tierras a muchas de esas gentes errantes, desesperados sin domicilio ni medio de vida regular.

Holgazanes, caminantes de campos asolados por las guerras y por sus fechorías; alborotadores indeseados de aldeas, pueblos y villas, pero más de las ciudades que, al par de populosas, van tornándose peligrosas con sus barrios bajos donde moran sus cortes de los milagros. Corsarios en el mar, bandidos asaltantes de caminos, niños abandonados, mendigos profesionales, mendigos de ocasión, estudiantes de bolsa vacía olvidados de estudiar, bohemios seguidores de los pasos (también itinerantes) de sus maestros, nobles y caballeros pauperizados corriendo detrás de "la" fortuna, segundones desplazados de la heredad familiar, caballeros mercenarios, funcionarios desempleados, letrados de poca monta, clérigos aventureros o desventurados, hermanos mendicantes y monjas pecadoras, soldados en busca de ejércitos que les permitieran enganchar, soldados desenganchados o soldados desertores, esposos huyendo de sus mujeres, prometedores de casamientos no cumplidos o bígamos cumplidores de muchas promesas, mujeres abandonadas, mujeres viudas, mujeres de "vida alegre", vivanderas de los ejércitos, pícaros, bribones y ladrones de toda laya, cómicos que, por algo, nombraron de la legua... La largura de este "índex" (por otra parte incompleto) no debe hacer suponer que, si estaba en su suerte y manos que la fortuna les sonriera, despreciaran el valer más de la vida noble.

La enumeración admite otros errabundos, que pueden o no integrar el vagabundaje: los peregrinos del Camino de Santiago y los fugitivos de las persecuciones religiosas de la Reforma y de la Contrarreforma.

En la voz "vago" inscribe Covarrubias al "Bagamundo", notando que *"...aunque sea lo mismo que vagamundo le dan algunos origen de ciertos peregrinos que suelen venir de Francia a España, con título de visitar el cuerpo de señor Santiago y otros santuarios y en tiempo atrás acudieron muchos de una ciudad de Francia dicha Bagamún, que hoy llamamos Tornay, y de allí se dijeron vagamundos. Mejor se dirían bagabundos* (sic), *de vagor, aris".*

En el campo francés, sin embargo, la cosa se veía de otra manera. Ya una especie de guía para peregrinos a Compostela, en el siglo XII, advertía: *"...pasad por tal ruta; no dejéis sobre todo, de visitar tal santuario; allí reposan reliquias que sanan; pero poco después de Bordeaux, vais a ingresar en un país, el País Vasco, donde la gente no se expresa como seres humanos sino que ladra como los perros. La sensación de ser un extranjero se manifestaba, entonces, apenas uno franqueaba los límites del pequeño país propio".*[1]

---

1 G. Duby, *Año 1000...*, p. 62.

Cerrando el itinerario: de vagamundos y gitanos 253

La extranjerización errabunda se asienta en el siglo XVI, siglo desgarrado por las guerras de religión. El enorme flujo de refugiados desde los países reformistas hacia los que se afirman en el catolicismo (y viceversa) puede ejemplificarse en el ingente número de irlandeses católicos deportados, de los cuales, dice Sir William Petty *"...fueron llevados a España, Flandes, Francia, treinta y cuatro mil soldados; y de muchachos, mujeres, sacerdotes, etc., no menos de otros seis mil, de los cuales no han regresado ni la mitad"*.[2]

Cada país tiene los suyos (y, acorde a lo que acabamos de ver, los ajenos), como asimismo posee zonas o lugares donde será mayor o menor su actividad, según sean las pobrezas, las hambres y desgracias de las condiciones socioeconómicas, políticas y religiosas, que en definitiva los procrean y desparraman por esos caminos y mares de Dios.

Así los labriegos españoles convertidos en errantes jornaleros y zafrales eran en buena proporción endeudados pecheros acabados por las crisis reiteradas de los siglos XVI y XVII. O los moriscos (antes, durante las deportaciones y expulsiones internas o después de la expulsión de la península). Como ya ha sido mencionado, debido a su grosor numérico, esta deportación configuraría en España y en Europa un símil del "judío errante".

Humanidad alienada, confundida y confusa, fuera de la ley, violenta y peligrosa, fue por el orden instituido controlada, perseguida, desterrada y expulsada.

"Nuestras leyes los compelen a trabajar o los destierran y a veces hallando en ellos culpas, o los azotan o los echan a las galeras", dirá Covarrubias, agregando: *"Esta es una plaga que cunde mucho en las cortes de los reyes y en los lugares grandes y populosos"*.[3]

Como hemos visto, en suelo español, de este arsenal de carenciados y marginales se destaca el mendigo; a pesar de que buscaron soluciones de encierro como de trabajo, el mendigo más que perseguido fue protegido pues *"...con ello los desamparados conseguían alivio y los fieles hacían méritos con sus actos de caridad. La diferencia real de opiniones estaba en la forma de controlar la mendicidad"*.[4]

---

2   Citado por H. Kamen, *La Sociedad Europea*, p. 205. Acota Kamen que se calcula en unos diez mil los deportados a Barbados en calidad de esclavos.
3   En la *Novísima Recopilación*, Libro XII, Tít. XXXI, "De los vagos; y modo de proceder a su recogimiento y destino". Las leyes aquí registradas van desde el año de 1369 a 1793, con lo que puede apreciarse la gravedad y duración de este fenómeno socioeconómico, que se acentuaría en el XIX a raíz de la Primera Revolución Industrial, y en el XX por el indefinido proceso de urbanización resultante de las migraciones del campo a la ciudad. ‖ Otros Títulos de este Libro XII que nos interesan son, por ejemplo: el XVII, "De los bandidos, salteadores de caminos, y facinerosos"; el XVIII, "De los receptadores de malhechores"; el XXVI, "De los amancebados, y mujeres públicas"; el XXVIII, "De los adúlteros y bígamos".
4   H. Kamen, *La España de Carlos II*, pp. 445-446. ‖ Carlos V acotó a los mendigos en un radio de seis leguas desde sus puntos de origen, en tanto Felipe II ejerció el control a través de las parroquias. El párroco era el único habilitado para dar licencias para mendigar. El sistema de licencias fracasó porque pasaron a falsificarlas. (H. Kamen, *La Sociedad Europea*, p. 194.) También en el siglo XVII se desarrollaron las cofradías laicas para atender a los pobres: costeaban alimento e instrucción, vestido y sepultura. (Ibíd., p. 199.)

2. Gitanos

Inmersos en el *pot-pourri* de los errabundo-vagamundos hallamos a los gitanos. Si bien se les confunde, son diferentes, pues, al contrario de los demás, constituyen una etnia. El parentesco finca y se detiene en su nomadismo, y en la ilegalidad de algunos de los medios que sirven a su subsistencia.

Eran nómades en una Tierra que aún hoy les es tan ancha y ajena, como hundidas y vigorosas son las huellas de su identidad cultural y la demostrada voluntad de su errabundaje.

Simbolizada en ese empedernido transitar y en la celosa preservación de sus modos de vida, la historia gitana es la de una etnia no sólo nomádica sino, también, aislacionista.

Este recorrer atraviesa sin inmutarse fronteras nacionales y ha repudiado en todo tiempo cualquier integración a un Estado o asimilación que determine el rompimiento de su sistema sociopolítico de carácter tribal y de sus formas ambulantes de subsistencia. Recoge entonces una historia de minorías marginales.[5]

Por lo expuesto, y porque solió ser refugio de otros vagamundos, la suya fue una historia de expulsiones e incluso de exterminio en la primera mitad del siglo XX.[6]

Y, a fines de esta centuria, continúa siendo objeto de prevenciones en las legislaturas urbanas o nacionales de algunos de los países en los que temporariamente se asientan. A este respecto comenta Duby que todavía *"No ha terminado la larga marcha de los gitanos. Los apartan o los expulsan de todos los lugares de Europa"*.[7]

Pero la etnia gitana no es inmune a infiltraciones, ya que sus jefes deben más duramente luchar por erradicar las inevitables contradicciones que –modificando su cultura– sutil o violentamente irrumpen desde la potente macrocivilización occidental.

Los gitanos amanecieron en el horizonte de Europa oriental en el transcurso del siglo XIV y a comienzos del XV, estaban recorriendo las sendas centroeuropeas para culminar en las del extremo occidental.[8]

---

5   "Hasta nuestros días los verdaderos gitanos se llaman a sí mismos 'Rom', cuyo significado es 'hombre' o 'marido'; mientras que, para todos los que no son gitanos utilizan el término peyorativo 'gadje', el cual, indistintamente, quiere decir 'patán', 'palurdo' o 'bárbaro'." (*The New Encyclopædia Britannica, Micropædia*, Vol. 5, 5ª Ed., 1990.)

6   La Alemania Nazi de la Segunda Guerra Mundial incluyó a los gitanos en su tarea de *"purificación de la raza aria"*. Se calcula que exterminaron a unos 400.000 de sus individuos, entre hombres, mujeres y niños. (Ídem.)

7   *Año 1000...*, p. 51.

8   Racialmente, la etnia gitana forma parte de los pueblos caucasoides de tez oscura que se originaron en el Norte de la India. En general, los historiadores están de acuerdo en que los gitanos abandonaron la India en sucesivas migraciones, siendo registrados en Persia, en el siglo XI. Poco antes de la segunda mitad de nuestro siglo XX, su nomadismo los trasladó a tierras norteamericanas y sudamericanas, así como también a Australia. (*The New Enciclopædia...*)

Tradición fue esclavizarlos en Transilvania, Moldavia y Hungría. Según devela un documento alemán de 1540, *"...llevan una existencia errante por todos los lugares de la tierra, acampan fuera de las ciudades, en los campos, en los cruces de los caminos, y allí instalan sus chozas y tiendas, haciendo depender su sustento del salteamiento, el robo, el engaño y el trueque, la diversión de las personas con adivinaciones y supercherías"*.[9]

Fray Sebastián de Covarrubias sostiene en su *Tesoro* que los gitanos *"Parecieron en estas partes de Europa, cerca del año de mil y cuatrocientos y diecisiete..."*. Sobre esta fecha hay discusión, pero no en cuanto a la de las normas que se promulgaron para su control y han sido registradas en las sucesivas recopilaciones legislativas hispánicas. En la *Novísima* están reunidas en el Libro XII, Título XVI: *"De los gitanos, su vagancia y otros excesos"*. En total son once las leyes que contiene el mencionado Título, que allega referencias hasta 1788. La Ley I se remonta a la pragmática de 1499 por *"D. Fernando y Da. Isabel en Medina del Campo"*, siendo reiterada en 1525 y en 1534 y señala: *"Expulsión del reyno de todos los egipcianos que anduvieron vagando sin aplicación a oficios conocidos"*.

La redacción de la ley carece de preámbulos: *"Mandamos a los egipcianos que andan vagando por nuestros reinos y señoríos con sus mujeres e hijos, que del día que esta ley fuere notificada y pregonada en nuestra Corte, y en las villas, lugares y ciudades que son cabezas de partidos hasta sesenta días siguientes, cada uno de ellos vivan por oficios conocidos... estando de estada en los lugares donde acordasen asentar, o tomar vivienda de señores a quien sirvan... y no anden más juntos vagando... o dentro de otros sesenta días primeros siguientes salgan de nuestros reinos, y no vuelvan a ellos... so pena que, si en ellos fueren hallados o tomados, sin oficios o sin señores... pasados los dichos días, que den a cada uno cien azotes por la primera vez, y los destierren perpetuamente de estos reinos; y por la segunda vez, que los corten las orejas, y estén sesenta días en la cadena, y los tornen a desterrar...; y por la tercera vez, que sean cautivos de los que los tomaren por toda su vida [...]"*.

Nuevamente el *Tesoro* de fray Sebastián de Covarrubias nos pone al tanto de las creencias (y no creencias) que en sus tiempos corrían sobre el origen de la palabra gitano y del grupo humano que con ella se califica: *"Gitano. Quasi egitano, de Egipto. Esta es una gente perdida y vagamunda, inquieta, engañadora, embustidora. En Italia llaman a los gitanos cíngaros o cigaros, y tomaron el nombre de la tierra de do salieron, dicha Cigaro..."*; *"...y dijéronse cíngaros por la semejanza que tienen, en la inquietud y poco reposo, a una avecilla que anda por las orillas de la mar, que llaman cíngalo o cinglo, que por otro nombre se dice motacila, y en castellano aguzanieve"*.

El estereotipo que del gitano diseñaron los españoles en aquellos días no se diferencia del que demuestran las palabras de nuestro fraile o el documento ale-

---

9   Citado por H. Kamen, *La Sociedad...*, p. 185.

mán más arriba transcripto; ni, tampoco, del que sostiene hoy la creencia general, sospechosa de los individuos de esta etnia no sedentaria que, en muchas oportunidades, todavía se comportan de acuerdo al cliché tradicional.

El hurto, en cualesquiera de sus modalidades, y, en especial, el de caballos (cuatrería) y el de toda clase de animales (abigeato), eran algunas de las acusaciones por las que se les trataba de prohibir el ejercicio de sus oficios predilectos: la arriería y el mercadeo en las ferias.[10]

Motivaciones semejantes fueron las que tendieron a implantar la obligación de radicarse en un lugar fijo y de que *"...ninguno de ellos pueda vender cosa alguna, así en ferias como fuera de ellas, si no fuere con testimonio signado de Escribano público, por el cual conste su vecindad, de la parte y lugar de donde viven de asiento, y de las cabalgaduras, ganado, ropa y otras cosas, y señas de ellas, que del tal lugar saliere a vender; so pena de que, lo que en otra forma vendieren, sea habido por hurto, y ellos castigados por ello, como si real y verdaderamente constase haberlo hurtado".*[11]

Subsidiariamente, en la imaginería literaria penetró –hasta bien avanzado el siglo pasado– la convicción de que eran ladrones de niños para venderlos en Berbería. *"Pasan a mayor maldad sus hurtos, pues afirman Autores graves, han llevado niños a vender a Berbería",* escribe en su alegato contra los gitanos el Alcalde de Corte de Felipe III, Juan de Quiñones.[12]

No obstante, nuestra experiencia personal, con una abuela nacida en 1889 y catalana, apunta la sutileza de las trasmisiones generacionales y el "alargue" de las duraciones, haciendo contemporáneo aquello que dejó de serlo. ¿Convicción sin fundamento real o realidad sin comprobación? No interesa aquí la discusión, sino solo nos importa constatar la permanencia braudeliana que aflora en el recuerdo de las prevenciones de la abuela Lucía; advertencias que exigían no detenernos ni a mirar a las gitanas porque, simulando adivinar la suerte, se llevaban a los niños. Ni qué decir, cuando deambulaban por el barrio y no queríamos tomar la sopa: los temores despertados se unían a la pedagogía del "hombre de la bolsa", de quien hoy conocemos no haber sido un hecho imaginario.[13]

La otra parte principal del estereotipo gitano es la hechicería, ejercida por hombres, pero más por mujeres. Juan de Quiñones escribe horrorizado que

---

10 En virtud de que estas ocupaciones se prestaban para ocultar la cuatrería y el abigeato, así como también el contrabando, un auto del Consejo, de 15 de octubre de 1611, *"declaró y mandó, que los oficios que han de tener los gitanos... sean los de la labranza y cultura de la tierra, y no otros...".* (*Novísima Recopilación,* ibíd., ley II, nota I.) ‖ Tan de gitanos era la arriería, que en sus memorias Juan Caballero (bandolero indultado en 1832 por Fernando VII, quien surtiera reses para el matadero como su padre y su hermano, y siguiera al Rey como remontista de caballos) se siente en la obligación de declarar su limpieza de sangre: *"Nací* [escribe] *en la villa de Estepa el día 29 de agosto de 1804, siendo hijo de padres honrados y cristianos viejos, y es falso que mi padre fuera gitano como quieren algunos..., y venía su descendencia de lo que entonces se llamaba linaje hidalgo...".* (*Historia Verdadera y Real de la Vida y Hechos Notables...,* p. 24.)
11 Ley III: "D. Felipe II en las Cortes de Madrid de 1586 pet. 51".
12 J. Caro Baroja, *Vidas Mágicas...,* p. 81. Indica también ejemplos citados por Víctor Hugo al referirse a España en "*Les* comprachicos", segundo capítulo de *L'Homme qui Rit.* (Ídem.)

*"...son también encantadores, adivinos, magos, y quirománticos que dicen por las rayas de las manos lo futuro, que ellos llaman **buena ventura** (y yo mala para quien la dicen, pues o le engañan, o le roban)... Algunos piensan que se llaman Cinganos, del gran Mago Cineo, de quien dicen aprendieron la Magia... ¡Qué de doncellas han pervertido con hechicerías y embelecos! ¡Qué de casadas se han apartado de sus maridos!, y en particular las Gitanas, que andan de casa en casa, diciendo la buena ventura mirando las manos, y las rayas que tienen en ellas..."*.[14]

Casi tan malo es el trato que le da Covarrubias a las gitanas como a las "necias" de sus clientas, pues que *"...son grandes ladronas y embustidoras, que dicen la buenaventura por las rayas de las manos, y en tanto que ésta tiene embebidas a las necias, con que si han de casar o parir o topar con buen marido, las demás dan vuelta a la casa y se llevan lo que pueden"*.[15]

En tiempos de Felipe V eran tales los estragos en Madrid, que mandó *"se persiguiese a las gitanas residentes en la Corte"* (1707) y dos años más tarde (1709) *"...se mandó salir de la Corte las gitanas no casadas con gitanos avecindados en ella, y que fuesen a vivir a su domicilio, pena de doscientos azotes y diez años de galeras"*(sic).[16]

---

13 *"Es un hombre que lleva sobre sus espaldas a niños recién nacidos, dentro de una caja acolchada, que puede contener hasta tres. Están parados, envueltos en su fajada vestimenta y respirando el aire que viene de arriba. El hombre no se detiene más que para tomar sus comidas y hacerlos succionar algo de leche. Cuando abre su caja, a menudo halla a uno muerto; sigue el viaje con los otros dos, impaciente por desembarazarse de su cargamento. Cuando lo ha depositado en el hospital* [entiéndase asilo], *vuelve a partir para el campo para recomenzar la tarea que es su forma de ganarse el pan."* Señalan los autores que, estos transportes fueron prohibidos reiteradamente en 1773 y 1779, pero no se logró erradicarlo sino solamente enlentecerlo. (En *Entrer dans la Vie*, serie documental presentada por J. Gélis, M. Laget y M.-F. Morel, p. 174. Transcripción del *Tableau de Paris*, de S. Mercier. París, 1783, T. III, p. 141.)

14 J. Caro Baroja, *Vidas Mágicas*..., p. 85. || *Autoridades*. **"Buenaventura**. *Se llama cierto pronóstico que hacen (presumiendo entender la que llaman Chiromancia) algunas mujeres embusteras, comúnmente llamadas Gitanas* [...]. *Y la* **Chiromancia**. *Adivinación por las rayas de las manos, que las gitanas fingen y llaman Buenaventura. Es voz griega usada por los latinos y se pronuncia la* **ch** *como* **K**". [...] Asimismo *Autoridades* señala que *"chiromántico, ca"* (adjetivo), es *"lo que pertenece a la Chiromancia. Y comúnmente se llama así al que la practica, usándose entonces como nombre sustantivo..."*. El sobrescrito es nuestro.

15 El origen de la Quiromancia, vale decir la lectura del carácter y la adivinación del futuro por la interpretación de las líneas y ondulaciones de la palma de la mano, es incierto. En general, se le sindica en la antigua India. Es probable que este origen tenga entonces que ver con la tradición gitana de decir la buena fortuna. No obstante, el arte de la Quiromancia fue conocido en China, Tibet, Persia, Mesopotamia y Egipto, así como en la Grecia de la Antigüedad. Durante la Edad Media este arte fue combatido, mas a partir del Renacimiento se le concede gran importancia y, en el siglo XVII, numerosos tratadistas pretenden formular sus principios sobre bases empíricas y racionales (uno de los más famosos de estos autores fue el francés Jean Belot, cuyas *Obras* son de 1649). El racionalismo del Siglo de las Luces opacó nuevamente la labor de la Quiromancia culta, pero un nuevo renacimiento se produjo en el XIX e, incluso, en el XX es objeto de estudios e interpretaciones llevadas con intenciones científicas al grado de contar entre sus seguidores a C. G. Jung. A pesar de todo esto, no existen los fundamentos científicos que puedan apoyarla. (*The New Encyclopaedia Britannica*, Vol. 9.)

16 Notas 3 y 4 de Ley IX, de 1 de octubre de 1726.

La Iglesia, desde que fuera elevada a la condición de religión oficial del Imperio, en épocas de Constantino, se dio a la persecución de los adivinadores de suerte, colocándolos en la categoría de la hechicería y brujería por considerar que esos poderes y las misteriosas palabras que pronunciaban derivaban de pactos con el Diablo.

Entre el 500 y el 700, la Inquisición española no le fue en zaga a la Iglesia romana: censuraba tanto la publicación o la introducción de los tratados de los quirománticos cultos (usual en las demás Cortes europeas), como la quiromancia vulgar de las gitanas, despreciada también por los cultos.

Como forma de predecir el futuro, y acompasada con la quiromancia no culta y la culta (o sea la de los tratadistas), se ubican la astrología y la fisiognómica, camino que sigue *Autoridades* en dos de los tres ejemplos que presenta en **"Chiromancia"**. Uno es de Alexo Venegas (*Agonía de la Muerte*): *"Especialmente en aquellas cosas en que ve el demonio, que viviendo hicieron más hábito, como son inquisiciones futuras, pronosticadas con Astrología, o por la ciencia sin fundamento de la **Chiromancia**"*. El otro ejemplo se apoya en la palabra de Fray Cristóbal de Fonseca (*Vida de Cristo*): *"Hay muchos que no solamente de la consideración de las Estrellas, sino de la fisonomía y de la **Chiromancia** echan juicios de los sucesos humanos"*.

En "chiromántico", *Autoridades* contribuye con el comentario mordaz, como de habitual, de D. Francisco de Quevedo, que en su *Libro de todas las cosas y muchas más*, echa su crítica a la quiromancia, a la astrología (a la que denomina astronomía) y a las predicciones a través de la fisiognómica, que no se limita al análisis de la fisonomía del rostro, sino también al del resto del cuerpo humano. Por eso ironiza: *"Y así había de haber, si fuera verdad, como hay Chirománticos, Nalguimánticos, y Frontimánticos"*.

Julio Caro Baroja en *Jardín de Flores Raras*, aporta el ejemplo de Jean Belot, en tanto prueba la existencia de una quiromancia eclesiástica a la que define como de "guante blanco" y combinada con los diez mandamientos. Belot, expresa Caro Baroja, era un *"...filósofo hermético nacido a finales del siglo XVI, que fue cura de Mil-Monts, quien en un libro publicado en 1625 en París, afirma que con ciertas oraciones compuestas con palabras mágicas se pueden dominar todas las ciencias"*.[17]

De modo que, no obstante las condenaciones de la Iglesia, el comportamiento de los fieles, de los reyes para abajo, parece no haber tenido empaque en contradecir las disposiciones eclesiásticas.

---

17 Este cura que se tilda de "Profesor en las Ciencias Divinas y Celestes" reunió (en sus obras publicadas en Rouen en edición de 1647, que se dice corregida y aumentada con diversos tratados) sus estudios sobre la quiromancia, la fisiognómica, el *Arte de la memoria* de Raymundo Lullio, tratados sobre las adivinaciones, los augurios y los sueños y, como diría Quevedo, muchas cosas más. (J. Caro Baroja, *Jardín...*, p. 23.) Asimismo, Caro Baroja incluye ejemplos posteriores de obras dedicadas a prelados, como la que el "Sieur Adrian Sicler Medecin Spagyque" dedica al arzobispo de Lyon, Camille de Neuf-ville, que versa sobre quiromancia, observaciones de la *Cabala*, pronósticos de quirománticos antiguos y modernos. (Ibíd., p. 24.)

Cerrando el itinerario: de vagamundos y gitanos 259

La fe en el horóscopo se desliza en el informe del embajador veneciano Domenico Zane: *"Tal cual acostumbran los reyes a hacerlo, su padre* [Felipe III] *quiso que el célebre Argoli, en aquella época maestro de astrología en Padua, le predijera* [a su hijo Felipe IV] *sus éxitos futuros. Este maestro, libremente, le dijo que las estrellas amenazaban de muchos desastres al monarca y que habría de morir en la miseria si su patrimonio no fuera el del rey de España, pero que, de cualquier forma, esta condición no lo salvaría de un destino cruel. Los hechos, he aquí, han confirmado este vaticinio y el estado actual de la corona traduce claramente la pérfida obstinación de las estrellas, obstinación que sólo la tolerancia cristiana, de la que el rey está ampliamente provisto, puede corregir"*.[18]

Si en materia de escritos la Inquisición española pudo hacer algo contra la Quiromancia culta, por cierto que ni ella ni la Corona pudieron con la de las gitanas favorecidas por su contumaz clientela.

La fidelidad a la esperanza de una factible predicción del porvenir, que se presiente sondable, tan persistente como fue (y como es), ¿no será porque, en este rubro, habrá que reconocer remanentes de la mentalidad arcaica, que suspendida *in illo tempore*, subsiste y atraviesa incólume espacios-tiempos, culturas y civilizaciones?

Durante el siglo XVII español, los recelos hacia los gitanos aumentaron y cambiaron rumbos de control. El hecho –que forma parte de los casos en que los miedos se trasladan de un protagonista a otro– acontecerá luego de la expulsión de los moriscos. En esas circunstancias, el pueblo gitano adquirirá a los ojos de las autoridades un nuevo protagonismo que fácilmente se descubre en las disposiciones legales.

Aparentemente, por lo que se desprende de los escritos de la época así como por las disposiciones legales, es ese nuevo protagonismo de los "egipcianos" el que hace aparecer comentarios y normas que, de un lado, detallan prohibiciones de carácter étnico y de otro (y no sin contradicción), expresan de manera terminante que los gitanos no son una nación, sino tan solo gentes vagamundas.

El escueto resumen que precede el contenido de la Ley IV (por cédula de don Felipe III de 28 de junio de 1619) está cargado de este novel significado: *"Expulsión de los gitanos **que no se avecindaren en los pueblos de mil vecinos arriba; y prohibición de usar traje, nombre, lengua,** y de tratar en compras y ventas de ganado"*.[19]

La exigencia de que se radicaran en núcleos urbanos mayores de mil vecinos facilitaba la vigilancia por parte de las autoridades, de la misma manera que tendía a evitar que una buena porción de moriscos, para escapar de la expulsión o

---

18 G. Comisso, *Les Ambassadeurs...*, p. 180.
19 El sobrescrito es nuestro. ‖ En la normativa de la *Novísima*, la ya citada Ley IV, expresa lo mismo: *"...y que no puedan usar del traje, nombre y lengua de gitanos y gitanas, sino que, pues no lo son de nación, quede perpetuamente este nombre y uso confundido y olvidado..."*. De igual manera continuarán expresándolo las leyes que, sobre el mismo sujeto, seguirán a esta.

de la esclavitud, pasaran de la marginalidad morisca a la gitana, integrándose a sus tribus.[20]

La fama de aceptar "agregaciones" tenía viejas raíces pues *"...bien que venidos por acá admiten otros bellacos advenedizos que se les pegan"*, dirá Covarrubias. No podemos dejar de anotar que, por lo menos –en el conmocionado Sur peninsular– debió de haberse efectuado un enlace entre las dos etnias. No en vano la zambra (*"fiesta bulliciosa que se hacía entre los moriscos"*) ha venido a quedar en zambra gitana (*"fiesta con baile de los gitanos"*), el cante flamenco (incluida la modalidad del *cante jondo*) es descendiente del *"estilo de canto popular gitano-andaluz, emparentado por su melodía y ritmo con el canto árabe..."*, en tanto que una de las acepciones del adjetivo flamenco (aplicado a las personas) señala al *"andaluz agitanado"*.[21]

Las prevenciones del poder real contra los gitanos, o la de autores como los citados Covarrubias y Quiñones, también se dirigían a impedir que pudieran ser –a semejanza del morisco– instrumento del espionaje "del Turco" o de los franceses, las dos amenazas exteriores que más los angustiaban.

La preocupación del supuesto espionaje, empero, es subsidiaria frente a la declarada voluntad de no considerarlos una "nación" o una "casta" siquiera "ruin", como la de los moriscos. Indignado Covarrubias apunta: *"...el vulgo cree que éstos* [los gitanos] *vinieron de Egipto y de aquella tierra a donde estuvo retirada la Virgen nuestra Señora con su preciosísimo Hijo, por orden del Espíritu Santo, según se le reveló al santo José, por el ángel... Y que por no haber querido albergar al niño peregrino y a su Madre y a José, les cayó la maldición de que ellos y sus descendientes fuesen peregrinos por el mundo, sin tener asiento ni morada permanente...* **Todo mentira y bellaquería**, *porque consta de graves autores ser esclavones, y vivir en los confines del imperio de los turcos y del reino de Hungría... Y la lengua que hablan propia tira a la esclavona; no embargante que tengan otra ficticia con que se entienden, que comúnmente llamamos gerigonza, corrompido el vocablo de zingerionza, lenguaje de zíngaros. Estos depreden* [aprenden] *fácilmente la lengua de la provincia por donde pasan, y así saben muchas y fuera de ser ladrones manifiestos que roban en el campo y en poblado, de algunos de ellos se puede presumir que son espías, y por sospecha de ser tales los mandó desterrar de toda Alemania el emperador Carlos V, año de mil y quinientos cuarenta y nueve..."*.

Con el paso de las épocas y sus necesidades, las normas persisten en los casos en que pueden ser esclavizados o mandados a servir a las galeras y, en oca-

---

20 J. Caro Baroja señala que *"El reinado de Felipe II* [la errata es de la edición, pues claramente se trata de Felipe III] *y el comienzo del de Felipe IV fueron, sin duda, en España muy importantes en la historia de los gitanos. La expulsión de los moriscos atrajo la atención sobre ellos. Los moriscos eran dados a la arriería y al trato y, por otra parte, por su aspecto eran más fáciles de confundir con los gitanos... Así se pudo sospechar que éstos acogían a veces entre ellos a los expulsados. La agregación es una forma muy común de aumentar las familias y tribus gitanas"*. (*Vidas Mágicas...*, p. 77.)

21 Las frases entre comillas son extraídas de Moliner.

siones, ejecutados. Solo se diferencian en detalles de aquellas primeras que les fueron dispuestas por los Católicos. Algunas, adicionan o acotan penas a determinadas edades o sexos, como es el caso de la ley II (que reúne disposiciones de 1539 y 1560); en ella aparece la condena a *"nuestras galeras"* por seis años para los que, no cumpliendo la ley anterior, tengan entre 20 y 50 años. Pasado ese plazo *"mandamos al Capitán de las galeras, y encargamos la conciencia, que los suelten, y dejen ir libremente a sus tierras..."*.[22]

La situación se revierte, en la ley V (1633) y la VII (1695): *"si fuere hallado con arma de fuego, sea llevado con ejecución a las galeras, donde sirva por tiempo de ocho años..."* señala la primera, y la segunda agrega: *"incurran por el mismo hecho en la pena de doscientos azotes y ocho años de galeras"*. En cambio, a las mujeres, generalmente, la ley civil les condena a sufrir destierro.[23]

Sin abandonar prohibiciones ni promesas de duros castigos, da la impresión de que una especie de resignación invade la pluma del legislador, que acaba siempre, aunque bajo condiciones, aceptando la indeseada presencia de los gitanos dispuestos a colgar *"traje, nombre y lengua"* (lo que significa también que se han cristianado y que se vigila su fe), no practican sus danzas, no viven en barrios separados, se mezclan con los demás vecinos *"...de modo que no haya diferencias de unos a otros; pena de doscientos azotes y seis años de galeras"* (ley V, 1633), y no se dedican a oficios que les están expresamente prohibidos. Paralelamente, el legislador determina iguales precauciones y castigos para aquellos que dice que no son, pero que *"...se dicen gitanos"* y viven, hablan la jerigonza, se visten y trabajan como tales.

La XI, última de las leyes de la *Novísima* aporta, sin embargo, nuevos elementos que indican una voluntad integradora de parte de Carlos III, la misma que hemos visto aplicar a los cristianos nuevos mallorquines, con el fin de proceder a la asimilación por la vía de la deculturación.[24]

Vale la pena la transcripción de algunos de sus capítulos:

"I. Declaro [expresa el Rey] *que los que se llaman y dicen gitanos, no lo son por origen ni naturaleza,* **ni provienen de raíz infecta alguna***. 2. Por lo tanto mando, que ellos y cualquiera de ellos no usen de la lengua, traje y método de vida vagante, de que hayan usado hasta el presente, bajo las penas abajo contenidas. 3.* **Prohíbo a todos mis vasallos, de cualquier estado, clase y condición que sean, que llamen o nombren a los referidos con las voces de gitanos o castellanos nuevos, bajo las penas** *de los que injurian a otros de palabra o por escrito. 4.* **Para mayor olvido de estas voces injuriosas y falsas, quiero se tilden y borren de cualesquiera documentos en que se hubieren puesto o pusiesen, ejecutándose de oficio y a la simple instancia de la parte que los señalare. 5. Es**

---

22 Luego se bajará la edad a 17 años. (Ibíd., Ley VII, 1695, 1717 y 1726).
23 La frecuencia con que aparece en la legislación penal de estas épocas la condena a galeras o la que sustituye la de prisión por *"los trabajos en las Reales Obras"* es indicativa de la grave penuria de mano de obra.
24 Carlos III, por Pragmática Sanción del 19 de setiembre de 1783.

mi voluntad, que los que abandonaren aquel método de vida, traje, lengua o gerigonza, **sean admitidos a cualesquiera oficios o destinos a que se aplicaren, o también en cualesquiera gremios o comunidades, sin que se les ponga o admita, en juicio ni fuera de él, obstáculo ni contradicción con este pretexto.** *6. A los que contradijeren y rehusaren la admisión a sus oficios y gremios de esta clase de gentes enmendadas se les multará, por la primera vez en diez ducados, por la segunda en veinte, por la tercera en doble cantidad; y durante la repugnancia, se les privará de ejercer el mismo oficio por algún tiempo* [...]".

No obstante, en el capítulo 9 –a más de ciertas precauciones excepcionales que se toman con respecto a los que llevando el sello de gitanos han avenido a asimilarse– se aprecia que definitivamente, en adelante, esa asimilación los coloca en situación similar a la de los demás vasallos que incurren en oficios que pueden conceptuarse de vagancia: *"Concedo el término de noventa días, contados desde la publicación de esta ley en cada cabeza de partido, para que todos los vagamundos, de esta y de cualquiera clase que sean, se retiren a los pueblos de los domicilios que eligieren,* **y excepto por ahora la Corte y Sitios Reales,** *y abandonando el traje, lengua y modales de los llamados gitanos, se apliquen a oficio, ejercicio u ocupación honesta, sin distinción de la labranza o artes. 9. A los notados anteriormente de este género de vida* **no ha de bastar** *emplearse sólo en la ocupación de esquiladores, ni en el tráfico de mercados y ferias,* **ni menos en la de posaderos o venteros en sitios despoblados;** *aunque dentro de los pueblos podrán ser mesoneros, y bastar este destino, siempre que no hubiere indicios fundados de ser delincuentes o receptadores de ellos...".* También en el capítulo 9 se consideran *"inobedientes"* a los que *"habiendo dejado el traje, lengua o gerigonza, unión y modales de gitanos, hubieren además elegido y fijado domicilio, pero dentro de él no se hubieren aplicado a oficio ni a otra ocupación, aunque no sea más que la de jornaleros o peones de obras, se les considerará como vagos, y serán aprehendidos y destinados como tales, según la ordenanza de éstos, sin distinción de los demás vasallos".*

Por último, en el capítulo 20, todos aquellos cuya inobediencia se ejemplifique en el no abandono de lengua, traje y demás costumbres, *"...se les impondrá irremisiblemente la pena de muerte; y así se ejecutará sólo con el reconocimiento del sello, y la prueba de haber vuelto a su vida anterior".*

La exigencia de mayor celo en la aplicación de las normas se reitera una vez más en esta ley y en otras posteriores reales órdenes e instrucciones a Justicias, Corregidores, etcétera, lo que demuestra las dificultades de la aplicación *"Como la experiencia de dos siglos y más ha hecho ver..."*, según encabeza el capítulo 43.[25]

De plazo en plazo, de conminación en conminación, Caro Baroja sostiene la probabilidad de que *"...desde el siglo XVII al XIX haya habido un proceso de cristianización de los gitanos. Vocabularios recogidos hace más de cien años contienen las principales oraciones (ocanajimias): el Padrenuestro (Or Bato*

---

25 Todos los sobrescritos son nuestros.

Nonrió), la Salve (La Berarbe), el Credo (Or Panchabo)... Las supersticiones gitanas, en cierta parte, tienen su raigambre en el culto a los santos, y conocidos son los centros de peregrinación de los gitanos de las diversas partes".[26]

Cuestiones, por cierto, de los procesos de aculturación y, en estos, de la dinámica interna del grupo gitano sometido al cambio cultural.

Voz y fama ha quedado en España de aquellos que se avinieron a él, se cristianaron y *"no fueron de raza infecta"* ni debíanse nombrar *"cristianos nuevos"*. Pero, ¿cuánto hubo realmente de enculturación y cuánto de deculturación? ¿Cuánto de incumplimiento de las leyes, de mestizaje o connivencia con los demás, cristianos viejos, moriscos y descendientes de moriscos, que con ellos cohabitaban? Dejémoslo estar. No es harina de nuestro costal.

---

26 *Vidas Mágicas...*, pp. 83-84.

"... como una isla en el medio del mar de las naciones"

Aprisionada entre los miedos que cabalgaban "adentro" y los que trotaban de "afuera", prendida al honor y al espejo de la "vida noble", instigada por la maledicencia generalizada, las pasiones y los temores individuales de hallar mácula infamante en su estirpe, España rodaba barranca abajo.

Se desangraba en una guerra en la cual la "pureza" o la "nota" mantenían en armas a la mitad de la población, en vilo a la otra y al país sumergido en horrorosa miseria moral y material.

El estado de alienación de esta nación ensimismada y desgastada en la vigilancia de su linaje, limpio en oficios y limpio en la sangre, pero acompañado de los espectros de las variopintas crisis, consolidaba un paupérrimo universo interior de marginados que proyectó su sombra hacia el exterior.

Son extramuros europeos de los que también iba alejándose, encogida en su *"imperium"*: descalabrado poder de mando, roído por haciendas exangües, derrotas militares y naufragios diplomáticos perdidosos de ricos países.

Cabezas desapasionadas, voces que no se quieren oír, y tantas veces no se pueden oír, que sabiamente predican ***"Flojo es el cuidado del honor a donde está el cuidado del hambre"***.[1]

No precisan de la quiromancia para vaticinar que estas enfermedades interiores desmantelarán a España, consagrándola *"...como una isla en el medio del mar de las naciones, batida por el furor y la impetuosidad de las olas"*,[2] para colmo de males y trágico final de las pretensiones de pureza. Tan extraña fue para el extranjero aquella "isla", a duras penas atada a los Pirineos, que marranos creyó a todos los españoles.

Los críticos de los estatutos, con plena conciencia de la discrepancia entre la imagen de "puros" que habían pretendido mostrar a los demás europeos y la que

---

1 Mateo López Bravo, *De Rege et Regendi Ratione*. Madrid, 1616. La traducción es de la edición de 1627: *Del Rey y de la Razón de Gobernar*. (H. Méchoulan, *Mateo López Bravo...*, p. 229.) ‖ El sobrescrito es nuestro.
2 Pedro de Valencia, *Tratado sobre los Moriscos*, manuscrito inédito de los albores del siglo XVII. (Citado por H. Méchoulan en *Le Sang de l'Autre...*, p. 237.) El sobrescrito es nuestro.

en verdad habían mostrado al encontrar tanto marrano dentro de España, frecuentemente utilizaron el argumento de esta contradicción en su lucha por limitarlos.

Los cristianos viejos para el franciscano francés Henri Mauroy eran "paganos", porque, según afirmara, hacían gala de antepasados idólatras (los godos), que desconocían a Dios y que solo a través de Cristo habían sido unidos a una única Fe e Iglesia. Añadía, que ese Cristo era el que enlazaba a cristianos viejos con judíos y que, en definitiva, los cristianos limpios no eran más que la "carne impura" de la que hablara San Pedro. Por último, declaraba Fray Henri Mauroy la repugnancia que tenían los franciscanos de Francia hacia los estatutos de sus pares españoles.[3]

Del otro lado del puente tendido por los siglos, la limpieza de sangre –aunque subyacente– merece ubicarse entre los factores primordiales que precipitaron la decadencia española.

Para aquellos ajenos al tema es probable que este factor constituya una revelación, sin embargo es natural. Excepto trabajos historiográficos emprendidos de veinte a treinta años a esta parte, su conocimiento e incidencia han sido tradicionalmente descuidados, escasamente tratados en sus reales dimensiones o sencillamente ignorados.[4]

El mismo Fernand Braudel lo minimiza sin negarlo como "tormento" y secuela de espantosas repercusiones, *"pero todas las sociedades de Occidente* [expresa] *levantan barricadas en el siglo XVII, sacralizan los privilegios sociales, sin tener las causas que se invocan para España".*[5]

Aparte de la larga data (que supera con creces las "barricadas" del siglo XVII), aparte de los motivos de una unificación de las Españas, que en consonancia con los tiempos fue hecha en ancas de la unidad religiosa, la limpieza de sangre es la creación y sacralización de un nuevo privilegio "estamentario", el del cristiano viejo, exógeno y por encima de los estamentos tradicionales de las sociedades del Antiguo Régimen. No puede ponerse en igual nivel que los del resto de Europa. Sí, en cambio, concordamos que *"...toda civilización* [en la ocasión la ibérica] *se encamina hacia su destino, lo quiera o no lo quiera".*[6] Y el destino de aquella España fue la guerra interna y el *"bien está quien no se mueva".*

Tal vez, el poco trato que el tema ha tenido –concluía cierto investigador– sea consecuencia de la misma ignorancia o porque su tratamiento puede causar pudor en unos e indiferencia en otros; pero la cuestión –termina diciendo– es que a nadie le gusta hablar del tema.[7]

---

3   A. Sicroff, p. 193.
4   Advirtiendo sobre esta carencia, Caro Baroja señala que *"Los que tratan del asunto de la limpieza y pureza como si fuera una pequeña mácula, una pequeña ridiculez sin trascendencia falsean en absoluto la Historia Social del país, porque lo que hacen es como si un viajero que hubiera estado en la India hablara del régimen de castas cual si se tratara de una cosa extravagante y sin importancia".* (*Los Judíos en la España....*, T. II, p. 34.)
5   *La Méditerranée...* , T. 2, pp. 153-155.
6   Ídem.

En menor dimensión ha sido también desatendida la larga duración de la limpieza de oficios, aunque historiadores actuales –como hemos visto– le han concedido su merecida importancia.

En cuanto al ideal nobiliario, no puede opinarse lo mismo. Cual pletórico "cuerno de la abundancia", este ideal ha devenido en la literatura y en la historia de España una especie de surtidor de obras que se han ocupado (más que preocupado) de la sobrevaloración de la nobleza y los asuntos de honor en el más caballeresco de sus sentidos: el pundonor.

Ya antiguos o modernos, este género de trabajos participa, con frecuencia y hasta sin saberlo, de la mítica mistificación del arquetipo tradicional sintetizado en "el caballero español". En puridad, no pueden evitar un dejo admirativo o inclinaciones nostálgicas, complacientes de orgullo por aquella vital postura *amateur*, dueña de tantos males en el ayer europeo y en el iberoamericano. Si se descarna el ideal nobiliario de la limpieza de oficios y de la limpieza de sangre, no otra cosa resta que un empobrecido análisis y explicación de los hechos, cuando no simple hojarasca palabrera. Inclusive, esto se aprecia en muchos de los escritos que formulan críticas negativas al referido ideal.

De todo esto se concluye que son excepcionales las obras que realizan un estudio histórico completo sobre esta degeneración del honor. Excepcional es así el artículo "Honor y vergüenza. Examen histórico de varios conflictos", de Julio Caro Baroja.

En la historiografía americana la ignorancia es mayúscula, acostumbrados como hemos sido a acumular solo "libros verdes" para engrosar nuestras cuentas pendientes con la que fuera la madre patria. Aunque, también aquí, e inconscientemente, nos hemos acostumbrado al sentir orgulloso del desprendimiento heredado de aquel "caballero", que decía preferir ser un pobre honrado que un rico deshonrado.

Sin ánimo de disculpas de culpas porque hay que evaporar el fetichismo de los chivos expiatorios ("leyenda negra" de por medio), necesario es recordar que el "factor mental" es un *parvenu* demasiado reciente en los estudios económicos y, por consiguiente, en el tratamiento de la explicación histórica. Alain Peyrefitte remonta el reconocimiento de este recién llegado a los años 1960, a los trabajos del chicaguense Gary Becker, quien planteó la noción de la existencia de un "capital humano".[8]

En realidad, si principio quieren las cosas, en Max Weber encontramos la luz inicial que ha alumbrado este largo recorrido, por entender de qué modo las creencias, y aun las supersticiones de los hombres, han sido fundamentales para configurar economía y sociedad.

---

7   Comentarios realizados por el historiador Gabriel Fuster ante el rechazo generalizado que encontraba en los españoles mallorquines de hoy cuando trataba de hablar sobre el tema de la limpieza de sangre. (Citado por A. Sicroff, *Los Estatutos...*, p. 304.)
8   "La Société de Confiance", p. 378 || Ver además los capítulos 5, 6, 7, 8 y la "Conclusión".

La presencia de este capital humano, que los economistas de hoy han redescubierto analizando los problemas del desarrollo, implica otro reconocimiento: el del factor cultural. En el caso español y latinoamericano está a la vista. Quizás aprendamos a aprehenderlo con un aire límpido de limpiezas.

Bibliografía citada

Alonso, Alberto: *La Inquisición*. Folleto Congregación de San Estanislao de Kostka y Centro "Juan I. Bombolino". Montevideo, 1911.

Altamira, Rafael: *Diccionario Castellano de Palabras Jurídicas y Técnicas Tomadas de la Legislación Indiana*. Instituto Panamericano de Geografía e Historia. Estudios de Historia III. México, DF, 1951.

Ariès, Philippe: *El Tiempo de la Historia*. Paidós. Argentina, 1988.

Ariès, Philippe: *L'Homme Devant la Mort*. Seuil. Paris, 1977.

Autoridades, diccionario de: Real Academia Española. Ed. facs. 1726-1739 (3 Vols.). Gredos. Biblioteca Románica Hispánica. Madrid, 1979.

Bennassar, Bartolomé y Lucile: *Los cristianos de Alá. La fascinante aventura de los renegados*. Nerea. Madrid, 1989.

Bennassar, Bartolomé: *Inquisición Española. Poder Político y Control Social*. Crítica-Grijalbo. Barcelona, 1981.

Bennassar, Bartolomé: *Los Españoles. Actitudes y Mentalidades*. Argos / Vergara. Barcelona, 1975.

Bloch, Marc: *Introducción al Estudio de la Historia*. Fondo de Cultura Económica. Col. Breviarios N° 64. México, 1978.

Blunt, Anthony: *Teoría de las Artes en Italia*. Cátedra. Madrid, 1980.

Braudel Fernand: *Écrits sur l'Histoire*. Flammarion-Champs. Paris, 1969.

Braudel Fernand: *La Méditerranée et le Monde Méditerranéen à l'Époque de Philippe II* (2 Ts.). Armand Colin. París, 1976.

Braudel Fernand: *L'Identité de la France. Espace et Histoire (I)*. Arthaud-Flammarion. Paris, 1986.

Brown, Jonathan: *Velázquez. Pintor y Cortesano*. Alianza Editorial. España, 1990 (2ª ed.).

Brown, Jonathan: *Imágenes e Ideas de la Pintura Española del Siglo XVII*. Col. Forma. Madrid, 1980.

Brown, Jonathan y Garrido, Carmen: *Velázquez. La Técnica de un Genio*. Encuentro. Italia, 1998.

Burke, Peter y otros: *Formas de Hacer la Historia*. Alianza Universidad. N° 765. Madrid, 1993.

Caballero, Juan: *Historia Verdadera y Real de la Vida y Hechos Notables de Juan Caballero. Escrita a la memoria por él mismo*. (Edición, prólogo y notas de José María de Mena.) Turner N° 31. Madrid, 1977.

Cardaillac, Louis: *Toledo. Siglos XII-XIII. Musulmanes, cristianos y judíos: la sabiduría y la tolerancia*. Alianza Editorial. Serie "Memoria de las ciudades". Madrid, 1992.

Caro Baroja, Julio: *Jardín de Flores Raras. Quiromancia, mitología, alquimia, países imaginarios...* Seix-Barral-Biblioteca Breve. Barcelona, 1993.

Caro Baroja, Julio: *El Señor Inquisidor y Otras Vidas por Oficio.* Alianza Editorial. Madrid, 1968.
Caro Baroja, Julio: *Los Moriscos del Reino de Granada.* Istmo. Col. Fundamentos Nº 50. Madrid, 1976.
Caro Baroja, Julio: *Los Judíos en la España Moderna y Contemporánea.* Istmo. Col. Fundamentos N°s 60, 61, 62. Madrid, 1978.
Caro Baroja, Julio: *Los Vascos.* Istmo. Col. Fundamentos Nº 55. Madrid, 1978.
Caro Baroja, Julio: *Vidas Mágicas e Inquisición.* Istmo. Col. Fundamentos N°s 121-122. Madrid, 1992.
Casares, Julio: *Diccionario Ideológico de la Lengua Española.* Gustavo Gili (-1959). Barcelona, 1977 (2ª ed. puesta al día, 8ª tirada).
Cervantes, Miguel de: *Don Quijote de la Mancha.* Anaya (2 Vols.). Madrid, 1994.
Céspedes del Castillo, Guillermo: *Textos y Documentos de la América Hispana. Historia de España XIII.* Labor. Barcelona, 1986.
Cicerón: Los Oficios. Espasa-Calpe. Col. Austral Nº 339. Argentina, 1946.
Cobarrubias, Fray Sebastián de: *Tesoro de la Lengua Castellana o Española* (1611). Ed. facs. Turner. Madrid, 1979.
Comisso, Giovanni: *Les Ambassadeurs Vénitiens. 1525-1792.* Le Promeneur. París, 1989.
Corominas, Joan: *Breve Diccionario Etimológico de la Lengua Castellana.* Gredos. Biblioteca Románica Hispánica (1.961). Madrid, 1980 (3ª ed., 2ª reimpresión).
Corominas, Joan y Pascual, J.A.: *Diccionario Crítico Etimológico Castellano e Hispano* (6 Vols.). Gredos. Biblioteca Románica Hispánica. Madrid, 1984-1991.
Cuadernos del Camino de Santiago, Nº 1, 1993.
Chaunu, Pierre: *A História como Ciência Social.* Zahar Editores. Río de Janeiro, 1975.
Chaunu, Pierre: *Les Amériques.* 16e 17e 18e Siècles. Armand Colin. Uprisme. París, 1976.
De Oliveira Marques, A.H.: *Breve História de Portugal.* Editorial Presença. Lisboa, 1998.
De Nebrija, Antonio: *Gramática de la Lengua Castellana* (1492). *Estudio y edición de Antonio Quilis.* Centro de Estudios Ramón Areces. Madrid, 1989.
De Solalinde, Antonio: *Antología de Alfonso X el Sabio.* Espasa-Calpe. Col. Austral Nº 169. Madrid, 1965.
De Vinci, Leonardo-Alberti, L.B.: *Tratado de la Pintura por Leonardo de Vinci y Tres Libros que sobre el mismo Arte escribió León Bautista Alberti.* Ed. facs. Madrid, 1784. Librerías "París-Valencia", 1998.
Degourney, Christian: *A la Recherche de vos Ancêtres.* Flammarion. Paris, 1999.
Delumeau, Jean: *El Miedo en Occidente.* Aurus. Col. Ensayistas Nº 291. Madrid, 1991.

Delumeau, Jean: *Le Péché et la Peur. La culpabilisation en Occident XIIIe - XVIIIe siècles*. Fayard. Paris, 1983.
Diccionario Hispánico Universal, T. II. W. M. Jackson. México, 1963, 9ª ed.
Domínguez Ortiz, Antonio y Vincent, Bernard: *La historia de los Moriscos. Vida y Tragedia de una Minoría*. Revista de Occidente N° 36. Madrid, 1978.
Domínguez Ortiz, Antonio: *Las Clases Privilegiadas en la España del Antiguo Régimen*. Istmo. Col. Fundamentos N° 31. Madrid, 1973.
Domínguez Ortiz, Antonio: *Los Judeoconversos en España y América*. Istmo. Col. Fundamentos N° 11. Madrid, 1978.
Domínguez Ortiz, Antonio: *Las Claves del Despotismo Ilustrado. 1715-1789*. Planeta. Col. Las Claves de la Historia. Barcelona, 1990.
Duby, Georges: *Año 1000. Año 2000. La Huella de Nuestros Miedos*. Andrés Bello. Santiago de Chile, 1995.
Duby, Georges: *L'Histoire Continue*. Odile Jacobs. Paris, 1991.
Dumont, Louis: *Homo Hierarchicus. Ensayo sobre el Sistema de las Castas*. Aguilar. Cultura e Historia. Madrid, 1970.
Eliade, Mircea: *Tratado de Historia de las Religiones* (2 Ts.). Cristiandad. Madrid, 1974.
Eliade, Mircea: *El Mito del Eterno Retorno*. Alianza-Emecé. Humanidades. El Libro de Bolsillo N° 379. Madrid, 1972.
Eliade, Mircea: *Le Sacré et le Profane*. Gallimard, Col. Idées N° 76. Paris, 1956.
Ellul, Jacques: *La Ciudad*. La Aurora. Buenos Aires, 1973.
Escriche, Joaquín: *Diccionario Razonado de Legislación y Jurisprudencia*. París, 1869.
Figari, Pedro: *Arte, Estética e Ideal*. Montevideo, 1912. (2ª ed. en francés bajo el título: *Essai de Philosophie Biologique*. Art, Stethique et Ideal. Paris, 1920).
Flandrin, Jean Louis: *Orígenes de la Familia Moderna*. Crítica. Barcelona, 1979.
Freud, Sigmund: *Un Souvenir d'Enfance de Léonard de Vinci*. nrf. Librairie Gallimard. Col. "Les Documents Bleus" N° 32. Paris, 1927.
García Hernán, David: *La Nobleza en la España Moderna*. Istmo. Col. La Historia en sus Textos. Madrid, 1992.
Giddens, Anthony: *Política, Sociología y Teoría Social. Reflexiones sobre el pensamiento social clásico y contemporáneo*. Paidós. Estado y Sociedad. Barcelona, 1997.
Gélis, J., Laget, M. y Morel, M.F.: *Entrer dans la Vie. Naissances et enfances dans la France Traditionelle*. Gallimard-Juillard. Col. Archives N° 72. France, 1978.
Godoy Alcántara, José: *Ensayo, Histórico Etimológico Filosófico sobre los Apellidos Castellanos* (1871). Ed. facs. Servicio de Reproducción de Libros. Librerías "París- Valencia", 1992.
Gracián, Baltasar: *El Criticón*. Espasa-Calpe. Col. Austral N° 400. Argentina, 1944.
Harrison, Lawrence E.: *El Subdesarrollo está en la Mente*. Rei. Argentina, 1987.

Herskovits, Melville J.: *Les Bases de l'Antrhopologie Culturelle*. Payot. Petite Bibliotheque N° 106. Paris, 1967.
Hita, Arcipreste de: *Libro de Buen Amor*. Espasa-Calpe. Col. Austral N° 98. Madrid, 1973.
Jackson, Gabriel: *Introducción a la España Medieval y Moderna*. Alianza Editorial. Humanidades. El Libro de Bolsillo. Madrid, 1974.
Johnson, Paul: *Historia de los Judíos*. Verlap. Buenos Aires, 1991.
Jovellanos, Gaspar de: *Obras Publicadas e Inéditas*. Biblioteca de Autores Españoles. Vol. 50, T. Segundo. Rivadeneyra-Impresor-Editor. Madrid, 1859.
Kaganoff, Benzion C.: *A Dictionary of Jewish Names and their History*. Schoken Books. New York, 1977.
Kamen, Henry: *La España de Carlos II*. Crítica-Grijalbo. Historia N° 16. Barcelona, 1981.
Kamen, Henry: *Una sociedad conflictiva: España 1469-1714*. Alianza Editorial. Col. El Libro de Bolsillo. Madrid, 1984.
Kamen, Henry: *La Sociedad Europea* (1500-1700). Alianza Universidad. Historia. Madrid, 1986.
Kant, Inmanuel: *Hacia la Paz Perpetua*. Jacobo Muñoz. Ed. Biblioteca Nueva. Madrid, 1999.
Le Roy Ladurie, Emmanuel: *Montaillou, Village Occitan de 1294 à 1324*. Gallimard. Paris, 1975.
Lorenz, Konrad: *Consideraciones sobre las Conductas Animal y Humana*. Plaza y Janés. Barcelona, 1974.
Lorenz, Konrad: *Sobre la Agresión: el Pretendido Mal*. Siglo XXI. 1971.
Lorenz, Konrad: *El Comportamiento Animal y Humano*. Plaza y Janés. Barcelona, 1972.
Macpherson, C.B.: *Burke*. Oxford University Press. Col. Past Master, 1980.
Machiavelo, Nicolás: *Obras Políticas*. El Ateneo. Buenos Aires, 1957
Mariluz Urquijo, José: *Bilbao y Buenos Aires. Proyectos dieciochescos de compañías de comercio*. Universidad de Buenos Aires. Col. IV Centenario de Buenos Aires. 1981.
Méchoulan, Henry: *Le Sang de l'Autre ou l'Honneur de Dieu. Indiens, juifs et morisques au Siècle d'Or*. Fayard. France, 1977.
Méchoulan, Henry: *Mateo López Bravo. Un Socialista Español del Siglo XVII*. Editora Nacional. Madrid, 1977.
Meléndez Valdés, Juan: *Poetas Líricos del Siglo XVIII*. Biblioteca de Autores Españoles. Vol. 63, T. Segundo. Rivadeneyra-Impresor-Editor. Madrid, 1871.
Michelli Marquez, Joseph: *Tesoro Militar de Cavallería. Antiguo y Moderno Modo de Armar Cavalleros, y Profesar, según las ceremonias de cualquier Orden Militar* [...]. *Con un Breve Discurso del Origen de los Sumos Sacerdotes* [...]. Madrid, 1642.
Moliner, María: *Diccionario de Uso del Español*. Gredos (1966-1967). Madrid, 1994 (1ª ed. 19ª reimpresión) y 1998 (2ª ed., 1ª reimpresión).

Mousnier, Roland: *Les Hiérarchies Sociales. De 1450 à nos jours*. Presses Universitaires de France. Col. SUP "L'Historien". Paris, 1969.

Münzer, Hyeronimus: *Viaje por España y Portugal, 1494-1495*. Madrid, 1951.

Neves, Amaro: *Judeos e cristâos-novos de Aveiro*. FEDRAVE. Portugal, 1997.

Novísima Recopilación de las leyes de España. Mandada formar por el Señor Don Carlos IV (Madrid, 1805). Ed. facs. (6 Ts.) Boletín Oficial del Estado.

Otte, Enrique: *Cartas Privadas de Emigrantes a Indias. 1540 -1616*. América V Centenario. Jerez, 1988.

Parker, Geoffrey: *Felipe II*. Alianza Editorial. Biblioteca 30 Aniversario. Madrid, 1997.

Peristiany, J. G.: *El Concepto del Honor en la Sociedad Mediterránea*. Nueva Colección Labor N° 89. Barcelona, 1968.

Peyrefitte, Alain: *La Societé de Confiance*. Odile Jacobs. Paris, 1995.

Pitt-Rivers, J.: *Antropología del Honor o política de los sexos*. Crítica-Grijalbo. Estudios y Ensayos N° 52. Barcelona, 1979.

Pitt-Rivers y Peristiany, J.G.: *Honor y Gracia*. Alianza Universidad N° 747. Madrid, 1993.

Quintana, Manuel José: *Obras Completas*. Biblioteca de Autores Españoles. Vol. 19. Rivadeneyra-Impresor-Editor. Madrid, 1867.

Ríos, Amador de los: *Historia social, política y religiosa de los judíos de España y Portugal*. Buenos Aires, 1943.

Ronquillo Rubio, Manuela: *Los Orígenes de la Inquisición en Canarias, 1488-1526*. Ediciones del Cabildo Insular de Gran Canaria. Las Palmas, 1991.

Sabater Pi, J.: *El Chimpancé y los orígenes de la cultura*. Promoción. Barcelona, 1978.

Sarrailh, Jean: *La España Ilustrada de la Segunda Mitad del Siglo XVIII*. Fondo de Cultura Económica. México, 1981.

Sepp, Antonio, S.J.: *Viagem às Missies Jesuíticas e Trabalhos Apostólicos*. Universidade de Sâo Paulo, Col. Reconquista do Brasil. Vol. 21, 1980.

Sicroff, Albert A.: *Los Estatutos de Limpieza de Sangre. Controversias entre los siglos XIV y XVII*. Taurus. La otra historia de España N° 5. Madrid, 1985.

Simoes Rodrigues, Antonio y otros: *História de Portugal em Datas*. Temas y Debates Lda. e Autores. 1996.

Sombart, Werner: *El Burgués*. Alianza Universidad. Madrid, 1982.

Storr, Anthony: *La Agresividad Humana*. Alianza Editorial. Humanidades. El Libro de Bolsillo N° 217. Madrid, 1970.

Spengler, Oswald: *La Decadencia de Occidente*, Vol. II, Espasa-Calpe, Madrid, 1934.

The New Enciclopædia Britannica. Micropaedia-Macropaedia. Ed. 1990.

Unamuno, Miguel de: *Vida de Don Quijote y Sancho*. Ministerio de Instrucción Pública. Col. Autores de la Literatura Universal. Vol. XI. Montevideo, 1964.

Valdeavellano, Luis G.: *Orígenes de la Burguesía en la España Medieval*. Espasa-Calpe. Col. Austral N° 1481. Madrid, 1975.

Ward, Bernardo: *Proyecto económico en que se proponen varias providencias dirigidas a promover los intereses de España.* Madrid (1779) 1782, 3ª ed.
Weber, Max: *The Methodology of the Social Sciences.* Glencoe, III. 1949.
Weber, Max: *Economía y Sociedad. Esbozo de sociología comprensiva.* T. I. Fondo de Cultura Económica. México, 1979.

Bibliografía seleccionada

Altamira, Rafael: *Historia de España.* Herederos de Juan Gil. Barcelona, 1914.
Anes, Gonzalo: *El Antiguo Régimen: los Borbones.* Historia de España Alfaguara IV. Alianza Universidad N° 44. Madrid, 1983.
Artola, Miguel: *La Burguesía Revolucionaria (1808-1874).* Historia de España Alfaguara V. Alianza Universidad N° 46. Madrid, 1983.
Beinart, Haim: *Los Judíos en las Cortes Reales de España.* Congreso Judío Latinoamericano. Biblioteca Popular Judía. Buenos Aires, 1975.
Bobes Naves, María del Carmen: *La semiótica como Teoría Lingüística.* Gredos. Biblioteca Románica-Hispánica. Madrid, 1973.
Boudon, Raymond: *La Lógica Social. Introducción al Análisis Sociológico.* Rialp. Madrid, 1981.
Bouthoul, Gastón: *Las Mentalidades.* Oikos-Tau. Col. ¿Qué sé? N° 21. Barcelona, 1971.
Bouthoul, Gastón: *Biografía Social.* Oikos-Taus. Col. ¿Qué sé? N° 16. Barcelona, 1971.
Burke, Peter: *La Revolución Historiográfica Francesa. La Escuela de los Annales: 1929-1989.* Gedisa. Historia. Colección y series (Grupo de "Ciencias Sociales"). Barcelona, 1994.
Bury, John: *La idea del Progreso.* Alianza Editorial. Col. El Libro de Bosillo. Madrid, 1971.
Cansinos-Assens, Rafael: *Los Judíos en la Literatura Española.* Columna. Argentina, 1933.
Carande, Ramón: *Carlos V y sus Banqueros.* Crítica-Grijalbo. (Ed. abrev. 2 Ts.). Barcelona, 1983.
Caro Baroja, Julio: *Introducción a una Historia Contemporánea del Anticlericalismo Español.* Istmo. Col. Fundamentos N° 70. Madrid, 1980.
Caro Baroja, Julio: *Las Formas Complejas de la Vida Religiosa. Religión, sociedad y carácter en la España de los siglos XVI y XVII.* Akal Editores. Madrid, 1978.
Casey, James y otros: *La Familia en la España Mediterránea (siglos XV-XIX).* Editorial Crítica. Col. Moderna N° 1. Barcelona, 1987.

Céspedes del Castillo, Guillermo: *América Hispánica (1492-1898)*. Historia de España VI. Labor. Barcelona, 1983.

Chauchard, Paul: *Langage et Pensée*. Presses Universitaires de France. Col. Que-sais-je? Paris, 1979.

Diccionario Enciclopédico Hispano-Americano. Montaner y Simón. Barcelona. W.M: Jackson Inc. N.Y.

Domínguez Ortiz, Antonio: *El Antiguo Régimen: Los Reyes Católicos y los Austrias*. Historia de España Alfaguara III. Alianza Universidad Nº 42. Madrid, 1983.

Domínguez Ortiz, Antonio: *Sociedad y Estado en el Siglo XVIII Español*. Ariel. Barcelona, 1981.

Duby, Georges: *Atlas Histórico Mundial*. Debates. Barcelona, 1992.

Farrington, Benjamín: *Mano y Cerebro en la Grecia Antigua*. Ayuso. Madrid, 1974.

Fausto, Boris: *História do Brasil*. Editora da Universidade de São Paulo. 1994.

Febvre, Lucien: *Honneur et Patrie*. Perrin. 1996.

Fedou, René: *El Estado en la Edad Media*. Presses Universitaires de France. Col. EDAF Universitaria. Nº 1. Madrid, 1977.

Friedländer, Günter: *Los Héroes Olvidados*. Editorial Nascimento. Santiago de Chile, 1966.

Guellec, Laurence: *Tocqueville. L'apprentissage de la liberté*. Editions Michalon. Paris, 1996.

Harris, Marvin: *Desarrollo de la Teoría Antropológica. Una historia de las teorías de la cultura*. Siglo XXI. España, 1978.

Kamen, Henry: *Felipe de España*. Siglo XXI. Historia. Madrid, 1997.

Kamen, Henry: *Nacimiento y Desarrollo de la Tolerancia en la Europa Moderna*. Alianza Editorial. Madrid, 1987.

Kindleberger, Charles: *Historia Financiera de Europa*. Crítica-Grijalbo. Barcelona, 1988.

Lafaye, Jacques: *Mesías, Cruzadas, Utopías. El judeocristiano en las sociedades ibéricas*. Fondo de Cultura Económica. México, 1984.

Le Goff, Jacques: *Marchands et Banquiers au Moyen Âge*. Presses Universitaires de France. Col. Que-sais-je? Paris, 1962.

Le Goff, Jacques: *Pensar la Historia. Modernidad, Presente, Progreso*. Paidós Básica Nº 50. España, 1991.

Le Goff, Jacques y otros: *La Nouvelle Histoire*. Retz. Paris, 1978.

Le Goff, Jacques: *El Orden de la Memoria. El tiempo como imaginario*. Paidós Básica Nº 51. España, 1991.

Le Flem, J.P.- Perez, Joseph y otros: *La Frustración de un Imperio (1476-1714)*. Historia de España V. Labor. Barcelona, 1982.

Lenski, Gerhard: *El factor religioso*. Labor. Biblioteca Universal Labor. Barcelona, 1967.

Lewin, Boleslao: *La Inquisición en Hispano América.* Paidós. Biblioteca América Latina N° 4. Buenos Aires, 1967.

Lewin, Boleslao: *La Inquisición en Hispano América. Judíos, protestantes y patriotas.* Paidós. Biblioteca América Latina N° 4. Buenos Aires, 1967.

Lewis, Bernard: *La Historia Recordada, Rescatada, Inventada.* Fondo de Cultura Económica. Col. Breviarios. México, 1979.

Liamgot, Alberto: *Los Criptojudíos en Hispanoamérica.* Biblioteca Popular Judía del Congreso Judío Latinoamericano. Col. Hechos de la Historia Judía N° 31. Buenos Aires, 1970.

List, Gudula: *Introducción a la Psicolingüística.* Gredos. Biblioteca Románica-Hispánica. Madrid, 1977.

Lynch, John: *El Siglo XVIII.* Historia de España XII. Crítica. Barcelona, 1991.

Lynch, John: *Los Austrias* (1598-1700). Historia de España XI. Crítica. Barcelona, 1993.

Marías, Julián: *España Inteligible. Razón histórica de las Españas.* Alianza Universidad N° 442. Madrid, 1985.

Marrou, H. I.: *El Conocimiento Histórico.* Labor. Biblioteca Universitaria. Barcelona, 1968.

Medina, José Toribio: *El Tribunal del Santo Oficio de la Inquisición en las Provincias del Plata.* Imprenta Elzeviriana. Santiago de Chile, MDCCCXCIX.

Mitscherlich, Alexander y Margarete: *Fundamento del Comportamiento Colectivo.* Alianza Editorial. Madrid, 1973.

Montagu, Ashley: *Naturaleza de la Agresividad Humana.* Alianza Universidad N° 222. Madrid, 1978.

Montaigne, Michel de: *De América.* Unesco-Utz. 1991.

Monter, William: *La Otra Inquisición. La Inquisición española en la Corona de Aragón, Navarra, el País Vasco y Sicilia.* Crítica. Barcelona, 1992.

Perrot, Dominique - Preiswerk, Roy: *Etnocentrismo e Historia. América indígena, África y Asia en la visión distorsionada de la cultura occidental.* Nueva Imagen. México, 1979.

Roth, Cecil: *Los Judíos Secretos. Historia de los Marranos.* Altalena. Madrid, 1979.

Salmerón, Fernando: *Diversidad Cultural y Tolerancia.* Paidós. Biblioteca Iberoamericana de Ensayo. México, 1998.

Saraiva, Antonio José: *Inquisição e cristâos-novos.* Editorial Estampa. Imprenta Universitaria. Lisboa, 1985 (5ª ed.).

Sprott, W.J.H.: *Grupos Humanos.* Paidós. Col. Biblioteca del Hombre Contemporáneo. Buenos Aires, 1973.

Talcott Parsons y otros: *Sociología de la Religión y la Moral.* Paidós. Biblioteca del Hombre Contemporáneo N° 195.

Índice

Prefacio 9
Advertencia 29

I. "El orden de picoteo" 31
   1. Formación de la sociedad estamentaria 35
   2. En España 37

II. El ideal nobiliario 45
    1. La "nobilitas" 47
    2. La "Ignobilitis" 50
    3. Honor y "vida noble" 53

III. El ideal nobiliario: la limpieza de oficios 57
     1. Oficios honrados y oficios viles 59
     2. El trabajo intelectual y artístico 63
     3. Consecuencias de la devaluación del trabajo artesanal:
        el origen de las "Bellas Artes" y las "Artes Menores" 68
     4. Las Bellas Artes en España 75
     5. "La vida noble": arquetipo de toda una nación 79
     6. La dispar evolución del arquetipo noble en los Países Vascos ... 87
     7. "No quedar cargado." La devaluación del arquetipo burgués ... 90
     8. "No hay peor sordo..." 94
     9. Ideología y acción en el Siglo de las Luces 96
     10. La abolición de la limpieza de oficios (1783) ... 100

IV. El ideal nobiliario: la limpieza de sangre 103
    1. España "huéspeda de los extraños" 107
    2. El judío y el converso en "Las Siete Partidas" 115
    3. Hacia la intolerancia: las conversiones forzosas .. 119
    4. España huéspeda de enemigos embozados: el converso bajo
       sospecha 122
    5. Toledo 1449: la sentencia-estatuto. Origen de la "nación"
       conversa 124
    6. "Defensorium Unitatis Christianae." Pero "No encontraréis
       descanso entre los gentiles" 125
    7. Cristianos lindos y marranos 131

V. Para una sociedad intolerante: remedios intolerantes . 137
   1. 1478-1483: el santo remedio de la Inquisición 140
   2. 1492: la expulsión de los judíos 165

3. 1467-1556: Proliferación y oficialización de los estatutos
de limpieza de sangre 172

VI. Un nuevo orden jerárquico privilegiado 181
1. La estirpe del cristiano viejo. Revanchismo social y honor plebeyo 183
2. Evolución del concepto hispánico del honor: honor y honra .. 185
3. Honor-honra: orgullo y pureza 187
4. Una forma de subversión social y guerra civil 188
5. "Pobre pero honrado." La limpieza de sangre: preocupación plebeya 190
6. Ausencia de un patrón estatutario único. Las probanzas 192
7. "Bien está quien no se mueva" 194

VII. La reforma del sistema de estatutos de limpieza de sangre 197
1. La pragmática reformista de Felipe IV (1623). Los "libros verdes" 201
2. Una batalla que sólo el tiempo podrá vencer 206

VIII. La cuestión morisca 211
1. De moros y mozárabes 214
2. De cristianos y mudéjares 217
3. El Islam en derrota. La caída del Reino de Granada 222
   * *Sobre coexistencia y convivencia* 223
4. Moros: conversión o expulsión 227
   * *Un descubrimiento antropológico* 229
   * *Cuando convencer es más complejo que convertir* 233
5. Moriscos: el enemigo "adentro" y "afuera" 236
   * *Las deportaciones* 238
6. La expulsión de los moriscos: 1609-1614 242
   * *Voces discordantes* 245
   * *¿Desaparecieron los moriscos de España?* 246

IX. Cerrando el itinerario: de vagamundos y gitanos 249
1. Vagamundos 251
2. Gitanos 254

"...Como una isla en el medio del mar de las naciones" 265

Bibliografía citada 272
Bibliografía seleccionada 277

Se terminó de imprimir en
el mes de Junio de 2002 en
MASTERGRAF SRL
Gral. Pagola 1727 - CP 11800 - Tel.: 203 4760*
Montevideo - Uruguay
E-mail: mastergraf@netgate.com.uy

Depósito Legal 325.574/02 - Comisión del Papel
Edición Amparada al Decreto 218/96